让 我 们 一 起 追 寻

美国官僚体制
BUREAUCRACY

政府机构的行为及其动因
What Government Agencies Do and Why They Do It

〔美〕詹姆斯·Q. 威尔逊（James Q. Wilson） 著

李国庆 译

社会科学文献出版社
SOCIAL SCIENCES ACADEMIC PRESS (CHINA)

谨以此书献给我在哈佛大学的研究生，
他们让我受益匪浅。

目　录

第四部分 主管人员

第五部分 环境

第六部分 变化

新版序言

本书的中心议题之一是，政府机构的管理受到了极大束缚， ix 这些束缚限制了管理者买卖产品和任免员工的能力，而这种能力正是以服务于组织效率和生产力为根本。法律和规章限制了雇佣方式，极大地减少了解雇的可能性，并且把关于公平和程序的大量准则强加在建筑和设施的招投标过程中。

在过去的十年里，改变这种束缚的努力一直存在。克林顿总统和戈尔副总统从他们的第一个任期开始，就力求将联邦政府转变为一个"做得更好、花费更少"的政府，他们采取的方法包括减少官样文章（red tape）、服务优先顾客（与政府打交道的公民）以及授予雇员决断权等。这种努力在官方上被称作国家绩效评估（NPR），一般也被称作政府再造（REGO）。[1]

国家绩效评估与过去的重组计划有很大差异。在 1904 ~ 1992 年的 17 位总统中，有 11 位曾设立重组工作组——主要致力于扩大问责、提升效率和扩大总统权力。[2]（在我看来，扩大问责意味着提高政策执行者对必须为该政策负责的更高一级领导者的响应能力。）这一努力取得了一定成功，例如总统配备了更多的助手，预算的起草过程更加合理，但是官样文章方面却没有得到什么改进。

国家绩效评估的设想与以往有很大不同。该评估之前的改革强调官员对上级权威的责任感，而该评估则强调机构对公众的回应。该评估之前的那些报告仰仗对经营效率（business efficiency）的诉求，该评估则从企业文化概念中得到启示。该评估之前的工作力求扩张总统权力，该评估则要求给予政府工作人员权力来恢复公众对政府的信心。

国家绩效评估中的主导性议题是解决现代政府的"根本问题"——过于依赖"庞大的、自上而下的、中央集权的官僚机构"。在这种解决方式下，创建"不间断学习、创新和改善"的"企业家组织"是必要之举。[3]实际上，国家绩效评估意味着把硅谷的青春气息传递到首府华盛顿的古老传统中。

然而，联邦政府重组努力发生惊人变迁的主要原因，并不是崇拜年轻人能够制造计算机芯片或发明互联网销售程序，而是渴望扭转民众对联邦政府信心骤减的趋势。1964 年，四分之三的美国人认为联邦政府官员做了该做的事情；而现在，持这种观点的人还不到四分之一。国家绩效评估原以为，如果官员"把人民放在第一位"并"取消官样文章"，也许公民们会更满意；说实在的，如果政府官员把人民放在第一位并取消官样文章，他们也许会更喜欢自己的工作。

但是，很难实现人民优先的原则，因为政府拥有最高权力，可以命令民众，甚至可以把民众关进监狱。企业可以把人民放在第一位，因为企业要吸引顾客就得彼此间竞争，但政府不存在和别人竞争的可能性。同时，企业可以通过观察销售额和利润来判断业绩的好坏，所以取消官样文章是可能的；但在政府机构，想取消就困难多了，因为（一般来讲）政府机构不需要处理销售额和利润。

改变政府是困难的，但是也做出过认真的努力。我来描述两个重要的变迁，这两个变迁应该会修正本书的部分内容，因为在本书写作完成几年之后，国家绩效评估才开始实施。

采购

本书的一些章节提到，[4]政府购买昂贵的物品是非常困难的，因为政府必须遵循政策。这项政策经过精心设计，详尽到一些无聊透顶的购物细节（经常与各卖家没有利好的接触），然后政府还必须公开招标。政府通常会接受最低报价，即便它出自一家相较来说不太具有竞争力的企业（更有竞争力的企业出价稍高）。

例如，当某一公共机构想要购置一台计算机，它的购买方式会不同于企业。企业会与制造商讨论各种类型的计算机，来帮助自身寻找或设计合适的计算机。企业的购置经常会选择自身了解和信赖的企业，甚至不需要描述所需要的计算机类型，有时还会出高价来购买合适的产品和服务。但是，政府机构不会这样做；确定，或即便是企图这样做也可能招致法律诉讼。如果这样做，政府机构的采购就可能会因为勾结、偏私、有失公允和私下交易而遭到指控，这将会在本书的后面看到。因此，政府购买者几乎不会考虑与供应商的采购经历或企业的隐形品质。相反，政府机构必须提供一份详尽描述产品类别的报告，然后接受报价最低的投标。因此，政府机构最终购置的是由售卖方提供的二流计算机，对此我们不必惊讶。

采购对于联邦政府而言是个大问题。每年（自 20 世纪 90 年代末期开始）政府都要从商业企业购置 2000 亿美元的物品，这几乎是全部联邦预算的七分之一。

20 世纪 90 年代时有过改善政府购买方式的努力。史蒂文·凯尔曼（Steven Kelman，上述计算机案例就是从该学者的描述中得来的）被克林顿总统任命掌管联邦采购政策办公室（Office of Federal Procurement Policy，OFPP），该部门隶属于行政管理和预算局（Office of Management and Budget, OMB）。凯尔曼试图改善购买方式，此举得到国家绩效评估工作人员的支持。在他的游说下，国会通过了两项重要法案，即《1994 年联邦采购简化法案》和《1995 年联邦采购改革法案》。[5] 通过这两项法案，加之凯尔曼对联邦机构的力推，相继发生了数个变化。现如今，当购买花费低于 10 万美元的物品时，法律允许联邦机构不需要制定详细的合同，直接购买现货。就像每家每户一样，联邦机构采购人员从企业购买日用品开始使用信用卡，从而不需要填写复杂的购物订单。有些机构还同意参考一些商业企业的过往经历，进而决定物品的卖家。（当然，一些企业会因为没有被选中而投诉，但是机构可以为自己辩护，只需做一份书面记录来阐明没有选择这些企业的原因即可。）

同时，在购买新的装备部件时，国防部官员开始主动减少细节要求，转而强调部件的性能。五角大楼可能是对采购政策改变最多的，因为它的宗旨就是充分利用。那个时候，五角大楼的预算锐减；因此，想要买到所需的新装备，就需要最大效用地使用采购预算资金。更简单和更便宜的采购就意味着可以买到更多需要的装备。（因为国防部官员开始改变与承包商的购买方式，本书第十七章的描述现在看起来有些过时了。）

但是，不管法律如何规定，不论政府机构要求什么，采购改革的问题依然存在。凯尔曼发现，问题的关键是执行——说服采购人员采用一种更简单的方式进行采购。一些机构仍然相信，新的、改良的采购方式会让自身陷入麻烦——这种担心是合理的，因为事实是，一代又一代的公务员曾因为青睐某些供应商或因为未能草拟冗长且详细的采购说明书而遭受指责。而且在任何情况下，美国的法律仍然对采购设置了限制。在采购时，法律依然要求政府机构优先考虑美国企业，并特殊照顾由女性、残障人士、残疾退伍军人和少数族裔创建的企业。

值得注意的事实是，尽管有上述担忧和法律限制，很多政 xii 府官员依然努力以更富成效的方式进行采购。法律系统固然会限制政府官员，但法律运作中存在着的文化也会起作用。长远来看，只有时间才能证明这种文化是否会变化。

人事

国家绩效评估也想改革联邦人事政策。1993 年，人事管理局（Office of Personnel Management，OPM）负责人说，他支持"激进变革"[6]，国家绩效评估也从三个方面支持这一观点：允许机构运行自己的人事系统，激励雇员对自己的业绩负责而不是只盯着程序，鼓励企业家行为。为表明联邦政府的变革，克林顿总统废除整个《联邦人事手册》（*Federal Personnel Manual*），尽管人力资源专家倾注了几十年心血制定这部手册的规则，但现在已经变成无可救药的长篇大论和荒芜的智力遗产。

然而，人员的雇用和管理方式却没有什么改变。事实上，《联邦人事手册》被废除之后，还没有新的替代品供参照，人力资源专家们一时也手足无措，因为一直陪伴他们的手册被废除了。[7]人力资源局应该放弃作为公务员法规最高执行者这一传统角色；该局应该帮助政府机构负责人招募到急需的员工，起到支持性的作用。同时，国家绩效评估也敦促，涵盖大多数联邦雇员的15 个薪俸等级应该改变成更宽泛的薪俸档次，这样一来，政府机构便可以更自由地根据自身的需要和雇员的能力来发放薪金。

但是，体现这些新方法或扭转人力资源管理者思维定式的法律还不可能通过。有几个法案都没有成为法律，如"文官系统精简法"、"联邦人力资源系统重组法"和"混合文官系统改革法"。如果这些法案得以通过,人事管理者就会被分配到各个政府机构,人事管理局昔日的权力就会锐减。

不仅法案没有通过,文官系统自身也在裁员。在克林顿时期,联邦政府机构工作人员减少了大约12%(裁减得最多的部门是国防部)。一些裁减是通过买断尚未退休的联邦工作人员来实现的。但是,这样做导致联邦工作人员年龄偏大,同时大部分年轻人升迁的机会也丧失了。

尽管如此,还是发生了一些变化。由于很多旧有文官系统法规的束缚被解除,联邦航空管理局就更有可能招募到合格的空管员。公众对国内税务局的强烈批评引发了一些改革,该局的人事政策得到了完善。而且,一些机构的人力资源管理也已经得到了改善。

在所有新招募的员工中,尽管有将近70%的人可以绕开旧有的由中央统一管理的测试和招聘系统,但也很难让有能力的人效力联邦政府。现在,联邦政府的薪水经常低于私人部门,招聘高技能人才的竞争又很激烈,同时政府还必须考虑雇用的少数族裔的数量。然而,人事文化本身并没有变化;正像帕特里夏·英格拉姆所报告的,联邦机构已经习惯遵守规则了,因此会继续遵守下去。[8]

有些努力仍然没有像人们所希望的那样有影响力,包括本书第八章所描述的为改善联邦管理的试点项目,特别是在中国湖(China Lake)海军航空站为改善雇用和支付工人工资所做出的努力。正像本书原本所揭示的,国会和其他联邦机构还不是很在意中国湖和其他几个地方的试验。

克林顿总统尝试了新方法,即在几个机构里建立很多"重建实验室"。这是非正式的努力，利用雇员的建议来抛弃愚蠢的法规。（在一个案例中，实验室要解决如何将一小笔钱——如25美元或30美元——计入机构的信用卡的问题，前提是员工还没有得到详细的书面认可。）这些实验室可能是重要改革的源泉，但现在就下定论还为时过早。

改变员工的雇用和管理方式是困难的，其中最关键的原因可以追溯到文官系统的矛盾性。正像英格拉姆指出的，这些法规通常具有分裂的个性："一方面，它们要保证稳定的职业员工长期免于不良的政治影响；另一方面，它们又要为联邦机构的领导人们提供一批反应能力强的职业员工。"[9]无论国家绩效评估如何规定授权，在政治独立性和政治责任感之间找好平衡都非常困难。正如保罗·莱特所说，规则主导一切：政府将会"遵从严密制定的规则和法规来限制联邦机构的判断力"。[10]

使联邦机构更好地运转

1993年，国会通过并由总统签署了《政府绩效与结果法》（Government Performance and Results Act），该法旨在更自如地把个人业绩、机构绩效和社会目标捆绑在一起。该法的机制之一就是评估雇员业绩。

但如何实现评估呢？现在大多数雇员都能得到非常高的评级，原因是几乎没有客观的方法把员工业绩和机构绩效联系到一起。[11]在商业公司中，员工的报酬是有管理的，也与政府的标准不一样，而且（当有激励薪酬计划的时候）在许多情况下，经常是以员工业绩加上公司整体绩效为基础的。如果企业经营得好（体现在利润、市场份额和股票价格上），员工就会获得奖金；从理论上讲，奖金的多少取决于员工对企业做出了多大贡献。相较之下，在政府机构中，报酬绝大部分是靠立法机关确定的标准，而且用来提升机构总体绩效的措施即使有，也不多。结果就是，政府绩效评估的评级总是很高，因为进行评估绩效的管理人员深知，能够降低绩效评级的客观依据即使有，也不多。由于客观依据少，雇员得到的评级如果过低就会抱怨；如果主管的一些朋友得到比较高的评级，就会被看作是偏袒。

通过上述对采购和人事状况的描述，可以看出推动政府有更好表现的因素将继续存在。和第一版的论述相比，本书对官僚机构的论述没有必要做根本性的改动。

国家绩效评估希望创建一个成本开销更少的政府，但真正的成本节约——纳税人可以看到这种节约——并不是通过政府管理的循序渐进来实现的，而是通过削减政府管理的项目来实现的。整体而言，选民希望政府的总体花销要更少，但是，他们也希望政府在一些项目中加大投入，包括打击犯罪、药物滥用、教育、公民权利、环境等。20 世纪 50 年代，没有一个此类项目获得联邦预算的重点支持；政府的行为主要局限在非常简单的事情——投递邮件、修建公路、增设公园、从事研究、为各种群体提供补贴、保卫国家。现在，通过邮件投递的好坏、修建公路和公园成本高低以及补贴发放的快慢来评判机构绩效可能会容易得多，但是通过降低药物滥用、增进公民权利或儿童教育来衡量机构绩效几乎是不可能的。

同时，国家绩效评估也想减少官样文章。但是，就像赫伯特·考夫曼（Herbert Kaufman）指出的，官样文章是由有组织的政治集团制定的，旨在制约联邦政府的管理来保护自身的利益。[12]对许多集团而言，官样文章越少，收益就越少。例如，很多利益集团想要看到更好的公路，对它们而言更好的结果是，修建的公路质量高、价格低，同时要满足其他利益方的需求。让我们来看下面这个例子：1956 年，依靠只有 28 页的《联邦援助高速公路法案》（Federal Aid Highway Act）建造了州际高速公路。35 年之后，建造州际高速公路得到重新授权，这次依靠的是 293 页的《联合运输地面交通效率法案》（Intermodal Surface Transportation Efficiency Act）。长度的不同意味着限制的成倍增长：到 1991 年时，我们不仅想要修建更多的公路，我们还希望能够以惠及公共交通、减少空气污染、鼓励使用座椅安全带和摩托头盔、保护历史遗迹、抑制污染和户外广告、使用可回收的橡胶生产沥青、从美国企业购买钢铁、将女性视为弱势个体、保护美国印第安人保留地等方式修建它们。你可以去查阅。但是，我怀疑如下的说法，即由于 1991 年高速公路法案的存在，员工有了自主权或者对雇员的管理更加容易。

很明显，现今民众对政府的信心比过去低很多。在过去，政府做的事情要少得多。毫无疑问，信心降低的原因有很多——对抗性媒体的兴起、越南战争和水门事件的影响，以及社会问题的增加。但还有另外一个原因，政府尝试去做一些任何人都做不好的事情。

同时，当政府做一些自己不能完成的事情时，还会受到另外一种折磨，即人们会把政府和具有竞争性的商业公司来对比——并不是因为商业公司的员工比政府的雇员好，而是因为它们只需要争取顾客即可，不需要为（受制的）民众服务。国家绩效评估也想让政府留给顾客好印象，而且可以肯定的是，它已经成功促使一些机构提供更好的信息，为政府程序提供更清晰的指导，以及电话响三声后就马上接起来。如果一个人在政府机构中得到的服务能够与麦当劳或汉堡王的最低工资雇员所提供的服务一样好，那将是很好的。但是，当拜访完麦当劳和我所在地区的邮局之后，我并不看好国家绩效评估——或者任何的政府努力——能够大有作为。

当你读完政府存在很多制约因素的长篇大论之后，你可能会认为，我对美国的政治体制太悲观了。其实，我一点都不悲观。任何一个民主政府都会存在这样的问题，美国政府已经注意到了这些缺点，并尝试修正最坏的方面，这一点比国外大多数政府做得还好。事实上，按照大多数民主政府的标准，和其他国家相比，美国的很多政府机构更友好和合作。美国宪法体系的特征是分散权力和鼓励干预，结果导致两种截然相反的官僚效果：更加友好和更具回应能力的公民服务机构，以及更加死板和更具有对抗性的公民管制机构。

这本书旨在尝试大体上阐明官僚体制的真实情况。本书第一版是 10 年前出版的，但中心议题不需要更改。当然，官僚体制运转的确发生了一些细微变化，正像前面提到的关于采购和人事方面的努力。同时，国家绩效评估也许会适时保留这些变化的重要遗产。但是，现在我们只能说，判定国家绩效评估的实际效果还为时尚早。简单地说，尽管在努力的过程中，一些细节被这样或那样地改变了，但宏观局面并没有变化。

詹姆斯·Q. 威尔逊

注释

1. "政府再造"是一本广为人知的著作的名字，该书分析了政府缺陷并提出新的解决方案。见 David Osborne and Ted Gaebler, *Reinventing Government* (Reading, Mass.: Addison – Wesley, 1992)。这本书的两位作者也参与了国家绩效评估。

2. 接下来的论述部分取自我的文章《再造公共管理》(Reinventing Public Administration), 载于 *PS*: *Political Science and Politics* (December 1994), 667 – 673。

3. *From Red Tape to Results*: *Creating a Government That Works Better and Costs Less*, Report of the National Performance Review, September 7, 1993 (Washington, D. C.: U. S. Government Printing Office), 3, 5.

4. See pages 121 – 122, 240 – 241, and 321.

5. 这里我遵循以下这本书中的论断: Steven Kelman, "White House – Initiated Management Change: Implementing Federal Procurement Reform," in James B. Pfiffner, ed. , *The Managerial Presidency*, 2nd ed. (College Station: Texas A&M University Press, 1999), 239 – 264。

6. Quoted in Tom Shoop, "Managing Workers of America, Inc. ," *Government Executive* (July 1993), 39.

7. 我在本段和接下来几段中的论述受惠于帕特里夏·W. 英格拉姆 (Patrica W. Ingraham) 教授, 主要是她的以下文章: "A Laggard's Tale: Civil Service and Administrative Reform in the United States," *Research in Public Administration*, Vol. 5 (1999), 173 – 87; 以及 Ingraham and James R. Thomson, "The Civil Service Reform Act of 1978 and Its Progeny: The Promise and the Dilemma, " in Steven W. Hays and Richard Kearney, eds. , *Issues in Contemporary Public Administration*, 3rd. edn. (Englewood Cliffs, N. J.: Prentice – Hall, 1994), 54 – 56, 72。

8. Ingraham, "A Laggard's Tale, " 179.

9. Ingraham, "A Laggard's Tale, " 181.

10. Paul C. Light, *Monitoring Government*: *Inspectors General and the Search for Accountability* (Washington, D. C.: Brookings Institution, 1993), 12.

11. 布鲁金斯学会的保罗·C. 莱特 (Paul C. Light) 与人事管理局局长珍妮丝·拉钱斯 (Janice Lachance) 关于此论题有过争论。参见《政府行政部门》(*Government Executive*, October 1999 and December 1999)。

12. Herbert Kaufman, *Red Tape* (Washington, D. C.: Brookings Institution, 1977).

序 言

本书力图解释政府部门，即官僚机构如何运行。尽管本书部分章节也涵盖了国外政府机构的运作——一些人对此比较感兴趣——但本书主要关注的依然是美国。在最后部分，我专门用一章来展示我对美国和国外官僚体制差异的思考。

本书详细阐释的对象包括：警察局、学校体系、中央情报局、美国军队、国务院、管理委员会、邮政总局、社会保障总署、美国陆军工程兵团、林务局等。详细阐释的用意不在长篇大论，而是让读者相信，官僚体制并不是我们有时所想的那样简单划一。现实经常不同于学术理论和公众偏见。

对现代国家演进感兴趣的历史学家和社会学家已经探讨了社会的官僚化。马克斯·韦伯就是这一传统的开山鼻祖，尽管他的一些具体主张已被证明有误，但依然值得我们重新细读。不过，此类细读将会让我们把官僚体制视为自成一体的庞然大物——社会组织的一种独特形式。通过把一些通则运用到具体案例，这种独特形式的存在就增加了政府行为的可预测性。官僚体制里的成员拥有职权、享有终生事业和较高的社会地位，同时还操纵着权力杠杆。这使得官僚体制成为一种至高无上的权力，普通民众和政坛人物与之进行着徒劳的搏斗。

这种看法部分正确，但是不加实质性的修正便全盘接受会让读者难以了解美国官僚机构（也许还有普遍意义上的官僚机构）的一些重要特征。许多官僚机构不能把一些通则运用到具体案例，同时它们明确抵制任何通过清晰而普遍的规则来阐释它们的政策的努力。在日益增多的官僚机构中，从权力和重要性的角度来看，依靠官职建立权威的人员在经过专业培训建立权威的人员面前黯然失色。想象中官僚机构有至高无上的权力，　xviii
可这一看法和现实是相悖的，因为现实情况是，美国的立法机构质疑、非难并采用其他方式影响着官僚机构。官僚机构的行为有时是有规律和可预测的，但也经常会充满着不规律性与不可预测性。有些官僚机构会抵制变化，但是其他官僚机构经常参与结构重组和信条修正。马克斯·韦伯的深刻见解是有益的，但只是在一定层面上。超出了这个层面，区别要比概化更为重要。

经济学家和政治科学家已经开始把曾经用来解释商业公司行为的分析方法原封不动地应用到政府机构上。就像企业家被认为始终在使他们的"效用"最大化，官僚人员现在也同样被认为在使他们的"效用"最大化。商业人士的效用被假定为利润；官僚人员的效用被假定为和利润相似的东西，如薪金、官阶或者权力。因为官僚人员和商业主管都是人，所以假定他们对更加喜欢的东西孜孜以求也是可以理解的。以这样合理的假设为前提，一些有趣的官僚行为理论就应运而生了。但截至目前，这些理论依然语焉不详。我想，其中一个原因就是官僚人员的偏好多种多样，他们的行为中只有　部分可以通过他们奋力获得更高的薪水或更大的预算这一假设来解释。除此之外，官僚人员对他们自己的薪金、职位以及预算的掌控力远不如商业人士。基于上述或其他有待挖掘的原因，政府机构拒绝承担新任务或者千方百计放弃它们正执行的任务就不足为奇了。

民众与纳税者对官僚体制也有他们自己的整体理解。他们认为官僚人员就像一匹老马，慵懒而无力，在繁文缛节和官样文章中拖沓度日，竭尽全力想游离在本职工作之外。这样的官僚机构自然而然会衍生出浪费、欺诈、滥用和管理不善。但从一项关于民众与官僚机构接触体验的民意调查中，我们会发现上述观点明显言过其实。在调查中，大多数受访者认为他们的接触体验是正向的，认为官僚人员乐于助人、与人友善并且精明能干。[1]这也就意味着那些懒散和平庸的官僚人员一定是为民众看不到的某一其他机构工作。而其他机构是什么并不清楚，似乎没有人能够确认，但是每个人都确定它一定存在。也许那是一个花费 435 美元买一把斧头的机构。但是，如果你仔细去调查，甚至你会发现我们的判定有夸大的成分，即并不存在435 美元的斧头，但这个时候再让别人去相信为时已晚。（在第十七章，我将会具体阐述。）

xix 其实，公共管理方向的学者已经对官僚机构做了大量详细的研究。如果我们坐下来静心读完就会发现，官僚机构确实如此。这些著作认为：有些官僚人员如同老马，但大多数官僚人员并非如此；官僚机构中存在自私自利的行为，但也不乏有人着实为了更远大的目标工作；确实存在一些衍生和应用规则的韦伯式官僚机构，但并不是全部。不过，没有多少人坐下来把全部研究成果读完。我是尝试过的。本书会总结我的发现。

这本书吸收了我 25 年来所进行的官僚机构研究和教学成果，也吸收了他人撰写的书和文章，以及（尤其是）那些与我一起工作过很多年的研究生撰写的博士论文和研讨会论文。另外，我当过 3 年海军军官，曾任各种总统委员会的兼职顾问或成员，这些经历也对学院知识有所补充。虽然我从这些经历中了解到许多情况，但本书并不包含任何"内部消息"，所有信息都是从已经公开的材料中获得的。我不喜欢那种不负责任地披露内幕的回忆录，尽管现在这种方式变得非常流行并且有利可图。许多这类回忆录会不时地出现一些有关联邦调查局、中央情报局、国务院和缉毒局等机构工作情况的描述，且没有标注明确的资料来源（那些标明出处的除外）——这些皆为我本人在担任顾问期间耳闻目睹的情况——亵渎了公众曾经给予其作者的信任。我想，在没有第一手材料支撑的情况下，任何研究这些机构的学者都能很快写出同样的东西。

　　我希望借本书的写作，论证或至少是阐明一种关于官僚行为的通俗、简练和全面的理论。当我还是个年轻学者时，由于年少轻狂，曾希望能够（最好是由我本人）创建出这样一种理论。我甚至还打算做出几个版本。结果我并没有研究出一个关于官僚体制的理论，而是对有关官僚体制某一方面的理论进行了无足轻重的修修补补。30多年前，詹姆斯·G.马奇（James G. March）和赫伯特·A.西蒙（Herbert A. Simon）曾写道："尽管组织机构在各种术语中经常被提及，但出于理论兴趣来探讨组织机构的成果并不多见。"现在的情况依然如此。[2]因为很明显，人们仍然频繁地引用马奇和西蒙的研究来支持各种观点。在几十年来一直探讨组织机构这一主题后，我现在开始怀疑，是否真正存在称得上"组织理论"（organization theory）的东西。理论当然会存在，但往往过于抽象或笼统，也解释不了什么问题。令人感兴趣的解释也会存在，有些还以事实为支撑，但依然是片面的，受到地点和时间的局限。许多学者不同意我的观点，因为他们有更多的话语权。找到一个全面、系统、经过检验且能够真正解释有关各种组织的众多有趣现象的理论，是最令我高兴的事情了。同时，如果有人试图阐明有关政府机构

xx

所有的（或至少是大部分）复杂性并尽可能接近官僚机构运行的实际情况，这种理论将有助于公众评论和大学生的学习。

本书接下来的内容没有很强的理论性，也没有很强的实用性。读了这本书，你学到的关于如何管理政府机构的知识（如果有的话）并不会很多（尽管你也许会认识到，不论你如何尽了最大努力去改变政府机构的管理办法，原来的做法依然被承袭）。那为什么要读这本书呢？只是因为你感兴趣，而且可能想知道更多关于我们政府如此运行的原因。对我来说，这个理由便足够了，近三十年来我一直是这样认为的。

致 谢

我主要受惠于我的学生，是他们让我感受到工作的特别之xxi处，从他们各自的研究中，我学到很多关于官僚体制和行政管理的知识。他们的论文、著作和文章都在本书中被我引用，但是，我从他们那里学到的远比学术引用多得多。

多年以来，不管我供职于哈佛大学，还是在现在的加州大学洛杉矶分校，阿尔弗雷德·斯隆基金会（Alfred Sloan Foundation）一直资助我的学生和我本人的大部分研究。该基金会的副主席亚瑟·辛格（Arthur Singer）自始至终对我研究公共管理知识感兴趣，并一直提供资金支持，真的十分感激。在我看来，他是一个完美的基金会执行官：睿智、风趣、耐心、包容。

我的如下同事阅读全书并给出了意见：爱德华·C. 班菲尔德（Edward C. Banfield）、彼得·B. 克拉克（Peter B. Clark）、玛莎·德斯克（Martha Derthick）小约翰·J. 迪伊乌里奥（John J. DiIulio, Jr.）、伊丽莎白·朗比（Elisabeth Langby）、特里·M. 莫（Terry M. Moe）、约翰·蒂尔尼（John Tierney）。其他一些同事根据各自的研究专长阅读了部分章节：乔尔·阿伯巴奇（Joel Aberbach）、艾略特·科恩（Eliot Cohen）、莫里斯·菲奥里纳（Morris Fiorina）、克里斯托弗·福尔曼（Christopher Foreman）、J. 罗纳德·福克斯（J. Ronald Fox）、伯纳德·J. 弗里登（Bernard J. Frieden）、理查德·赫尔姆斯（Richard Helms）、诺里斯·霍根斯（Norris Hogans）、罗伯特·

A. 卡茨曼（Robert A. Katzmann）、亚瑟·马斯（Arthur Maass）、R. 谢普·梅尔尼克（R. Shep Melnick）、杰里米·拉布金（Jeremy Rabkin）、苏珊·兰维尔（Susan Rainville）、史蒂文·罗森（Stephen Rosen）、加里·施密特（Gary Schmitt）、凯文·P. 希恩（Kevin P. Sheehan）、柯蒂斯·J. 史密斯（Curtis J. Smith）、尼娜·斯图尔特（Nina Stewart）、小查尔斯·沃尔夫（Charles Wolf, Jr.）。尽管他们都给出了建议，但我还是坚持保留散见于本书的错误与冗余部分。

克里斯托弗·福尔曼、罗伯特·卡茨曼、约翰·蒂尔尼三位学者分别为我承担了他们自己在行的研究，有的研究政府机构，有的研究议题。我很感谢他们能够在百忙之中抽出时间，并让我知道，像我这么一个加利福尼亚人不回到东部考察一手材料就不能很好地进行研究，而且这真的是任何一个加州本地人都付不起的代价。我同时也感谢玛莎·德斯克和史蒂文·凯尔曼，他们两人允许我提前阅读到他们还未发表的关于社会保障总署和联邦采购政策的文稿。

我还得到朱莉娅·瓦特·利贝斯金德（Julia Watt Liebeskind）和卡洛斯·华雷兹（Carlos Juarez）有价值的研究帮助。

我要特别感谢加州大学洛杉矶分校约翰·安德森管理学院（John Anderson Graduate School of Management at UCLA）以及该院院长克莱·拉福斯（Clay La Force）。到现在我依然不知道为什么克莱及其同事会让我对自己现在的研究议题感兴趣，而这些论文与商业管理没有任何关联。

J. Q. W.

第一部分　组织机构

第一章　军队、监狱和学校

1940 年 5 月 10 日，格尔德·冯·伦德施泰特（Gerd von
Rundstedt）将军麾下的 A 集团军群从德国驻地出发，越过毫无
抵抗的卢森堡，以及只有轻微抵抗的比利时，直击法国。至 5
月 13 日，埃尔温·隆美尔（Erwin Rommel）将军率领的第七装
甲师已在比利时迪南（Dinant）附近渡过默兹河，海因茨·古
德里安（Heinz Guderian）将军部下的第十九装甲军团的部分人
马也已在法国色当附近渡过默兹河。5 月 14 日，古德里安派遣
两个装甲师全速西进。至 5 月 19 日，他们已越过法国北部的索
姆河（the Somme），并于当日黄昏时候抵达阿布维尔
（Abbeville），与英吉利海峡已相去不远。5 月底前，英军从敦
刻尔克撤退。6 月 22 日，法国投降。仅用六周的时间，德军便
击溃了英国、法国和比利时联军。在很多人眼中，这场战役堪
称当代最伟大的军事胜利。

德国的这一胜利成为"闪电战"（blitzkrieg）的典范。这个
名词变得如此熟悉以至于我们将它误以为是一个注解。事实上，
军官和历史学者了解其间的差别，但公众可能（会）认为，德
军胜利的关键，蕴涵在我们脑子里关于"闪电战"的概念之
中：全民动员、毫无预警的突袭、凭借人数优势和大量先进的
坦克及飞机征服了隐藏在马奇诺防线堡垒之中的法军。公众的
这种观点认为，在战略、资源以及由意识形态教化和中央集权
所点燃的战争狂热等方面，德国均胜过法国。

4   事实上，公众的这一观点所涉及的诸方面要么违背事实，要么具有严重的误导性。事实上，德国已经向法国和英国暴露足够的信息——战争即将来临：1939 年 9 月，德国入侵波兰；法英两国随即进行战争动员；同盟国军队移师前方防地进入前沿阵地，对德军的进攻严阵以待。有一点我们可以确认，在长达 8 个月的"静坐战"（Phony War）期间，英法盟军普遍无所事事，士气逐渐低落。但在波兰（以及后来的挪威）沦陷之后，有大量预兆可揭示德国的战略企图。1940 年 3 月，法国情报机关截获了一份相当准确的情报，即德军正在色当对面集结；法国驻瑞士武官报告称，德国已在莱茵河上修筑了八座军用桥梁，该报告甚至非常准确地做出了预测，即德国将于 5 月 8 日至 10 日袭击色当。[1]遗憾的是，法国几乎完全没有空中侦察能力；而当一名法国轰炸机飞行员报告说有一列长达 60 英里的德军车队正日夜兼程地朝阿登（Ardennes）方向挺进时，竟无人相信他的报告。但事实上有很多线索可循。

        德国陆军规模不及法军[2]，坦克的数量也少于法军。1939 年，法国陆军拥有超过 2342 辆坦克（德国陆军只有 2171 辆），跟德军最好的坦克相比，法军最优良的坦克体积更大、火力更猛。[3]（不过，跟德军不同，法军的坦克缺乏无线电系统，因此难于操控，不适合协同作战。）法国空军稍弱于德军，但如果加上英国和比利时的空军，那么纳粹空军可能就不强于（甚至还会弱于）其对手了。[4]德国用于最初进攻的装甲军团机动化程度颇高，但并非整个德国陆军都是如此。由坦克编队发起的闪电袭击总会出现在我们模糊的记忆中，但我们往往忘记的一点是：1940 年，大部分德国陆军还依靠步行行军，而且其大部分补给也还由马拉货车拖运。（直至 1943 年，一个标准的德国步兵师配有 942 辆机动车辆、1133 辆马拉车辆，所需补给的干草和燕麦的吨数为燃油和汽油的两倍。[5]）

此外，默兹河前线的关键之战并非由坦克或飞机，而是由步兵完成的。这些步兵划着橡皮筏渡河，然后攀上陡峭的河堤，或者在敌人的炮火下躲闪着穿越开阔地带。虽然有大炮、飞机和坦克提供掩护，但这些交战获胜的关键在于步兵。

与第一次世界大战不同，在第二次世界大战中，法国士兵并没有以高涨的爱国热情来响应战争动员令。征兵站外没有出现拥挤的景象。历史学家阿里斯泰尔·霍恩（Alistair Horne）后来写道："人们对第一次世界大战仍记忆犹新，此时的口号……已变成'让我们交差了事'。"[6]但我们也没有理由认为德国人就会蜂拥而至他们的征兵站。毕竟，1914～1918 年一战期间，双方都损失惨重。德国的政治领导集团极力向其重建的军队灌输纳粹意识形态，这一努力在军官层级似乎获得了成功；确信无疑的是，纳粹党卫军（SS）已经接受了这种意识形态。学者们曾一致认为，意识形态并没有在德军的战斗凝聚力方面起到任何作用。而如今，新的研究正向这一观点发起挑战。但是，无论纳粹在动员德国士兵方面取得了多大成功，我们并不清楚普通士兵的动力是否来源于对纳粹的狂热。[7]1940 年，德国士兵打得很艰苦（堪比 1944 年他们在面对强大得多的盟军部队撤退时的情形），但我们并无理由认为政治狂热和战斗力形成之间有紧密联系。正如任何国家、任何时候一样，参与战斗的德国士兵们心存恐惧，但也怀着不辜负（或至少表面不辜负）同班或同排伙伴之期望的心理。

有人可能认为德军杰出的战略足以弥补它在人力物力方面的局限。因为它奏效了，德军的战略确实很了不起，但实际上这一战略也极其冒险，而且也很可能以失败告终。另外，战略本身对战争是否具有决定作用，对于这一点我们也并不清楚。

起初，希特勒希望德军穿越荷兰和比利时，沿英吉利海峡的海岸进攻法国。1939 年 10 月，埃里希·冯·曼施坦因（Erich von Manstein）将军获得了这项作战计划的材料，并得出了这一计划行不通的结论：它缺乏明确的战略目标，不能创造出摧毁法军的机会（德国认为法军大部会驻扎在德国攻击区域的南面）。另外，一名身携绝密文件的德国军官由于乘坐的飞机坠毁而落入比利时人手中；从这些文件可清晰地解读出德国将进攻比利时，相应地部分法军会移师北上。

但是，如果不取道比利时发起袭击，还能有什么别的选择呢？曼施坦因建议取道比利时和卢森堡最南端的阿登森林（Ardennes Forest）。这条路线具有它的优势，德军可以经此路线直逼巴黎，一路平坦开阔——当然德军首先需要穿越阿登森林和索姆河。但是，这些坦克、卡车以及数以万计的军队怎样才能穿越森林、渡过河流呢？

我们可以设想一下它的风险：通过铁路运输一个装甲师至少需要 80 列 55 节车厢的火车。一旦这支装甲纵队下了火车，开上一条平坦的道路之后，他们就会拉长为一支延伸 70 英里的队伍，行进的速度跟步行相差无几。[8]在发起行动的几天之前，法国侦察机就可能侦察到这一行动并立即洞悉德军进攻的方向。如果这支装甲纵队开到一条狭窄而蜿蜒曲折的道路上——一路上峡谷中岩石密布，丘陵中草木丛生——一旦领头的坦克发生故障，紧随其后的成百上千辆坦克和卡车便动弹不得，入侵行动将只能作罢。

退一步说，即使他们不会遭到空袭，也不会出现难以解决的故障，当汇聚在一起的坦克纵队钻出森林，然后渡过一条宽达一两百码的河流，爬上陡峭的对岸后，还必须避免因彼此干扰而陷入混乱。再退一步说，假设这些困难都被设法克服了，最终他们抵达一个敞开大门的国家，可一路碾平，直指巴黎和英吉利海峡。但当部队掉转方向由南改而往西，整个纵队的南翼都将暴露在法军面前。德国陆军元帅费多尔·冯·博克（Fedor von Bock）认为，如果这个计划能成功，它必须得"超越理智的界限"。"我们的南翼需要保持与马奇诺防线10英里远的距离隐蔽潜行，但愿法军作壁上观，无所作为！……当200英里长的南翼暴露在法国大军的主力面前时，我们接着需要祈祷可以一路行军直至海岸。"[9]

尽管法国马奇诺防线在当代颇受嘲讽，但它实际上对德军的作战计划产生了重大影响。这个防御工事系统，从卢森堡南部的西南角延伸至与瑞士交界的东南部，曾被认为坚不可摧，历史会永远告诉我们是如此，我们也必须认为事实确实如此。除了一个小堡垒之外，整条防线在法国投降前一直在抵抗着德军。[10]德军倾向于不对其发动攻击，他们担心攻击会导致法军对德国侧翼进行反击，从而对德军造成严重威胁。

博克的主张没有起到任何作用。就在德军发起进攻的三个月前，希特勒批准了曼施坦因的计划。这一计划最终获得了成功。

当小约翰·J.迪伊乌里奥教授走进得克萨斯州亨茨维尔（Huntsville）最高安全等级监狱时，这里井然有序的氛围使他大为吃惊。囚犯们身着统一的白色囚服，走动时不声不响，礼貌地与看守人员讲话，称呼他们为"长官"或"上司"。很少有囚犯走过来与迪伊乌里奥或其他参观者搭话。囚室简陋但很干净。走廊整洁，窗户玻璃完好无损。餐厅的食物干净且种类丰富，很多都直接采摘自监狱农场。教室里的教学活动有条不紊，教师显然控制着局面，课程计划得到实施，犯人的吵闹声也降到了最低。几乎所有囚犯都在监狱产业中工作，其中最具代表性的就是监狱农场。[11]

与之形成鲜明对比的是，当迪伊乌里奥教授走进密歇根州杰克逊（Jackson）最高安全等级监狱时，这里吵闹嘈杂，充满紧张的气氛。囚犯们并未穿着统一的囚服，他们想穿什么就穿什么。他们随心所欲地四处走动，经常用威胁的语气并使用绰号和看守讲话。他们要求知道迪伊乌里奥的身份和他此行的目的，并用猥亵的语言描述看守的家事和体格特征。囚室内塞满了各种私人物品，通常堆得乱七八糟。餐厅里的食物质量低劣。课堂教学——如果有的话——是在监狱进行的，这时监狱就像挂着黑板的丛林，充斥着大声喊叫、攻击性的喧闹嬉戏、针对老师的嘲弄威胁，这些并非偶尔发生，而是家常便饭。

在马萨诸塞州沃波尔（Walpole）最高安全等级监狱，情况更为糟糕。迪伊乌里奥看到一些囚犯躺在床上，身体被床单裹得严严实实，像个木乃伊一样。一名狱吏解释说这样做是为了防蟑螂。一名囚犯抢过一根顶端露出尖锐铁钉的木棍向看守挥舞。还有一个囚犯威胁说要把一名看守从三层的囚室扔到底层的水泥地上。餐厅食物的质量和数量也时好时坏。有些时候，连热咖啡都不供应。

其他观察者的观察发现以及各州惩教署的数据都证实了迪伊乌里奥观察到的现象。得克萨斯州监狱里的暴力程度远远低于其他各大州的监狱。1977～1979年，得克萨斯州囚犯的自杀率不到密歇根州的一半，而且连加利福尼亚州的六分之一都不到。[12]布鲁斯·杰克逊（Bruce Jackson）写道："在这些大州里，只有在得克萨斯州，囚犯在监狱里待着会比在外面更安全。"[13]兰德公司（Rand Corporation）的一个调研小组得出的结论是：在提升囚犯安全方面，"得克萨斯州的管理体制被认为是全国最成功和最有效的……设施整洁，远离骚扰"。[14]尽管得克萨斯州的看守一贯严格执行规章制度，而密歇根州的看守不可否认地放任了许多囚犯的违规行为，但关于在重大事件中违反至少一项纪律的囚犯比例方面，得克萨斯州就比密歇根州低得多。[15]得克萨斯州囚犯的自杀率也大大低于密歇根州囚犯。[16]

得克萨斯州监狱的良好秩序并非只是由于投入了教育或咨询项目。该州提供了全面的医疗和教育服务，并建立起各种各样的监狱产业——从农业到软件编程，不一而足。

然而，得克萨斯州监狱内井然的秩序并未能永远延续下去。大约从 1983 年开始，该州监狱的暴力和无秩序程度逐渐加剧。1978 年，该州的监狱内还没有出现自杀行为，到 1983 年时却发生了 10 起，到 1984 年竟增加至 25 起。6 年之间，谋杀率也增加了 6 倍。[17]其他统计数据也证实了这一令人不快的趋势。囚犯殴打监狱看守和其他囚犯事件的数字也急剧攀升。[18]曾经一尘不染的走廊现在垃圾满地，曾经干净完好的窗户变得肮脏破损。按种族和民族组织起来的掠夺性囚犯团伙冒了出来。囚犯的状态和行为举止恶化。但很多年来，得克萨斯州的监狱都一度是全国的典范。

仔细观察后我们发现，对得克萨斯州的优越性，我们脑中最初显现的解释是不正确或是不完全的。金钱并非问题的关键：密歇根州（以及大多数其他大州）平摊到每个囚犯身上的花费

8

要远高于得克萨斯州。也非人力的原因：得克萨斯州为每百名囚犯所分配的守卫也要少于密歇根州。也不在于守卫所接受的培训量：在得克萨斯州，守卫只接受 80 小时的正规岗前培训；而在密歇根州，小时数为 640。问题也不在于拥挤程度：在得克萨斯州的监狱里，每平方英尺建筑面积的囚犯人数要比密歇根州或加利福尼亚州多。也不是因为压制程度：尽管各方意见有分歧，包括迪伊乌里奥在内的大多数外部观察者，几乎没有发现有任何守卫施暴行为的证据。〔我们有理由相信，有一些"囚犯管理员"（building tenders）在受监狱委托管理其他囚犯时会滥用职权，使用暴力威迫其他囚犯。但监狱内暴力水平整体不高这一现象说明，这种囚犯施予囚犯的暴力本身并不能解释得克萨斯州监狱更具秩序的本质。〕

得克萨斯州的囚犯跟加利福尼亚州和密歇根州相比稍有不同。因为得克萨斯州的法官更可能将被定罪的罪犯投入监狱，所以得克萨斯州的囚犯跟这两州相比，往往没有那么严重的犯罪记录。[19]可以想象，由于这一点，得克萨斯州的囚犯比其他州的囚犯要更温顺，也没那么暴力。但正如迪伊乌里奥所指出的，我们对囚犯的前科和其狱中行为的关系（如有关系的话）知之甚少。另外，当得克萨斯州的监狱条件开始恶化时，囚犯群体的特质并没有显著变化。对于特定群体的囚犯，得克萨斯州的监狱系统曾经发挥了效用，但如今对于同样的群体，这一系统却失效了。迪伊乌里奥描述了一个更为显著的例子：加利福尼亚州一所最高安全等级监狱由一名前得克萨斯州监狱主管的兄弟管理，他在这所监狱采用得克萨斯模式管理（但未使用囚犯管理员）。尽管这所监狱非常拥挤，关押有重刑犯，但与该州大多数其他类似机构相比，这里的暴力程度要低，外观更整洁，教育项目实施得更好。[20] 因此，囚犯的特质并不能说明所有问题。

是某种其他因素——远比金钱、培训、拥挤程度或囚犯特质重要得多的因素——在发挥作用。这种因素是什么呢？

到 20 世纪 70 年代，位于佐治亚州亚特兰大市的乔治·华盛顿·卡弗高中（George Washington Carver High School）在教育上让人看不到任何希望。这所高中位于全是黑人和低收入家庭的社区，它的 900 名学生主要来自公共住宅项目，其中大部分家庭都是单亲妈妈带着孩子并依赖政府救济。[21]

这所学校的教师并不居住在这一地区，他们意志消沉，这一点我们不难理解。学校的走廊肮脏不堪，大部分设备都是坏的。学生们不守纪律，打架斗殴现象非常普遍，而且他们也不怎么学习。按各种评测标准来衡量，学生成绩都很糟糕，属于这个城市的最末一等。由于卡弗高中被公认为一所问题学校，该城市的其他学校都企图把它们自己的问题学生转到这所学校来，这样一来，自己便眼不见心不烦。卡弗高中逐渐成为该市教育系统的垃圾场。该市教育局局长正考虑关掉这所学校。

而到 20 世纪 80 年代初，当萨拉·劳伦斯·莱特福特（Sara Lawrence Lightfoot）参观卡弗高中时，人们难以相信曾经有人想要把这所学校关了。大厅和教室都很干净，设备正常运转。学生们穿着整洁，彬彬有礼，看起来为身在这所高中而骄傲。曾经的一些教师已离开这所学校，但留下来的大多数教师都对他们在教室里的成就充满激情。学生的成绩水平提高了——尽管提高的幅度不是很大。这所学校早已不再被视为垃圾场，相反，其他贫困社区的学生正设法转学进来。

卡弗高中并非唯一扭转自我命运的贫民区学校。我们可以在其他城市找到类似的例子。尽管我们难以归纳出到底是哪些因素在影响这些变化，但从好坏学校的对比研究中得出的大量证据至少可以将一些因素排除。

在卡弗高中，教职员工和学生主体都没有发生大的变化。从本质上讲，学校转变前后，都是同一批教师教着同一批学生。1966 年著名的《科尔曼报告》（Coleman Report，从严格意义上来说叫《教育机会平等调查》）出版之后，没人会真的认为教育机会平等。这份报告对美国几百所学校的数十万学生的学业成绩进行研究，发现学生及其家庭的特质是预测学业成绩的最佳因素。一旦这些特质保持为常量，学业成绩中只有很小的差异可被归因于学校之间易于观察到的差别。[22]

但我们还是可以从《科尔曼报告》中获悉一些跟卡弗高中发生的变化相一致的其他信息。科尔曼小组发现，教育成就的重大差异与教学大楼的质量、经费开支水平以及教室大小无关，其他一些研究者也得出了类似结论。例如，经济学家埃里克·A. 哈努谢克（Eric A. Hanushek）综述了 130 份关于学校成果的研究，推断出学校的资源水平不会对学生成绩有多少可观的影响。[23]在英国，迈克尔·拉特（Michael Rutter）和他的同事们，在评估伦敦 12 所高中的教育成果的差异时发现，这些差异跟教学楼的大小和年代、每 100 平方英尺建筑面积的学生数量或班级里的师生比例都没有显著关系。[24]在卡弗高中，并没有修建新的建筑，单位学生的经费开支也没有太大增长，平均下来每个班级的学生人数也没有变化。

但在卡弗高中或其他类似的学校，一定是某些因素发生了改变。不论是哪些因素，仅通过对学校组织进行"客观"特征方面的调查是不易探查到它们的。

本书通过简单叙述三种普通但重要的政府组织，即三个官僚机构的差异开篇。在下一章里，我将试图解释，为什么这些承担相似任务的组织会在行为上存在差异（或者说，在卡弗高中的案例中，它是如何改变自身行为的），以及从这些事例中，我们可以吸取哪些值得重视的教训。

然而，我这样行文，并非是为了教读者如何去管理军队、监狱或学校，而仅是为了提醒我们自己，官僚体制是复杂多元的现象，并非简单的社会类别或政治称号。在有关政府规模（以及据此推断出的官僚机构的规模）的反复论争中，各方都倾向于使用模式化的观念来看待政府机构。自由派希望政府能在社会中发挥重要作用，他们既希望把官僚统治带来的问题最小化，又想当然地认为所有问题都可以简单地通过以下方法解决，如扩大支出、建造更好的设施、雇用更好的人员或者赋予这些机构的服务对象以更多权利。而保守派希望政府在我们的生活中扮演更小的角色，他们嘲弄自由派对官僚统治的本质持误导性的乐观态度，他们敦促缩减官僚体制，但他们批评起来是一套，做起来又是另一套，他们主张："我们必须削减福利机构，但我们需要扩充军队。"

我们必须认真思考，哪些公共目标可以通过公共或私人赞助得以更好地实现。本书对此问题进行了研究，将在最后提出自己的见解。但是，无论公共部门的规模应该是大或小，我们这个国家都永远不可能选择废除军队，或把军事服务转交给私营企业来提供。也许私营企业可以把监狱和学校管理得更好，但在可预见的未来，像大多数国家一样，我们这个

国家依然将倚重公立监狱和公立学校来实现重要的刑事司法和教育目标。私人安保公司如雨后春笋般增长，但公共警察
11 机关仍将继续运转。国务院可能是官僚笑话的一个极佳来源，但处理外交事务绝对不是玩笑，而且在很大程度上只能由公共官僚机构来完成。

看待政府机构有两种方式：一种是自上而下，另一种是自下而上。大多数书籍和几乎所有的民选官员都倾向于采取第一种方式来看待问题。受马克斯·韦伯（以及近来经济学的企业理论）影响颇深的学术视角，通常把研究重心放在组织的结构、目的和资源上。政治视角则将注意力集中在机构高层官员的身份、信仰和决策上。这些因素的确非常重要，但过于关注这些因素使我们忽视了政府机构自身的作为，以及它们的作为是如何关系到实现目标或满足服务对象需求的。

采用自上而下的方式需要满足两个条件。这两个条件都需要我们了解政府机构每天所做的工作。第一个条件是，该机构可以事先精确阐明自己为之服务的目标，并且它的高层官员能够对朝着这些目标努力所取得的进步进行可信的评判。在第九章中，我把这类机构称为"生产型组织"（production organizations），同时还以社会保障总署对退休计划进行的管理为例进行阐述。另一个条件是，有某个利益集团密切监督政府机构（即使是目标不太明确的机构）的工作，并以颇有说服力的方式将其监督结果汇报给立法机关。在第五章中，我把该条件称为"庇护政治"（client politics），并以之前的民用航空局（Civil Aeronautics Board，CAB）及如今的农业稳定和保护局（Agricultural Stabilization and Conservation Service，ASCS）为例进行阐述。

但是很多——也许是大多数——政府机构都不符合以上两个条件中的任意一个，尽管我们有时候认为它们可以满足这些条件。所有人都知道士兵、狱警和教师所承担的职责，那么军队、监狱和学校值得关注之处就一定是它们的组织结构、开支预算和规则。但是，如果这一想法正确，为什么卡弗高中在组织结构和预算都没有出现任何改变的情况下，却发生了如此巨大的变化呢？为什么德军并没有资源优势，却打败了法军呢？各州惩教署的组织结构大同小异，但在这些部门管理下的监狱却千差万别，而这跟它们的财政预算并没有什么关系。

在其他一些案例中，我们假定我们并不真正了解政府机构中的成员的作为。我们很好奇，有时候很担心，中央情报局或缉毒局（Drug Enforcement Administration，DEA）的人员到底在做些什么。在这种情况下，我们则是假定他们的行为源于规则、法律和组织结构，因此我们可以通过改变这些规则、法律和结构来改变他们的行为。这种观点往往支配了那些迫切要求政府改组的政治领导人的行为。持有这种假设的领导人——或评估这些领导人的行为的学者——常常惊讶地得知，重组并没有实现他们的目标。有几项研究已经指出这种重组的失败。[25]许多这类失败都源于用自上而下的视角来看待这些问题机构。

例如，政治学家帕特里夏·蕾切尔（Patricia Rachal）研究了20世纪70年代初美国联邦政府在重新规划自身在麻醉品执法中的角色时所做的努力。[26]这涉及在司法部新建一个机构，即缉毒局，前麻醉品和危险药品管理局（Bureau of Narcotics and Dangerous Drugs，BNDD）（它本身也是五年前重组计划的产物）

以及海关总署（Customs Service）的一些工作人员被合并其中。目的是结束海关总署同麻醉品和危险药品管理局的职能重叠与频繁处于竞争状态的局面，以及提升对重大非法交易组织开展调查活动的质量。但这两个部门之间的竞争并没有结束，调查策略也没有发生显著改变，到1981年时另一项改组计划又在酝酿。蕾切尔解释说，这次重组失败并不是因为重组只是出于表面化的政治目的，也并非因为实施重组工作的人员不能胜任或怀有不正当的动机，更不是因为要解决的问题其实并不存在，相反，重组失败是因为其设计者并没有完全了解这些麻醉品管理机构到底在做些什么，也不知道为什么它们会选择这种方式而非另一种方式来做事。

通过自下而上的角度观察官僚机构，我们便可以评估，与其实际承担的任务相比，这些机构的管理系统和行政部署到底有多适合或有多不适合。通过采取这一角度来分析问题，我们就可以解释一些原本看起来令人费解的行为。例如：

· 20世纪30年代田纳西河流域管理局（Tennessee Valley Authority，TVA）成立之初遭到了保守派的攻击，他们认为该管理局会威胁到私营电力企业的福祉。但在随后的几十年里，自由派却一直在指责它发挥着私营电力企业的功能。为什么会出现这种结果？

· 20世纪60年代，罗伯特·S.麦克纳马拉（Robert S. McNamara）担任国防部长期间，增加了军事预算，但军方高层对此举并不领情。然而20世纪70年代梅尔文·莱尔德（Melvin Laird）担任国防部长期间削减军事预算，却受到了军方高层的欢迎。为什么会适得其反？

· 多年来，国务院雇用苏联人担任美国驻苏联大使馆的厨师、司机和修理工，其中前克格勃工作人员即使没有占到百分之百也占到了大多数。当有人建议这些岗位应雇用美国人而非克格勃间谍时，却遭到国务院的拒绝。国务院为什么会这么做呢？

· 美国空军（USAF）一直小心地捍卫着它对庞大数量的洲际弹道导弹的控制权，且定期进行维护。但是，在首次提出制造洲际弹道导弹系统时，它却无动于衷甚至持敌视的态度。为什么它会有这种态度呢？

· 美国政府一直寻求提高造船厂女工的比例。但是，跟国有造船厂相比，私营造船厂女工比例的增加程度反而更高。这又是什么原因导致的呢？

13

· 当任命一名新的警察局局长以改善当地的执法质量时，犯罪率鲜有下降，但交通罚单的数量却在上升。为什么会出现这种结果呢？

· 当环境保护局（Environmental Protection Agency, EPA）设立时，那些研究环保问题的经济学家几乎一致认为，减少污染最有效的方式，便是向排污者征收排污费。环保局无视这一建议，并把这些排污者告上了法庭。环保局这么做是出于什么理由呢？

在接下来的章节里，针对政府机构的运作，我将尽量采用（大多数情况下）自下而上的视角来解释以上这些以及其他难题。我认为这种方式可以有效修正目前普遍存在于政界、法律界和学术界的观点。但如果这种观点被过度使用，我们会因此对总统、州长、市长、立法机构和法院所制定的重要政策和做出的结构性选择失去判断力。官员采取行动的自由受到其行政上级决策的严重限制，有时甚至完全受制于后者。在第五部分，我将就此主题进行阐释。在一些情况下，官僚体制可能或多或少占据政治主导权，这些情况我也会尝试在其他部分阐明。通过首先阐述三个重要的官僚机构——军队、监狱和学校——我希望读者能明白，研究一个机构的目标、资源和结构并非总能为我们了解其日后的作为提供有效的帮助。在下一章中，我将抛出一些更好的线索。

第二章　组织机构的重要性

德军、得克萨斯州监狱和卡弗高中之所以在业绩上优于对
手，正是因为它们曾是，或后来发展为更有效的组织机构。

军队

1940 年，德军与其法国对手的关键区别并不在于综合战
略，而在于它所实施的战术以及跟这些战术相契合的组织安排。
双方都从第一次世界大战灾难性的堑壕战中吸取了经验教
训——但德军是以正确的方式。

第一次世界大战末期，战争双方都非常清楚，出动大规模
步兵正面攻击那些盘踞在战壕里的士兵不可能取胜，因为后者
配备机关枪并有大炮掩护。要想进攻，持枪步兵必须首先穿越
三百码的无人区，跌跌撞撞地穿过由己方炮轰造成的无数弹坑，
然后拼命翻越或绕过布满铁丝网的障碍。即便如此，他们也根
本无力反击对方战壕内的机关枪发出的致命火力。法国认为，
在这种情况下，优势将属于防守的一方，于是将其部队划分成
十二人一组（或叫战斗组，法语 groupe de combat），每组的任
务就是射击、配合和维护一挺机关枪。步枪被当作辅助性武器；
每组只配有三名训练水平较低的步枪兵。这些配合机枪手的士
兵非常适合在战壕内防守，但他们根本不适合机动作战。[1]

德国却吸取了完全不同的教训。堑壕战容易陷入僵持状态，
而德国的四周均是拥有更强大人力储备的潜在敌人，他们经不

起僵持的局面。因此，他们必须挫败由战壕掩护的机关枪手的防守优势。但怎样才能做到这一点呢？只有两种方法：一种是让士兵乘坐装甲车进攻，这样可以防弹；另一种是安排他们渗入对方区域，穿过敌人防线的薄弱点，从敌人后方狙击机关枪手，从而避开敌人的正面火力。[2]当我们回顾配有数百辆坦克的德军装甲师时，我们也许会认为德国人选择的是第一种方法。但事实并非如此。德军装甲师主要是用于在攻破对方防线后的大举进攻，而不是用来攻破对方防线的。为了攻破对方的防线，德军把重点放在了渗透作战上。

他们的这一方法在 1916 年凡尔登战役中首次付诸实践。他们放弃了传统的作战方法，即首先由密集的炮火持续轰击，之后集结步兵发起进攻（这种传统的作战方式没有奇袭的机会，而且会毁坏部队将要通过的战场），这次他们在短暂的炮轰之后，即派出小队的步兵寻找对方的薄弱点。[3]这种方法获得了成功，但他们没有乘势扩大战果。一年后，一支德军部队在进攻里加（Riga）时系统地使用了这些战术，两天就攻下了该城。[4]接着在卡波雷托（Caporetto），他们沿袭了这一战术，获得了进一步的胜利。

德军试图利用渗透战术形成包围战（kesselschlacht，字面意思是，大锅煮式的战役）：绕过敌人的侧翼，在其后方展开队形直到将其全部包围，乘胜深入敌方纵深直捣对方指挥阵营（blitzkrieg，闪电战），总结起来就是以对手所在的位置为核心形成总包围。在汉斯·冯·塞克特（Hans von Seeckt）将军——20 世纪 20 年代初德军三军统帅——的率领下，这一机动作战方略得以改善和充分阐释。它不仅跟从第一次世界大战中所吸取的经验教训相匹配，还符合德国地缘政治的现实。根据《凡尔赛条约》的规定，德国只能拥有一支小规模的职业军队，这支军队将不得不与位于东西两面的敌人双线作战。它的实力根本不能对抗所有这些竞争对手联合起来的兵力，也根本经不起消耗战。因此，对在数量上处于劣势的军队来说，发动快速和果断的攻势是制胜的关键。[5]

这种战术需要一定的建制（组织），因此德国开始创立这种建制。如果靠集权领导并依赖提前拟定的详细作战计划，这样的军队根本无法渗透敌人防线、突破薄弱点并迅速利用深入包围造成的突破来发起进攻。它的人员装备和组织必须赋予其最小的单位——班、排和连队——独立行动的权力和能力。班（gruppe）不应该被诸如运送或维护重型水冷式机枪的任务所束缚。相反，它应被划分成两组。较大的一组（the stoss trupp，突击组）由七名配备步枪的士兵组成，而且如果条件允许，还应配备轻型速射的全自动手枪和冲锋枪。另一个较小的组由四人组成，配备新型、重量仅为二十五磅的轻机枪。[6]

设计和装备这样的作战单位是最容易的事情。难点，同时也是关键点，在于如何配置人员和领导这样的小组，从而使得它们具备机敏、进取和遂行独立作战的能力。这意味着需要为各班配备最优秀的士兵，尤其是突击组，而不是把这些士兵分配到司令部或其他后方单位。必须给予指挥这些小作战单位的军官和士官以极大的行动自由。对于英勇战斗的官兵都必须给予奖励，尤其是参加那些需要冒生命危险的行动。每场战斗之后，都要对官兵付出的努力和成果进行严格评估。二十年来，德国军队一直致力于解决这些组织问题。

这种组织方式产生了一套全新的体制，它完全不同于人们对德国军队的陈旧观念，即认为德军士兵非常狂热，他们

16

盲目服从来自普鲁士总参谋部的命令。德军纪律严明，但在这种纪律下，官兵们可以拥有朝着作战目标独立行动的自由。就这一点而言，1920 年后的作战计划延续了可追溯到 19 世纪的军事传统。其核心概念是"auftragstatik"，马丁·范·克里费德（Martin van Creveld）在其对德军战斗力的精辟分析中把该词翻译为"任务导向型指挥系统"。[7]指挥官需要精确告知下属需要完成的任务，但不必指导他们完成任务的方式。任务必须"明确无误地体现指挥官的意志"，但执行方法"只有当需要与其他命令相协调"时才加以约束。[8]非常明显的是，与竞争对手相比（或甚至与现代美国军队相比），德军几乎没有什么文书工作。下达的命令简明清晰。

最优秀的德国士兵是那些被认为会成为突击队员的士兵，而最优秀的德国军官则是在战斗中指挥士兵脱颖而出的人。为各类专业兵种（步兵部队、摩化运输部队、后勤补给部队等）挑选人员并非后方人事组织的责任，而是作战指挥官（通常是团级）的职责。[9]在挑选军官方面，他所具有的性格尤其是意志力以及随时准备承担责任的意愿比其受教育程度更重要。[10]应征者向团指挥官提交岗位申请，经过后者初步甄选后提交中央筛选部门进行测评，内容主要包括体能测试、教学方法和领导能力几个方面。即便如此，最终的选择权还是在团指挥官的手中。

士兵和军官都会被灌输这样的思想，即战斗应放在首位，主动性至关重要。1936 年的指挥手册上这样写道："面对未知的战场环境，我们的战士需要具备独立思考和独立行动的能力，并且能够在慎重思考后果敢地针对各种情况采取有效行动。他们必须彻底地认识到，只有结果才是重要的……因此果断的行动便成了战争中获胜的先决条件。"[11]尽管纳粹的教化灌输会产生一定的影响，纳粹领袖并没有对官兵们进行集权领导，甚至对他们产生的影响都很小。真正产生作用的教化被称为"精神强化"（geistige betreuung），它是指挥官们的责任。

勋章主要用于表彰那些在战斗中实现成功的独立行动的官兵（据克里费德估计，德军由于这一原因所颁发的勋章要比其他军队多得多）。但处罚往往也很严厉（据估计，在第二次世界大战期间，超过 1.1 万名德国士兵和军官被处决，其中许多人是因为"破坏战争成果"），[12]对这些不幸的士兵来说，纪律是公平的。因虐待下属而遭到惩罚的军官和士官与那些因攻击上级而受到处罚的士兵一样多。[13]也许正因为此，或者也许是因为德国军官（不像法国和美国军官那样）私下里允许和士兵称兄道弟，接受采访的德国士兵给予他们的士官和军官很高的评价，认为他们勇敢并体贴下属。[14]

一场战斗的胜利主要依赖每个班、排和连的作用，为了保持他们的斗志，德国军队都是按地域进行编制。军队中师一级的部队由具有相同地域背景的士兵组成——他们统一来自普鲁士、萨克森或巴伐利亚等。[15]如果需要替换人员，只要战时紧急情况允许，都会从同一地区抽调士兵组成一支队伍进行替换。这支队伍在将要编入的该师战场替换营接受最后的训练，以确保组织和训练这支新队伍的人员以后将跟他们并肩作战。[16]

由此形成了这样一种组织——虽然远离陆军总部，也没有接到精确详细的指令，在混乱多变的环境中，它的官兵却士气高昂地迎接一场敌众我寡的战争。正如克里费德所做的总结：德国士兵"为了那些人们一直为之战斗的理由而战斗：因为他认为自己是一个领导有方、组织精良的团队中的一分子，他认为这一团队的组织结构、管理和运作……平等而公正"。[17]

当然，战略和技术因素也在德军的胜利中起了一定的作用。尽管有一些冒险因素，曼施坦因计划的优势在于其将战争引向一场果断的交锋，而非不可避免的对峙。斯图卡式俯冲轰炸机对于从未见过或听过它令人惊叹的袭击能力的法军来说，确实是一个有效的心理武器；德军坦克配有无线电，而法军坦克中则没有这种装备。法国把过多的精锐部队向北调进了比利时，但那里并没有发生德军的主攻；相反，色当的部队部署得太少，而那里恰恰是德军的主攻地点。当然，在战争中，好的战术常常能拯救一个有缺陷的战略，但糟糕的战术甚至（往往）会使一个卓越的战略走向失败。法国在战略战术上都准备复制第一次世界大战，集中火力打阵地战。如果还是打这样一场战争，他们确实是做了相当不错的准备——他们制订了详细的动员计划，修建了巨大的防御工事，配备了大量坦克和大炮，以重机枪为核心将士兵按班为单位进行部署，还对整个作战行动保持紧密且集中的控制。如果他们拥有一个更为灵活的组织结构并且采取了不同的战术，他们的战略错误可能也不致给他们造成如此惨重的损失。

监狱

得克萨斯州惩教署，在其可能是美国当时管理最好的监狱系统的那段时间，将其组织管理建立在对一个问题的清楚认识之上，这也是所有狱官和看守所面临的核心问题：当监狱中囚犯数量超过看守而且身体素质占优势时，如何在监狱高墙内维持秩序呢？

仅靠武力压制是行不通的。看守们可以联合起来镇压单个囚犯，但他们不可能屡屡采取这种方式，也不可能用这种方式对付所有囚犯。然而，囚犯不服从管教行为的威胁持续不断，而且非常普遍。看守们可以使用武器来对付囚犯暴动，就像一个国家可以诉诸战争来打败对手一样。但跟国家一样，看守们只能在遇到最严重的威胁时才能使用武力，这就为犯人伺机做出不当，但又不足以严重到招致武力报复的行为提供了想象的空间和行动的主动权。

一些监狱当局认为，可以通过鼓励犯人为自己的行为承担责任的方式来维护监狱的秩序。小约翰·迪伊乌里奥称之为"责任模型"（responsibility model），并且还引用了密歇根州监狱的一位管理人员关于这一理念如何塑造了该州监狱管理的话语："你必须保持对他们的控制……但我们无须为了保持我们对局面的控制而去抑制犯人。我们试图向犯人表示我们对他们的尊重，同时也期望犯人能尊重我们。相较于得克萨斯州，我们更想给他们空间（如自由），然后赋予他们责任……我们试图尽可能去营造一个最为宽松的环境来安全地管理监狱。"[18]

当然，密歇根州监狱的这一管理理念并不是宽恕暴力行为，但只要没有爆发暴力事件，监狱囚犯行为准则的实施就应该最小化。在犯人入狱之初，应根据其可能的行为对其进行分类，并把他送到与其预计行为相匹配的最宽松的环境中。条例手册提醒看守："并不要求每一项违规行为"都被正式处理或予以制裁，要注意"在许多情况下，对于表面性的不当行为，第一反应应当是口头劝告或简单处理"。[19]

应当允许囚犯相对自由地走动，可以根据其个人爱好选择着装，在牢房里放置一些私人物品，并且如果他们极不情愿，他们也可以拒绝参加教育和改造项目。监狱外面的人可以经常跟犯人通电话或是会面。对犯人组织不仅要容忍，还要加以鼓励，"并可以将之作为犯人自我表达和自我发展的工具"。[20]他们希望犯人遵从监狱的规则，但如果他们不同意某项规则，他们可以上诉和申诉。

正如我们在第一章中所看到的，这种管理理念的结果，便是产生了一套无序且往往暴力的（尽管暴力程度不及其他一些州）监狱系统。在这些监狱里，工作或教育缺乏意义，看守也没有干劲。由于允许囚犯接受并保存私人财产，安全问题进一步加剧，因为这些私人财产经常被用来制造武器或藏匿违禁品。迪伊乌里奥注意到犯人们有一套等级体系，由于一些犯人比其他犯人更加强壮或拥有更多贵重物品，这些犯人就能够向其他犯人施加权力或欺负他们。[21]鉴于有一套详尽的规章条例规定了囚犯的权利、应遵守的纪律以及拥有上诉和申诉的权利，管理人员被大量文书工作形成的洪流淹没了。

得克萨斯州惩教署在其前任主管乔治·贝托（George Beto）的领导下，针对维持秩序的问题开发出了一套完全不同的解决方案。这套方案被称为"控制模型"（control model），它建立在如下假设的基础之上：犯人都是冲动的且往往是危险的个体，如果让他们自行其是，他们就会企图欺负其他囚犯或看守。在贝托眼中，被判刑的罪犯缺乏对纪律的内化意识，这一点不仅体现在他们的犯罪行为中，还体现为他们对日常生活中的传统习俗表现出的冷漠态度：

> 看看这些囚犯。他们大多数人简直从来不知道何为纪律，无论是内在的自我约束还是外在的纪律……在监狱里，他们不得不遵从外部纪律，这对他们大多数人来说都是生平第一次。他们必须每天洗澡，必须刮胡子，必须衣着干

净。他们必须排队等候，并且必须尊重他人。[22]

这种观点认为，犯人不能被视为被监禁的公民，而是被判刑的罪犯。鉴于他们的人格缺陷，贝托领导下的监狱系统采取最高安全级别来对待所有囚犯，密切监管他们生活中最微小的细节。监狱按照准军事组织的原则进行管理。

犯人必须洗澡、刮胡子，并且穿着整齐的制服。他们每一天的每一分钟都受详细的日程安排限制和约束。[23]他们每天早起，在食堂吃早餐，然后安静地沿走廊地板上画好的路线走到自己的工作车间。他们需要称呼看守为"上司"或"先生"。犯人被禁止拉帮结派或互相勾结——甚至连走廊上或院子里随意的成群结队也会被看守驱散。

如果犯人遵守纪律，并在课堂上和工作中表现良好，他们就能获得积分，这些积分可以折算成额外的待遇，而且最重要的是，还可以获得提前释放的机会。（自 1982 年起，囚犯在服刑期间，每一个守规日可以为他获得多达提前两天出狱的机会。[24]）如果囚犯触犯法规的话，他必定会迅速受到处罚，他需要承担额外的工作或被单独关禁闭。所有这些措施并非为了改造他们（虽然得克萨斯州的一些官员认为外部纪律可能有助于实现这一目标），而是让其适应约束：让每一个不守规矩的罪犯都变得驯服听话。

这些规则虽然清晰翔实，却并不冗长，可以很容易地编成一本小手册，在犯人入狱时就发给他。看守和管理人员必须填写报告（例如，对所有囚犯的行为失当都要以书面形式及时报告），但文书工作并不会特别繁重，包括贝托在内的管理人员依然可以有大量时间在监狱内监控囚犯的日常生活。

20

正如迪伊乌里奥所观察到的，控制模型有其自身的问题。如果管理人员残暴无情，这种模型就可能引发暴行。它的一些组织特征为滥用职权大开方便之门。例如，监狱管理人员会挑选一些犯人作为囚犯管理员来协助他们管理牢房。每个群体都会产生"领头羊"，监狱也不例外；得克萨斯州监狱的管理人员认为，必须由他们自己而非囚犯来选择囚犯的头头。这些囚犯管理员拥有一定的特权和权力，因此如果不经过谨慎选择和控制的话，就可能会为纵容犯罪埋下祸根。

贝托退休后，由于继任的监狱管理人员缺乏像他那样的管理才能，而与此同时，监狱里的囚犯数量又面临爆炸式增长，因此监督囚犯管理员的工作变得异常繁重。一些囚犯管理员开始滥用职权，甚至偶尔会使用暴力来强制其他囚犯为他们服务。在联邦法院关于得克萨斯州监狱管理涉嫌滥用暴行一案的听证会上，囚犯管理员的行为成为一个重要议题。1980 年时，由法官威廉·韦恩·贾斯蒂斯（William Wayne Justice）颁布的清除令结束了这种囚犯管理员制度。[25]

到 20 世纪 80 年代中期时，得克萨斯州监狱有序、无暴力的特征基本已丧失殆尽。关于引起变化的原因众说纷纭：一些人把问题归咎于联邦法官的干预，另一些人认为问题出在惩教署所受外部政治支持的崩溃，还有人认为是监狱囚犯人数的增加致使旧秩序越过了失序的临界点。但大多数人的共识是，贝托的继任者，作为惩教署的负责人，出于各种原因并没有能够维持贝托的管理体系，其中一些人［比如雷蒙德·普罗卡尼尔（Raymond Procunier），他被从加利福尼亚州调来"解决"得克萨斯州监狱的问题］甚至都没有进行任何尝试。[26]曾经令得克萨斯州监狱成为这个国家大多数州之典范的组织体系和理念已荡然无存。

学校

给亚特兰大卡弗高中带来巨大转变的是充满活力的新任校长诺里斯·霍根斯。他精力充沛，具有支配型人格。他拥有强大的意志力，而且深信学校首先必须安全有序，然后才能成为一所优秀的学校。

正如萨拉·莱特福特所描述的：霍根斯宣布了着装守则，禁止在走廊和操场上播放收音机和立体声系统，下令清除墙上的乱涂乱画，而且强调必须保持走廊和休息室的整洁。他的管理体制是权威性的，甚至是独裁性的。教师和学生一样都能感觉到他的存在；莱特福特将他描述成"铁腕独裁"，是一副"威武老爹、家长式的形象"。[27]

秩序当然重要，但它只是达到某一目的的手段，而非目的本身。霍根斯强调教育的重要性，尤其是职业教育。他创建了一种新的勤工俭学计划，该计划要求学生花一半时间在校学习，另一半时间则在城市中工作。为了帮助学生们更好地获取商业和工作讯息，霍根斯设计了一个探索者计划，让学生们身着白色夹克制服到亚特兰大的一些公司去拜访它们的主管们。霍根斯还主持一年一度的自由企业日（Free Enterprise Day），将奖项颁发给那些完成了勤工俭学的学生，同时举办活动以向"民主、自由企业和资本主义"精神致敬。

霍根斯在卡弗高中的经验并非独一无二。到目前为止，有大量文献资料记载了完成有效改革的学校以及它们的改善进程。格温多林·J. 库克（Gwendolyn J. Cooke）记述了一所无序、全黑人学生组成的中学（或初中），这所学校的纪律准则是"别理老师并任由学生堕落吧"。[28]它的新校长推动了它的转型，使用的一些战略（但战术有所不同）也跟卡弗高中相同：实行强有力的校长领导，非常注重营造一种安全有序的环境，并专注于在一个渴望学习的环境中教授基本技能。然而，与卡弗高中的霍根斯不同的是，这所中学的校长曾试图与教师委员会共享教育领导权，但不久，教师们就找了个机会以越权为由让当局把这个校长给调走了。相反，卡弗高中的校长则努力使几十名教师被调离。

跟卡弗高中一样，纽约皇后区的富兰克林·K. 雷恩高中（Franklin K. Lane High School）一度也是该市学校系统所蔑视的对象，那时肯尼斯·戴威尔（Kenneth Tewel）担任校长一职。他引导教师再次把教育当成最重要的目标，但首先他需要解决他们的安全担忧。他把扭转该校局面的经历写成了博士论文，在论文中他将自己的经历与其他三个城市高中校长的经验进行了对比。他的结论是，所有校长都对自己的使命持有相同的看法："解决危机氛围，创造一个学生可以安全上学和学习的环境。"[29]要实现这一使命，每位校长都必须对教职员工采取专制的态度，并保持对变革的严格控制。但是，一旦学校走上了有条不紊向前发展的轨道，似乎便需要一个完全不同的协商管理体系。

除了天赋、才能和家庭背景之外，一所"优秀"的学校实际上会对学生的教育成效有多大程度的帮助呢？在这一点上，学者之间产生了分歧。一些研究人员发现存在显著的影响，[30]而另一些研究人员发现影响甚微或几乎不存在。[31]詹姆斯·S. 科尔曼（James S. Coleman）、托马斯·霍弗（Thomas Hoffer）和莎莉·基尔戈（Sally Kilgore）在他们关于美国公立高中和私立高中的研究中进行了最全面和系统的比较。[32]他们收集了迄今为止最为详尽的数据，并得出以下结论：通过标准化测评，对在统计上保持同样水平的家庭背景的学生来说，私立高中和天主教高中平均而言比公立高中会产生更大的教育成效。[33]

私立高中和天主教高中能获得更为显著成效的原因，对我们从卡弗高中或雷恩高中转变的努力中吸取经验教训极为重要："私立学校和公立学校之间在成就上的最大差异，可从一些学校层级的行为变量（如打架斗殴事件的发生率，学生威胁老师的百分比等）做出解释。"[34]换言之，教育成果的差异主要取决于学校秩序和纪律的差异。由此我们可以得出如下推论：创建安全公正的环境是学习的一个必要前提。迈克尔·拉特和他的同事们在对伦敦十二所学校进行的研究中，得出了类似结论。[35]这些研究受到了一些批评，但并没有遭替代或破坏。根据我的判断，他们的结论或许需要修正，但其核心的研究结果将在大体上得到证实。关于有成效学校的记录文献在迅速增长，我们此前已经综述了一些案例，这些记录文献大多得出了相似结论。它们有时把原因描述为"六要素模型"：在卓有成效的学校里，往往有强有力的校长亲自领导教学工作，教师们对学生的成绩寄予厚望并强调学习基本技能，保持良好的秩序和纪律，定期对学生进行评估，学生会投入大量时间学习。[36]

23

至于这些因素中哪些至关重要，支持其重要性的证据的质量是否存在问题，大家存在意见分歧。[37]但有一点毋庸置疑，即无论它们对教育成果存在何种影响，拥有类似学生的不同学校可以且确实在秩序、氛围和风气上存在显著差异。对大多数学生和家长而言，这些都是相当大的成就。

一些总结

组织非常重要，即使在政府机构中也是如此。如果以上三个案例有稍许指导作用的话，那么比较成功和不太成功的官僚机构之间的主要区别，跟资金、客户群，甚至法律安排的关系都不如跟组织体系的关系紧密。

只有两种人否认组织的重要性：经济学家和其他类似者。在许多经济学家眼中，政府机构如同企业：是按照单个企业家的意愿，将投入转换为产出的"黑箱"。直到最近，公司一直是经济学中的原子，它被视为经济学中的不能约分的分析单位，其行为如同一个无形的智者在计算着边际成本和交替的行动方案带来的收入。最近，一些经济学家开始对企业存在的原因以及一旦企业存在，那些主管公司事务的人如何让下属去做他们认为从公司角度来说是合理的工作产生兴趣。在关于委托人与代理人关系问题的理论（虽然迄今为止仍没有经验可依）的有趣论争中，对以上问题的关注已被详加阐述。这个问题我们还将在本书中多次涉及。但随着经济学家将研究兴趣从企业延伸到政府机构，总的来说，他们带来了关于企业的传统观点，即某人（企业家或机构主管）在一系列市场约束或政治限制下，将其个人效用最大化。官僚机构采取不同的组织安排会产生不同的结果，这一观念仍是一个陌生的概念，而一些商业机构采取不被边际成本经济学所预测的方式来行动的可能性也一样不为人知。

无须告诉非经济学家的是，企业和政府机构是复杂的实体，它们的内在生命远远比可被描述为最大化效用的东西更微妙多变。但是，在摒弃经济学家那些无用思想的同时，他们也往往把有关组织内容的精华也一起抛弃了。从各行各业的人那里我最常听到的关于组织的评论是，重要的不是组织本身，而是组织内的人员。

现在，"是人在创造不同"的观点具有很大的正确性，同样正确的还有下面这个观点：我们中的大多数人（在大部分时候）遵循的行动方针是增加我们的净资金效益。但"只有人才最重要"的说法有两个错误。首先，人不仅是生物学、家庭和学校教育的产物，还是所身处组织机构中的位置（或如社会学家所定义的，其在组织中的角色）的产物。正如赫伯特·西蒙多年前指出的，一个人"在几个月或几年里处于组织中的特定位置，面对交流信息的洪流，保护自己不受他人侵犯，他的知识、信仰、注意力、希望、愿望、着重点、恐惧和建议不可能不受到最深远的影响"。[38]埃里希·冯·曼施坦因、海因茨·古德里安、乔治·贝托、诺里斯·霍根斯和肯尼斯·戴威尔——这些人并非只是天赋异禀，然后碰巧当了将军、监狱主管或校长；他们的眼界和技能亦是在他们为之奋斗多年的组织机构中锤炼而成的。

再者，他们取得的成就取决于使他们可以有所作为的权力与资源。这是"只有人才最重要"说法的第二个难点。赫伯特·西蒙还做过如下论述：

> 如果组织无关紧要，如果我们只需要人员，那么为什么我们还坚持为这些人员创设岗位呢？为什么不让他们根据自身能力和素质自己去创设一个位置呢？为什么老板只有在被当作老板之后，他的创造力才能通过组织放大呢？最后，如果我们要赋予某人一定的权力以便他的个人素质可被转化为效能，那么其他人员在他周围组织的方式是如何影响他的效能呢？[39]

许多读者都会同意这一观点，但他们仍然会说："是的，但具体的组织结构肯定不是古德里安、贝托或霍根斯成功的关键。"也许他们说的有道理。但是,这种观点是建立在一个普遍错误的基础之上的,他们将组织与组织结构混为一谈。一个组织并非简简单单或主要是组织机构图中的一组方框、连线或头衔。按切斯特·巴纳德(Chester Barnard)的话来说,组织机构是一个"由两个或两个以上的人员组成的自觉协调活动或力量的系统"。[40]最重要的是要知道,这种协调是如何完成的。

在德国军队里,协调系统旨在提高低级别官兵在一个整体纪律系统中朝着总目标努力时独立行动的能力。在得克萨斯州的监狱里,该系统却是为了达到完全相反的效果:不是为全局目标而独立行动,而是对实施细则快捷而自发的服从。在卡弗高中,协调的主要目的是减少无序,并向学生们灌输学校精神和培养个人自信。

组织机构非常重要,但如何组织却没有最佳方式。我们来思考一下中央集权管理或分权的问题。在得克萨斯州的监狱里,权力严格集中,经常可见乔治·贝托频繁地在监狱的院子或牢房中徒步巡查便是证明。在德国军队里,权力同样等级森严,但发号施令或决策的权力(这些是权力的精髓)留在下士、中士、中尉和上尉手中,这令法国或英国将领们感到震惊。在卡弗高中,老板是谁毫无疑问,但老板并不能亲自管理每一个班级;诺里斯·霍根斯也必须让教师来执行教学(这也就是说,让教师来行使巨大的权力)。他的最大希望便是,向教师们灌输足够强烈的使命感,可以运行一套充分有力的激励措施,保证教师努力工作去合理运用自己的权力,代表学校普遍的利益。假如本书前两章介绍了更多组织机构的例子,那么协调系统会更加多样。不过,研究实验室或外交部是不可能按照德国军队

25

或得克萨斯州监狱的方式来运行的。

如果要了解这三个组织成功的原因，我们就必须了解它们是如何处理以下三个组织问题的。第一，每个组织必须决定如何完成其关键任务。我所说的关键任务是指那些如果由重要组织成员顺利完成，将使其组织具备处理关键环境问题能力的行为。德国军队面临的问题是战壕内的机关枪和火炮的杀伤力，所以它的关键任务是找到这一问题的解决办法。可行方案有两种——技术解决方案（坦克）和战术解决方案（渗透）。两种方案德国都用了，但主要用的还是战术解决方案。对于得克萨斯惩教署来说，关键的环境问题是要在囚犯中保持秩序，而这些囚犯在数量上占优势，性情冲动并习惯性好斗。它的关键任务是，制定和执行足够精确的、可理解的、不能转变的规则，永远不给囚犯们任何独自或集体行动的机会。对于卡弗高中来说，关键的环境问题是在学生和教师中蔓延的恐惧、无序和低落的士气。它的关键任务是，制订一个包括清扫教学楼、保证师生安全以及激励学生不松懈的计划，卓有成效地扫除师生前面提到的那些情绪。

要注意，以上我谈到的是任务，而非目标。常常有很多分 26 析家和主管希望从明晰目标开始来提高组织效能。有时候这样做很有效。但是，政府机构比商业公司更可能只有一些大概的、模糊的或不一致的目标，对于目标只能偶尔达成明显一致的看法。[41]通常来讲，任何想要明确这些目标的努力都将导致毫无意义的空话或暴露深层次的分歧。德军、法军和英军都有一个相同的目标——打败敌人，但对此目标的深思熟虑并不一定会让你深刻领会如何打败敌人。从某种程度上来说，得克萨斯州和密歇根州的监狱可能也有相似的目标——维持秩序、改造囚犯、使罪犯丧失犯罪能力，或阻止可能出现的犯罪行为。但是，如果这两个组织都试图通过更加努力思考这些目标来完善自身，它们可能会发现，它们并不知道该如何实现某些目标（如改造囚犯），而只能猜测自己是否能够实现另一些目标（如阻止可能出现的犯罪行为），并且它们内部也会就其他一些目标（秩序、丧失犯罪能力）的相对重要性甚至意义产生分歧。在卡弗高中，"教育孩子"在一定程度上是大家的共同目标，但如果一个新校长把他/她的重要精力放在明确教育的意义上，那么就会出现一个有趣的教育研究会，而学校并不会发生什么显著变化。

当然，界定任务必须考虑目标。两者相互关联，在某种程度上关系往往是复杂和不确定的——尤其是对政府官僚机构来说。在后面的章节中，我会就其关联进行阐述。我希望到目前为止我们足以断言，从我们所分析的三个案例来说，任务和目标并非直接关联，它们不是简单的"方法"与"目的"之间的逻辑关系。

这三个组织克服的第二项挑战，是对如何定义重要任务达成一致并获得广泛的（如果不是热烈的）支持。当该定义被广泛接受并获得支持时，我们说该组织具有了使命感。（德军甚至使用了该词的变体——auftragstatik——来定义其要达到的目标。）所有这三个组织的成员都为他们组织所承担的任务和所采取的方式感到自豪。在卡弗高中，就像其他许多经历痛苦改革的学校一样，从来没有建立起一种普遍的自豪感。一些教师抵制权力分配的变化，而另一些教师可能不喜欢强调秩序和表面文章。但假以时日，通过劝导或人员更换，霍根斯把他个人的使命感变成了整个学校的使命感。

所有这些组织必须解决的第三个问题，是如何获得充分的行动自由和外部政治支持（或者至少不招致反对），以允许它重新定义其所认为的最好任务，并给该定义注入使命感。所有这些组织都设法获得了适度的自治。乔治·贝托获得了得克萨斯州政界和商界重要领袖的支持。诺里斯·霍根斯即便没有获得亚特兰大教育主管部门的财政支持，但他至少获得了其在精神上的支持。德军中主张把侧翼渗透战术与闪电战渗透相结合的人也得到了外部支持；他们中的许多人，包括古德里安、隆美尔和曼施坦因都必须克服来自更为传统的德军将领的猜疑甚至敌意。骑兵军官、炮兵军官甚至步兵军官都反对这项新的军事策略。阿道夫·希特勒站在革新派的一边来干预这些抵制，这对新战略的实施起到了决定性作用。[42]

本书关于组织机构的分析视角

这本书主要是叙述性的：力求描述美国政府机构中官僚体制的本质特征。在第二部分，我试图描述这些机构的普通工作人员如何决定自己的工作内容；在第三部分，我将描述政府机构的管理人员如何决定他们自己的工作事项，并在第四部分阐述政府机构主管人员如何决定他们的工作重点。但本书并不止于这些描述。在挑选案例时，我被以下事实触动，即用以解释德国军队、得克萨斯州监狱和卡弗高中与众不同的理念，竟然同样适用于解释普通员工、管理人员及主管人员，如何在警察部门、监管机构、林务局和公园管理局、国务院和中央情报局、社会保障总署和邮政总局中发挥作用。

第一，普通员工［或者，我更愿意把他们称为操作人员（operators）］：他们为什么会从事这些工作内容呢？组织的正式目标有时会有助于解释这点，但大多数时候，操作人员的工作内容取决于他们所面临的环境（他们所认为的"重要环境问题"），他们以前的经验和个人信仰，同事对他们的期望，其所在组织涉及的一系列利益，以及该组织创始人给予组织的推动力。对于任何独特的官僚机构来说，这些因素结合在一起便产生了一种组织文化——它是一种审视和回应官僚世界的独特方式——它塑造了操作人员所可能拥有的各种自由裁量权（通常会有很多这样的权力）。当该文化成为组织人员自豪感和共识的源泉，该机构就获得了使命感。

第二，管理人员（managers）：管理人员参与组织机构日常工作的程度越高，他们的生活就越不会被操作人员正在执行的任务或该机构为之奋斗的目标所影响，而是由政治环境对该机构的约束所塑造。这些约束限制了他们分配资源、指导工作人员并朝着目标努力的能力。尽管存在这些制约因素，管理人员必须想方设法去管理。他们如何做到这点将取决于他们所在机构的类型。为了将纷繁复杂的机构类型简单化，我在第九章中将它们分为四种类型——以这些机构目标的清晰程度和机构操作人员工作业绩的显著程度为依据。为了不过分歪曲事实，我把作为考察来源的具体事例整理成了四类："生产型"（production）、"工艺型"（craft）、"程序型"（procedural）和"解决型"（coping）机构。

第三，主管人员（executives）：为了设法维持该机构（以及他们自己在该机构中的地位），主管人员时刻挂念着如何对自己的势力范围保持控制——用一个流行的官僚术语来说就是"自治"。没有机构已经拥有或能够拥有完全的自治，但所有机构都奋力争取和保持尽可能多的自治。为了达成既维持机构的独立性又保证其在多机构间的政治地位这一双重目标，主管人员采取了各种策略（将在第十一章中阐述），有时候还鼓励创新（将在第十二章中阐述）。

当读者对美国（尤其是联邦）政府机构有些微了解之后，本书第五部分将介绍这些官僚机构运转的情景——总统、国会和法院之间为控制官僚机构行为而进行的斗争。在第五部分的结尾，本书将拉远视角，通过探究（第十六章）美国公共管理跟其他或多或少具有民主因素的国家的差别以及造成这种差别的原因，来审视所描述的现象。

最后一部分阐述了官僚体制的主要问题，这些问题经常遭到公民投诉（第十七章），尤其是低效和专横独断，然后分析了解决这些问题的主要可选方案——运用法规（第十八章）和利用市场（第十九章）。最后一章再次回到军队、监狱和学校的讨论，来回顾我们从本书中间部分的篇章学到了什么，并抛给读者一个问题——为什么很少有政府机构表现出它们已汲取了什么经验，或准备把从这三个案例中吸取的教训加以运用。

虽然本书的目的不是教授如何管理一个官僚机构，而是分析为什么官僚机构会按它们现有的方式运行，但在本书的最后几页，我依然想提供一些如何在一定程度上能比较好地管理这些机构的温和建议，并指出在我看来即使是温和建议也不太可能得到重视的原因。需要为可能读到本书的文职人员开脱的是，我的建议（以及他们的建议，因为我的很多想法其实都来自他们）不被采纳的原因跟他们个体的局限性和称职与否无关，而取决于他们所身处的宪政体制。想立即就找到"结论"的读者，请勿费劲读这数百页的文字，可直接去读两个世纪前由詹姆斯·麦迪逊（James Madison）写作的《联邦党人文集》第51篇。

第二部分　操作人员

第三章　环境

对于一名企业高管而言，任务和使命的重要性可谓老生常谈。设法找到明确的任务以及最大限度激励员工完成这些任务的最佳方法，常被认为是创建正确的管理文化。大量关于卓有成效企业的论著一再强调这些问题，敦促企业高管人员去效仿"百佳企业""日本企业""Z 理论"或当前经营良好的企业所奉行的任一流行模式。然而，关于公共行政管理方面的论著却很少涉及这些问题。除几部著名的论著外，关于政府机构的绝大多数作品几乎没有涉及组织文化。这些作品中的确会有一些章节谈到组织结构、计划、决策以及国会监督之类的问题——当然这些都是非常重要的问题——但在有关组织的具体工作内容或如何调动人员积极性方面，却只字不提。

这些书对任务和激励的话题避而不谈，在某种程度上反映了作者们的学术兴趣，但在很大程度上其实是准确地捕捉到了政府高官们的现实世界。在美国，政府高层领导人员都忙于在一个错综复杂、冲突频发且不可预测的政治环境中维护他们的机构，而政府中层管理人员则整天忙于应付这种环境对其机构造成的种种制约。

相对于企业领导人来说，政府机构领导人需要花费多得多的时间和精力来面对面地应对选民。例如，拥有近 40 亿美元资产、年收益达 15 亿美元、员工总数超过 5000 人的新英格兰电力公司（New England Electric System，NEES）的首席执行官每年

32　　只与董事会成员召开 6 次会议，每次会议约三四个小时；其中许多议题都是例行公事，会议气氛都非常友好，首席执行官也几乎总会如愿以偿。而在笔者考察联邦调查局——它是一个拥有约 22400 名工作人员和 14 亿美元预算的机构——期间，该局局长每年与其"董事会"召开会议的次数竟超过 18 次。[1]这个"董事会"其实由管理联邦调查局的几个国会委员会组成。这些会议往往冗长且充满矛盾，通常局长还得不到满意的结果。新英格兰电力公司可以使用留存收益或通过债券市场筹措资金来给各项目融资；而联邦调查局既不能留存收益也不能举债，它的经费只能来源于国会拨款。新英格兰电力公司的借款可以在贷款期限（通常为数年）内自由支配；而联邦调查局所获拨款只有一年的使用期限，到下一年度必须重新申请。另外，媒体很少调查新英格兰电力公司的情况，但经常调查联邦调查局的工作。

　　政府机构领导人必须花费大量时间来应付机构的外部环境，因此他们只有相对较少的时间来管理内部事务。此外，总统任命的官员通常只有 2.5 年的任期，抛开各类只负有监督任务的委员会的官员，则只有 2.2 年的任期。[2]这样一来，与企业相比，政府机构的任务很少受到机构领导人偏好的影响，而更可能是由外部环境所决定。

任务与目标

　　你也许会认为，政府机构领导人所面对的这些限制无关紧要；毕竟，我们难道就不能通过了解一个机构确立的目标来推断其将要开展的工作吗？如果你持有这种观点，那么请你翻开《美国政府手册》（*United States Government Manual*）的任何一页。

在这部手册中，你会看到这样的表述：

- 促进美国的长期安全和富强（国务院）
- 加强印第安人和阿拉斯加土著人民的人力资源和自然资源潜能的全面开发（印第安人事务局）
- 为维护我们国家的和平、安全和国防，组织、训练并武装现役和预备役部队（陆军部）
- 创造良好的居住条件和适宜的生活环境，以建设充满活力的城市社区（住房及城市发展部社区规划和发展助理部长办公室）
- 促进、推动和发展美国工薪阶层的福利事业（劳工部）
- （实现）广播服务业的有序发展和运营（联邦通信委员会）

33

　　所有这些都是模糊不清的目标，因为对于诸如"富强""潜能""安全""充满活力""良好的""适宜的""福利事业""有序"和"发展"等词语的含义，每一个有理性思维的人都会有不同的理解。即使他们就某一目标的含义认识一致，他们也会就应该牺牲哪些其他目标来实现这些目标而产生分歧。如果印第安人的"全面"开发意味着对某一部落土著文化的毁灭，那么我们仍要追求这一目标吗？提供"良好的"居住条件是否就可以置成本而不顾呢？"发展"广播服务业，应该怎样平衡无线广播公司、有线广播公司和卫星广播运营商之间的利益呢？是否应该在不考虑预备役人员所从事的职业和个人意愿的情况下，将他们训练到能够随时被征召为现役军人的程度呢？

许多私营机构像这些政府公共机构一样，目标含糊不清且难以实现。哈佛大学的目标是什么？是教育青年，还是保存并促进文化？前面这些字眼又意味着什么，我们如何才能实现它们所可能描述的情形呢？如果你回答不了这些问题，你又凭什么决定哈佛大学的教授们应该做些什么呢？既然没人能根据高校的目标来规划教授们的任务，那么应该由谁以及如何对这些目标做出具体的阐释呢？私立大学以及大多数其他私营组织，在确定自己的任务方面可能未必会比政府机构做得更好，但由于其私立的性质，它们是由委托方和捐助者自愿资助的竞争性企业。这些资助者可以自主依据个人好恶来决定资助与否。与此相反，一个政府机构通常独家提供某一服务，由国会划拨经费来支持它的运行，这些经费来自民众所纳的税款，但这些纳税的民众并非都能从该机构提供的服务中获益。在目标模糊的私营组织中，操作人员的任务是通过反复试错和内部协商后，经由竞争性的自然选择的验证来确立的。有些组织蓬勃发展，有些只是勉强维持着基本的生存，而另一些却走向了失败。而在目标模糊的政府机构中，其操作人员的任务设置和私营组织基本相似，但缺乏定期对其适应性进行的评估。

要想了解一个政府官僚机构，我们就必须了解它的一线人员是怎样领会自己的工作任务的。我们姑且把这些人员称为操作人员。（究竟哪些人算操作人员有时并不好说，但一般来说，所谓操作人员，就是其从事的工作证明了该机构的存在的人员——学校的教师、监狱的看守、医院的医生和护士、警察局的巡警和刑警、军队的士兵、代付机构的柜员、邮局的拣信员和邮递员、拨款机构的拨款人员、国务院的外交官等。）操作人员的工作是我们研究的起点，因为正是他们的努力决定了机构的服务对象（也就是普通民众）是否感到满意。此外，如果我们事先并不了解一个机构的结构体系所组织、激励机制所鼓舞、领导阶层所导向的是什么样的行为，我们也就无法对其结构体系、激励机制和领导阶层说出多少令人感兴趣的事情来。

通常人们并不从上述角度来观察政府机构。正如前一章提到的，在我们当中存在着一种倾向：我们常常抱怨一个机构的绩效离它的目标差距太大，并猜测是"官僚症"（bureaucratic pathology）导致了绩效不佳。但是，只有当政府机构目标十分明确，有理智的人可以就目标的意义以及该机构是否拥有为实现目标而采取行动的自由（权力和资源）形成共识，我们的抱怨和猜测才说得通。一个明确的目标才是一个"可操作的目标"。①

有些政府机构的确具有明确的（或可操作的）目标，一线人员的工作内容即可从中推断出来。在下一节中，我们会考察一些例子。当政府机构目标模糊或者不一致（实际上往往会是这样）时，一线人员的工作内容就将取决于他们所面对的工作环境、他们带入工作中的理念和经验或其工作所承受的外部压力。本章相当一部分篇幅将用来探讨环境因素，特别是我称为

① 我这里所指的目标是期望的某一事物未来的状态。如果这种概念与实际事物相比完全一致，那么这就是个可操作的目标；如果无法用实际事物来进行比对，我们无法确定这个目标是否已经实现，那么这就是一个总体目标。"根据总收入以28%的比例调整税收"就是一个可操作的目标；"根据公众利益、便利性和必要性发放广播许可证"则是一个概括性的目标。公共机构很少有单一和明确的目标，一般都是概括性和多样化的。班菲尔德曾详细探讨这些区别，参见 Edward C. Banfield, "Note on Conceptual Scheme," in M. Meyerson and E. C. Banfield, eds., *Politics, Planning, and the Public Interest* (New York: Free Press, 1995), 303ff。学者们能够识别出班菲尔德对我的恩惠。

“需要”（imperative）和同伴的期望（peer-group expectation）。在下一章中，我们将讨论组织成员带给组织的四个因素——他们过往的经验、专业规范、人格以及思想观念。在第五章中，我们将讨论作为组织环境一部分的势力因素——利益集团的诉求。

确定任务：目标

社会保障总署具有可操作性目标（至少就其负责管理的退休计划来说确实如此），并且拥有实现这些目标所需要的自由
35 和资源。按法律规定，社会保障总署需要每月向全国所有符合条件的退休人员发放一份退休金。退休金的金额根据一个复杂但精确的公式计算得出，而对领取人的资格审核也需要依照明文颁布的法律法规来进行。社会保障总署需要向 3500 万人发放各类救济金，并向 1.1 亿人收取税款，但其工作的精准度非常高。[3]

在扶残助残这个目标上，问题就要复杂得多，因为法律没有明确构成伤残的因素。由此，与帮助退休人员的任务相比，社会保障总署对扶残助残任务的界定，就存在更多争议。[4]

当然，社会保障计划的各个目标之间也存在冲突。有些人认为，个人所得税税收制度应该保证每个人享受社会福利的金额与其之前个人所得税缴纳情况成正比；如果按照这种方式，富人获得的退休金就将高于穷人。而另外一些人则认为，征税的目的应该在于为穷人享受的福利提供一个最低限额的保障；如果采取这种做法，福利的金额就不再与福利享受者的纳税额挂钩了。社会福利是否应该根据通货膨胀的情况做相应调整呢？完全享受社会福利的年龄应该定为 62 岁、65 岁还是 68 岁？人

们对这些问题也持有不同观点。但是，这些政策性问题本身并不会在退休福利工作中造成组织困难：因为无论选择何种目标，社会保障总署都可以根据目标来推断出它的工作任务。

社会保障总署通过了解目标来确定任务的做法并不意味着它没有官僚问题的烦恼。我们将在后面的章节中看到，该机构在获取和使用高效能电脑方面遭遇了很多麻烦，并且被各种各样的改组方案弄得焦头烂额。但是，这些问题并非由其目标不明确所导致，而是由政治方面的约束造成的。这些约束决定了行政管理费用、用以吸引关键人才的工资额度、管理人员的身份以及允许购买新设备的程序。这些约束并不会影响它对工作任务的界定（虽然在另外一种政治环境中约束会产生影响）。总之，社会保障总署在逻辑上具有根据其（大部分）目标来确定工作任务的能力，在政治上也拥有根据目标确定任务的自由度。

社会保障总署工作任务的一贯定义是："我们的核心任务是按时、准确地发放福利金。"围绕这个简明观点形成了一种强调服务的组织文化——至少在社会保障总署的外地办事处确是如此。总审计局（General Accounting Office，GAO）的一份研究报告称："社会保障总署的文化"是"面对面的公共服务"。结果，这种文化使得它的许多外地办事处都需要维持高水平的人员配置（即便整合与裁员可能节省大笔行政开支）。社会保障总署的一名高层管理人员在1987年接受我的采访时确认了这种情况："外地办事处的服务观念非常强"，尽管他也补充说，"一致性"（即遵循领取人资格审核规定的一致性）与"服务"同等重要。另外，国会坚持不得减少外地办事处的主张也强化了这种文化（社会保障总署拥有1300个外地办事处以及约

4000 个较小的"联络站")。他们的确拥有非常强的服务观念，如当社会保障总署的一位新署长宣布她希望更多的外地办事处在夜间和周末开放，以及为福利领取人员提供预约服务（而不是必须到办事处现场排队等候）时，外地办事处大多持欢迎态度，而这对许多其他政府机构而言，则是一个令人生厌的负担。

美国邮政部（United State Post Office Department）在转变成半独立的美国邮政总局（又叫邮政服务公司）之前，也有比较明确的目标，即尽可能快捷、廉价而准确地投递邮件。当然，人们愿意在廉价和准确性方面做出多大的牺牲来提高投递的速度，这是一个有争议的问题。但这一目标至少使得邮政部负责人能够确立该机构的工作任务：邮件的收集、分拣和投递。但是，与社会保障总署不同的是，当初邮政部并没有自行确定自己任务的政治自由。邮递员对其任务的确定拥有足够的影响力，国会议员拥有过度的权力来决定设立邮局的数量和位置，白宫可以决定何时要求提高邮资，而代表相关利益用户（如出版社、贺卡生产商、直邮广告商）的组织则会向国会施压要求降低邮资。[6]即使在改组后成立的邮政总局，这些曾经制约着邮政部负责人的因素有一部分仍然阻碍着（尽管不像以前那么严重）适合组织目标实现的文化的形成。

确定任务：环境需要

当目标不明确的时候，环境因素就变得重要了。环境因素中更加重要的是工作人员每天都要去面对的情况。假设你是警察、狱警、教师、国务院办公室人员或者是职业安全与健康管理局（Occupational Safety and Health Administration, OSHA）的检查员，当你撰写工作报告的时候，就会发现客户的行为以及

所用的技术强烈地影响着你的工作——不论组织的目标有多 37
明确。

在新警察第一次执勤的时候，他那经验丰富的搭档或警官
会告诉他们："忘掉你在警校所学到的东西，我会告诉你什么
是真正的警务工作。"精力充沛的警察管理人员经常设法防止
这类街角社交，但他们的努力收效甚微。因为巡警，无论是单
独执勤还是跟搭档一起，都必须在那些行为莫测、情绪不安并
通常怀有敌意的人面前树立权威。在大多数情况下，当一名巡
警接到无线电呼叫或路人的求救时，他很可能会碰到这样的情
况，他需要做出重大决断来处理一些有关生死荣辱的至关重要
的事情，牵涉到受到惊吓的、喝醉酒的、正在吵架的、不知所
措的、愤怒的、受伤的、推诿的或暴力的人。[7]面对如此境况，
这位警察必须行使他的权力——必须"负起责任"。至少在美
国的各个大城市里（我估计在美国其他地方也是类似的情况），
警服和警徽本身并不代表令人服从的权威，还需要警察采取行
动来补充和扩展这种法律可能赋予的权力。警察在处理纷
争——如家庭纠纷、街头争吵，或者房东和租户、店主和青少
年等之间的争吵时，这一点显得尤为重要。在这些情况下，需
要恢复或维持秩序。但正如我们所知，秩序是一个见仁见智的
问题，而且维持秩序的方法也是一门艺术，而非科学就能解决
的问题。虽然这是警察们最头痛的任务，但它也最为寻常。一
项研究表明，在所有请求警察帮助的呼叫中，近三分之一涉及
秩序维护，如果把交通事故（往往是驾驶员们各执一词）也计
算在内的话，这类请求就占到了总求助次数的40%以上。[8]相比
之下，只有10%的求助是明确要求制止或处理犯罪行为。

即使发生了严重的犯罪事件——这时警察机构的目标也因

此变得明确（"将罪犯缉拿归案"）——但开展调查所面临的情境却往往令人困惑，甚至混乱无序。警察很快就会发现，有些受害者关于他们受损的报告并不全面或有失真实："被盗的电视机"可能只是被它的主人拿回，因为早些时候"受害者"把它从主人那里"借"走了；"失窃汽车"也许根本就不存在；或者"袭击"可能就是由受害者本人挑起，只是他后来失利才报警的。[9]警察很快体会到，保持警惕和怀疑有多重要。抓住的犯罪嫌疑人（这种情况并不常常发生）很少会如实交代，有时甚至还试图逃跑。

所有这些情境导致巡警不能从"执法"的角度，而是从"处理局面"的角度来明确自己的工作。要处理局面，首先就要"负起责任"。出于负责的需要和对警察职业固有的人身危险的认识，警察们便培养出了杰罗姆·斯科尔尼克（Jerome Skolnick）所称的"职业人格"（working personality）。[10]威廉·K. 缪尔（William K. Muir）已经向我们表明，这种人格并非总是相同：在他对奥克兰警察局所做的杰出研究中，他发现警察们负起责任的方式各有不同（有好有坏）。[11]但是，他们都负起了责任，因为这是他们工作任务的本质。

也许有人反对说，诸如"负起责任"这样一种"环境需要"并不能概括一项工作，尤其当负责具有多种方法的时候。事实的确如此。更准确地说，这些难以处理的现场环境所产生的问题，是操作人员必须妥善应对的具有压倒性利害关系的问题。现场环境界定了他自由行动的外部界限，也确定了组织目标和个人性格在发生作用方面的外部边界。鉴于将在第十一章中所述的原因，政府机构的领导人员往往忽略这些环境因素，从而要么允许操作人员凭直觉去解决问题，要么引导操作人员采取一些导致低效、无序和腐败的方式来处理问题。在第十一和十二章中，我举了几个关于某些领导人员的例子——这样的例子的确太少了！这些领导人员不仅了解环境需要，而且懂得采取何种方法将操作人员求取生存的愿望与领导人员对于成效的追求调和在一起。

与警察一样，监狱和精神病医院的工作人员所面临的环境因素也非常重要，使得正式的组织目标变得几乎毫无意义。一家监狱的既定目标可能包括遏制犯罪和改造罪犯，但主要决定狱警工作内容的并非这些目标，而是监狱里的现实生活。对于这些现实，已有一些人进行过充分的阐述。格雷沙姆·赛克斯（Gresham Sykes）就阐述过这种现实情况：囚犯通常很年轻、精力充沛，首次入狱的犯人在入狱前一般都有数次前科，而有一些犯人已经是第二次或第三次服刑了。囚犯的数量超过了看守的人数。在许多监狱里，犯人可以毫不费力地将工厂车间的工具和餐厅的餐具改制成武器。监狱中时常发生骚乱，偶尔还会发生重大的暴动（就像 1980 年在新墨西哥州的监狱出现的情形一样），有时还会发生越狱事件。

假设你是一名狱警，你所在机构领导人员的话就是该机构的目标，但对你来说，核心要务却是确保自己的生命安全且不受伤害。如果发生暴乱或越狱事件，你至少会受到批评，弄不好还会被犯人所杀。所以为了避免这种情况，你必须控制住犯人。控制——而非威慑或改造——变成了你工作的核心任务。[12]具体如何实现和保持控制会因为你的个性和监狱管理的不同而不同。你可以使用恐怖手段，也可以把监狱管理权移交给那些有势力的囚犯头目（con bosses），他们使用武力、勒索或玩弄诡计等方式来管住犯人，从而防止犯人威胁到你。（那些囚犯

39　头目则会要求从你这里得到好处——享受违禁品、特权和权力，以作为他们为你提供有价值的服务的交换。你不得不为你所得到的进行付出。）你还可以给予犯人更多的权利和自由，希望以此安抚他们。你也可以尝试通过奖罚的系统化管理来规范他们的日常生活。反过来，你履行职责的方式又取决于你自己受到的督导，不管你受到的是怎样的督导，核心问题将取决于你每天所面临的环境需要。

在很长一段时间里，精神病医院的医护人员也一直面临着类似的环境需要。医院的目标可能是治疗精神疾病或改善心理健康。但是，即便医疗机构的管理人员能够就心理健康的构成要素给出一个清晰明确的定义，该机构通常也并没有一个现成的实现心理健康的方法。医生、精神病医生和社会工作者会尽最大努力救治他们的病人，但对作为病房医护人员的你来说，每天生活最主要的事实是：你得照看一群情绪不定、有时行为怪异的病人，他们不像健康人那样听从指令，而且有时语无伦次、不能自律甚至非常暴力。你的任务就是管理好这些人，将他们对你造成的威胁和麻烦降到最低。完成这一任务的手段包括对病人进行管制、使用镇静剂、隔离、电击疗法或者授予和取消特殊待遇。具体的手段将根据医院的有关政策来定（有些情况可做例外处理），但采取这些手段的目的在更大程度上取决于病房的具体情况，而非医院的既定目标。[13]就这一点而言，作为一名医护人员，你和监狱看守或巡警的处境大致相同，那就是维护和保持控制，尽管在法律上你所管理的人员并非嫌疑人或罪犯。

不过，精神病院的情况已经发生了变化。镇静药物的出现使得这些机构中病人数量的下降成为可能，并为病院提供了一种更加温和、化学的手段来对病人加以控制。这无疑改善了许多医院中病人的生活质量。但这是否能从根本上改变医护人员的任务，尚不明确。精神病院不同于普通医院，因为普通医院的患者一般都会由他们的家人朋友在其出院后接回家中，所以普通医院就无须配备在精神病院中占核心位置的医护人员去控制病人的行为，而精神病院的病人其实不愿待在里面但他们的家人又不愿意接他们回家。

学校教师通常不必与罪犯、囚犯或精神病患者打交道，而且学校教育青少年这一目标也比其他公共服务机构的目标更加明确。尽管我们也许会对教育所应包含的内容持不同的看法，但我们可以就某些内容达成一致意见。例如，几乎所有人都会认同学习读写技能是教育的重要组成部分。一位教师如果教授了这些技能，那么他就是在实现组织的目标；反之，他就没能实现这一目标。

然而，尽管学习在一定程度上是一个可以理解的目标，但它并不是任课教师的唯一关注点。正如半个多世纪前威拉德·沃勒（Willard Waller）所指出的，教师面临着两项任务：一是引导学生们集中精力学习，二是控制学生们的精力以维持秩序。[14]原则上说，这两个任务是相辅相成的：要想让学生们学习，就必须要有秩序。但在实践中，这两项任务之间可能会出现明显偏离。在某些情况下，对秩序的重视超过了对学习的关注。例如，有迹象表明，与位于上层社会社区里的学校相比，位于下层社会社区里的学校更加关心秩序。[15]这种差别存在的原因在于，无论是社区的期望还是学生的行为（或者两者皆有）都在影响着教师对自己任务的确定。

当一个机构必须面对面地应对那些不合作或具有威胁性的

服务对象时，环境的需要可能会对操作人员确定其任务产生更大的影响。甚至对不是那种迈克尔·利普斯基（Michael Lipsky）所称的"基层官僚机构"的组织，环境依然影响着它们的任务。[16]美国国务院并没有将某个明确易懂的目标作为确定其任务的依据。事实上，一些批评家声称，在国务院工作的那些人从事的都是一些毫无意义的工作。外交官们被画成漫画讽刺为"整天在宴会社交中混日子"，"说话模棱两可"或"过于注重形式的社交聚会常客"。毋庸置疑，作为国务院的核心专业人才，那些外交官并不会这样看待自己。在他们看来，他们的活动是为了实现这样一项重要目标：代表并促进美国的海外利益。他们参与制定"外交政策"。该机构还从事其他工作，包括签发护照和签证，与其他国家开展教育交流项目，但它的中心工作就是帮助制定外交政策。[17]

但是，什么是外交政策，而什么又是美国的合法利益呢？没人能清楚地回答这些问题，部分原因在于，人们对何为美国的利益存在不同的观点；另一部分原因在于，即使是那些观点相同的人也认识到，随着环境的变化，我们的那些利益也会以不可预知的方式不断发生变化。退一步说，就算我们能就美国的利益形成一个公认的定义，我们又如何知道通过什么途径才能实现这些利益呢？国务院当然有自己的目标，但这些目标都非常笼统，领导人员根本不可能依据这些目标来清楚地确定这个机构的工作任务。

尽管存在这些含混和冲突，可每天仍有成千上万的外交官去上班工作。那么他们都在做些什么呢？他们为什么在做这些事情，而不是其他一些事情呢？其实他们的具体工作在很大程度上取决于他们所置身的环境。日复一日，他们需要处理成堆的文件，还要接待众多外国使团。每一份文件，每一个代表团，都是在执行外交政策。这些外交官必须按照某种方式制定一套日常工作程序来管理这大量的工作，这种方式可能关系到实现"代表和维护国家利益"这一模糊的目标。正如唐纳德·P. 沃里克（Donald P. Warwick）在他关于国务院的精辟研究中所论述的那样：制定外交政策涉及各个层面的工作，反映了该部门所有的甚至细枝末节活动的内容。"一位领事官员拒绝向一名拉美学生运动积极分子发放签证的决定，跟反对学生激进主义的正式声明一样，都反映了美国的外交政策。"[18] "政策"和"管理"之间几乎没有什么区别；几乎所有的行政行为都有其政策含义，而且事实上，不论是有意还是无意，它还可能转化为政策。

外交官通过相互之间以及与外国代表之间谨慎地交换书面备忘录，以便"维持关系"。康纳德·P. 沃里克注意到，"细化到具体工作当中，阐明政策最直接的方式便是提供一份书面报告。辞令和文章在国务院的工作中发挥了举足轻重的作用"[19]。外交官的中心工作任务取决于是否需要呈递、答复和评论书面报告。国务院于1970年进行的一次自我评估就以无可挑剔的语言证实了这一点：

> 公文写作能力是本机构最为重视的一项技能。我们在招聘之初就强调这项技能，我们的晋升制度也对这项技能给予了慷慨的奖励。在本机构中，最重要的工作就是报告工作。外交工作督察员习惯于检查报告工作人员的记事文档，以确认其工作是否取得了足够的成果。因此，不足为奇的是，我们这里最有能力和最有干劲的官员，不论情况

紧急与否，总喜欢寻找报告的机会。[20]

如果一项行动可能具有政策含义，因而容易在事后遭到政治批评的话，当事人自然会趋于采取谨慎的方式。警官们了解这一点，因此尽管偶有报道警察滥用职权导致人们普遍认为警察在工作中热情过头，他们在大多数情况下还是会谨慎行事，甚至可以说执法不严。[21]但警务工作不一定会留有书面记录，因而巡警们可以相对自由地行使他们的权力，而无须担心自己的一举一动、自己所行使的权力会留下记录，从而被那些查看文件记录的人所审查。

从事报告工作的外交官需要一直谨记，书面材料就是政策，它们会受到密切并且时常怀有敌意的审查。对他们来说，这一点是最主要的制约因素。我们将在后面的章节中看到，这项工作左右着国务院管理制度的形成，也招致了许多外界对国务院的批评，这些批评往往误解了外交官该做和不该做的工作。根据环境需要来确定工作任务会形成一种强调谨慎的组织文化。

即使目标比较明确，如果某种工作方式显得更为方便可行，那么环境也能决定工作任务。在这种情况下，我们认为技术（泛指任何一套策略方法）决定了工作任务。法律赋予职业安全与健康管理局颁布旨在改善工人安全和健康状况的条例的职责。要求制定这项法律的组织一致认为，工业危害对工人健康的威胁要比对工人安全的威胁更为严重。工人们常常会被一台缺乏安全功能的机器或者设计不当的梯子所伤害，但尽管这些风险的后果也很严重，却不及成千上万的工人因为接触有毒化学物质而生病或生命垂危的灾难严重。此外，工人和工厂管理人员都被鼓励减少事故，因为事故的减少可以明显减轻工人们所受的苦难，提高生产效率，减少病假次数，并降低保险费用。与此形成对比的是，无论是工人还是管理人员可能都不了解健康面临的危害，或者即使他们能够意识到这种危害，他们可能也会低估其有朝一日会造成若干人员死亡的后果的严重性。

鉴于这些情况，人们可能会认为职业安全与健康管理局在成立初期所颁布的大部分条例应该致力于解决健康危害，但事实并非如此。正如约翰·门德洛夫（John Mendeloff）所指出的那样，职业安全与健康管理局的工作更注重于解决安全问题，而非健康问题。[22]其中的原因与狡猾的利益集团给它施加的压力或工作人员个人价值观的扭曲并没有任何关系。[23]条例的制定人员发现，安全问题要比健康危害更容易解决。从技术角度来说，发现、描述、评估和控制安全问题要更容易一些。假设一名工人从一个平台上摔了下来：原因很清楚——是因为没有护栏；结果也很明确——摔断了腿；损失也很容易计算——医院住院天数，误工天数和修建护栏的成本；指导性意见也很好写——"在平台上安装护栏。"但是，如果一名工人在化工厂工作十五年后发现患了癌症，致癌的原因就很难判定，也会有争议。治疗这种疾病的费用也难以计算。解决方案也很难具体化：指导性意见可以写为"减少对 X 化学物质的接触"，但对诸如"减少到什么程度""以多长时间作为标准""可能会带来什么好处"之类的问题，医学所提供的意见也并不完美且会引起争议。由于存在这些困难，职业安全与健康管理局自成立以来，就一直因不能及时颁发健康标准而备受指责，而对于那些已经颁布的标准，人们又频繁地提出质疑。[24]

关于技术决定任务，战争也许是最令人叹服的例子——一支军队也许会因为一种新式武器的存在来决定如何明确和管理士兵们的任务。人们往往指责将军们总按最后一战来做准备。这种指责是不公平的，因为至少在近代，没有哪位将军能够确切地知道下一场战争将会是什么样子，所以在备战过程中，他所能借鉴的也仅仅只有过去的经验和对未来的推测。然而，推测毕竟只是推测，所以在他制订计划的过程中，经验必然会起到应有的重要作用。成功的将军绝不会忽视过去的经验教训。谁也无法预知将来应该吸取什么样的经验教训，但有些人会比别人做出更准确的预测。

正如我们在第一章和第二章中看到的，法国和德国的将领从第一次世界大战中吸取了不同的经验教训。法国人认为，大炮和机关枪仍将和过去一样主宰未来战场，因此他们围绕这些武器来设计步兵的任务。他们组建了专门小班队以维修保养机关枪，并修筑了固定的防御工事来保护步兵团。德国人吸取的教训则与之不同：可以通过机动灵活来抵消火炮和机关枪的优势。他们也组建了专门小班队，由它们独立行动，去发现和利用敌军前线的弱点。法军密切关注技术，因此作战计划严重受技术影响；德军的计划则致力于以智能战胜技术，这一计划取得了显著的成功。法军和德军由于任务确定方法的不同而形成了不同的指挥系统。法军的指挥系统形成了一个非常集中和僵化的组织，因而无法迅速有效地对德国的突袭战术做出反应。德军的指挥系统相对分散、临时应变能力较强，因此能够应付几乎一切突发事件。

有些观察家认为，在越南战争中，如果美国不以新技术来组织军队的话，那么美军的战绩可能会更好一些，因为实践证明新技术并不适用于当时的战场环境。拥有直升机、计算机和精密的通信系统，遥远的总指挥部可以轻易地集中指挥战争，但这种远程集中指挥其实非常危险。一向由战场上的中士、上尉和少校所执行的任务，现在却要由上校、将军和政治家们来执行了，而他们要么乘坐直升机观察战况，要么通过无线电设备听取战况汇报，或从计算机中获取有关它的资料。[25]

在环境方面，最关键的挑战不单单是击败北越正规军，而是与越共游击队夺取对南越村庄控制权的拉锯战。在战争的大部分时间里，美军不仅没能做到这一点，它也没有尽力去这样做。保卫村庄需要派遣小分队前往偏远地区，并与当地居民共同生活和劳动。在这种情况下，拥有大规模火力或先进技术也谈不上是什么优势（可能还会有相当大的风险）。

美军的核心任务早已由保卫西欧不受苏联装甲部队的攻击这一首要军事目标所确定。派往越南的大部分部队都是按这一目标来编制和训练的。在巴伐利亚大平原上奏效的方法策略，在越南的偏远高地却不一定切实可行。有意思的是，当初极力摸索村庄防御计划的是美国海军陆战队，其编制和训练目标并非针对欧洲的大规模装甲战。装备轻简、具有一些小规模战斗经验的海军陆战队，在越南迅速制定出了一套村庄防御战术（"联合行动排"战术）：派遣小股武装力量进驻南越村庄，负责击退敌军对这些村庄的进攻，同时帮助村民加强自卫能力。从各方面来看，与陆军相比，海军陆战队成功地以较低的伤亡率更好地保卫了南越村庄的安全。

按照安德鲁·F. 克雷皮内维奇（Andrew F. Krepinevich）的观点，陆军对上述战术的反应"如果不能说是彻底的反对，那便是毫不掩饰的失望"。[26]它在仿效海军陆战队的战术方面半心半意，它更主张［至少在战争后期由克雷顿·艾布拉姆斯（Creighton Abrams）将军担任指挥官之前］采取"搜寻－摧毁"

的方式，由大部队向越军发起大规模进攻，诱使越军展开会战。对于陆军部队为什么不根据东南亚战争的现状而改变其军事方针，学者们持有不同的看法。出于保卫西欧的需求来确定军队的任务和结构，并据此部署重型武器和先进技术以最大限度地减少人员伤亡，这显然是最初的军事方针的侧重点。在越战中，国内的政治约束很可能强化了这一重心，这些政治约束包括：获胜的强烈需求，给敌军造成巨大（而且是可以测算的）损失，并在总体上实施一种能够迅速带来胜利的战略（从而避免政治支持率的逐步下滑）。陆军军事方针的拥护者们认为，至少当北越正规军的大部队在南越活动时，美国军队还不具备实施村庄战略的军事力量。而批评者则认为，美国的军事力量足以进行村庄和大规模的双线作战。但有一点是很清楚的，无论出于何种原因，美军主要依靠现有技术和过往经验来确定军事任务，而并没有清晰认识到这些任务应该根据越战的具体情况来确定。

45　确定任务：同伴的期望

战争是对官僚组织的最大考验。一个政府机构招募了大量薪水微薄的青年，将他们派到遥远、敌对的国度，并将他们置于一支情况不明的敌军的残忍攻击之下。我们很难说以下哪一类型的战斗最为恐怖：笔直地站立于操练式阵列之中，步枪火力横扫队伍；在肮脏潮湿的战壕里挤作一团，炮弹飞落到你的身旁；在茂密的丛林中穿行，随时都会中敌人致命的埋伏；或者在空旷的地域迎着敌人机枪的猛烈射击向前冲锋。有人认为，一个组织的行为无非就是其具有合理利己意识的成员的行为总和，但这种说法根本不能用以解释一支作战的军队。从任何一个标准来看，一个即将面临死亡或受伤的士兵的合理利己行为就是临阵脱逃。正如伟大的军事史学家约翰·基根（John Keegan）所说的那样："每一支军队都是由一群拼命想要逃跑的士兵组成的。"[27]

当然，可以使用奖惩制度来诱导军队奋起抵抗。如果一名士兵在战斗中逃跑，他可能会被抓获，交由军事法庭审判并接受惩罚。但是，如果士兵们集体逃跑，谁来抓捕他们呢？即使许多逃跑的士兵被抓捕并受到惩罚，但任何一名士兵都可能会做出这样的合理判断：毕竟处罚是之后的事情，而且具有不确定性，那与眼前所面临的痛苦和死亡相比，要好受多了。中士和上尉会以当场枪毙逃兵来威慑队伍，他们有时确实会这样做。但有什么措施能够防止中士和军官们不当逃兵呢？他们可是不太可能会被上校和将军枪毙，因为上校和将军一般远离战场，而且为数不多。在过去，获取战利品的希望是士兵们取胜的动力，但是，就与接受军事法庭审判的前景一样，战利品也是遥远渺茫，而敌人的炮火近在眼前。此外，过去的战争是小规模的军队为了王朝统治和物质利益而战，因此战利品对他们非常重要；但在现代战争中，大规模部队是为政治目标而战的，因此战利品就失去了它的意义。1916 年，参加索姆河战役的英国士兵谁也不会认为在巴波姆（Bapaume）有什么战利品值得他冲进德军的机枪火力网中。在一定程度上，逃跑或至少是躲藏的合理本能可以通过使用麻醉品来克服：基根指出，在滑铁卢战役和索姆河战役中，很多士兵都在战斗打响前夕喝醉了酒，但是，醉得连其面临的危险都无视的士兵恐怕也无法挺身而战了。然而事实上，在这两次战役中，他们都奋起而战了。[28]

我们也无法将士兵们甘愿投身战斗的原因归结为他们对祖

46　国的一般信念、整场战争的因素，抑或士兵们在军队中的地位等。在第二次世界大战中，许多观察家认为，那些士气低落的士兵（即他们一般不愿意当兵，或尤其不愿意参与这场战争）在战场上的战斗力会不如那些斗志昂扬的士兵。然而事实上，正如塞缪尔·斯托弗（Samuel Stouffer）与同事们在其经典研究报告《美国大兵》（*The American Soldier*）中所指出的那样，第二次世界大战期间，士气和战斗力之间并不存在必然的联系。[29]

真正发挥作用的是一名士兵从其他士兵那里获得的评价。在滑铁卢之战中，在敌人面前畏缩不前的士兵遭到了其他士兵的责备。部队排兵布阵的方式使得每名士兵时刻都知道自己身边还有其他士兵。在战友的眼中，临阵脱逃就是一种耻辱。此外，这种紧凑的战斗队形会给士兵更加安全的感觉，虽然事实上并非如此。毕竟，如果一名士兵脱离队列，敌人恐怕不会浪费一颗子弹去单独要他性命，但如果他留在队列里，他必定成为火力集中的目标。要想保持队伍的整齐，集体的团结一致是关键。[30]

军官们的领导能力、表率作用和强制权力强化了这种团结性。那么，是什么促使军官们坚持战斗下去呢？他们并没有被编制成紧凑的队列，也没有人拿着手枪在身后逼着他们。在滑铁卢战役中，这一答案便是荣誉感。"军官们……最在意的就是他们在其他军官心目中的形象。荣誉至高无上。"[31]一个世纪以后，在索姆河战役中，当士兵们不再以紧凑的队形作战，军官们也不再是贵族出身时，依然是这些因素——一定程度上的高压管理，加上集体的团结一致、荣誉感和名声——使得英国军队面对严重的损失时依然保持完整。[32]

当士兵们身旁的同伴赋予他们期望时，他们就会坚持战斗。

身处一个有凝聚力的小团队，并且由他们所信任的军官率领，士兵们就能勇猛地作战。相反，如果团队缺乏凝聚力，军官们无法赢得手下的信任时，士兵们就缺乏战斗力。他们的人生态度和政治观点，即他们个人对于当兵、爱国主义或战争的看法，似乎没有那么重要。

利用同伴们的期望来服务于组织的需求非常困难，这需要队友们至少已经在一起共事相当长的时间。如果一个小团体的成员经常变换，成员们就会越来越不在乎其他同伴的看法；在感情上新成员也不如老成员们重要。许多评论家认为，美军以个人而非团队为基础来更换作战士兵的政策削弱了换人单位的凝聚力。[33]在越南，小团队的凝聚力往往会彻底瓦解，表现为逃兵率异常高，士兵们使用手榴弹袭击军官（"蓄意伤害"）并拒绝参加战斗。[34]虽然造成这种军纪危机的原因很复杂，但频繁的人事轮换须对此负一定的责任。士兵们对经常更换的同伴和领导缺乏信心。每逢某个士兵按计划将要回国的前夕，这种人际关系的动荡会变得更加明显；对他来说，不管怎样，他与战友之间没有深厚的关系，一两个月后他就会启程回家，因此他特别不愿意再去冒险了。有证据表明，在返回美国之前的那段时间里，士兵的纪律特别松散。[35]

当一个组织将其成员置于死亡危险之中，而它却不能做好小团队凝聚力的管理工作，那么这些团队就会撇开这个组织而自行确定任务。越战中的美国陆军奉行"搜寻－摧毁"的战略，但缺乏凝聚力的排和连队私下却遵循"搜寻－躲避"的战略：名义上是出动作战，而实际上却是回避敌人。[36]这种现象不仅仅存在于军队之中。在阿尔文·古尔德纳（Alvin Gouldner）关于一家石膏厂的经典研究中，一组工人（矿工），有时会违抗公司管理人员的命令，因为他们的工作具有极高的人身危害风险，所以他们会拒绝服从某些命令。矿工们认为，"在井底，我们就是自己的主人"。因此，如果他们认为某一场地的危险太大，便会拒绝去那里作业。[37]然而，需要指出的是，无论危险有多大，工友之间的团结一致足以支撑他们在井下工作。同伴们的期望既是动力的源泉，又决定了哪些任务可以接受，而哪些又不能接受。

如果说同伴的期望能在殊死的战斗中或危机四伏的矿井里有如此重要的作用，那么我们就有理由认为，同伴的期望在一般情况下也会产生一定的影响。以毒品侦缉人员为例，减少现有毒品数量这个目标并不意味着就此清晰地指明了一系列具体的工作任务。如果毒品都是由大型犯罪组织进口并分配的，那么最好的策略似乎是识别并调查这些组织，待时机成熟时对它们提出有效彻底的法律起诉。但要证实某一毒品被非法出售，首先就需要卧底人员从非法毒贩手中购买该毒品。对犯罪组织立案起诉的手段之一就是先抓获一名毒贩，以撤销起诉的条件来诱劝他做内应，然后利用他提供的情报找出并抓捕更高级别的毒贩，如此顺藤摸瓜直至挖出"龙头老大"。而另一种手段则是利用情报线索查出犯罪组织的大头目，然后使用监视、窃听以及搜索书面证据的方式调查他们的罪行。

对上述两种手段，美国缉毒局（以及其前身麻醉品和危险药品管理局、联邦麻醉品管理局）的主管们时而重视前一种，时而重视后一种，但具体操作人员——街头特工——却倾向于将自己的工作定义为卧底购买和缉拿低层人物。他们不愿意将自己的工作定义为搜集情报和阅读文件，究其原因则是街头特工这一工作的特性为擅长卧底购买和缉拿罪犯的特工创造了施展才能的机会。正如一名主管所说的那样，街头特工们认为"谁要是放弃了今晚的买卖，那他一定是脑子有问题"。[38]卧底工作非常危险，且需要过人的胆量和非凡的技能。为了支撑自己去完成这些任务，特工们需要获得其他同伴的尊重。但是，这种尊重逐渐形成了一系列期望，这些期望排斥变化，因此要把街头特工变成阅读文件的机关人员绝非易事。

对于任何一个熟悉在西部电气公司（Western Electric Company）霍桑（Hawthorne）工厂进行的一系列经典研究的人来说，同伴群体对工作绩效的影响这一点并不新鲜。所有学习组织理论的学生都知道，那些一起从事电话接线工作的人员把他们的工作量限制在团队的正常水平，从而无法增加工作量以获得最高工资。[39]在一定程度上，同伴的鼓励极其重要，足以代替金钱所带来的奖励。

在此，我想表达一个稍微不同的观点：同伴的期望不仅影响人们在工作中的努力程度，同时也影响他们对自己工作内容的界定。士兵们会坚持战斗，而不是临阵脱逃（这时，同伴的期望并没有限制工作效果，反而产生了促进作用）；矿工们甘愿在危险——但不能过于危险——的环境中工作；缉毒特工选择购买毒品和抓获毒贩，而非观望等待；警察们则会判断使用武力和逮捕案犯的时机及方式。

小结

鉴于政府机构在确定工作的具体方法上存在这些巨大差异，我们不能简单地把官僚机构当作单一现象来看待。如果一个政府机构的工作任务能够直接简单明确地根据既定目标推断出来，这些任务就可以由这个机构的领导人员来确定；而且，如果领导方式得当，这些工作任务就可以为形成强大的组织文化奠定基石。社会保障总署就是这样一个例子。如果目标比较明确，但该机构缺乏把这些目标转换成工作任务的政治自由，那么就很难形成一种与自身相匹配的组织文化。邮政部的例子就可以说明这一点。如果机构的目标过于空泛或含糊，从而无法直接据此来确定工作任务，这时任务往往不会按照领导人员的偏好，而是以操作人员所看重的激励机制来确定。政府机构尤其如此。

49 这些机构极其需要获得和维持外部支持，以至于几乎所有人——那些最能干、精力最充沛的领导人员除外——在确定任务时会放弃仔细严谨的态度。此外，政府机构的领导人员对下属只有有限的影响力，因为下级管理人员所控制的激励机制薄弱、难以操作，关于这一点的诸多原因笔者将在第八章中解释。因此，在一个公共官僚机构中，主要操作人员的工作任务更多的是由自然激励因素，而非由机构提供的激励机制来确定的。

这些自然激励因素包括环境需要和同伴的期望。当服务对象处于低曝光度的环境中——比如警察、精神病院的医护人员和学校老师——而且受到额外管制的时候，或者当一个组织（如军事组织）拥有占主导地位的技术的时候，环境需要就显得极为重要。而如果某一组织将其成员置于危险的环境下，像矿工、缉毒特工和作战的士兵那样，同伴的期望就更为重要了。

这些自然激励因素源自组织内部。高明的领导人员有时可以影响并利用这些激励，使得操作人员按他们的意愿来确定自己的工作任务，这个问题将在第六章中加以探讨。然而，工作人员也可能会把自身的态度、倾向和偏好带到组织中，对组织难以控制的激励因素做出特有反应。这将是我们在下一章中要讨论的主题。

第四章 理念

1969 年理查德·尼克松就任总统时，他担心联邦官僚体制会破坏其政府计划。尼克松认为，他在名义上领导政府机构，但其工作人员都是由过去的民主党政府聘用的自由派，这些人一定会抵制他的保守政策。政治学家理查德·内森（Richard Nathan）曾对尼克松政府旨在控制或回避常被称为"新政官僚"（New Deal bureaucrats）的政府人员的努力做了生动描述。[1]

尼克松的担心并非什么新鲜事。1945 年，当工党在英国上台后，其领导人就怀疑英国政府的公务人员——其大多数都由保守党政府聘用——会破坏工党提高社会福利和将支柱产业国有化的计划。更糟糕的是，英国官僚机构的高层都是从英国精英大学（主要是牛津大学和剑桥大学）的毕业生中招聘的，而这些院校被认为是保守党特权的堡垒和保守观念的温床。工党获胜前夕出版的一本书反映了这些担忧。在这本书里，J. 唐纳德·金斯利（J. Donald Kingsley）提出了这样的观点：民主派对政府的控制受到了极大的削弱，从而负责政府工作计划实施的行政人员并不能代表广大民众。[2]

态度和行为

自由派和保守派人士都担心，政府工作人员的态度将决定他们如何确定和执行任务。大多数人都认为这种担忧具有合理性。在日常生活中，我们常常会把一个人的配偶或子女、朋友或同事的行为解释为其态度的反映。如果一位家庭成员不愿或凭情绪干家务活，我们就会说，他缺乏合作态度或心情不佳。如果某些政界人士主张高福利开支，我们就会说他们是自由派；而如果他们主张削减福利开支，我们就认为这标志着他们是保守派。鉴于这些共同的经验，很多读者都可能认为，上一章的内容也许即便并非完全错误，那也是不切正题。既然外交官、警官或反垄断律师的所作所为都是他们所持态度的必然反映，那么我们又何须探讨环境需要和所形成的经验呢？

如果你也持这种看法，你会惊奇地发现，心理学家并没有找到多少表明行为是态度之后果的证据。有两位学者在对有关论著进行详尽总结后得出结论："在过去的 40 多年中，说明态度预测因素和行为准则之间只存在相当小的或微不足道的联系的报告越来越多。"[3] 另一位学者在对现有研究成果进行审阅后得出了以下结论："本次查阅并未提供什么证据来证明所假定存在的个体稳定、潜在的态度会影响其言行。"[4] 一次极为引人注目的进行社会科学预测的测试证明，工党和 J. 唐纳德·金斯利的担忧其实并不存在：工党上台之后，通过了提高社会福利和将支柱产业国有化的立法，而原以为会反对改革的英国公务人员也不折不扣地执行了新的政策法规。

那么，人们对态度的影响力的这些共同看法为何显得如此不符合现实呢？所谓态度，就是一个人对其周围的某一存在（一项政策、一个物体或另外一个人）所持的评价。态度可以解释行为，这一设想的含义我们可以举例说明：我们如何对待我们的工作取决于我们如何看待它（即我们是否喜欢自己的工作）。但是，我们对于一个对象的行为不仅会受到我们对它的看法的影响，而且受到因行为差异而可能得到的奖励和惩罚的影响。这些影响不仅来自握有权力的人物（如我们的父母、我们的老板），而且来自我们的同事（如他们的同意或反对）。一旦我们意识到态度必须与激励因素来竞争对我们行为的影响力，我们的态度往往会输给我们所寻求的奖励或尽量避免的惩罚就不会感到奇怪了。

我们以福利事务所的资格审核人员为例。他们面试"多子女家庭补助金"或"一般救济"的申请者，并判断后者是否符合接受救济的资格。许多观察家认为，社会福利工作人员的所作所为取决于他们对福利接受者的态度：自由派人士往往认为工人是多管闲事的吝啬鬼；而保守派人士往往把他们视为愚蠢的空想社会改良家。如果你观察一下福利事务所的工作环境，你可能会推断自由派的看法是正确的。那些事务所毫无吸引力，甚至使人觉得害怕。曾经花费数月时间在马萨诸塞州公共福利局的几个事务所进行观察的杰弗里·普罗塔斯（Jeffrey Prottas）是这样描述它们的：

> 救济申请者在接受工作人员面试之前经常不得不等待好几个小时。那里的环境也很糟糕。等候区总是非常拥挤、阴暗。没有人能够（或会）告诉他们还需要等待多久，或者接下来会发生什么情况。总有一些申请者等不到面试就离开了。[5]

但是，如果我们从这些事实中得出结论说，社会福利工作人员之所以如此对待所服务的公众，是因为前者对后者持负面态度，那我们就大错特错了。一方面，受聘为福利工作者的人跟那些受聘于酒店、保险公司和房地产公司的人之间并没有本质上的

52

区别，只是后者遇到了一个非常不同的工作氛围——通常情况下，明亮、愉快、有益。问题并不在于态度，而是与激励机制息息相关。在福利事务所里，工作人员是在设法将稀缺资源分配给寻求"免费"好处（一张救济支票）、急需帮助的公众；而形成鲜明对照的是，企业则是努力诱导顾客自愿购买。

另一方面，不同的福利工作人员在事务处理方式上的差异与他们的态度几乎不存在什么关系。塔纳·波索（Tana Pesso）对马萨诸塞州两家福利事务所进行了对比，他发现其中一家事务所的接待人员要比另一家事务所的人员更尊重和体谅他们所服务的公众。在第一家事务所里，工作人员在接待申请者时关着门，与他们交谈时态度非常友好，当申请者难以看懂需要签字的材料时，工作人员便多给他们提供一点帮助；而在另一个事务所里，申请者几乎没有隐私，工作人员也没有做那么多的解释，更别说有额外的援助了。这两家事务所的工作人员其实具有类似的背景，区别在于两家事务所的管理方式不同：第一家事务所的负责人强调工作人员应体谅他们所服务的公众，第二家事务所的负责人则不重视这一点。[6]

但是，这两家事务所之间的差异比它们之间的相似之处还是要少得多。这两家事务所的工作人员更为重视便利和公正，而不是通融和同情心。也就是说，这些福利工作人员都在设法减少花在接待每一位所服务的公众上的精力，他们所服务的公众往往比较复杂难懂，要求苛刻，甚至不配合；同时，这些福利工作人员都想尽量避免他们的决定在事后被指责为不公平或不合理。追求便利和公正（或合理）的代价便是对个人需求缺乏反应。[7]这一点与波索所发现的情况完全一致。接受服务的公众越是服从和恭敬，工作人员就越愿意提供帮助；接受服务的公众越是放肆、苛刻、精明，工作人员就越不愿意提供帮助。换句话说，如果接受服务的公众与工作人员合作以尽量减少后者的工作量，后者就会提供更好的服务；而当接受服务的公众拒绝合作，从而增加了工作人员的工作量时，那么后者则会提供较少的服务。[8]

53

简而言之，在社会福利机构，环境需要要比工作人员的态度更能影响工作的方式。其最核心的任务，则是调和好各色各样甚至有点令人生疑的申请者的要求，与该组织追求公平的理念，以及自己大量工作负担间的矛盾。

当然，福利工作人员必须在他们上司的监督下工作，因此，我们可能会认为他们的态度只会对他们的行为产生轻微的影响。但是，许多公职人员并不在上司的眼皮底下上班，他们或单独工作，或搭伴工作。在这些情况下，个人的态度无疑将决定他的行为。我们可以想想在一个多种族混居的城市里工作的巡逻警员的情况。1966 年，社会学家唐纳德·布莱克（Donald Black）和艾伯特·瑞斯（Albert Reiss）对三大北方城市的一些巡警进行了采访，以了解他们在种族问题上的态度。大多数白人警察发表了对黑人的批评意见，其中有些白人警察以任何标准来看都持有偏见。布莱克和瑞斯还在这些人员执行巡逻任务时对他们进行观察。尽管他们持有偏见，但他们所拘捕的黑人和白人犯罪嫌疑人的比例在类似情况下是大约相同的。[9]在这里，确定任务的重要依据——决定是否使用逮捕的方式去处理某种情况——与犯罪嫌疑人的种族几乎没有什么关系，因此推测起来，与那些警察在种族问题上的态度无关。警察的态度可能会影响他们与市民谈话的方式（布莱克和瑞斯对此没有调查数据），但态度并不影响对工作的界定。比如，在什么情况下应该实施逮捕，这一点似乎取决于现场情况（如现场是否有受害者要求逮捕），也取决于警察们对构成逮捕之因素的共同认识。

个人态度甚至不会决定警察在恐惧的紧急时刻是否开枪射击。詹姆斯·法伊夫（James Fyfe）对纽约市警察的开枪射击情况进行了研究。他比较了黑人警察和白人警察向黑人开枪的比例，发现黑人警察向黑人开枪的比例大约是白人警察的两倍。当这些警察的责任分区（如负责某一辖区的工作）保持不变时，黑人和白人警察使用致命武力的情况几乎是一样的。[10]鉴于这一发现，我们很难相信，警察对种族问题的态度是决定他们行为的唯一或最重要的因素。

即使态度确实产生影响，一个机构也有可能在不改变态度的情况下改变行为。20世纪70年代初，亚拉巴马州伯明翰的警察开枪射击平民（其中绝大部分是黑人）的概率是华盛顿哥伦比亚特区的四倍以上，尽管华盛顿哥伦比亚特区的犯罪率比伯明翰要高出一倍以上。底特律和加利福尼亚州奥克兰这两个城市的犯罪率和人口基本相同，但底特律的警察开枪射击（绝大多数情况下也是针对黑人）的概率是奥克兰的两倍。但是，当伯明翰和底特律警察局换了新警察局局长后，虽然两市的犯罪率都在攀升，可警察开枪射击的概率却急剧下降。[11]我们很难想象，这些行为上的明显差别和急剧变化会是他们态度上的巨大差别或突然变化造成的。这些变化更有可能是管理上的奖惩制度所产生的结果。

工业心理学家和社会学家的调查也发现了十几个类似的案例。如果说态度决定行为，那么士气低落或对工作满意度不高的员工与斗志昂扬或对工作满意度很高的员工相比，前者的缺勤率就会高于后者，而工作效率也会低于后者。但事实上，对工作的满意度与缺勤率或工作效率并没有什么关系。[12]当然，这并不是说在工作效率方面，人与人之间就没有差异。正如我们将在第八章中看到的，工作人员的有些特质确实能预测到他们的工作绩效，但这些特质并不包括普遍的态度。

假如一项工作的内容不明确，也就是说，在工作应如何开展方面缺乏明确的规则，也缺乏强有力的激励措施来确保这些规则得以施行，那么态度（和理念）将会影响工作的开展。各种选举中的投票便是一种内容不明确的"工作"（社会学家把它叫作角色）。这样一来，人们可以根据自己的看法去投票。波士顿红袜棒球队中的二垒手是一个定义非常明确的工作。这名运动员的活动位置和移动方式都将受到明确规则和认识的制约，并将受到各种具有强大影响力的激励措施的左右，包括裁判的判决、教练的处罚、与球队老板签订的合同，以及观众的掌声。任何一个严肃的棒球迷都不会浪费时间去试图了解一个二垒手的态度或政治观点。

一个政府机构里的工作角色有的就如一名二垒手的工作内容一样高度明确，而有的只比选举人的职责内容略有条理。整天坐在电脑前输入社保工资数据的工作人员，他们执行的任务如此机械，以至于人们会想象他们有一天终将被机器所取代。但有些工种，如警察或教师的工作都相当非程序化，他们的工作内容主要取决于变化的、不可预知的环境。反垄断律师或外交人员的角色介于上述两种情况之间。如果法律、法规及环境都不能明确某一工作的内容，而且承担该工作的操作人员很少能够得到组织给予的奖励，那么，工作人员的个人理念就会对工作内容的确定产生很大影响。

许多政府机构都充斥着工作内容不够明确的操作人员——

55

律师、科学家、工程师、外交官、医生、刑事调查人员、护林员以及行政法官，等等。如果这些人当中有的在民营企业中做类似的工作，他们的工资都会比在政府机构中高。对于应该如何开展工作，这些操作人员都在不同程度上将他们的工作倾向带到工作中。这些倾向来自他们过去的经验、他们对专业水准的灵敏度、他们的政治观点也许还有他们的个性特点。当这些操作人员所承担的工作内容不够明确时，他们往往会按照这些倾向来开展工作。

确定任务：先前的经验

当创建一个政府机构的时候，它所招录的人员并不是其能够在上面任意书写的白纸。除了对年轻员工来说这是他们的第一份工作之外，所有的工作人员都在其他组织——往往是其他政府机构——工作过。事实上，大多数新机构也都是由一些老机构七拼八凑组建而成的。例如，能源部的一些人员来自内政部、联邦动力委员会和原子能委员会；教育部从前卫生、教育和福利部吸纳成员；缉毒局则从海关总署及麻醉品和危险药品管理局接管了调查人员。这些人都已学会从事某些工作的方法。如果某一新机构目标不够明确，其员工过去的经验将对其工作内容的确立产生影响。

为了实施援助欧洲的计划——即著名的"马歇尔计划"——而于 1948 年成立的经济合作总署（Economic Cooperation Administration，ECA）有过一段赫伯特·A. 西蒙所称的"胎儿期"（prenatal history）。[13]决心快速启动工作的首任署长保罗·霍夫曼（Paul Hoffman）从其他政府机构借来了工作人员，但他借用这些人并不是为了执行内容明确的任务。美国在此之前从未实施过如"马歇尔计划"这样的项目，谁也不确定要如何实施该计划。

因此，至少在一开始时，经济合作总署的工作任务是由那些已经在其他机构学会了该如何开展工作的人员确定的。当时国务院已经有一个小组在负责向法国、希腊和其他一些国家提供临时救助。农业部、商务部和内政部也有一些人知道如何寻找物资并运往海外。这些人给经济合作总署带来他们已经形成的对外援助的概念，包括搞清楚哪些国家需要多少什么类型的物资（小麦、油等），然后对每批外运的物资是否予以批准。[14] 56 因为当时他们必须尽快有所行动，这些人便拥有了在不受经济合作总署高管监督或指导的情况下决定工作内容和方式的权利。

但是，运行一项对外援助计划还有其他的方式。其一便是鼓励欧洲国家之间开展经济合作，以复兴其饱受战争摧残的工业，开拓更大的、跨越整个欧洲大陆的市场。来自国务院的一些工作人员带来了这一观念。其二是按照这些国家具体项目的预估经济价值，向它们提供贷款，然后让欧洲国家自己使用这些资金来生产自己的商品，建立自己的服务业。从进出口银行调来的一些工作人员带来了这种做法。其三是使用美国的资金，以帮助改善欧洲的贸易平衡状况。这种观念主张对欧洲的消费和生产以及消费需求和生产能力之间的差额进行预测。经济学家们带来了这套方案。

正如西蒙所明确表述的那样，事先没有人仔细考虑过该机构的援欧工作具体是些什么任务，为了实施援欧工作而建立的这一机构在起初很少考虑其将承担的具体任务。"如果把该机构的名字从（预算局）拟建的组织结构图上拿下来，我们将很难判断该机构从事的是对外援助、开发盐矿还是执法。"[15]

随着时间的推移和经验的积累，有关该机构之任务范围的一些观点取得了成功和发展，而有些则逐渐淡化。决定有关任务范围的观点能否被最终接受的关键因素有两个，它的可行程度（实际上是指人们能否完成这项任务）以及外部力量（如其他机构和国会中的小团体）的支持强度。最初，关于运送物资的做法盛行一时，因为该机构的一些工作人员知道如何向海外运输货物，而且他们获得了其他机构中一些人的支持。经济合作方式则没有取得多大进展。因为没有人知道该如何进行"合作"；即使能够促成合作，那这项工作也必须在海外比如经济合作总署的巴黎办事处开展，而不是在首府华盛顿进行。因此，这种做法不太可能在机构总部占据主导地位。随着时间的推移，致力于贸易平衡做法的经济学家逐渐战胜了那些支持纯粹商品援助的专家。

中央情报局刚刚成立时，其他机构的经验也曾帮助它确定自己的任务。当初（最初是在 1946 年通过行政命令，后于 1947 年通过法规）成立中央情报局，是旨在建立一个综合管理其他机构（尤其是国务院和军方）所获外国情报的协调机制，它的任务应是"协调、计划、评估和宣传"。[16] 今天，人们都忘记了中央情报局局长其实有两项职责：领导中央情报局以及就整个情报界的协调方法提出建议。

但是，"就协调方法提出建议"具体包括什么工作内容呢？对于这一问题，我们还将在后面的章节中予以讨论。其实，我们现在就有足够的理由说，鉴于政府机构之间存在着旨在争夺势力范围的斗争，上述问题的答案将很难找到。中央情报局实际的工作内容，在很大程度上取决于它所雇用的人员。这些人员中有些是撰写情报报告的专家——这就与该机构应该承担的综合和协调工作属于同类任务。但是，当政府决定发展搜集情报并执行秘密行动的秘密项目时，除中央情报局之外，没有任何其他官僚机构能够担任这一角色。这是一个重大的变化，因为这一决策将很多曾供职于战略情报局（Office of Strategic Services，OSS）的人员调入中央情报局，而战略情报局是一个战时机构，它不仅从事研究，还指挥间谍深入敌后开展秘密行动。

来自战略情报局的人员将他们在一个非常激进、高度机密、无所不能的组织中形成的关于情报工作的观念带到了中央情报局：通过秘密搜集的情报汇总产生自己的情报，采取秘密行动，支持朋友，反对敌人，扩大美国的利益。1947 年之前，中央情报局雇员中有差不多三分之一的人来自战略情报局。[17]他们的影响力甚至超过了其人数的比例。1976 年，为一个负责调查中央情报局活动的参议院委员会所准备的一份历史材料得出了这样的结论："在很大程度上，中央情报局的功能、结构和专业知识都源于战略情报局。"[18]尤其值得指出的是，"起初成立中央情报局的主要宗旨是向高层决策者提供情报分析，但在随后的三年内，秘密行动却变成了该机构的拿手好戏，而且这种态势还将继续下去"。[19]

这种转变并不是无声无息地产生的，也并非本末倒置。战略情报局的谍报老手们把他们的经验带到了中央情报局，这些经验为该机构确定中心任务提供了一些选择。该机构所面临的选择（简单来说就是）"协调"和"行动"。没有人能非常肯定第一个选择的具体含义，但大家都知道，这项职责如果真的履行下来，中央情报局就会成为其他情报机构的竞争对手，这些机构自然会反感和抵制由一个新成立的机构来对它们进行指导、解释或综合情报。战略情报局的谍报老手们也清楚地知道第二个选择所涉及的内容，因为他们多年来一直在执行这种任务。[20] 其他情报机构也许会反感在秘密搜集情报工作方面有人跟它们竞争，但这总比一个协调机构更容易让人容忍。而且其他机构，尤其是国务院，并不想承担一项秘密的工作——而且还是在海外，进行秘密行动。

58 　　来自战略情报局的人员带来了一项内容明晰且切实可行的任务。中央情报局很快发现，这项任务可以帮助它解决作为一个组织生存下去的问题。中央情报局的政治上级对苏联在东欧的扩张并在西欧操纵内战深感忧虑，所以他们乐于拥有一个由他们指挥的机构，针对这些担忧去做一些事情。[21] 中央情报局确实做到了这一点：它帮助意大利的选举筹措资金，在危地马拉组织革命，在伊朗直接领导反革命的运动。

　　不同机构的经验对明确工作内容的影响，也许汇集来自陆、海、空三军军官的联合军事指挥部是最生动的体现。当然，所有人都会承认，当一个军事机构或其他组织的成员被置于一个跨组织的环境中，他们将会设法捍卫和促进他们母体机构的利益。关于这一点，我将在专门论述自治和势力范围的一章里进行更充分的探讨。在此，我想提出一个不同的观点：即使这些人员没有势力范围之争的欲望，过去所在机构的经验也将影响到新机构任务的确定。

　　具有丰富军事经历的新闻记者亚瑟·T. 哈德利（Arthur T. Hadley）曾经谈及一支军队——尤其是在战时——如何让其成员以一种独特的视角去看待新的任务。[22] 一个组织如果没有人为的广泛协调，那么它将一事无成，一名军官则必须学会成为这样一个组织的一分子。陆军最小的独立战斗单位是由数以千计执行各项专门任务的众多人才组成的师（或加强团）。坦克、炮兵、步兵、防空、通信、工程和情报工作都必须在一个统一计划的指导下各尽其能。然而，这个战斗单位还必须与其他军团和师协同行动，才有存活的希望。此外，陆军军官还需要接受上级将领的经常性检查。陆军的经历所造就的人员比其他军种的人员更容易接受协同性任务，组建联合军事指挥部和汇集工作人员，这也正是完成协同性任务的需要。

年轻的海军军官们有着不同的经历。一艘军舰就是一支能够独立于其他战斗单位而行动的部队。在舰上，等级制度森严，舰上人员的行动始终受到监控，但是各舰行动的自由和与其他部队（以及整个社会）的隔绝程度比典型的陆军军官所体验的要大得多。空军飞行员的独立行动性更强。驾驶一架喷气式飞机是一项需要特殊身体技能的独立的、充满活力的工作。哈德利认为，精通这份工作的人往往不能容忍那些不够精通，尤其是那些都没有努力过的人。哈德利对军队中经历所带来的结果的描述，尽管他也承认他的描述有些夸张，也许有助于解释为什么海军和空军军官在管理诸军种协同任务方面往往不如陆军军官。

确定任务：专业规范

每周，位于华盛顿特区市中心的联邦贸易委员会（Federal Trade Commission，FTC）都会收到个人和企业寄来的数十封信件，投诉一些企业不公平的商业行为，负责筛选这些信件的是由几名律师组成的评估办公室（Office of Evaluation）。这些信件中有许多只是简单投诉一些并不违反任何联邦法律的行为；有些则对某些可能涉及违规的行为提出了指控；还有一些呼吁关注一些明显违法的行为。在筛选这些信件的同时，该办公室还从报纸上了解有关企业合并计划的新闻。如果并购规模庞大，所涉及的各企业必须直接向联邦贸易委员会通报。同时，如果这些行业可能由少数几个大企业所主导或者有迹象表明该行业拥有不正常的高利润，联邦贸易委员会的经济学家们还会建议该机构对某些行业进行调查。所有这些信息资源都汇集到一个评估委员会，由该委员会向联邦贸易委员会的高级官员建议应该对哪些案件进行调查，哪些则不应该调查。

在做出这些决定的过程中，联邦贸易委员会很少能够从法律文件——《联邦贸易委员会法案》和《克莱顿法案》——中获得指导。这些法律规定以下行为均属非法：企业从事"不公平的"或"欺骗性"的竞争，实行某些形式的价格歧视，购买（或合并）其他企业导致"可能大幅度减少竞争或很可能形成垄断"。正如政治学家罗伯特·A. 卡茨曼和其他人所指出的，以上这些字眼都太含糊，无法为具体工作提供明确的指导性意见。联邦贸易委员会制定了一份《操作手册》，但它并没有准确地告诉评估委员会这些法律词语的确切含义，以及如何决定在什么情况下立案审查某些案件。[23]尽管如此，总有案件被提交审查，并由律师去处理那些案件。联邦贸易委员会的任务还是以某种方法得到足够明确的界定，从而能够使员工清楚自身具体的工作内容。

真正影响联邦贸易委员会的工作人员确定其具体工作内容的，很大程度上是他们已经了解的专业规范和这些专业提供给他们的职业发展机会。

医疗、护理、工程、经济、法律——所有这些以及其他领域的无数职业都普遍被称为专业。一名专业人员往往比"普

通"岗位的工作人员能够得到更多的尊重、收入和敬意。但一
个流行的标签并非一个有用的定义。专业人员的独特之处—— 60
至少就解释组织行为而言——并不在于他们的地位高低、收入
多少或者受到尊重的程度，而是其所享受这些奖励的缘由。一
名专业人员应是这样一种人：他从相关群体获得重要的职业奖
励，而这个群体的成员仅限于那些经过专门的正规教育并接受
该群体所定义的适当行为准则的人。个人越是允许其从这个相
关群体获得奖励的欲望影响其行为，他就越会往专业化方向发
展。因此，并非某个职业中的每个成员都会像我们所认为的那
么专业。如果一名律师向其委托人提供很可能招致律师协会和
法学院教授们不满的法律服务，那他就算不上一名专业人员
（尽管他可能是一名优秀的律师）；出于同样的原因，如果一名
医生按照其他医生和医学院教授们的意见工作，即使这样做不
符合医生的最佳利益，那他也属于非常专业的人员。

　　在一个政府机构中，称得上专业人员的是那些能够从其所
在机构之外的，由同行执业人员构成的组织团体中获得重要奖
励的工作人员。因此，政府机构中专业人员的行为并不完全由
其所在机构控制的激励机制所决定。（我们可能会把政府人员
定义为那些只从自己所在机构中获取职业奖励的人员。）因为
一名专业人员的行为并不完全取决于其所在组织的激励机制，
这样他确定自己任务的方法可能更多地反映出其所在外部组织
团体的标准，而非其所属机构内部管理的偏好。

　　联邦贸易委员会的工作人员所执行的工作任务关键取决于
他们是律师还是经济学家。正如罗伯特·A.卡茨曼所指出的，
律师喜欢追查那些有明确证据表明某一企业有违法行为的案子。
他们有强烈的起诉意识。这种倾向不仅反映在他们所接受的法

律和法庭程序方面的教育，而且（在许多情况下）反映为他们希望利用在联邦贸易委员会培养的技能在一家薪水丰厚、久负盛名的律师事务所谋得一份工作。他们依据证据的力度以及对反垄断法的占主导地位的解释去分析潜在的案子。相比之下，经济学家所接受的教育是从一个案件对消费者利益可能产生的影响方面去分析它。对他们来说，如果很容易遭到起诉的企业不当行为的案件可能并不会对消费者所支付的价格或他们所购商品的质量产生影响，那么他们就反对受理这些案件，而提倡调查那些涉及大量经济权力集中且一旦这些权力遭到破坏就可能会释放出有竞争力的力量，从而大大改善消费者经济状况的案件。[24]此外，联邦贸易委员会中的经济学家有很大一部分毕业于芝加哥大学，或深受该大学的影响。"芝加哥经济学"强调自由市场的社会效益。

律师认为，经济学家，尤其是芝加哥学派的经济学家，倾向于根据经济理论而非法律现实来选择调查的案件，这些案件难以调查，而且可能在法院得不到多少支持。这是两种极端的情况：律师最乐意接受指控两家公司非法合谋操纵价格的案子，而经济学家最愿意查出埃克森公司的规模和市场影响力可能会削弱石油行业的竞争的事实。

联邦贸易委员会内部有关该机构工作内容的分歧，不仅是不同专业人员在政策选择方面的不同偏好，也是在如何更好地履行公共职责的问题上针锋相对的观点，这些观念有时还掺杂了大量的感情因素。律师有时会把经济学家称作"案件杀手"、"装作无所不能"的"教条主义者"。经济学家往往把自己视为社会科学家，是"冷静的真理寻求者"。另一方面，律师们则被视为这样一种人，他们更感兴趣的不是寻找真理，而是为事先已有结论的案子寻找可当作证据的事实。[25]

亚瑟·马斯在其关于联邦监察部门对联邦和地方政治腐败进行的调查的研究里，也指出了政府中那些律师在起诉问题上的专业趋向。美国律师起诉一些市长、法官、市议员及州议员的案子被新闻界炒得沸沸扬扬，但联邦法律并没有对这些案子提供明确的法律判决依据。寻求党派利益的欲望也无法解释类似案件自 20 世纪 70 年代中期以来大幅增长的现象：因为共和党和民主党政府的检察官都对这些案子的调查抓得很紧。马斯总结道，真正促使立案调查的因素是"检察官的专业意识"，再加上把一些腐败的地方官员送进监狱所带来的个人职业生涯上的好处。[26]

然而，律师的观点也并非完全专业。毕竟，他们接受教育的目的是为委托人的利益服务，因此他们在提供服务时也许很少考虑其他律师的想法。即使在联邦贸易委员会中，一些律师也同意转向对大型组织案件的调查，诸如此类的案件从 20 世纪 70 年代开始就得到许多联邦贸易委员会委员的支持。而个人的利益，比如在一家大公司找到工作或为竞选州长奠定基础，则增强了他们热衷于起诉的职业偏向。

另一方面，工程师就很少能够通过将工程专业规范纳入政府部门而获取个人利益。当他们按照符合工程专业偏好的方法确定含糊或不明确的任务的内容时，他们通常并没有为赢得竞选公职获得更多机会的额外动机。这种强烈的职业定位有助于解释为什么国家公路交通安全管理局（National Highway Traffic Safety Administration，NHTSA）在履行其降低公路死伤率之职责时选择的做法。根据法律规定，国家公路交通安全管理局应该致力于提高驾驶员的技能和帮助其形成良好习惯、改进道路的设计和消除汽车缺陷；在一定程度上，它在上述三个方面都做了努力。但值得注意的是，它将更多的努力放在了汽车，而不是驾驶员或高速公路上。查尔斯·普鲁特（Charles Pruitt）解释称，这是该机构主要雇用工程技术人员这一决定的结果。在某种程度上，决策者在做出这项决定的时候就知道——也希望看到——它将产生这样的结果。

国家公路交通安全管理局成立于国会对汽车制造商进行猛烈攻击后的危机气氛之中，因此它感到有必要立即采取成效立竿见影的行动以提高汽车的安全性。教育公众更安全地驾驶是一项需要多年才能见效的政策（如果这样做确实能产生任何效果的话）；重新设计汽车以达到联邦标准这一任务则可以更快地完成。能在最短的时间内进行重新设计的就是让汽车更加"防撞"，比如降低驾驶员撞上方向盘或车灯开关的可能性。毫无疑问，由于该管理局的这项政策，汽车确实在某种程度上变得更加防撞，从而证明了其最初的聘用决定是正确的。但是，该机构配备防撞技术工程师的决定（而不是驾驶员培训、酒驾或公路设计方面的专家）还产生了没有预料到的长期后果。[①]这些工程师满怀热情不懈地努力要求安装安全气囊（一种在发生撞击时自动弹出保护乘车人的装置），尽管这一建议在政界引发了激烈争论。此外，国家公路交通安全管理局还拒绝了其他联邦机构关于其在公路安全问题上应该更多关注人为和环境因素的要求。[27]

工程专业对国家航空航天局（NASA）的工作所产生的影

[①] 招聘科学家和工程人员对私立机构和公共机构都有影响。最早对这个问题进行深入探讨的是伯恩斯和斯托克，参见 Tom Burns and George M. Stalker, *The Management of Innovation* (London：Tavistock, 1961), 174 – 176。

响经常受到评论。当"挑战者"号航天飞机爆炸并造成机组人员罹难时，有关方面对事故的原因进行了核查。航空航天局的工程师们以及为该局提供服务的企业都是富有智慧、具有奉献精神且功绩卓著的集体，但他们的工作方法可能也会产生盲点。工程师只重视定量数据，而不信任个人的意见。因此，尽管有人担忧即将发射的航天飞机是否准备就绪，但这种担忧并没有如想象的那样被有力地表达出来，也没有得到应有的足够重视——因为它被认为是一种直觉，而不是事实或数字。一名参与"挑战者"号工作的工程师是这样说的："我本人曾因为在马歇尔（航天中心）的飞行准备核查中使用'我感觉'或'我认为'的字眼而受到处罚。我之所以遭到处罚……是因为'我感觉'和'我认为'并不是以工程技术为支撑的语句，而只是主观判断。"[28]

即使是在一个高度官僚化的社会福利事务所里，一些审核人员也凭借他们所受的培训以及经验而对他们所服务的公众采取准专业的态度。因此，尽管现实迫使他们平等但冷淡地对待公众（如前所述），普罗塔斯所观察的操作人员中仍有极为竭力将自己当作社会工作者，而不是审核员。有些人认为福利工作者总是轻视或试图折磨申请救济者，但现实却与他们的看法相反：许多政府人员都希望利用他们所拥有的有限的自由裁量权去帮助公众，或者至少去帮助那些看上去"理应受到帮助"的人。在客观条件允许的情况下（即在接待工作量不是太大，组织要求也不多的情况下），"他们希望（也曾希望）得到作为一名社会工作者的机会，也就是能有机会做更多的事情，而不是停留在对简单申请的常规处理上"[29]。

最能体现专业规范之影响的要算林务局和公园管理局这两

个理应相似的机构那截然不同的历史。林务局成立于1905年，而公园管理局成立于1916年。两者都管理着大片公共土地，它们的管辖范围如此相似，以致难以区分。这两个机构由于职能相似，所以常常相互敌视。但林务局从一开始便致力于开发并遵从一种"专业"林业理论的指导，即对森林实行科学管理，从而可持续地生产木材和其他自然资源。虽然这种功利主义的指导思想后来得到了调整，但它致力于专业教育和研究的方向从来没有改变过。当赫伯特·考夫曼于20世纪50年代对此进行研究的时候，90%的森林管理员都是受过正规培训的林业工作者，也就是说，他们至少拥有林业或一些相关专业的学士学位，有的甚至是硕士学位。[30]他们中的大多数是美国林务协会的成员。[31]林务局推动了大部分的这种职业教育开展，反过来，如今则受这些学校和学会所发展的理论的影响。近年来，林务局的许多做法，如皆伐和以低于市场价销售木材，都引发了争议。然而，不管这些政策正确与否，这些政策并不是屈从经济利益的结果；它们反映了该局对于良好森林管理的需要的观点。要想改变今日林务局的工作方法，就必须同时改变如今的林业理论。但是，要改变林业理论可能已经超出了林务局的能力范围：父母如今已成为孩子手里的人质。

相比之下，公园管理局接管了它的许多土地，包括从军队手里接过来的黄石公园。它认为自己的工作就是在保存自然生态的需要与大众欣赏野生动植物的愿望之间取得平衡。[32]这些目标的实现似乎需要执法和工程技术，执法过程制定并实施针对宿营者的法规，而工程技术可为宿营者建造设施。因此其任务在更大程度上被确立为管理人员而非管理公园。该局从未努力去发展一个基于科学和高等教育的公园护林员的职业。即使在今天，公园管理局的主要职业发展轨迹仍是"森林管理员"的标准，即要求具备保障游客安全方面的经历，而非包括从事研究在内的自然保护方面的经验。公园管理局的评论家阿尔斯通·蔡斯（Alston Chase）报告说，这种"森林管理员"的岗位被正式列为非职业性工种，不要求具有高中以上高级学历。[33]公园管理局里科学家人数很少，几乎没有什么影响力。[34]1985年，管理着300多个园林的公园管理局在研究方面只花了约1600万美元，还不及林务局一个试验站的预算。[35]

两个机构的操作人员在观念上的这些差异所产生的结果之一便是二者对管理游客所采取的方法不同。克雷格·W.阿林（Craig W. Allin）发现，即使在吸引着同类游客的同类地区，林务局就没有公园管理局那样重视对游客的控制。[36]与林务局一样，公园管理局，特别是在黄石公园于1988年遭到灌木丛火灾破坏之后，已深深卷入了争议之中。人们争论的焦点是一些由来已久的问题：公众接触野生动植物与自然生态保护之间的矛盾；管理野生动植物与遵从自然力量之间的矛盾；以及救火理念是选择"让它烧吧"还是实行控制。[37]两个机构处理外界争议的方法各有特色：林务局进行非常详细的规划和研究活动，旨在捍卫其正确的森林管理观念；[38]公园管理局则是寻求外部帮助并定期改变工作方向。①

政界人士和利益集团知道，专业人员会采用一些行政管理人员难以改变的方式去确定工作内容，因此改变一个机构的策略之一便是引导它聘用一个思想观念与那些希望改革的人员相

---

① 把林务局描述为一个专业化组织，并不是认为它好；把公园管理局描述为非专业组织，也并不是说它差。专业化主义和非专业化主义都能导致好的和坏的结果。

一致的专业领导人员。我们已经看到公路安全的支持者是如何极力确保国家公路交通安全管理局雇用防撞技术工程师，从而使得该机构在成立之初就有一个独特的工作关注点的。同样的道理，随着职业安全与健康管理局开始雇用越来越多的从事研究的科学家和公共卫生专家，该局对改善安全比对提高卫生标准更为重视的倾向（这种倾向在第三章中已经谈过）开始让位于更加关注健康问题的趋势。这些专业人员对于找到官僚主义的、最容易处理的任务并不感兴趣，他们所感兴趣的是将组织的工作重心放到以他们的专业技术认定为是危险的，以及他们的专业规范认定为应该慎重对待的工作上来。

65　　　　即使那些具有较强专业传统的成熟的官僚机构，也有可能因一种新专业的介入而发生改变。陆军工程兵团和林务局都改变了处理某些工作的做法，因为它们必须雇用一大批已经加入新兴环保专业队伍的人员。《国家环境政策法案》（National Environmental Policy Act，NEPA）要求各联邦机构重视它们的项目对环境的影响。要做到这一点，它们必须拟出一份（除其他文件外）环境影响报告书（EIS），因此必须雇用擅长编写此类报告的人员——生物学家、生态学家、生物化学家等。1984年，当谢尔盖·泰勒（Serge Taylor）发表其有关环境影响报告书编写方法的文章时，这两个机构就已经雇用了数百名这类新型专业人员。[40]通过这种方法，对不同价值观念的重视在那些正处于发展阶段的机构中形成了惯例，但这也要付出代价：由互为竞争的专业人员确定工作内容，这就削弱了这些机构发展和维护共同使命感的能力。

　　例如，当赫伯特·考夫曼于20世纪50年代对林务局进行研究时，它还是一个由单一专业文化支配的机构。而到了20世纪 80 年代，它则变成了一个由多种专业文化支配的机构。今天的林业工作者必须与工程师、生物学家、经济学家和其他方面的专家竞争。林业工作者反对工程师们追求机械完美而忽视了自然之美，反对生物学家重视濒危物种而忽视了大物种，还反对经济学家给林业工作者认为是无价之宝的东西定价。[41]这个话题我们将在第六章阐述机构的使命感时再加以探讨。

政治理念

在美国，占据联邦政府上层职位的官僚比普通民众——也当然比企业领导人员——更具自由主义思想。斯坦利·罗斯曼（Stanley Rothman）和 S. 罗伯特·利希特（S. Robert Lichter）曾对各种联邦机构的 200 名高层职业官员进行了采访。其中一半以上声称自己在政治上是自由派，表示他们曾在 1972 年的总统竞选中把票投给了乔治·麦戈文（George McGovern）；1976 年有近三分之二的人把票投给了吉米·卡特（Jimmy Carter）。这些人中的绝大多数支持妇女堕胎的权利，并一致认为环境问题很严重。另一方面，他们并没有普通大众对美国社会的那种反感：大多数人认为私有企业对待工人是公平的，对企业的限制越少将越有利。只有一小部分人认为国家应该朝着社会主义的方向发展。[42]

在不同政府机构任职的高层官员之间也存在着重要区别。那些受雇于"激进派"机构（如环境保护局、消费品安全委员会、健康与人类服务部）的官员就明显比那些受雇于"传统"机构（如农业部、商务部和财政部）的官员更富有自由派思想。在激进派机构中任职的政治官员要比在传统机构中任职的政治官员更可能会持有以下观点：妇女和黑人应该享有优先就

66

业权；穷人是社会环境的受害者；美国外交政策旨在保护企业的利益。[43]

乔尔·阿伯巴奇和伯特·罗克曼（Bert Rockman）对在理查德·尼克松担任总统期间任职的高级官员进行调查后也得出了基本相同的结论。他们的调查表明，尼克松对于官僚观念的看法——那些官员比他本人更富有自由主义思想——是正确的，而最富有自由主义思想的官员则集中在那些社会服务机构中。在那些任职于激进派机构的民主党人中，90%以上被阿伯巴奇和罗克曼划归左翼。而相比之下，在那些于传统机构任职的民主党人中，只有25%属于左翼。[44]

这些发现表明，那些担心政府高层将持有保守观点的自由派人士是错误的。现在回想起来，很显然，金斯利认为政府高层既然不是公众的代表，他们就会倾向于维持现状这一点是错误的。对政府人员的自由主义思想感到害怕的保守派人士确实有担忧的理由，但他们到底有多担忧，这一点根本就不清楚。我们其实并不在乎政府人员的想法，我们只关心他们的行为。观念决定行为吗？关于这一问题，我们尚无系统的证据加以分析。

从以上我们探讨过的关于态度与行为的论述，我们希望不同的理念并不会对常规化或高度结构化的角色产生不同的影响。投递信件或签发驾驶执照没有自由派或者保守派的方式之分。警察采取逮捕和射击行动的例子也可以表明，即使对于定义相对模糊的角色，不同的个人理念所能产生影响的差异也是有限的。当然，在这方面还有很大的讨论空间。

那么哪些属于可讨论的空间呢？杰里米·拉布金对于民权办公室（Office for Civil Rights, OCR）发展历史的描述就是一个好例子。[45]创建于 1965 年以落实各项民权法律的民权办公室，在定义自己的任务方面拥有很大的自由。它被赋予的职责是确保任何"接受联邦经济援助的项目或活动"均不得实行针对种族、肤色、性别、残疾或民族出身的歧视行为。如果被证实存在歧视，该机构就可能会失去联邦政府的资金援助。那么，何为"项目或活动"呢？为了将有关实体纳入法律监督的范畴，67接受联邦援助是必须采取直接方式才符合条件，还是直接间接方式都算呢？什么样的行为构成歧视呢？对这些问题的裁决权便落到了民权办公室身上。

经过一些初步的摸索和不确定，民权办公室的工作人员开始颁布涉及广泛法律范围和强大法律力量的法规。在接受联邦援助的学校或任何其他机构中，不仅直接接受援助的那些部门，而且其他任何部门也都禁止歧视。例如，如果一家学校的图书馆使用联邦援助购买图书，那么该学校食堂的工作人员和体育项目即使没有接受资金也不得采取歧视做法。对歧视所下的定义非常广泛。例如，当一个学区雇用黑人的比例低于他们在社区代表的比例，即使没有任何其他歧视的证据，那也构成了歧视。民权办公室所做的最有争议的决定也许就是下令禁止学校举办父子或母女同餐会，这一决议引起舆论哗然，随后被美国国会撤销。

导致民权办公室如此广泛地行使其权力有多种原因。民权和女权组织经常谴责它"裹足不前"。大中院校没有能够有效地游说立法机构反对这些政策。政府官员和国会委员会几乎未采取什么措施来制约民权办公室。但在某种程度上，民权办公室之所以如此采取行动，是因为它所吸引聘用的人员"对它的使命抱有很高的热情"。[46]

　　情形如此的并不只是民权办公室这一个机构。当国家劳资关系委员会（National Labor Relations Board，NLRB）于1935年成立时，它吸引了一批亲劳工律师成为其工作人员，这些律师为该机构带来了一套独特的理念，直到后来发生的一些事件消除或结束了这些人对此理念的热情。[47]为管理露天煤矿开采而成立的露天煤矿开采管理局（Office of Surface Mining Reclamation and Enforcement，OSM）则吸引了一批有奉献精神的环保主义者作为其成员，结果这些人在制定开采法规方面远远超出了法律条文的范围。[48]

　　为什么理念似乎对民权办公室的工作人员、国家劳资关系委员会的律师和露天煤矿开采管理局的环保主义者的行为产生了影响，而没有对警察所做逮捕决定产生影响呢？我想，答案可以从这些政府人员的不同工作环境中找。民权办公室、国家劳资关系委员会和露天煤矿开采管理局这些新成立的决策机构，运行时所处的政治环境取决于（如果不占主导地位的话）具有相同思想倾向的国会议员以及支持它们的利益集团。态度——无论是民权办公室的观念，经济合作总署的过往经验，还是联邦贸易委员会的专业规范——都最有可能影响那些工作任务定义模糊的角色的表现，尤其是当他们的态度因其他奖励而得到强化的时候，情况更是如此。在一个负责制定新政策的新机构中，工作职责的内容可能会模糊至极；此外，一个新生的机构总是被其政治上的"父母"所包围。这些人员和群体急于为该机构所做的与争取建立该机构并获得成功的人员的热望相符合的行为鼓掌喝彩。

　　警察拥有很大的自主权，但这并不意味着他们的任务定义模糊，而只是意味着正式的组织规则并没有对他们的工作内容做出明确的定义。他们的工作取决于非正式的认识，这是他们每天在街头与人接触以及多年的岗位经验。这些接触和经验告诉警察如何对付不守法的公民，何时使用致命武力，什么行为会赢得更多资深同事的赞同，以及何种逮捕行动会在法庭上站得住脚并得到晋升委员会的奖励。外部观察者可能不会注意到这些定义工作内容的因素，因此会认为警察可以为所欲为；上述结论是错误的，而当这种结论导致人们贸然通过制定规章来改变行为时，它将是有害的。

上述对于理念的分析表明，一个决策机构的成长期对于决定自己的行为至关重要。人是如此，机构也是如此：童年的经历影响成年后的行为。这也就是说，我们必须研究历史，这一点我们将在第六章中详细论述。

像成年人一样，机构也从经验中学习，所以形成期的童年岁月只是故事的一部分。官僚机构会适时地形成自己鲜明的个性和文化，这种个性和文化将影响加入这些机构的人员的态度。这一点也将在第六章中加以讨论。当那些评论一个历史悠久的机构的人指责"态度不端"的政府人员决定了该机构的行为时，他们往往是颠倒了因果关系。实际上，是这个机构培养了其内部人员的态度。

有大量证据表明，政府人员的政治观点倾向于与他们所属的机构一致，而非他们的政治观点更加体现他们的社会地位。肯尼斯·迈耶（Kenneth Meier）和劳埃德·尼格罗（Lloyd Nigro）曾对联邦高级文官的观点进行抽样调查，发现这些官员的社会出身在解释他们的不同意见方面的重要性只占5%的比例；另一方面，机构隶属关系则是重要得多的因素。[49]伯纳德·梅尼斯（Bernard Mennis）曾把从事类似工作的外交官和军官做了比较，他们大多与管理对外政治和国际安全事务相关。他发现，他们在政策方面的观点存在巨大差别，差别大得出人意料：外交官更加自由，而军官的思想较为保守。尽管事实上这两个官员群体的社会背景大致相同，但差异依然存在。[50]正如查尔斯·古德塞尔（Charles Goodsell）在总结上述调查研究时所说的，该机构中政府人员所"坐"的位置与他们"所持的立场"有很大关系。[51]

69 确定任务：官僚人格

即使个人具体的态度不会始终决定官僚机构的行为，但很多人认为，那些为政府机构工作的人员具有鲜明的人格。就像关于态度的看法一样，对于何为鲜明的人格，不同政治路线的人员持有不同观点。自由派人士有时形容官僚人员谨小慎微、循规蹈矩、不愿冒险。保守派人士有时则说他们是一心想利用公众利益来扩大自己权力的狂热的帝国建造者。或许还有一些人认为，政府人员既循规蹈矩，同时又是狂热分子。

社会学家罗伯特·K.默顿（Robert K. Merton）是最早提出存在官僚人格（bureaucratic personality）这一观点的学者。他并没有宣称政府人员天生具有这样的性格，而只是官僚机构中的工作逻辑往往容易培养或促使这样的情况产生。在一个大型的、复杂的机构中，操作人员更重视的往往是手段，而非结果。也就是说，他们在乎的主要是遵循正确的规则，而非实现最终目标。默顿把这种现象称作"目标替代"（goal displacement），用他的话说，就是一种工具价值观变成目的价值观的过程。[52]

机构生活的确具有促使人们规避风险的因素。事实上，如果人们不去规避风险那才令人惊讶，因为机构之所以成立就是为了减少不确定性和风险。所有组织（至少在一定程度上）都是变化的天敌；而政府机构尤其不愿意冒险，因为它们被卷入了一张具有非常复杂限制的网，任何变化都可能激怒一些重要选民。但是，政界和某个机构对循规蹈矩的要求，与人们想象中的官僚机构喜欢聘用或特别容易吸引那些具有规避风险、循规蹈矩个性的人员的倾向大不相同。从已经完成的为数不多的研究中我们可以发现，上述想象是错误的。

1963 年，W. 劳埃德·华纳（W. Lloyd Warner）与他的合作者发表了一篇关于近 13000 名职业联邦公务员的调查报告，这些公务员主要是在民事机构中任职的 GS – 14 级及以上人员。作为调查的一部分，报告的作者们对其中 257 名联邦机构管理人员进行了一个"主题理解测验"（Thematic Apperception Test，TAT）。正如许多读者所知的，"主题理解测验"要求被测验者为所提供的一系列普遍场景（例如，一个老年男人跟一个年轻男子在办公室说话）编出故事。这些故事将按照一套相当成熟的标准打出分数。政府人员显示了一种从总体上来说带有理想主义色彩、非常看重成就的个性倾向。他们之间当然存在个体差异，但作为一个群体，公务员其实并非循规蹈矩或谨小慎微的。[53]

梅尔文·科恩（Melvin Kohn）也曾于 20 世纪 60 年代进行类似的研究，并于 1971 年发表了一篇研究报告。该研究的数据并非来自对"主题理解测验"中所编故事的释义，而来自人们对调查问题所提供的答案。该研究的研究对象也稍微不同——大约 3000 名在不同民事机构任职的人员。他们所任职机构的官僚化程度是根据这些机构所划分层次等级的数目而进行评分的。结果表明，在官僚化程度较高机构中任职的人员比在官僚化程度较低机构中任职的人员，更可能显示出智力的灵活性、更重视自我导向和新的经验。导致这一结果的因素之一可能是，政府机构的人员往往比其他类型机构的人员接受过更高程度的教育，而教育（或与教育相关的个人特质，如智力）则可能培育了在调查中发现的这些素质。[54]

查尔斯·古德塞尔曾对与科恩所做研究相类似的许多调查进行了总结分析，发现这些调查大多数都得出了相同的结论。[55]当然也有一些例外。有一个试验是让一些企业管理人员和公立学校管理人员进行一个选择的游戏，即选择高回报高风险的岗位还是低回报低风险的岗位，他们的选择表明，企业人士比学校官员更倾向于接受风险。[56]鉴于成功的企业生涯收入更高，而许多（但不是全部）政府人员的职业生涯则更稳定更有保障，因此在这两类人员之间发现差异完全在我们的预料之中。但是，目前还没有强有力的、一致性的证据可以表明这两种职业会吸引不同个性的人员。

小结

过去的经验和专业规范（以及随之而来的获取职业成功的机会）必定会影响普通政府人员的行为；政治理念可能会产生影响，但我们没有足够的证据来充分说明这一点。当法律法规和具体环境不能确定操作人员的工作内容时，经验、专业精神和理念都可能会产生最大程度的影响力。

几十年来，授予其操作人员广泛自主权的机构数量在稳步增长。国会乐观地相信无党派专家能够有效管理复杂的经济事务，因此在遇到某些问题时，它允许很多监管机构在有利于"公共利益"的前提下为所欲为。在这种情况下，至少在最初阶段，国家的权力被移交给了那些可以根据自己的理念和专业规范进行选择的官员。此外，政府机构雇用更多专业人员的原因有三点：其一是这些政府机构如今开展了更多的被认为需要专业训练的复杂工作；其二是从业人员中受过专业培训的人越来越多；其三是雇用专业人员似乎可以增强机构行为的信誉和正统性。1914 年的美国联邦贸易委员会、1935 年的国家劳资关系委员会、1947 年的中央情报局、1948 年的经济合作总署、1965 年的民权办公室和 1970 年的职业安全与健康管理局，它们之所以为个人理念影响它们的工作内容提供了机会，原因很简单，它们那时都还刚刚成立。这些机构必须做出各项决定，但是与它们相关的法律文件并没有规定应该做出什么样的选择。此外，这些机构还表现出了进步主义的信念——即使没有法律文件的指导，优秀的人仍会以正确的方式来确定任务。但何为"正确的方式"是一个有争议的话题，对于这个话题，律师、经济学家、外交官、工程师、谍报人员和民权活动家都各持己见。

　　我们将在以后的章节中看到，20 世纪 70 年代出现了旨在避免把这些广泛的自主权授予新建机构的尝试。然而，这种变化并非源于人们削弱专业人员或理论家所拥有权力的愿望，而是出于拥有广泛自主权的机构更容易受到外部利益集团控制的理念。因此，评估专业规范（或许还包括政治理念）可以在多大程度上承受外部压力就非常重要。这是接下来我们要讨论的问题。

第五章 利益

当田纳西河流域管理局于 1933 年成立的时候，自由派人士曾为此欢呼，认为它证明了国家一项新的与基层民主有关的区域规划的承诺。当富兰克林·罗斯福总统向国会提交田纳西河流域管理局议案时，他曾形容它涉及"一个完整流域的国家规划"，将解决"人们所关注的各种形式的问题"。[1]田纳西河流域管理局首届理事会成员，并在后来担任理事会主席的戴维·利连撒尔（David Lilienthal）在他《前进中的民主》（*Democracy on the March*）一书中对自己的这一经历进行了狂想式的描绘。[2]他认为，田纳西河流域管理局是新政时代这顶王冠上的明珠，因为它可以通过一项综合环境保护、防洪、发电、农业开发和区域规划的半自治项目，来全面解决各种弊病——毁灭性的洪水、农村贫困以及经济落后。与自由派的积极态度形成强烈对比的是保守派的愤怒。保守派认为，所有这些关于规划的论调无外乎意味着"可怖的社会主义"的开始。

三十年之后，双方的立场变得完全相反。如今自由派攻击田纳西河流域管理局是一个无情、麻木不仁的电力公司，它只顾自己发电而破坏了环境，一心痴迷核电而冒着带来灾难的危险。一位记者深表遗憾地写道：田纳西河流域管理局已经失去了"它初期积极进取并带有理想主义色彩的激情"。[3]环保主义者抗议田纳西河流域管理局的燃煤电厂所造成的污染，并极力抵制其在一条有大量螺镖鲈（一种被列入濒危物种名单的淡水鱼）聚居的河道上修建泰利库大坝（Tellico Dam）的计划。许多自由派人士认为他们的梦想遭到了背叛：如今田纳西河流域管理局与前进中的基层民主已毫无瓜葛。[4]

究竟发生了什么？关于田纳西河流域管理局在行为上的明显变化，最广为接受的解释是来自利益集团的压力。按照这种观点，该机构尽管在法律上拥有广泛而前途无量的授权，但其工作实际上是由田纳西河流域那些强大的利益集团所确定的。社会学家菲利普·塞尔兹尼克（Philip Selznick）把这种现象称为"吸纳型关系"（co-optation）。他在经典研究报告《田纳西流域管理局与基层组织》（*TVA and the Grass Roots*）中阐述道：为了在政治上生存下去，田纳西河流域管理局不得不放弃其对规划的承诺，而将其农业项目的实施转交给本地区强大的接受政府赠地而开办的大学和农场主组织。[5]尤其是田纳西河流域管理局将农业部的推广局作为其操纵杆，而该推广局已与当地地方政府有着千丝万缕的联系，也与代表着该地区较富裕农场主利益的农场局关系密切。反过来，这种关系又在田纳西河流域管理局内形成了一个同情推广局因而不愿意去追求宏大规划和土地改革项目的团体。[6]

直到今天，塞尔兹尼克这一具有划时代意义的研究报告还在被许多人引用，因为他们担心任何赋予其操作人员过多自主权的政府机构都会导致这些操作人员的工作受到外部利益集团压力的影响。这种情况在美国特别容易出现，因为美国的政治权力极为分散，任何新生的机构都处于毫无自我保护能力、孤立无助的境地，无法有效地抵御来自外部的压力。对这些人来说，与田纳西河流域管理局一样，林务局、土地管理局、食品和药物管理局（FDA）以及无数必须配合强大民间团体的其他机构都在重复着同样的故事。总之，任务确定的决定因素并非环境、标准、经验、指令或理念，而是利益。

关于田纳西河流域管理局究竟发生了什么，还有另一种完全不同的解释。这种观点认为，该机构任务的确定取决于法律、经验和专业规范，而非难以揣测的私有利益。首先是法律规定：如果不采取推断的方法，我们无法从新政中找到赋予田纳西河流域管理局真正权威的成文法规。有关法律授权田纳西河流域管理局修建大坝发电，但没有明确授予它规划的权力。[7] 其次是累积的经验：无论是政界的期望还是法律条文都清楚地设想了水坝建设，因此大坝得以修建。事实上，一些水坝也是继承而来的。当 1933 年田纳西河流域管理局成立时，它就接管了马斯尔·肖尔斯（Muscle Shoals）已有的一座国有大坝和电厂。从一开始，该机构就起步于水力发电业务。在一年内，该机构又在该地区建造了两座水坝并从私营公司购买了输电线路。到 1941 年，田纳西河流域管理局的发电能力翻了两番，从而成为全国第六大公用事业公司。二战期间，电力需求激增，该局迅速做出了有效反应——到战争结束时，其发电量增长了一倍以上，从而成为全国最大的公用事业公司。[8] 最后是专业规范：为了接管并运营现有的水力发电厂，同时建造和管理新的水力发电厂，管理局必须雇用数百名工程师。这些"电力人员"迅速成为该机构最大的职业群体，他们也带来了对自己工作任务的明确观点——尽可能打造最高效的发电厂。由于发电量越大，千瓦电力的成本（在一定程度上）就越低，发电量最大才是最高效的发电厂。反过来，一家大型发电厂要维持下去就需要庞大的用户。因此，这种工程效率的标准导致持这一观念的人员将田纳西河流域管理局的任务确定为：建设大型、高效的发电

厂，以服务众多的用户。[9]田纳西河流域管理局的总经理曾言简
意赅地将该机构的任务概括为："以最低的成本、良好的经济
效益供电。"[10]在由这样一种职业文化主导的组织环境中，很难
想象支持城乡规划和环境保护的人员会取得多少进展。事实证
明确实如此。当这些河流的水电潜力被耗尽时，管理局便开始
建造燃煤电厂。当煤炭成本增加时，它又开始筹划核电厂。[11]也
许田纳西河流域管理局与地方利益集团的关系产生了一定的影
响，但很明显，即使没有这些利益集团，它的演变历程也不会
有什么改变。

当爱德华·曼斯菲尔德（Edward Mansfield）写了一篇关于
联邦海事委员会（Federal Maritime Commission，FMC）的文章
时，该机构因未能实现国会设定的目标而在首府华盛顿名声不
佳。国会为其设定的目标是防止远洋运输公司在收取费用时采
取歧视性收费（即照顾某一托运人或港口而歧视其他托运人或
港口端口）或不合理收费（如收费过高）。[12]但事实上，联邦海
事委员会几乎总是批准那些船运公司所提交的任何收费标准，
如果偶尔不批，也往往是因为所呈报的标准存在一些技术性错
误，而不是因为它确认收费标准太高。[13]

一个被国会委员会称为"监管疏忽"的模式有着多方面的
原因。例如，被选为联邦海事委员会委员的人员常常是无能的
政治仆从。但曼斯菲尔德认为，领导上的失误既是机构失职的
原因，也是机构失职的后果。联邦海事委员会所面临困难的关
键在于，"该机构必须在一种由各船运公司（即被监管的行业）
主导的政治环境中实施一套内涵模糊的规章"。[14]代表这些船运
公司的大约有30家律师事务所，而代表这些船运公司托运人的

只有 1 家律师事务所。正如某船运公司的一位主管人员说："这些船运公司进行了大量投入。"[15] 船运公司经营得法，效益良好，因为它们获准收取的费用对它们的盈利具有决定性的作用。那些实力雄厚的托运人可以直接跟船运公司谈判就能拿到好的运价，他们不需要联邦海事委员会的帮助。而那些实力较弱的托运人经营不善，效益不佳。因此，法律本来致力于保护的群体——那些实力较弱的托运人——事实上并没有得到保护。

一些观察家会说联邦海事委员会被理应受其监管的行业所控制，但"控制"一词并不能说明事情的真相。海运界并没有贿赂海事委员会人员，也没有许诺等他们从政府机构离职后给他们安排一份薪水可观的工作。其实是整个环境对船运公司极其有利，而海运界正好利用了这种环境而已。所提交的运费标准申请数量太多，海事委员会的人不得不将他们的工作惯例化。一旦大量的工作形成了惯例，内涵模糊的法律条文也就只好不加解释地运用（比如法律规定定价协议不得带有"不公平的歧视"或"损害公共利益"；提交的收费标准不能"过低或过高"）。面对源源不断被送到海事委员会办公室的文件，谁也没有时间或精力去弄清这些内涵模糊的字眼的确切含义。因此，委员会人员对自己的工作采取一种敷衍态度：如果托运人未对船运公司所提交的收费标准提出异议，那么此标准就被认为是合理的。而托运人也只是偶尔有提出异议的可能，所以大部分提交过来的收费标准都能得到实施。[16]

我们看到，田纳西河流域管理局和联邦海事委员会这两个机构皆易受到利益集团的影响。有关这两个机构建制的法律文件含义都极其模糊，因此给两个机构的人员赋予了足够的自主权。这两个机构都处于比较类似的政治环境中，一些重要的群体与这两个机构的工作有着很大的利害关系，因此这些群体动机充足——它们设法对这两个机构的工作施加影响。然而，就田纳西河流域管理局而言，决定工作内容的主要是它初建阶段的经验（需要管理运营现有水坝）及其专业文化（其雇用的电力工程师的观点）；至于联邦海事委员会，决定它工作内容的是所处环境的要求（它所处的环境是：一个利益集团而非其竞争对手具有对其施加影响的动机，在这种环境中它需要处理大量文件）。因此，并不存在一种机械的"控制"理论可以合理解释实际发生的事。

政治机构和利益

连两个同样易受到外部利益集团控制的机构都具有如此不同的经历，那么法律渊源和所处政治环境迥异的机构就更可能拥有不同的经历。毫无疑问，有些机构的工作任务确实受到外部利益集团的巨大影响。之所以发生这种情况，有时是因为国会本来就希望如此：其授意某一机构照顾某些私有利益，或特意规定该机构的工作程序，从而使得那些私有利益在事实上受到照顾。第十四章我们将讨论这种现象发生的频率。也有一些机构即使在未被安排规划的情况下，同样深受外部利益集团的影响，这种情况就可以被称为"控制"。另外，还有一些机构的行为方式会导致受其影响的利益集团强烈指责那些"无法无天""狂热""目光短浅"的政府人员"过严地监管"某些行业或职业。

很显然，有些差异是符合情理的。就上述第一种情况而言，外部利益集团对某一政府机构的影响将取决于这些利益集团在该机构工作环境中的位置。简单来说，一个政府机构可能处于下列四种政治环境中的一种，它可能：（1）面对一个占主导地位的与其目标一致的利益集团；（2）面对一个占主导地位的与其目标相冲突的利益集团；（3）面对两个或多个互为竞争关系的与其目标相冲突的利益集团；（4）并不面对任何重要的利益集团。一个机构身处的环境将决定机构人员在确定其任务时会受到哪些因素的影响。①

就第一种情况而言，那个政府机构是"客户政治"（client politics，也作代理人政治）的产物。当一个工程的大部分或全部好处都落在了个别的利益集团（一个产业、一个行业或一个地区）身上，而大部分或全部开支由众多人（比如所有纳税人）承担时，客户政治就会出现。换句话说，当人均获利较高而人均支出成本较低时，客户政治就会出现。由于受益者获利很大，他们便具备了组建组织并对法律施加压力的动机；对于开支承担者来说，人均支出成本很低或者根本没有意识到支出成本，他们便丧失了组织起来反对有关法律的动力。

在其历史的大部分时间里，民用航空局就是客户政治的一个例子。该局成立于 1938 年，目的在于减少"破坏性竞争"，并通过合同的形式提供补贴以扶持航空运输，从而保护和发展新兴的航空业。航空业坚持要成立一个机构来提高进入航空业的门槛，并保证几乎能够赢利的空运价格，各航空公司都会获得巨大利益。花钱乘坐飞机的旅客无法知道那些定价实际上要高于市场竞争价；即使他们知道这一点也不会在乎，因为差价

---

① 这里列出的概念架构（conceptual scheme）吸收了早前出版的研究成果：James Q. Wilson, ed., *The Politics of Regulation*（New York: Basic Books, 1980）, chap. 10; and Wilson, *American Government*, 4th ed. （Lexington, Mass.: D. C. Heath & Co., 1989）。

一旦分摊到每个人的身上就会微乎其微。因此，航空公司便积极支持有关法案，而且最终也未有人反对。可以作为客户政治例子的还有其他机构，如联邦通信委员会和农产品信贷公司（Commodity Credit Corporation，CCC）。联邦通信委员会曾保护广播电台（以及后来的电视台）在其广播波段上的所有权。农产品信贷公司曾向农场主补偿农产品实际市场价格和国会补贴价格之间的差价。

　　与客户政治相反的是创制政治（entrepreneur politics）。在这种政治环境中，绝大部分费用由某个产业、行业或地区承担，但好处却由许多人（如果不是所有人的话）分享。受到高额人均支出影响的集团固然会反对相关法律；低额人均收益则使受益者失去了敦促实施有关法律的动力。在这种情况下成立一个机构或通过一项法律显然非常困难，但这样的事情的确发生过。1966年成立的国家公路交通安全管理局就是一个例子。该机构得以创建主要有以下几个原因：有一位精于政策之道的企业家［拉尔夫·纳德（Ralph Nader）］，出现了使其对手陷入尴尬境地的丑闻（通用汽车公司调查纳德的笨拙行为），数位政客［参议员亚伯拉罕·里比科夫（Abraham Ribicoff）］及其他一些人企图利用某一问题进行竞选，许多记者和编辑接受纳德讲述的情况。[17]纳德的观点与这一丑闻在政界和媒体界的影响一起发生了作用，接踵而来的国会听证会则足以使反对有关措施的产业集团节节败退，并使一个政策问题（"政府对公路安全应负的责任是什么？"）转化为一场道德之战（"谁敢反对一项旨在惩罚并不具备特殊地位但有破坏作用的汽车行业的计划呢？"）。

　　为管理药品、控制有毒物质、防止大气和水的污染、禁止向儿童出售易燃服装而制定的一系列法律也碰到了同样的情况。

77

有时丑闻会出现，比如，一种药品导致了畸形儿，一种化学物质损害了工人的身体健康，一名儿童由于睡衣着火而被烧死，或一次漏油事件污染了加利福尼亚海滩等。但是，即使不出现丑闻，非常微妙的国会听证会也不会理会反对有关法律的行业力量，比如承认自己的新药赢利很高的药品制造商。听证会的主持人可能是一位一心想往上爬、寻求建立保护民众的声誉的政客。例如，当初参议员埃德蒙·马斯基（Edmund Muskie）就坚决为其提出的清洁空气法案辩护，以回击拉尔夫·纳德关于他向产业界出卖自己的指控。[18]

在创制政治环境下成立或获得权力的机构（至少在一开始）会面对一个与其对立的利益集团——那些承担了该机构运转主要花费的集团。但是，这个机构初建阶段的许多主管是从旨在促成该机构建立的社会活动参与者中吸纳过来的，这些人会获得由政治盟友组成的监护集团的支持。在一段时间内，这些势力集团能够抵御那些提供费用支持的利益集团的压力，甚至能够给这个机构的工作注入活力。然而，这样一个机构也将面临巨大风险：一旦其初建阶段的盟友失去了热情，它就会发现自己面对着一种不同的环境——其所需要的许多信息掌握在一个从根本上反对其工作目标的利益集团手中，它必须随时对之做出反应的政治资源也受到这个利益集团左右。

第三种情况是：一个机构如果受到一些相互对立的利益集团所施加压力的时候，它既不是某一外部集团的工具，也不是受害者。可以这样说，这些相互对立的势力将这个机构夹在中间。当这个机构的工作既造成了高额人均支出又造成了高额人均获利时，上述利益集团政治（interest-group politics）就会出现。无论是可能受益的受益人还是成本支付人都会有强烈的动机来反对该机构的主张。

1970 年成立的职业安全与健康管理局实际上是劳工组织和工商业集团斗争的产物，斗争的焦点则是政府应该如何有效地解决工作人员在工作地点面临有害物质的问题。为了有关法律条款而在国会展开的斗争，使工会和雇主之间的矛盾变得尖锐；后来在职业安全与健康管理局中进行的旨在影响有关具体规定内容的斗争，使工会与雇主继续处于对立状态。1935 年成立的国家劳资关系委员会同样是劳工组织与工商业集团斗争的产物；与职业安全与健康管理局碰到的情况一样，这种斗争在国家劳资关系委员会成立之后延续了很长时间。[19]1886 年成立的州际商业委员会（Interstate Commerce Commission）则是众多利益集团之间斗争的产物——长途铁路运输公司希望保持高运费而不愿意参加竞争，农场主和石油公司则希望降低运费并让铁路公司进行更多的竞争，而许多城市又希望得到铁路公司的良好服务。[20]

最后一种情况是：公共机构的外部环境中不存在任何长期活跃的重要利益集团。当这个机构及其工作既能广泛分配利益又能广泛分配开支负担时，上述情况就会出现。由于人均获利额较低，所以无人刻意追求；由于人均支出额较低，所以也无人极力拒绝。我们把这种情况称为多数人政治（majoritarian politics）。

根据 1890 年通过的《谢尔曼反托拉斯法》（简称《谢尔曼法》）而成立的司法部反垄断司就是多数人政治的一个例子。正像苏姗娜·韦弗（Suzanne Weaver）所写的，《谢尔曼法》"并不是对产业界获取联邦政府保护以避免受到竞争之不确定因素损害的要求做出的反应，而是对大众产生的这种担心做出的反应：大公司对居民生活拥有过大的影响力"。[21] 当时，新闻界出现了揭露产业托拉斯化以及利用托拉斯化获利的报道。政客们便设法利用公众激奋的情绪。但与此同时，并没有哪个公司或产业感到自己尤其受到了这种鼓动的威胁，因为反托拉斯法并不针对某个具体的产业。由于这项法律言辞含糊（它禁止"旨在限制贸易的公司合并"），它当初究竟针对的是什么目标，这一点并是不完全清楚。有人反对这项法律，但他们主要是从宪法角度而不是经济角度提出自己的观点：宪法并没有赋予联邦政府足够的权力让产业界遵守谢尔曼参议员的法规。批评者最终失利，但并不是因为某一产业在投票表决中失利。

利益集团与操作人员

政府机构操作人员的工作受外部利益集团压力形塑的程度将取决于这个机构面对的四种政治环境。

客户政治机构

客户政治机构每天要和某个利益集团打交道，它必须尽量避免其工作受到利益集团的影响。许多这样的机构做不到这一点，有些机构则根本就没想过要这样做。造成这样的结果无须通过腐败或阴谋手段。联邦海事委员会雇员们获取的信息几乎全部来自船运公司，这些公司希望其定价和协议获得批准，需要每一报价得到维持。一般来说，没有人告诉海事委员会的分析人员那些协议和定价是否有利于消费者或整个经济。在其历史上相当长的一段时间里，民用航空局了解的情况几乎全部来自民航界本身。航空公司之间的竞争可能会就某一具体情况给民用航空局带来做出明智选择的机会，比如，当美国航空公司和联合航空公司竞争在芝加哥与檀香山之间开展空运的权利时。

但是，这种竞争只涉及两个城市的市场情况，所以收集的有关数据也只涉及同样的范围。民用航空局所促成的供过于求的格局有利于整体航空票价的提升，但这种竞争并不能够给民用航空局的分析人员帮到多少。[22]

有的时候，一个公共机构对其保护下的私营部门客户的依赖关系会形成一种正规的模式。农业稳定和保护局负责联邦政府向农场主提供补贴项目的监管工作。该局的工作受到由3000多个县委员会组成的网络的严密监督，而每个县委员会则由该县农场主选举出来的三名农场主组成。这些农场主坚决反对如下的说法：他们作为一个利益集团与农业稳定和保护局的关系跟船运公司与联邦海事委员会的关系完全一样。从某个角度看，这些农场主的看法是正确的：农场主在制定农业政策方面的作用是得到国会正式认可的，而船运公司的作用只是环境的产物。但换个角度看，这些农场主已经利用他们的政治影响力使农业稳定和保护局成为他们的保护机构。实际情况是，他们的影响力非常大，足以产生一种正式的（而不是非正式的）保护与被保护关系。

这种关系并不仅限于处理经济事务的机构。里根总统在与国会进行一场激烈的斗争之后更换了民权委员会的领导班子。在此之前，该委员会一直受到民权组织的巨大影响，这些组织几乎是其所处政治环境中唯一活跃的势力集团。并不出人意料的是，该委员会的工作往往反映了这些组织的观点。美国科学院和国家科学基金会的工作则反映了它们的主要基层力量——致力于研究的教授们——的偏好。

创制政治机构

创制政治环境下的公共机构将处于一种不稳定的地位。因为当初这些机构的成立就是为了对抗某些利益集团，而现如今却要受制于这些利益集团。那么，该机构的雇员就必然会担心：当初促使确定其职责的社会力量可能会因为利益格局的变化和热情的减退而抛弃这个羽翼未丰的机构，从而使它独自面对一个敌对的利益集团而得不到保护。类似的情况在历史上发生过多次。食品和药物管理局的成立是由于公众对某些普通药物和专卖药物造成伤亡的不满，试图阻止不安全和无效药物的扩散。但是，每起药物事件（如 1937 年磺胺剂导致的死亡或 1961 年酞胺哌啶酮造成的婴儿先天缺陷）发生之后的一段时间内，消费者和医学团体都一度对食品和药物管理局失去信心。当然，制药企业除外，因为它们的赢利在很大程度上取决于该机构是否很快批准新药品投放市场。另外，食品和药物管理局因为不能提供理想的工资待遇和足够的研究机会，众多的一流科学家不肯委身于此。该机构中是有不少很能干的成员，但出类拔萃者很少，[23]其雇员的任务也让人头疼：对新药进行评估。每种新药的申请信息都有 200 多卷，必须在法定的 180 天内完成，同时也要搞清楚这种新药挽救生命的可能性。食品和药物管理局每天打交道的对象通常是制药企业的代表，而不是药品应用审批问题的批评者。这样一来，该局的工作人员在工作中就容易去偏袒制药企业。在现实中，也确实发生过这样的偏袒事件。20 世纪 50 年代末和 60 年代初，人们是这样评价食品和药物管理局的：缺乏主动精神，甚至偏袒产业界。[24]

但在大多数情况下，食品和药物管理局的工作人员都采取了一种与上述不同的工作方法。尽管他们在日常工作中有很大压力，但他们最担心的还是——正如保罗·夸克（Paul Quirk）所指出的那样——假如他们批准新药上市，而一旦日后造成伤亡，就会发生丑闻。丑闻并不经常发生，但一旦发生就会给有关工作人员带来长远的影响。[25] 这种影响在有些人的头脑中尤其难以抹去，因为他们知道：一位心怀不满的同事可能会采取告发行动——向国会或新闻界透露审查工作中的失职行为。

简而言之，在创制政治环境中成立的机构面临受到利益集团控制的危险，但这种被控制的现象并非不可避免。在本章后半部分，我们将研究近年来减少利益集团影响公共机构工作的各种因素。

利益集团政治机构

利益集团政治环境下的政府机构操作人员似乎日子比较好过：他们夹在相互争斗的集团中间，所以在确定自己的工作任务时有选择余地；他们知道肯定会有人成为自己的盟友，所以总是心安无忧。但事实并不是这样的。其原因是：一方面，该机构所从事的工作都可能受到指责，主管人员也是一样，他们不喜欢被指责；另一方面，他们在政府和国会中的政治支持者会根据政治风向时而偏袒某利益集团，时而偏袒另一个。在这种情况下，就很难知道应该做什么；过去受到奖励的行为如今却受到了惩罚，而曾经受到惩罚的行为如今却受到了奖励。

职业安全与健康管理局在制定规定和检查工作场所情况时，每天都会碰到上述问题。在从事这些工作的过程中，职业安全与健康管理局的工作人员很难同时让产业界和劳工界都满意。他们甚至常常不能让自己的领导满意。莫顿·科恩（Motton Corn）担任局长（由福特总统任命）期间，职业安全与健康管理局以积极颁布新的安全健康法规而闻名；在尤拉·宾厄姆（Eula Bingham）担任局长（由卡特总统任命）期间，该机构一方面坚持严格的标准，另一方面又小心谨慎，以免得罪其批评者；而在索恩·克特（Thorne Auchter）担任局长（由里根总统任命）期间，该机构更关注的是投入成本，而不是所获收益。[26] 一任局长称赞的规定及相应的实施工作到下一任局长的任期时会遭到禁止，这就造成了该机构在不同时期的行为差异。[27]

戴维·麦卡弗里（David MaCaffrey）一直研究职业安全与健康管理局的历史，试图弄清楚最能解释决定该机构行为的因素——产业界的控制、利益集团的压力或机构本身的需求。麦卡弗里微妙的分析当然值得仔细研究，但其发现的情况在总体上证明，利益集团的压力和领导人的不断更换可以解释职业安全与健康管理局大部分行为的动因。在初期，劳工组织是职业安全与健康管理局面对的最为活跃的利益集团，因为劳工组织在设立该机构的时候发挥了关键作用。有了这个开端，劳工组织影响了职业安全与健康管理局初期的决策。例如，严格限制炼焦炉污染和各种危险化学物质（如聚乙烯氯化物）的使用。然而，随着企业对职业安全与健康管理局越来越了解，产业界增强了其利益集团代表的影响力。结果就是，过于严格的那些初期规定开始松动了，职业安全与健康管理局在提出新规定时也变得犹豫不决，或者在指定新标准的时候也不再仔细分析了。[28]

利益集团的压力为职业安全与健康管理局的工作设置了一个（不断变化的）外部框架，但在这个框架之内，该机构的人员能够根据专业规范确定他们的任务（请参见第四章）。正如史蒂文·凯尔曼（Steven Kleman）所发现的："在该机构安全和健康专家的观点及其组织目标的基础上，职业安全与健康管理局的官员们形成了保护安全和健康的意识，而这种意识正是该机构在有关规定上所做决定的最重要因素。"[29]最能说明上述专业规范的例子便是该机构官员所做出的这样一个决定：减少就地改装机器而产生的噪声之害的办法，主要是减少工人在工作地点所待的时间，而不是为了省钱去要求工人佩戴耳塞。

多数人政治机构

多数人政治促成了反垄断司（Antitrust Division）的成立，并使该机构获得了一种不存在任何重要利益集团的工作环境。其主管人员的个性及其获得的总统支持几乎完全决定了该机构是严格或是松懈。《谢尔曼法》涉及的范畴很广，条文含义非常模糊，所以反垄断司能够采取避免形成敌对利益集团的一些工作。该机构极力避免与整个产业界对抗，以防止出现一个决意击败它的利益集团。相反，该司经常以单个具体案例为基础开展工作，听取一个企业指控其竞争对手有非法行为并采取相应措施。[30]一个公司在某一件事上是原告，在另一件事上就可能变成被告；被告也同样可以变成原告。有时，一个受到反托拉斯起诉的企业会设法利用政治影响力来阻挠案件的审理（例如，1971年国际电话电报公司就主动提出向尼克松政府提供一笔竞选资金，以便让尼克松政府阻止对该公司进行反托拉斯制裁）。但是，单个企业的一次性努力对一个公共机构的自主性影响很小，远不如一个大型集团对一个公共机构自主权利的持续干涉。就国际电话电报公司的案例而言，尚未发现反垄断工作有不妥之处。[31]

当一个在多数人政治环境中成立的公共机构的行为导致一个敌对的利益集团形成时，会出现什么样的情况呢？我们拿联邦贸易委员会的例子来说明。联邦贸易委员会被赋予的实施反托拉斯法的职责与反垄断司的职责非常相似，而它在历史上的大部分时间里也总是按照反垄断司做法，以个案的形式处理对一个公司的指控。但到了 20 世纪 70 年代，根据国会的明确授权，该委员会开始颁布法规，管理整个产业界的行为。最终未能实施的《殡葬品制造业行为规则》要求将葬礼的每一项费用（棺材、墓地、葬礼承办费等）单独标价（作为一种传统，过去所有费用都隐含在一次性支付的棺材费中），另一项未能实施的规定，即《旧汽车经营规定》则要求经营者对每一辆拟卖的汽车进行详细查验并将查验结果标在车窗上。联邦贸易委员会建议颁布的这些规定激怒了葬礼承办人和旧汽车经营者。国会议员很快查明了各自所在选区葬礼承办人和旧汽车经营者的人数以及这些人与他们之间的密切关系。联邦贸易委员会突然间激活了几个对立的庞大利益集团，这些利益集团成功地敦促国会迫使联邦贸易委员会改变了原来的主张。[32]

反控制措施

现实可以摆脱观念的束缚。当众多政治观察家意识到政府机构受到私人利益集团控制的时候，政治制度就会随之变化，开始努力摆脱来自利益集团的控制。这是由以下几个原因促成的。

降低政治组织的成本

对于那些不关心公共政策的人而言，要想去吸引和引导他们的政治关切通常十分困难。如果一项计划的投资或收益的人均值很低，大多数人（与此计划有关但也许并不知道这一点）可能就没有意愿去了解这个计划，觉得参与其中的代价要比可能带来的收益大得多，并且（正确地）认为他们的个人贡献均不能决定计划的最终成功。简而言之，公众要么不知道自己在一项公共政策中的利害得失，要么就想"搭便车"。

直邮式诉求方式的技术得以改进，同时出现了热衷于捐资的大型基金组织，这两个因素结合在一起的结果就是，组建一个政治组织的成本降低了，这样一个政治组织可以监督创制政治机构。通过有的放矢地把有感染力的请愿信（"保护鲸鱼!""拥有武器权必须得到维护!"）发送给相关机构，这样的一个"组织"就算成立了。当然，这个组织不像传统意义上那样是一批成员聚在一起协调行动，而是由为数不多的几位领导人创建，并得到大批追随者捐资支持。除了这些捐资之外，还有一些基金会也提供资金支持这项事业（传统上，这些基金会大多数持自由主义观点，但如今越来越多的基金会转而倾向保守主义）。1970～1987年，各基金会向自由派的公共利益律师事务所提供了约1亿美元资助，其中福特基金会一家就提供了约 2100万美元。[33] 有时这些团体还以向"成员"（实际上就是顾客）提供有偿服务的形式筹集额外资金。比如，代表退休人员的组织利用直邮的方式销售保险和卫生用品。这些资金——不管它来自何处——可以用来聘用宣传人员、律师和分析人员。

这个结论可以在环境保护局身上得到印证。有些行业支付减少大气和水污染的费用，但这些行业并没有向相关机构游说的机会。即便普通人也会为污染问题担忧，但他们也没有原动力去加入一个可能代表他向环保局开展游说活动的组织，哪怕这些组织会花言巧语地宣称它会代表民众的利益，例如环境保护基金会。这并不是说政治资源的分配已经在所有相关利益集团中平均了，而只是说，如果单个的利益集团受到影响，如今很难找到一个相关的机构用纯客户的关系来应对。

当然，并不是所有的政府政策都适合通过直邮的方式来诉求或会引起某些基金会的兴趣。要想写出一封关于联邦海事委员会的工作并能感动成千上万的人给一个监督组织邮寄 25 美元支票的信，那将需要很大的耐心和毅力。"降低胶合板的运费"这种口号的感染力远不如"拯救小海豚"那般大。

有时候，政府本身就是非组织化支持者的代表。如果认为其他联邦机构的工作没有鼓励市场竞争，司法部反垄断司就会出面干涉。该司指责联邦海事委员会的价格协议是反竞争性的，[34]并且要求民用航空局减少对民航业的管制。[35]与普通民众不一样，司法部反垄断司拥有这种职权的好处是，它会认真对待胶合板的运费问题。

政治参与的重新分配

20 世纪中期，美国政治发生了明显变化：在经济资源没有进行均等再分配的情况下出现了政治资源的再分配。由于参与政治的渠道增多，且被特权集团垄断的参与渠道的减少，政治参与变得更加广泛。这并不是说改变政府政策变得容易了，广泛的政治参与意味着更多的声音被听见，结果是时常陷入无尽的争论，决定反倒很难做出了。

其实这种变化主要是由政治精英们策划的，他们认为过去参政权利受到了严格的限制。他们——国会议员及其助手、记者及编辑、教授和社会活动家——被告知，政府不是代表多数人，它非常容易受到利益集团，尤其是经济利益集团的控制。这种看法不全对，但有一定的道理。[36]在这种观点的影响下，新工作计划的内容和实施程序的确定都会时刻提防遭到利益集团的控制，同时，旧的程序也尽可能遭到修正，目的是一样的。

许多新建立的管理机构，如环境保护局和职业安全与健康管理局，只设了一名领导人，而没有设立一个多成员的委员会来指导。这样做的目的是增强这些机构抵御经济利益集团压力的能力。[37]既然不设委员会，有关利益集团就没有机会或理由对该机构进行监管。而机构的唯一领导人的任务则是做决策，而不是当某集团的代表。

竞选资助相关法律严格规定，在任何联邦选举中，个人对竞选人捐助资金额不得超过 1000 美元，对每个政治行动委员会的捐助金额则不得超过 5000 美元。理论上，这样可以阻止贪婪的利益集团收买政界人物，避免政界人物管理机构时受到这些利益集团的控制。同时，国会权力分权到人的特点也减少了任何议员（无论是否被收买了）随心所欲地对某一机构施加影响的机会。在这种分权的状况下，各种小组委员会共同管理一个机构，并且增加了这样一种可能性：负责监管一个机构的几个委员会对该机构应该如何开展工作都有自己的看法。

例如，食品和药物管理局就曾受到参众两院议员——埃斯蒂斯·基福弗（Estes Kefauver）、盖洛德·纳尔逊（Gaylord Nelson）、爱德华·M. 肯尼迪（Edward M. Kennedy）、劳伦斯·方丹（Lawrence Fountain）、保罗·罗杰斯（Paul Rogers）等——的持续调查，因为这些议员对食品和药物管理局同意某些新药上市的决定不满。该局有一任局长曾在这种批评声浪的压力下抱怨说：国会议员中似乎从未有人关心过我们是否会在相反方向上犯错误，即不及时批准一种应该投入使用的新药上市。[38]环境保护局也同样面临政界的猛烈批评，它也抱怨称：假如我们不批准一种杀虫剂投入使用，代表农场主的国会委员会就会指责；假如我们批准了，其他代表环境保护者的委员会就会抨击。监督组织几乎总能找到一个富有同情心的国会议员为它们发声。

对司法的参与渠道也拓宽了。根据有关法律和法院判决，

利益集团获得了比过去多得多的"起诉权"——向法院提起诉
86　讼。国会已经允许私营集团扩大起诉政府的范围，而起诉人中
有些可能与起诉结果并不存在任何直接和密切的关系。如今，
代表大批当事人进行集体诉讼也更容易了。另外，在许多案子
中，假如被起诉的政府机构在法庭上败诉，那它就必须支付私
人起诉的费用。由于发生了这些变化，我们可以想象，环境保
护局做出的任何决定都可能面临在法庭上的挑战。[39]

这些旨在减少特权、扩大竞争的努力已给所有联邦机构
（那些最缺生气的机构除外）的工作带来了一定程度的可争论
性，而这种可争论性在 20 世纪三四十年代是不可想象的。当
然，无论哪种变化也不能确保一个企业集团能够击败一个政府
机构，但这些变化促使形成了一种环境。在这种环境中，一个
政府机构仅仅接收一方面的信息和影响的状况将越来越少。

理念

我们已在第四章中看到了众多关于理念——专业规范——
如何确定公共机构工作方式的例子。对此持怀疑态度的人也许
会认为，决定公共机构专业人员工作的并不是他们的理念，而
是一种愿望，即希望在离开政府之后到他们当初管制的公司中
找一份高薪工作。如果律师事务所聘用政府律师，医药公司聘
用政府科技人员，那么这些律师和科技工作者难道不会为了自
己退出政府之后重找工作而确定自己的工作方式吗？

他们可能会这样想，但还需要注意两点。首先，一些专业
人员并不想到私营企业去工作，因为他们对公共人员物质和非
物质待遇的满意程度可能等同于甚至超过对私营企业人员待遇
的满意程度。我们并不知道以上描述符合多少人的实际情况，
但它肯定符合一部分人的实际情况，因为许多专业人员事实上

一辈子都在政府中任职。其次，政府人员能否赢得私营企业雇主的好感并不一定取决于其工作是否有利于工商界，而取决于他能否展示出才华和能力。一位为联邦贸易委员会或反垄断司工作的律师是否有才华和能力，取决于他能否积极而成功地完成本职工作。[40]假如一个律师事务所希望雇用一位通晓反托拉斯法的政府律师，那它肯定不会雇用一个输掉与该事务所的某个委托人的官司的律师，而会雇用一个赢得这样一场官司的律师。威廉·拉克尔肖斯（William Ruckelshaus）任环保局局长的时候倾向环境保护主义。在他离开政府之后，他所进入的律师事务所就服务于一家曾饱受环保局困扰的塑料企业。拉克尔肖斯受到聘用是因为他有能力，而不是因为他支持或反对这家企业。[41]关键的问题是，政府雇员对工商界的价值或是在于他"知道如何幕后操作"并"给我们指点迷津"，或是在于此人"懂得法律"并"能打赢官司"。一种工作的专业性越强，申请该职位的人就越需要凭其技能——而不是关系网——受到聘用。

田纳西河流域管理局的专业电力工程师所采取的工作方法，使得保守人士对该机构规划职能的担忧减弱了，这是因为他们希望高效率地发电，而不是因为他们想讨好农业局。另外，我们从民用航空局的情况中看到，尽管它在一种有利于客户政治的环境中工作，但专业人员确定工作任务的方法还是直接损害了工商业利益集团的利益。

民用航空局的经济学家是政府内部呼吁放开对加入民航业竞争的价格和条件限制的首批群体之一。一个五人工作小组在1975年发表的一份报告中说："对于加入和退出竞争的保护性限制以及联邦航空法有关公共事业价格的规定，不符合商业航运的潜在成本与需求特性。"[42]民用航空局的经济学家得出这样的结论（后来又被其他人的研究进一步证实）表明他们的立场与学术界的同行完全一致，而与航空业人士明确表达的主张相反。[43]玛莎·德斯克和保罗·夸克在他们对反限制政治进行的权威性研究中，阐释了民用航空局中许多经济学家如何始终持上述看法（"持异议者"），而另一些经济学家如何改变了他们的看法（"改变信仰者"），此外，还有一些人则是因为持有相同的观点而被招聘进来（"新来者"）。[44]工作人员中持这种观点的人越来越多，这种状况引起了委员会领导人和国会议员的关注。反限制的努力直到许多主角——两位总统、其他一些联邦机构以及好几位参议员和众议员——介入之后才获得结果，但最初的决定性一步由民用航空局人员自己迈出，他们的表现似乎表明其机构与民航业之间并不存在主顾和客户的关系。

从民用航空局的情况来看，其他类似机构的类似专业人员在什么样的环境下才会采取同样的做法？既然工作人员能在民用航空局发起反限制运动，那么州际商业委员会的工作人员为什么没有这样做呢？对此我们还没有确定答案。德斯克和夸克对此做了一些推测。民用航空局是一个人才济济的机构，它比州际商业委员会拥有更多的专业工作人员。民用航空局局长利用其人员的力量鼓励反限制的经济学家；而在州际商业委员会中，这种力量并不存在，即使存在也得不到利用。另外，这两个机构中的人员面对的工作也不一样。民用航空局的工作人员每年不需要处理太多有关价格的问题，而州际商业委员会的工作人员（与联邦海事委员会的工作人员一样）必须处理大量来自铁路和公路运输公司的材料（州际商业委员会每年接收5000多份申请项目的报告）。[45]

更广范围的政治观点也会影响政府机构工作的环境。过去，一个政府机构的日常活动不会引起新闻媒体的兴趣，除非有具有新闻价值的丑闻或一个机构给偏远地区拨款的消息出现。对政府持更为批判态度的新一代记者的出现已或多或少改变了过去的状况。如今，"揭短者"（whistle-blowers）更易引起新闻记者的注意。国会议员及其周围的工作人员曾经认为应该对加入某一产业的价格和条件进行限制，但现在有许多人转而认为，只要存在竞争，那么价格就应该由市场确定。工作场所造成事故和疾病的危险是工作人员始终担心的问题。如今，这种危险也是政府关心的问题。过去，制造商只是在由于疏忽而造成事故的情况下才对产品的副作用负责；而现在，许多企业在没有疏忽行为的情况下也照样要负责任。这种新的政治和文化环境已经改变了政府机构工作人员必须面对的各种力量之间的平衡。

小结

政府机构并不是滚动的弹球，它不会被势力和利益集团影响的冲力推近或推远。如果政府机构工作人员能够自己选择行动的方式，那么他们的选择将会反映影响他们行为的各种动机：有些反映了对工作量进行管理的需要，有些则反映了与自己一起工作的同事和不一起工作的专业同行的希望，还有一些则反映了他们自己的信念。

也有一些会反映出委托人——那些受到某一机构工作特殊影响的个人或群体——的需要。利益集团对政府机构的影响至少取决于四个因素：立法机关希望这种影响的程度；政府机构拥有的自主权的大小；政府机构所处环境中各种利益集团的分布格局；期望的行为与当事人面对的刺激因素之间的关系。

如果国会希望某一机构照顾某一利益集团的需要，它往往会将这种希望明确地表达出来。如果国会在这方面无所谓，或者国会中有些人希望帮助某一利益集团，另一些人则不同意，那么该机构就可能会获得许多自主权并利用这种自主权（往往徒劳地）尽量避免麻烦。一个机构如何利用这种自主权将取决于其政策的成本和收益的分配，是否为了创造一种包含客户、企业、利益集团或不包含任何人或群体的环境。客户给予的报酬会使政府机构的行为服务于客户本身或服务于其竞争对手，而这取决于委托人给予的报酬是否能够被专业规范所调和。当一名律师的工作效果仅仅是使客户满意或失望的时候，那他就会采取导致此种结果的行为方式；而当他的工作必须首先让法官或陪审团满意的时候，那他就会采取另一种完全不同的行为方式。

第六章 文化

多年来，美国国务院一直在雇用外籍人员从事美国大使馆中的大量工作，包括司机、电话接线员、邮递员、房屋清洁工、接待员等。这就意味着，美国驻莫斯科大使馆的几百名雇员即使不是克格勃特工，也处于克格勃的控制之中。例如，曾经给大使开车的司机就是一位苏联特工。你也许会认为，有这么多敌国的情报官员在一个最敏感的外交机构中工作，而且与美国主要官员如此接近，国务院肯定会感到惊恐。但事实并不是这样。当华盛顿尝试让美国人代替苏联人在美国使馆工作的时候，国务院却极力反对，认为苏联人所从事的工作是有价值的，也是美国人不能或不愿承担的（一位美国官员曾经说，他要依靠自己的司机——一名克格勃特工——帮助他辨认莫斯科的大街小巷，并靠他购买莫斯科芭蕾舞剧院的门票）。另外，如果被迫承担起苏联人曾做的工作，使馆内的美国人也是不情愿的。正当这个问题处于紧要关头时，为了报复联邦调查局在纽约逮捕一名苏联间谍，苏联政府从美国大使馆中撤出了全部苏联人。

美国雇用了几家苏联公司负责莫斯科新使馆的大部分建造工作。到20世纪80年代中期，当使馆建筑几乎全部竣工的时候，美方才意识到，使馆的构造非常有利于苏方搜集情报。该使馆的设计图纸和建筑工艺方案都曾得到美国国务院营建办公室的事先认可。在施工的过程当中，美国的检查人员一直没有
发现新楼的重大缺陷，直到大楼即将交付使用的时候，美方检查

人员才发现并意识到。

发生在莫斯科的事情并不是一例个案。多年来，美国接连发现了许多苏联渗入美驻外使馆的证据。[1]通常在无意之中便能发现隐蔽的窃听装置。派往国外调查情况的检查小组也屡次报告使馆防卫措施不力，警报系统不健全，大门看守不严，对来访者的活动监视不严。

在整个20世纪80年代，国务院之外，各种顾问组织一直向国务院施压，要求改善大使馆的安全状况，但收效甚微。当一位被派至莫斯科使馆的海军陆战队警卫承认他曾与在该使馆共事的一名苏联女人有染的时候——几乎可以肯定，这个女人是一名克格勃特工——事情最终发展到了严重地步。在此事的六个月前，国务院曾得到另外一起类似事件的报告，但并未采取任何行动。这一次，那名海军陆战队队员被判犯间谍罪。后来，总审计局在调查此案时发现，国务院中负责调查安全问题的部门缺乏管理，忙于应付，不与其他机构沟通，也不向外交人员提供严格的反间谍培训。[2]

如果从阴谋论的角度来考虑，读者会认为这些过失是邪恶势力对美国政府的工作施加影响的结果，但找不到这样的证据。相反，这些过失是由一种根本不重视安全保密的组织文化所致。国务院不重视安全保密，就不会给安全事务分配足够的资源，也不会奖励致力于安全工作的人。

组织文化

每一个组织都有自己的文化，也就是说，有一种特有的和一贯的思维方式来对待其中心任务和人与人之间的关系。文化对于组织就如同个性对于一个人一样。正像人类文化一样，组织文化也是由上一代传给下一代的。即使有什么变化，这种变化也是很缓慢的。

在商界，"企业文化"是一个热门话题。[3]畅销书中大篇幅地描述国际商业机器公司（IBM）或惠普公司（HP）如何重视团队协作并致力于精益求精，从而在竞争中胜过那些思维僵化并缺少团队精神的对手。一些学者一直在研究这一重大问题，已经开始对组织文化做出一些有争议的（通常也是极为抽象的）定义，来更准确地描述这一概念。[4]这一概念在至少半个世纪前就已提出来了，现在依旧很流行。1938年，切斯特·巴纳德曾撰文讨论组织中的"道德因素"和领导层中的"道德因素"。从道德层面考虑，企业文化并不仅仅是指遵守法律或规章，还是"反复灌输对待该机构的看法、基本态度及忠诚程度的过程……这将使个人利益……服从组织的整体利益"。[5]二十年后，菲利普·塞尔兹尼克把"组织特征"的创建比作一个人性格的形成：一个具有活力的组织不仅是一个相互协作的技术体制（正如一个人也不是只能消耗食物和具备感官的机体一样），而且是一个"被赋予了价值"的机构，具备"非凡能力"（或许是极为无能）的机构。[6]当一个组织不仅能够回答"我们应该做些什么"而且还能回答"我们应该成为什么"时，它就具备了一种与众不同的能力或使命感。

把组织看作一种文化确实是有些困难。错误观点之一，就是认为一个组织只有一种文化；但事实上，有许多组织，或者说大多数组织，都含有几种通常相互冲突的文化。美国海军内部的文化差别就很大，这完全取决于你是被派到潜艇、航空母舰还是战列舰上。其错误观点之二是过于强调文化，即强调组织内部人员的主观情况，从而忽略组织参与的客观条件。促

92

使人们关注我们现在所说的文化方面最有名的一项研究（在西部电器公司的工厂里就集体规范决定工人产出这一问题进行的著名调查）严重地夸大了观念的作用，没有重视报酬、监督管理及当时主要的经济条件的作用。[7]第三个错误观点是，研究组织文化的理论家们一直没有对有关文化的假说做出说明和严格的验证。以至于许多评论家都认为，文化只是模糊的词汇，显得那些愚蠢的新闻作家在学术的幌子下更加尊贵而已。[8]

上述最后一点评论虽然有某些道理，但犯了根本性的错误。尽管组织文化被公认为一种模糊的概念，但它同民族文化和人的个性之类的概念一样，是具有实质性内容的。我们知道，要解释清楚意大利人与德国人或性格内向者与性格外向者之间的细微差别确实很难，但毫无疑问它们之间存在许多差异。让我们一起回忆一下第一章中列举的几个例子：德国军队、卡弗高中和得克萨斯州的监狱与远不如它们成功的对手的不同之处，并不是因为它们付给工作人员的高报酬，而是因为它们确定了自身的中心任务，并引导其成员共同为之奋斗。它们根据所面临的环境和严峻挑战而创建出一种组织文化，激发员工积极和认真地对待这种文化。

人的人格由其本身具有的使其对相同刺激因素做出与众不同之反应的那些持久不变的特性构成。[9]面对侵犯，有些人退却了，有些人奋起反击，还有一些人则吓得不知所措。面对能赚钱但需冒风险的机会，有些人会抓住它，有些人会熟视无睹，还有一些人会为之苦恼不堪。组织文化则由协调运转机制所具有的，使其对相同刺激因素做出与众不同之反应的那些已经形成且持久不变的特性构成。面对环境条件的变化，一些组织坚持传统的运转方式，另一些组织则会采用新的运转方式。受到批评时，一些组织不做任何反应，而另一些则会进行一次彻底的自我反省。

每个人都有自己的人格，同样，每个组织都具有一种或多种文化。前三章中所谈到的那些因素是形成一个组织内部文化的部分因素。因此，我们可以做出如下总结：员工的素质、组织的技术水准和组织必须妥善应付的环境要求，赋予了该组织一种独特的看待和处理世事的作风。当一个组织的目标没有明确规定时更是如此。在这些因素的作用下，当不同的人（更可能是不同的下属单位）对核心任务产生了不同理解的时候（情况往往如此），该组织就会有几种不同的文化。然而，有时一个组织内部的所有成员或大多数成员对本组织的中心任务及完成方式的意见也会一致，这时，该组织就只有一种单一的文化。

重新审视国务院

国务院的核心任务一直被明确定为保持对外关系和回复公文（参见第三章）。这个定义导致了一种外交至上的组织文化。对一位外交官来说，外交就意味着交流，交流就要开放。这样看来，安全就成了开放的敌人。你也许会同意外交与安全之间事实上并不存在矛盾，甚至会认为有效的外交需要良好的安全保障。但是，许多外交官却认为，一个使馆安全了，似乎也与外界隔绝，失去了吸引力，令人难以接近。安全意味着寡言少语，外交则意味着畅所欲言，只是措辞要有分寸。安全需要与外国人保持一定的距离；外交则意味着采取包括雇用外国人在内的各种方法来增进彼此了解。一些外交官不愿费心为自己的观点辩解；他们嘴上说要注意安全，实际上却经常把构成整个安全体系的人员、技术装置及组织程序看作提出荒唐要求的累赘。

94　　在这样一种文化环境里，可以肯定的是，安全事务专家不会很快得到晋升（尤其是当他们与外交官开展竞争的时候）；安全事务在争取获得所需资源的斗争中也不能获胜。国务院所发生的一切就是证明。负责安全事务的人员及部门处于从属地位，没有预算和人事方面的权力，只能被动地等待新资源。在受到外部的强大压力下，几年来国务院改善了其安全机制，雇用了更多的安全事务专业人员，但也一直缺乏积极性。每一个调查过该问题的外部委员会都认为，国务院是在故意拖延。[10]

尽管职业外交官在国务院全部雇员中只占少数，但他们却控制了国务院的文化。专业外交精英起源于 1924 年的《罗杰斯法》。这项法律确定的职业外交系统"半独立"于其主管机构国务院及整个文官体系。[11]在 1980 年修改这项法律之前，国务院不是由专才组成，而是由参与政治报告及谈判工作的通才组成。工作人员得在各个岗位上轮换，以保证这些人不会成为专才；他们晋升的依据是其所写的报告，从而确保他们不会成为单纯的行政管理人员。

在企业及许多政府机构中，人员晋升的依据是其将专业知识与管理技能相结合的能力。外交机构成立时，人们怀有不同的期望。与初建时期相比，现在的情况尽管已有很大的变化，外交机构仍表现出对专业化及行政管理的轻蔑态度。[12]这种态度因为外交官自己所处的环境又被进一步强化；同时，这种态度也有利于外交官对自己的处境进行反应：各种信息蜂拥而至，他们不得不独立处理这些信息。

外交官高度重视"外交手法"，即"思维敏捷、善于谈判、文化修养很高、对人彬彬有礼"。[13] 这也意味着说话要小心翼翼，语言或行为绝对不能粗俗无礼，以及对形成共识的渴望。[14] 有一些人辩解说，这些是外交官所属社会阶层的特点，或是效仿欧洲外交官风格的结果。这种说法也许有些道理，不过我认为理由并不充分。假如将一位智力合格的人（无论背景如何）置于外交官的工作环境中——环境需要、外交风气以及那些按照上述风气适应上述要求的刺激因素——我可以肯定地说，他的行为举止会同其他外交官别无二致。环境需要要求工作人员处理文件，组织文化要求由多面手而不是专家来处理文件。精于处理文件会得到奖励，而精于其他事务——一个是使馆安全，另一个是一般行政管理——则不会得到奖赏。国务卿乔治·舒尔茨曾试图通过确立让每位大使负责使馆安全这一措施来改变这种文化，但效果有限。

由于每一个组织都有组织文化，因此这些组织就很难处理不属于其文化范畴内的工作。国务院并不是唯一的例子。田纳西河流域管理局长期拥有（或许至今仍拥有）一种倾向于工程的文化，即重视高效率发电，忽视环境保护。许多大学则拥有这样一种文化，即奖励学术研究而不是课堂教学。在本章后半部分，我们将详细探讨组织文化的缺点。但我们首先要了解其优点，这一点十分重要。当一个组织对一种明确的、通常是有意创造的文化引以为豪时，要认识到其优点是不难的。

组织使命

当一个组织拥有一种为其工作人员及管理人员共同享有并

热烈拥护的文化时，我们就认为这个组织具有使命感①。使命感赋予这个组织的成员一种非常特别的体验，为招收新员工并使其融入组织奠定了基础，也会促使管理人员尽量少使用其他刺激机制。正如我们将要在讨论服从的那一章里看到的，一些组织（像许多政府部门）的工作人员的实际工资不能直接取决于其为达到该机构的目标而做出的贡献大小，因此，具有使命感成了领导人员克服工作人员推卸和逃避责任的主要途径。

精明能干的领导人员不会允许其组织的文化在员工素养、专业规范、利益集团的压力或环境要求的影响下形成。他们会尽力通过精心计划来创建一种不仅为人们广泛享有，而且为人们热烈拥护的文化，简而言之，就是使命感。

没有哪个组织的领导人员认为创造一种使命感很容易，政府机构领导人则尤其感到困难。当一个组织的目标模糊不清时，工作人员对他们应做的事情很难有一个简明而清晰的理解。因此，领导人员只能有限地控制确定这些工作务的途径，结果是：工作人员所接受的关于任务的定义可能脱离领导人员的本意或者并不是领导人员所需要的。由于政府机构的目标通常不止一个，因而要完成的任务也不限于一种，这样，他们就会面临许多种相互竞争的文化，而要把这些文化融合成一种为大家共有的使命感则是十分困难的。由于政府机构领导人员在法律和政治方面受到各种束缚，他们通常无法把自身的使命感强加于其

---

① "使命"有时被官员们用来指其所在机构的主要目标。我在这里使用这个词意思有些不同，是指菲利普·塞尔兹尼克称作的"独特的才能"[15]或莫顿·霍尔珀林（Morton Halperin）称作的"精髓"[16]。其他几位学者也用过这个术语，如乔纳森·本多（Jonathan Bendor）[17]、杰里·马修（Jerry Mashaw）[18]、罗伯特·F. 杜兰特（Robert F. Durant）[19]和玛莎·德斯克。[20]

领导的机构。在一个机构的初建时期很容易培养出一种使命感，而大多数领导人员接管一个拥有悠久历史的机构后往往很难对该机构的文化产生影响，更不用说将文化转变为一种强烈的、统一的使命感了。

但有的时候，尽管存在目标不明确、员工个人倾向、利益集团压力和现实处境的制约，一个组织还是能够具备一种使命感。这种使命感是伴随着组织的成型经验而存在的，这些经验由组织的创建者所总结形成并加以阐释，他们将自己的意志加之于第一代员工上，并深刻地影响着后继者。① 约翰·R. 金伯利（John R. Kimberly）借用生态学中的术语将此称为"烙印"（imprinting）。[23]当创建者具有很强的个性且能令人信服地展现该组织的前景时，这种烙印是最深刻也最为持久的。

赫伯特·考夫曼曾对林务局管理各地工作人员的活动时所采用的多种方法进行了权威性记述。其中，吉福德·平肖（Gifford Pinchot）所创造的招聘和培训林务员的办法是最了不起的。[24]

平肖于1898年开始统治（语气更弱的词无法准确地表达意思）林务局时，他明确地提出，除了研究和教导人们如何利用森林资源外，他希望林务局能管理森林，并开始了一个培训森林管理人才的项目。所以到1905年，当他成功地从内政部夺得对联邦所属森林的控制权之时，他已准备好把拥护其观点的工作人员派往各处去管理这些广袤的土地。

---

① 一个组织初创时所处历史时期的社会结构和主流意识形态也能影响其使命。我不想在这里对这个引人入胜但十分艰难的问题进行溯源。亚瑟·斯廷施凯姆（Arthur Stinchcombe）在一篇著名的文章中提出了这个论题，[21]自那以来我一直是在自愿协作的前提下探讨这一问题的。[22]

平肖从一开始就注意让他领导的林务局熟悉精英机构的做法。他对未来的新成员强调了在森林中生活的危险处境和艰难困苦以及严格遵守行为准则、实行严密的等级管理的必要性。[25]大多数时间里,林务局拒绝的求职者数量远远多于其接纳的人员数量（1940 年接纳比例为 18%）。头三年内,这些被接纳员工中有 15% 被辞退。[26]如今,连林业学校的毕业生也要经过严格的在职培训,目的主要是传递林学专业观念以及森林管理的实践经验。当护林员们走上工作岗位时,他们就会意识到自己已经置身于一群检查人员的严密监督之下,这是平肖于 1905 年创建的体制。检查体系要求使用"直率而有力"的报告对该机构每位成员的工作进行全面而持续的评估。[27]

由于初建时期的这些经验,一个以林务员为骨干的组织开始形成。这些林务员对保罗·J. 卡尔亨（Paul J. Culhane）所说的"先进的森林保护"深信不疑,这是为了许多不同用户的利益而对国家森林实行的专家式的、不受任何党派控制的专业化管理。[28]此时此刻这一点对我们来说当然是平淡无奇的,但请仔细想一想,如果一个组织初建时期的经历与现在不同,那么这个新生的机构将会如何发展。当一个管理松散的组织的工作人员独自在偏远地区执行任务时,可能会出现这样的状况:其任务要搏得当地占支配地位、政治上有影响力的集团的欢心。博伊西的外部环境可能会使林务员完全服从采矿业的利益,而波特兰的林务员要完全服从木材加工业的利益,圣巴巴拉的林务员则要完全服从大自然爱好者的利益。但是,事情发生了某种变化,平肖则是这种变化的推动者。

J. 埃德加·胡佛（J. Edgar Hoover）对刚建立的联邦调查局产生了同样的影响,他所采用的方法与平肖在林务局的做法大同小异。司法部所属的老调查局由于竭力煽动红色恐怖、指挥驱逐外侨出境及暗中监视哈定政府的政敌而声名狼藉。在红色恐怖年代，胡佛作为司法部部长 A. 米歇尔·帕默（A. Mitchell Palmer）的得力助手曾参与这段早期历史中的活动。[29]任何一位软弱的人都可能会被最终受到的对老调查局的非难所压垮，或者会继续那种败坏调查局名声的政治运动。但是，胡佛吸取了过往经历的教训。当他于1924年从司法部部长哈伦·菲斯克·斯通（Harlan Fiske Stone）手中接过联邦调查局的主管职位后，决心不让新调查局重蹈覆辙。

老特工人员被清理出去了。选择更换人员的时候，并未考虑党派因素，因而减弱了反激进的浪潮。改名后的联邦调查局的职能只限于收集潜在的违反联邦法律的事实，至少在形式上放弃了其政策宣传者的角色，而且还在正常的文官制度之外建立了一套独立的人事制度，联邦调查局在雇用、解聘以及晋升或降级方面赋予胡佛几乎无限的权力。同时它还创办了一所培训学校，并组建了一个监察机构，对特工人员的工作情况进行详细检查。胡佛在负责总情报处（General Intelligence Division，负责追踪激进分子的机构）时开始精心设计的交叉索引档案系统现已广泛实施，适用于普通罪犯。这样，通过有关衣着、修饰和行为的规定对特工人员提出了详细要求，联邦调查局特工开始了注重仪表的神话。腐败行为或滥用权力的最微小线索都会成为进行立即惩处的证据。胡佛竭力给人们留下他对联邦调查局的工作事必躬亲的印象（表面现象与真实情况相差不多）。桑福德·J. 昂加尔（Sanford J. Ungar）后来写道："对于一名普通的联邦调查局特工来说，联邦调查局已成为其所属的一个大家庭，是他所持的许多政治和社会价值观念的源泉，也是他终身可依的兄弟会。"[30]

正如我们将会看到的那样，这种组织制度本身也付出了代价。在瞬息万变的政治环境中，甚至在 1972 年胡佛去世前，他采用的办法就成了一种负担。[31]但是在创建阶段，它对这个组织的新成员来说是难以忘怀的。胡佛对如下说法毫不怀疑：一位联邦调查局特工的本职工作应该是以增强公民对联邦调查局的信心的方式与其交谈，以获取检察官的支持的方式设立互见索引，以免受法律挑战的方式逮捕罪犯。[32]

美国陆军工程兵团是世界上最大的设计和建设组织。正如穆罕默德·艾尔－索德（Mohammad Al-Saud）指出的，陆军工程兵团被普遍认为是联邦政府内这类机构中最好的一个。[33]这个组织设计并监督美国国内民用工程和美国及其他国家政府的军事工程的建设。为了便于管理其分布在外的业务，工程兵部队向美国本土、拉丁美洲、欧洲、非洲、中东和远东派去了代表。在不受总部严密监视的情况下，这些外派代表享有充分的自主权，但每一位观察者都认为，他们实在令人钦佩，能确保当地的承包商在不超支、没有丑闻的情况下按照具体要求完成工程。正如我们将会在后面的章节中谈到的，工程兵部队正式的人事管理机制本身无法解释这种令人羡慕的业绩。

其实，成功的原因就在于工程兵部队的成员有着强烈的使命感，艾尔－索德称之为"职业精神"。[34]这种精神可追溯到工程兵部队创建之初，西尔韦纳斯·塞耶（Sylvanus Thayer）将它作为美国陆军的工程精英部队。塞耶当时是美国西点军校的校长。塞耶根据他的母校法国巴黎综合理工大学的模式，设计了一套切实可行的工程教育课程。工程兵部队招募新成员和提升人员严格地以才能、功绩为尺度。

战争部长约翰·C. 卡尔霍恩（John C. Calhoun）通过集中和规范陆军建筑工程并使其系统化的管理，扩大了工程兵部队的影响力。美国内战结束后，西点军校不仅培训工程师，还培训军官。但从西点军校毕业的高才生往往被分配到工程兵部队，从而巩固并提高了其作为精英部队的地位。到了 1910 年，国会批准工程兵团雇用大批文职人员来管理日益扩大的工程项目，高标准和诚实的原则作为工程兵团传统的一部分已被普遍接受。因此，尽管这个组织的人员大多数是文职人员，但并没有失去由其军事创始人培养、发展起来的使命感。工程兵团承担的传奇般工程的传说增强了这种使命感，这些工程包括华盛顿纪念碑、国会图书馆、巴拿马运河、五角大楼和曼哈顿工程。

与林务局和联邦调查局一样，工程兵团招募和培训新成员主要着眼于保持使命感，并着力于把自身描述为一个声望很高、标准严格、任务艰巨的机构。一位可能会被招募的人员会被告知，他可能会被派到世界上偏僻的地区工作，而且可能会在他刚刚舒适地安定下来时突然又被调往另一个地处遥远的新岗位上去。与此同时，工程兵部队强调它会照顾自己的雇员，尽力避免由于预算削减而裁员的事情发生，它会竭尽全力将已完成一项工程的工地代理人重新派到其他同样重要的工程上。[35]

按照政府的标准，国有森林看守、联邦调查局特工、建筑工程师都是非常吸引人的，通常也是富有刺激性的工作。人们很容易认为"使命"其实只不过是"刺激"而已，而事实上远非如此。即使需要完成的任务平淡无奇甚至索然无味，一个组织仍可能具有一种强烈的使命感，也就是人们对该组织的中心任务有着共同的认知和态度。社会保障总署的情况就是如此。

正如我们已经谈过的，社会保障总署的工作再平常不过了：

判断是否符合救济条件，决定救济金的数目并开具支票。可是，1935 年社会保障体系建立时，几位主要领导人员，尤其是阿瑟·J. 奥特迈耶（Arthur J. Altmeyer）和约翰·G. 怀南特（John G. Winant）极力争取并成功获得在特殊情况下不受文官条例规定约束的特权，从而能够雇用有突出才能的人。这些人通常拥有社会科学相关学历背景，并且愿意献身于一种统一的退休制度。该制度规定，所有交纳退休基金者都可在免受家庭经济状况审查的情况下享受退休津贴。[36]为了确保这一点，这些目标都明确写入了有关法律中。但不难想象的是，一个组织可能会以完全不同的态度执行有关法律规定。创始人也许会振振有词道："我们的工作是保护纳税人的利益，节省资金。因此，我们应怀疑每一位要求获得退休金的人，对其要求进行详细耐心的审查。另外，当国会考虑修改法律时，社会保障总署应最大程度上保持中立，也许应该找出要求增加津贴的申请的不合理之处。"[37]

100 相反，社会保障总署的创始人创立了一个拥有被玛莎·德斯克（同其他人一样）称作"为客户服务的思想"的组织。[38]奥特迈耶和怀南特花费大量时间和精力挑选基层机构人员，以确保这些人具备全心全意为委托人服务的精神。新成员招聘和培训的计划不仅强调步骤，而且强调社会保障的"哲学"（即承诺服务受益人）。[39]

社会保障总署的任务由法律详细规定，同时也是相对简单的。社会保障总署的创始人既用不着解释这项任务，也不会碰到可能导致其他解释的外部因素。（与联邦调查局的"委托人"所不同的是，社会保障总署的委托人需要该机构提供的服务。）但那些创始人并不满足于单纯管理一个能有效地把申请转换为津贴的技术性机构；他们想把社会保障总署建成一个在很大程度上通过工作人员的服务和奉献而运转的机构。

近半个世纪以来，这种奉献一直非常令人满意。在官僚机构与在生活里一样，好事多磨。国会对社会保障总署所取得的成就非常赞赏，但（显而易见）对它取得成功的原因并不了解，所以又交给这个组织两项可能危及其使命感的任务——管理"补贴性保障收入"和"残疾保险"。补贴性保障收入是联邦政府为穷人、盲人、老人和残疾人提供收入补贴的一项计划；残疾保险则是向伤残职工发放津贴的计划，并不考虑他们的收入状况。这两项计划所包含的工作与原来的退休金计划所包含的工作截然不同。过去，凡是向社会保障基金纳税而且又到了一定年纪的人都会得到退休津贴。依据明确的国家标准，人人享受同等待遇。补贴性保障收入计划要求社会保障总署裁决哪些人生活贫困，即设计并进行家庭经济状况调查。残疾保险计划则要求社会保障总署裁决哪些人因残疾而无法工作，即对健康状况进行评估。

玛莎·德斯克对社会保障总署为完成这些任务所做出的努力做了深刻描述。她向我们展示了这两项任务弄得该组织多么不堪重负。多年来，社会保障总署依靠各州来裁定哪些人有残疾，从而巧妙地克服了这一困难。可是当国会和总统下令降低标准并停止向那些并非真正残疾的人发放补贴时，社会保障总署则不得不绕过州当局自行调查和评估。由此产生的结果便是一片混乱。补贴性保障收入计划要求建立一个规模庞大的计算机管理系统来判断补贴的"需求"；残疾保险计划则要求将权力授予数以百计的行政法官，让他们倾听那些人的申诉，他们声称其补贴被不公平地取消。为了管理这些计划，按照倾向于根据需求发放补贴的国家标准，依据复杂的法庭裁决和模棱两可的要求，社会保障总署被迫放弃了在全国标准的基础上将补贴作为一种权利而发放的承诺。社会保障总署不仅在管理方面经历了一场噩梦，而且"在其威望、士气和自信心方面蒙受了不可估量的损失"。[40]该机构的成员发现，一度支持自己的客户与自己发生了冲突，过去持不干涉态度的国会和法庭与自己发生了冲突，而且彼此之间也有了冲突。

文化的作用：若干普遍性概括

从社会保障总署的情况可以清楚看到拥有强烈使命感的好处：在全国人民认定的权利的基础上，普遍认同的奉献态度减少了管理这个庞大组织的难度。人们并不总是需要别人告诉他们该做些什么，他们知道该做些什么；更重要的是，他们愿意把事情办好。（补贴性保障收入计划和残疾保险计划引起的争论是对该组织使命的严重冲击。）文化起积极作用的一些其他例子将在下一章详述。但是，要有所收益，就可能要付出代价：首先，与不属于该组织文化范畴的任务相比，属于该组织文化范畴的任务会得到更多的精力和财力投入；其次，拥有两种或多种争夺优先地位的文化形式的组织会经历一些严重的冲突，一种文化的捍卫者会竭尽全力控制另一种或一些文化的倡导者；最后，组织会拒绝接受那些看起来与其主要文化不相容的新任务。文化的形式越坚固、越一致，文化越接近于使命感，结果就越明显。

选择性关注

国务院并不是唯一的靠组织文化来确定最重要任务的例子。中央情报局曾拥有两种主要文化，每一种文化都自成体系。一种文化强调基于其他国家的意图和能力来分析情报，另一种则强调秘密搜集情报和在国外进行秘密活动的重要性。[41]"白"（分析的）"黑"（秘密的）两派有过激烈的斗争，而后者一直占据主导地位。结果，某些任务没有得到重视，反情报和管理叛逃者便是两个例子。

大体而言，反情报就是保卫自己的组织或国家免遭敌方情报机关活动的侵害。完成这一任务的途径之一是，努力识别并挫败敌方派遣间谍和双重间谍渗透到中央情报局的活动。反情报人员接受对一切持怀疑态度的训练。如果一位苏联情报官员自愿叛逃到美国，或在为克格勃工作的同时为中央情报局效力，那么反情报人员通常对声明的诚意表示怀疑，他们担心他实际上是一位卧底或双重间谍。情报人员则恰恰相反，他们会因招募苏联特工或蛊惑他们叛逃而得到奖赏。反情报人员似乎总是在他们的同事期待他们给予肯定回答时给予否定回答。不夸大这种方向上的差异是很重要的。情报人员常常需要很长时间才能断定他们要招募的人是真心实意的而不是卧底；而反情报人员通常会判定这些所谓的叛逃者的确是叛逃者。不过每当出现冲突时，事态发展的结果则由文化决定。在中央情报局，情报部门总是能战胜反情报部门，一直占据上风。[42]

有一个时期，反情报部门似乎占了上风，几乎每一位经历过这一阶段的人回忆起这段往事时都感到心酸。当时，詹姆斯·J.安格尔顿（James J. Angleton）是反间谍处的处长。支持他的人认为安格尔顿是一位富有才智的人，为了防止克格勃在中央情报局里安插间谍或双重间谍，他做出了大胆但最终并不成功的努力。而对他持批评态度的人认为，他是一个妄想狂，他偏执地认为存在阴谋，实际上这种阴谋根本就不存在。他提出的鲁莽而错误的指控行为导致中央情报局无法招募真正从苏联叛逃的人，同时也毁了一些中央情报局情报官员的职业生涯。安格尔顿及其手下反情报人员对叛逃者的诚意提出了无休止和充满质疑的指控，并反复表示担忧苏联秘密特工潜入中央情报局。他们的这些举动几乎使中央情报局濒于疯狂的边缘。而情报人员极易相信每一位声称叛逃的人，同时他们还不愿意对已被揭露的"秘密"表示怀疑，这在安格尔顿看来简直是幼稚之举——快把安格尔顿逼疯了。1974 年，中央情报局时任局长威廉·科尔比（William Colby）解除了安格尔顿的职务。

然而，就组织结构而言，即使在安格尔顿处于权力极盛时期，反间谍处也只是中央情报局的一个继子。安格尔顿个人的影响对组织结构并未起到什么作用。他的下台不仅是他个人的失败，也是组织缺陷的结果。他的反情报人员从未能主导中央情报局的组织文化，他们（是好是坏完全取决于你的看法）是这个组织内向业务主管宣战的游击战士。罗宾·温克斯（Robin Winks）教授注意到，反间谍部门似乎总妨碍情报人员去做他们想做的事情——搜集秘密情报和招募叛逃者，因此它"一直是这个组织内最易受责难的部门"。[43]教授的看法非常正确。但无论安格尔顿的权力源于何处，解雇安格尔顿和他的反情报人员进一步证实了中央情报局的整体力量并证明了主流文化的正确性。之后，科尔比立即给在外工作的人员下达书面指示，鼓励他们招募苏联官员，而不要把他们全都看作敌对方。[44]

每一种文化都有盲点，因此每一个组织都要为其拥有的文化付出一些代价。二十多年来，包括安格尔顿在职的那些年，古巴的情报机构成功地在中央情报局里安插了双重间谍以监视中央情报局在古巴的具体活动。[45]

　　对叛逃者的管理工作也受到了同样的文化导向的影响。譬如，即使中央情报局里所有人都认为一个到美国大使馆寻求避难的克格勃上校是真心诚意叛逃的，对这名叛逃者重新安置的具体做法也证明，这项任务在中央情报局的组织文化中不受重视。着手重新安置叛逃者通常意味着要为那些惶恐不安、性情急躁且要求苛刻的人安排住房，办理驾驶执照和银行账户，寻找就业机会等。用官僚体系的语言来讲，做这些琐事并不能"增进职业发展"。简单地说，在一种强调精明和勇气的文化环境中，没有人能依靠自己是一位有才能的保姆而得到快速晋升。不难想象，在这种情况下，许多有才能的中央情报局官员可能会拒绝从事为叛逃者服务的工作，所以这项工作会受到损害。我们也知道，有一些叛逃者曾公开抱怨此事。对这些管理人员而言，不幸的是，主流组织文化——搜集秘密情报——的中心任务要求他们妥善处理对叛逃者的管理工作，以吸引敌国情报机构的成员叛逃到美国。总而言之，由于组织文化的存在，组织内的奖励系统出现了倾斜，从而使组织内一部分人的工作很难开展。

　　这样的例子不胜枚举。在第五章中，我们已经看到电力工程师在田纳西河流域管理局创建一种主流组织文化，导致田纳西河流域管理局的其他目标，如地区规划和环境保护蒙受损失。美国华盛顿特区公共交通体系的情况也是如此。20世纪60年代和70年代，即这个体系的初建时期，负责这项工作的机构（华盛顿都会区运输局，或称"Metro"）就把铁路运输的计划和管理作为中心任务和组织文化的源泉，并以此为基础创建了自身的组织结构。但在这个地区，该管理局依然要提供公共汽车服务，而管理公共汽车需要一种完全不同的文化，管理局并没有创造出有利于这种文化发展的空间环境。结果公共汽车服务越来越糟糕，并且以来一直都无法解决。公共汽车服务就成了管理局的继子。（举例来说，公共汽车上的犯罪活动比地铁上要多，但多年来，所有的安保人员都被派到地铁列车或地铁车站中，而公共汽车或汽车站中则没有安保人员。）这个例子和中央情报局中的叛逃者管理是一样的，只有获取足够的组织自主权，各种独特的自立文化才能得到发展并获得所需的资源，各种不同的任务才能被出色地完成。[46]

104　　　1986 年 1 月 28 日 "挑战者" 号航天飞机爆炸，7 人丧生，从这起事故可以看出，强烈的使命感也可能使组织产生悲剧性的结局。工程文化主导着国家航空航天局，这种文化取得了大量非凡成就，追随者为之着迷，很少有人对其价值产生过怀疑。正如调查这次事故的罗杰斯委员会所描述的，这种使命感，是一种基于勤奋工作和系统地应用工程原理而产生的 "可行" 的态度。[47]有了工程师们在发射阿波罗登月舱和首架航天飞机方面的辉煌成就，航空航天局满腔热情地接受了一次又一次的新任务，但同时财力和人力也逐步被消耗掉了，技术细节和精心计划也遭忽视。罗杰斯委员会在之后的报告中写道："航空航天局的态度反映了它自成立以来所持的 '无所不能' 的理念。尽管实际上这也可能是对的，但这种乐观主义的态度经受了一次考验，航空航天局后来认识到它并不是什么都能做。"[48]

　　有几位工程师对航天飞机运载装置的设计曾有一些重要的保留意见，尤其是两个燃料箱的连接部分。他们担心，这些接合处在受重压的情况下或在极为寒冷的天气里有可能分离，并造成毁灭性后果。1986 年，这种担心的事恰恰发生了。罗杰·博伊斯乔利（Roger Boisjoly）就是持上述意见的工程师之一，他受雇于航空航天局的分包商之一莫顿－齐奥科尔（Morton Thiokol）公司。他后来告诉罗杰斯委员会，他当时不敢说出自己的这种担忧：

> 在飞行准备检查中，我个人就曾因为使用了"我感到"或"我认为"的字眼而受到惩罚，因为这样的字眼不能作为工程性论据的观点论述，而只能作为个人判断。由于觉得这种陈述不恰当，我感觉十分苦恼。也正是这样，无人会提出反对意见，因为没有人能提出一套完整、证据充分且可信的资料。[49]

当然，工程师们并不是害死机组人员的凶手。有许多引发事故的因素：发射日程时间紧迫、预算削减造成的备件紧缺、不明智的减少质量检查员以及主管人员因为"上一次非常完美"就可以接受再怎么高的风险的决策。[50]本应该会有危险的警告，却没有出现。用于实施安全规则的组织检查和平衡系统也没起到应有的作用。人们或许能容忍这些引发事故的因素，某种程度上是因为组织具有高度的使命感，能接受任何挑战，对解决任何困难抱有信心。与大家想象的不一样的是，政府机构并不总是由反对派构成，有时政府机构里也充满了随声附和的人。部门领导人员所面临的挑战就是要在这两个群体里做出权衡和决定。

多重文化

很多政府机构拥有多种相互竞争的文化。有些机构能妥善处理这种竞争，而另外一些则处理不当。正如塞尔兹尼克所说的，政府部门领导人员的主要职责不仅是向其组织灌输价值观，

105

而且要让各种不同的价值观（及拥有那些价值观的各种不同的文化）能够和谐共存。

自从莫顿·H. 霍尔珀林的论著《官僚政治与外交政策》[51]发表之后，研究政府机构的人员已敏锐地注意到多重组织文化（霍尔珀林称之为组织的基本要素）会如何影响军队的行为。在美国的空军文化中，能够携带核武器的战斗机一直被看作首要目标。第二次世界大战为轰炸机飞行员带来了荣誉和权力。战争结束后，美国空军在文化上逐渐形成一个以轰炸机飞行员为主体的机构。轰炸机飞行员上升为军队内部地位最高的工作之一。这就意味着驾驶其他机种——歼击机、运输机或强击机——的军官们发现他们并不在主导文化之中。亚瑟·T. 哈德利发现，自空军创立到 1982 年，没有一位歼击机飞行员担任空军参谋长。[52]这一发现也证实了上述观点。军事空运司令部的地位更低，因为它不仅要担负运输机（而不是轰炸机）的任务，而且要负责把陆军人员运送到遥远的战场。（各军种之间达成协议，陆军无权拥有自己的运送部队的飞机，我们将在以后的章节里谈到这项协议。）而在美国空军中，为陆军提供"公共汽车服务"得不到高度赏识。

但是，对美国空军主导文化的主要挑战并不来自歼击机或运输机，而是来自导弹部队。我们将在随后的章节中看到，20 世纪 60 年代初期，空军并不急于拥有新型洲际弹道导弹，因为这些新发明的东西威胁了轰炸机的统治地位。公平地来说，其实没有人知道这些导弹是否真的有用。霍尔珀林也说："待在导弹发射井里，哪比得上驾驶轰炸机飞上蓝天。"[53]但是，决定权并不在空军手里。文职官员决意要获取导弹，这样空军就面临着尴尬的境地：要么让陆军和海军拥有将来会成为世纪武器的导弹，以此为代价来保持主导文化；要么就调整主导文化，赶上时代的潮流。虽然有些不太情愿，空军还是顺应了时代的潮流，接受了新的导弹技术（以及伴随而来的导弹文化）。当现有洲际弹道导弹逐渐过时，空军还强烈倡议建造更为先进的洲际弹道导弹。但是，空军依然坚持强调轰炸机的关键作用，同时不断致力于制造更先进的轰炸机，首先是 B1，后来是 B1B，再后来则是隐形轰炸机。

106

　　美国海军至少有三种不同的组织文化，每种文化的海军军官穿不同的鞋子作为其象征。“黑鞋”海军是指由大型战舰——战列舰、巡洋舰和驱逐舰——组成的海军，主要用于保护海上航道和轰击敌方海岸。“棕鞋”海军由航空母舰和舰载飞机构成。海军飞行员脚穿棕色鞋子，就连航空母舰的舰长们一般也是飞行员出身。“布鞋”海军是潜舰官兵的世界（他们穿布鞋，减少噪音，从而抵御敌人的监听系统）。第二次世界大战以来，航空母舰，或者说棕鞋海军的文化，一直是海军的主导文化，但其主导程度并没有达到如战略轰炸部队在空军中享有的优势的地步。航空母舰的将官们经常能争取供给，但也并非每次都能争得到；潜艇部队在国会及舆论界拥有强大的盟友（海曼·里科弗海军上将是核潜舰海军的创始人，在世时一直是深受欢迎的政治英雄）。一度被用作学生们的水上博物馆的战列舰，也由于里根政府的支持东山再起。与空军相比，海军内部各种相互竞争的文化之间能够保持较好的平衡。这表明，在没有某种文化占据绝对优势地位的情况下，可以解决好多种文化共存的问题。

　　脚穿棕色、黑色与布鞋的军官之间难得的平衡或许是正常的，但他们这并不代表整个海军。至少海军的另外两项任务——海上军事货物运输"海运"和扫雷——相对而言很少得到组织足够的支持。1987年，为防止伊朗军队的袭击，美国海军开始在波斯湾为油轮护航，但令其十分尴尬的是，它没有一支强大的扫雷舰队为护航队扫除小得可怜的伊朗海军在航道上布下的老式水雷。指挥一艘扫雷舰并不像统帅一艘航空母舰或潜水艇那样有助于个人的职业发展，因此海军很少会建造扫雷艇。

一些政府部门一直有着强烈的组织使命感，在处理相互竞争的文化群之间的紧张关系时，相比之下这些部门做得更为出色。国家安全局负责截取他国情报并尽力破译其密码。该机构自认为是一个杰出的情报机构：目标明确，大家充分理解核心任务。因此，尽管国家安全局内部不同职业群体之间存在文化差异，但实质上相互间的协作并没有受到妨碍。最坏的情况不过是在这些群体间形成了一个威信等级制度，理论数学家和密码破译家位于最高层，紧接着是"计算机操作者"和语言工作者。身份地位的不同或许很重要，但正是因为目标清晰且清楚，所以目标的实现没有受到威胁。

同样，林务局也有着一种强烈的使命感，但与国家安全局相比，其目标要含糊得多。当林务局的专业林务员在填写组织任务表格的时候，服务性任务的充分描述一栏会这样填写：达到森林的"用途多样化及持续稳产"。但是，当该组织根据新的需要引进新的职业和专业群体时，目标就会变得模糊，甚至会造成组织的分裂。一片森林的产量是多少，主要看你是在和生物学家还是在和经济学家说话，是在对工程师还是在对林务员讲话，对象不同最终产量的差异很大。同时，在用词上亦可以表明这些不同的观点，例如口语化的表达和令人刺耳的称呼：

牧场专家被认为是"牛仔"，建筑家是"庭园设计师"，自然资源保护者是"狂热的自然资源保护论者"，研究野生动物的生物学家是"动物迷"。[54]

克里斯托弗·莱曼（Christopher Leman）描述了林务局是如何适应这么多新的文化的。在林务局，工作人员被派到许多地处偏远的工作岗位上，许多具有不同专业背景的人不得不朝夕相伴，这样一来，他们就不会和林务局其他部门同一专业的同事在一起共事。结果就是，员工们能够更多地互相宽容、互相尊重，而如果同一专业的人员都被召集在一起共事，情况就大不相同了。[55]林务局人员的一些任务（如测量土地），可以在独立于其他专业人员之任务的情况下完成；既然不需要相互密切协作，那么也就不存在争夺支配地位的现象了。而且，这种组织传统常常使组织中的工作人员把他们与组织视为一个整体，这种重视程度不亚于甚至超过了他们对与专业同事的关系的重视程度。

但是，这种相互适应的关系也有一定的局限。莱曼同时还指出，专业特性的增强已经造成了不少损失。正如第四章中提到的，经济学家、工程师、自然资源保护者和护林人员争相把各自对中心任务内容的解释强加于该组织，结果导致工作人员对组织的忠诚度有所下降。1981 年进行的一次调查表明，大部分工作人员认为士气低落，人与人之间的关系有所疏远。1983 年人员的流动率几乎是 20 世纪 70 年代的两倍。[56]

抵制新任务

联邦调查局从过去到现在一直有着很强的使命感。几十年来，该局强烈的使命感足以使它拒绝接受那些似乎对其中心文化构成威胁的任务。因此，尽管集团犯罪和毒品走私都是违法

行为，联邦调查局并没有参与有关的调查工作。一些评论家认
108　为联邦调查局有帝国的特点，但即使是这样，该局也可以很轻
易地就把这些工作纳入自己的管辖范围内。联邦调查局避免参
与这样的调查自然是有一些原因的。不过，按它的文化标准来
看，原因之一就是因调查类似的案子而让联邦调查局特工人员
采取相应行动太危险了。

　　对一桩银行抢劫案或绑架案的调查是从原告的指控开始的：
银行行长或被绑架者的亲属打电话给联邦调查局请求帮助。很
明显，这是违法行为。于是调查局立案调查，并派出特工人员
与受害者和证人面谈。为了寻找线索，他们研究所有可能的犯
罪人员的档案，与罪犯中的线人取得联系。一旦找到犯罪嫌疑
人，就会对他进行审讯。如果破了此案，就会把罪犯捉拿归案。
当然，能否做到这一点，通常要看联邦调查局的特工人员是否
具备有效谈话的能力，同时还要取决于运气及在实验室对物证
的分析等诸多方面的因素。[57] 所有这些可以或者说已经按照有关
逮捕、搜查和审讯以及特工的规定行事。根据特工人员行为举
止的规定，特工人员的一举一动必须符合 J. 埃德加·胡佛一直
设法树立的联邦调查局形象（即使命）——整洁雅观，光明正
大，不受任何党派的影响。

　　然而要调查诸如毒品走私这样的罪行就完全不同了，因为
这需要各方证据加以确认。没有受害人提出指控，没有明显的
犯罪事件可供调查。如果要确定某一犯罪行为的事实（更不要
说确认某一罪犯的存在了），特工人员就必须参与非法交易
（佯装成毒品的买主），或是打入犯罪集团（佯装成黑帮分子）。
秘密工作不仅对特工人员来说具有风险，而且对联邦调查局来
说也有很大的危险性——在从事秘密工作的同时，特工人员会

违反法律，受贿或者做一些其他事情，从而有可能使联邦调查局陷入窘境，或引起人们对调查局的争议。

几十年来，由于联邦调查局的文化使然，许多主要官员反对使用秘密手段。也正是由于这一原因（还有其他一些原因），他们反对调查与毒品有关的案件。负责调查毒品案件的机构——一开始是联邦麻醉品管理局，后来变成了麻醉品和危险药品管理局以及缉毒局——都曾因为许多丑闻而多次损坏自身的形象，激发了联邦调查局人员远离这些具有威胁的活动的意愿。最终联邦调查局不得不接管缉毒工作的原因和结果将在后面的章节里详述。

许多年来，美国农业部一直负责承办"食品券"项目，目的是使低收入人群凭证件购买价格优惠的食物。因为食品券项目取得了快速发展，那些相信"政府官僚就是帝国主义者"的人可能会认为农业部会保护对食品券项目的控制权。但实际上，他们惊奇地发现，农业部一直想摆脱该项目。

20世纪70年代初期，理查德·尼克松总统提交了一份改组方案，要求把美国农业部中负责食品券项目及其他项目的食品营养局（Food and Nutrition Service，FNS）划归卫生、教育和福利部（现在的卫生和公众服务部）。这是经农业部部长认可并大力支持的。农业部只负责帮助农场主种植庄稼并给予补贴。尽管这些看起来似乎有点矛盾，但全少这都受农业部一种组织文化的统筹管理，即作为农场主的朋友并经营"粮食业"。而食品券则是"福利事业"的一部分。农业部的几个主要部门都是同农场主以及县农场主组织打交道的；食品营养局却要和各州以及地方福利机构打交道。对农场主的补贴，是以粮食价格为依据用一个明确的公式计算得出的。对穷人提供的救济则按照

"需求"来确定。马克·蒂珀斯（Marc Tipermas）在对这项方案进行研究后发现，农业部的代表认为：食品营养局继续留在农业部会"逐渐妨碍农业部有效地处理其他所有项目的能力"。[58]

农业部的一位资深发言人抱怨道，食品营养局"消耗了我们很多资源，就管理的角度来看，包括审计人员、计算机分析员、金融分析员、食品分析员及部长的私人时间"。[59]这种表面上的解释还不足以揭露真正的原因。因为，对农业进行资助的项目庞大复杂，而且成本高昂，不过从来没有一位农业部部长因为这些耗费他时间和精力的"负担"而提出把这个项目转交出去。其实，食品券项目成为负担并不在于其所需的费用，而在于该项目要求农业部完成与过去完全不同的任务。事实上，这被认为是过于分散人的精力。如果一个项目规模不大或者基本与其组织文化一致，不论多复杂，不论费用多高，部门领导人员都会有能力处理。但是，如果去经管一个与其文化完全不同的项目，同时复杂且费用高，那么这就困难多了。农业部看到了这个问题，也想摆脱这项与其组织文化不相干的任务。不过，它没有获得成功，迄今为止，它仍负责管理食品营养局。

文化与使命：总结

每个组织都有一种文化，许多组织拥有多种文化。当一种单一的文化为人们广泛拥有并热情拥护时，它就成了一种使命感。使命感的最大优点在于，组织的领导人员能很有信心地认为，工作人员在具体工作中会完全按照他的设想来行动。发送信息的人和接收信息的人双方有着共同的理念，因而信息很少被曲解。联邦调查局特工人员的一举一动十分谨慎，就好像 J. 埃德加·胡佛正在身后监督着一样。在某种程度上，这是因为特工人员认为这么做才是最恰当的。工程兵部队的工地代表、社会保障总署的办公室主任和林务局的地区林务员也与联邦调查局的特工人员一样，在某种程度上，他们感觉到了西尔韦纳斯·塞耶、阿瑟·奥特迈耶和吉福德·平肖的灵魂仍在监督着他们。当然，灵魂是不存在的；实际上，这些机构内的许多人可能从未听说过上述名字。但是，这些人促使形成的组织文化深刻体现在活着的同事及上级的期盼中。因此，这些去世已久、渐为世人淡忘的创始人又获得了组织上赋予的一次新生命。

当组织文化开始衰退时，它的重要性也就不言而喻了。可能出现这种衰退的原因有二：第一，因为拥有不同专业或专业文化的群体（如林务局）加入了这个组织；第二，新上任领导人员所做出的决定所致，而这些领导人员有意或是无意地摧毁了过去的使命感，或是企图用一种新的、可能不太适合组织需要或不能激发工作人员热情的使命感取而代之。正如我们已在第二章中看到的，得克萨斯州惩教署的使命感在乔治·贝托离任的时候就消失了。

明确的使命感所带来的优势，是通过付出一定代价而得到的。远离中心任务的工作常常不能很好地完成或得到足够的资源。从属性的文化可能会围绕着这些边缘任务发展起来，但属于这些文化范畴的人员的晋升机会非常有限，因此有能力的人会避免被分配到这样的下属单位去工作——因为这些工作无助于职业发展。我们将在后面的章节中看到，一种强烈的使命感可能会使组织忽视已改变的外部环境，以惯常的行为而不是随时调整以去迎接新的机会和挑战。但是，即使需要按照实际情况进行重大组织变革的时候，有些官员还是会按照组织文化的期盼来行事。

第三部分　管理人员

第七章 制约因素

上午 8 点 45 分开始办公的时候，常常有多达 25 人的队伍排在马萨诸塞州沃特敦市的机动车辆注册处的门前。到了中午，尤其是临近月底之际，人们围着办公室排起的队伍则更长。注册处内，驾车人在标识不清的窗前慢慢地随着队伍往前挪动着脚步，等待办理驾驶执照或汽车注册手续。当终于排到队首时，办事员常常会告诉你排错了队，他们会说："到那边取申请表，然后再到这儿来。"或者会说："这儿只办理新执照，如果是驾照丢了，需要补办，去隔壁窗口。"驾车人不耐烦地抱怨着，办事人员有时举止无礼，说话不文明，甚至出言不逊。看上去简单的事情可能要用 45 分钟甚至更长时间才能办完。等到大家为办理驾照而拍照时，通常已满面怒容了。摄影师努力尝试让他们笑一笑，但很少获得成功。[1]

就在不远处的麦当劳快餐店里，人们也排着队。里面有几列队，每一列都不长，而且队伍移动得很快。菜单清清楚楚地印在引人注目的标牌上。柜台里的服务员自始至终彬彬有礼。如果某位顾客要的东西不能马上备齐，服务员会请他在一边稍等片刻，食物备齐后就会被请回队首来取。这里气氛友好而亲切，餐厅窗明几净，一尘不染。

很多人已经注意到办理驾驶执照与订一份巨无霸汉堡包之间的区别。大多数人都会说官僚机构与商业机构是两码事嘛！"官僚机构"之所以如此是因为管理这些机构的人都是不称职的"官僚"，而且这些机构处处受到"规章制度"和"官样文章"的束缚。

114　　　但是，商家也是官僚机构，麦当劳就是其中之一。实际上，它采用了一套复杂、全面的规章制度管理其工作人员的一举一动。它的工作手册有 600 页厚，重达 4 磅。[2] 在工作手册中，你可以了解到炸土豆条要 9/32 英寸厚，炙烤工要把汉堡的馅饼从左到右放到烤架上，6 个一排，一共有 6 排。然后，先翻动第三排馅饼，接下来翻第四、五和六排馅饼，最后翻第一、二排馅饼。每一个小圆面包上需加多少沙司酱也有明确的规定。窗户必须每天全部擦洗。工人必须趴在地上或跪在地上随时拾起地上的垃圾。制定上述以及其他无数规定的目的，是使工作人员成为一种可以相互替换工作的"自动装置"。在一所耗资 4000 万美元的"汉堡包大学"里，学习特许经营的经理们就被灌输上述规定。机动车辆注册处也有很多规定，但和精确到每个细节的麦当劳相比，还是小巫见大巫。实际上，如果机动车管理局的管理人员试图将一套与管理麦当劳工作人员一样的规定强加于自己员工身上的话，这些员工就会起来造反，而这个管理人员也会丢了饭碗。

从工作人员素质或报酬的角度也很难解释这两个组织之间的差异。注册处的工作人员都是成年人，大多数起码都有高中文凭，而麦当劳的工作人员则多为青少年，许多人还是在校生。注册处的职员薪水不菲，但快餐店里的大部分工作人员只能拿到法定最低工资。在 20 世纪 80 年代中期的马萨诸塞州，由于缺少劳动力，许多麦当劳店铺开始雇用像在注册处全职工作的职员一样的成年人（尤其是家庭主妇）。这些人上班后的表现与被他们顶替的十几岁的青少年基本一样。

不但不能从"规章制度""官样文章"或"工作人员不称职"的角度来解释这两个组织之间的差异，而且这种差异还让人们质疑起许多人就政府机构应该如何运行而经常提出的怨言。例如，人们抱怨说："政府机构花钱如流水。"沃特敦机动车辆注册处办公地点在一栋简陋的房子里，几乎都应付不了每日顾客量。用来核对更换新驾照所需材料的电传打字机已经超期服役，经常出错。三四名工作人员不得不排队等候使用这部被办公室主任戏称为"由托马斯·爱迪生亲笔签名"的设备。没有计算机或文字处理机来办理驾照和注册业务；工作人员用手动打字机打印表格，只要一出错，就得换一份新表格从头开始打。

人们也会抱怨说："政府机构经常雇用根本不需要的人。"马萨诸塞州的公民与机动车辆注册处的接触频率比与其他机构的接触频率要高，因此这些公民对注册处服务的意见也更大。但与所有的注册机构一样，沃特敦机动车辆注册处的人手严重不足。1981年，这个机构失去了400名工作人员，占其全部员工的25%，而工作量仍在不断增加。

人们还会抱怨说："政府机构有帝国主义作风，总想把新职责揽到手。"但事实上，没有任何证据表明注册处有过这种行为，尽管人们可以想象州政府在注册处建立一个实用的"一站式"多种服务中心，用户在这里不仅可以办理驾驶执照，还可以交税、缴停车罚款、获取咨询及其他官方服务。但是，注册处似乎仅满足于提供一种服务的现状。

总而言之，关于政府机构及其工作人员的许多传言有些是不可信的，有些则是不全面的。要解释政府机构的行为，只知道它们是"官僚机构"还远远不够。也就是说，只知道"这些机构庞大、复杂或规章繁多"是不够的。关键在于它们是政府官僚机构。正如前几章已经说明的那样，并非所有的政府型官僚机构都是如此或都面临同样的问题。也许有其他州的机动车辆注册处比马萨诸塞州的注册处做得好。然而，所有的政府机构都有某些共同的特点使其管理起来比麦当劳要难得多。这些共同的特点就是政府机构所面对的制约因素。

重要的制约因素有三种。与私营官僚机构相比，政府机构在以下三个方面受到更多制约：（1）不能合法地保留其获取的收入并把它用于工作人员的个人福利；（2）不能按照其领导人员的喜好分配生产要素；（3）必须实现并非该机构自己选择的目标。对经费、生产要素和机构目标的控制权极大程度上掌握在该机构的外部实体——立法机构、法庭、政治家和利益集团手中。因此，领导人员还必须关注这些外部实体的需求。所以，政府机构领导人员往往受其机构面临的制约因素的控制，而并非受其任务的控制。换句话说，企业领导人员重"底线"（即利润），而政府机构领导人员重"上线"（即制约因素）。在规定下属任务的积极性方面，政府机构领导人员没有私营企业领导人员那么强烈的积极性。因此，政府工作人员的这些任务常常受到前四章中所述因素的影响。

经费与刺激因素

116　　在每年9月30日的前几天，联邦政府就像一位灰姑娘，许多个人和组织纷纷向她求爱，急于获准使用或以合同的形式留存剩余财政资金，此时，这笔资金仍在每一个机构的控制之下。到9月30日午夜，政府的马车就变回了南瓜。在财政年度结束之际，每一个机构，除个别情况外，所有部门必须向财政部交还所有仍未用完的资金。

除某些半独立的国营公司外，像田纳西河流域管理局，任何机构都不能保留其盈余经费（即当年国会拨款与实际支出之差）。同样，在财政年度结束之前用完拨款的机构可以再向国会申请更多的资金（"增补拨款"），而不必被迫用任何现金储备填补赤字。因为这些财政规定，没有物质刺激促使各机构厉行节约：如果你不能保留你节省下来的钱，为什么还要精打细算呢？

政府的官僚在法律上也不被允许将多余经费挪为私用。如果一家私营公司的年收益比较好，管理人员和员工可能会拿到奖金。即使没有奖金，这些工作人员也可以在公司里购买公司股票，从公司增长的利润中获利（如果他们适时将股票卖出，还依然可以在公司利润下降时获利）。而一旦政府机构人员被发现做了此事，就会被以贪污的罪名受到指控。

我们理所当然地认为，官僚不得利用其公职谋利。当官僚靠这种手段牟利被揭露出来并受到审判时，我们会点头表示赞同。但是，我们为什么会持这种看法呢？与之截然不同的一种观点曾一度盛行。在17世纪时，法国上校的委任书是先从国王那儿买来，再用国王的钱来管理自己的军团，之后再把利润装入私囊。欧洲曾经有一个时期，收税官保留其所收税款的一部分作为酬劳。在美国，一些监狱长曾一度靠监狱的拨款来管理监狱。这笔钱的数额取决于监狱长所管辖犯人的数量，监狱长可以将这笔钱与养活这些犯人所需费用之间的差额据为己有。然而，如今这种行为会引发刑事诉讼。为什么呢？这中间发生了什么变化？

主要是作为公民的我们已经不是之前的我们了。我们是启蒙运动的产物：我们认为国家不应该是君主的私有财产；法律

117　的目的应该是使社会更加理性化（如果可能的话）并使人类臻于完美；公共服务应该是中立的、无私的。我们担心，如果按照先前的方法付给监狱长报酬的话，会强烈地刺激他让犯人挨饿，从而把自己的收入增到最大限度；贪婪的上校统领的军团可能会导致装备短缺；如果收税官拥有留存报酬的权利可能导致勒索纳税者不该缴纳的税金。这些变化反映了我们要消除道德障碍——诱发人们犯错的刺激因素——的愿望。但为什么这一愿望不包括制定更严密的补偿办法呢？通过这些补偿办法，去奖励完成政府目标的管理者，并允许高效率的机构把未用完的预算经费留到次年使用。

　　这个问题的部分原因是显而易见的。通常我们无法确定一位管理人员或一个机构是否已达到了预期目标，因为这些目标要么模糊不清或变化无常，要么是他们的成绩无法察觉，或两者兼而有之。如果薪水的发放取决于其令人信服地表明完成本部门目标的能力，那么国务院下属部门的领导人员将不得不靠领取救济过日子。

　　但许多政府机构有着相当明确的目标，通向目标的工作进展也可进行测量。社会保障总署、邮政总局和总务管理局便是这样的机构。那么为什么工作成效没有作为决定收入的主要依据呢？为什么不让各机构保留剩余的经费呢？

　　我不敢完全确定这些问题的缘由，部分原因在于广为接受的文化规范，即不能从公职中谋利。谈到这种文化规范，倒是在其他国家的文化（包括美国早期的文化）中，我们会看到许多这样的例子：在很大程度上，付给官僚的工资来自他们从公众那里获取的费用或他们保留下来的机构的剩余经费。马克斯·韦伯在关于封建统治——或叫王侯统治——时期的公共行政的历史著作中描述过许多这样的例子。[3]

　　但是，在某种程度上，原因是我们知道即使目标明确，即使部门业绩容易观察到，也只能通过政治性（因此而隐藏冲突的）标准进行评判；如果福利部每次在收到救济申请24小时内就能把救济支票送到的话，史密斯参议员可能会感到满意，但琼斯参议员则会对此不悦。因为几乎可以肯定地说，快速投递意味着放松有关合格标准的条件，致使很多不符合条件的申请人也会拿到救济金。没有一种客观标准可以用来评价福利部工作速度与准确性两方面的得失。因此，我们不愿让福利部的工作人员为达到快速或准确的目标而获取大笔奖金。

　　评价一个组织工作成绩的最接近非政治化的和非随意性的标准，要看净收入能力。对企业、私立大学和大部分医院的评价都采取这种方法。但不能用这种市场测试的方法来评价政府机构，因为要么有些政府机构（如监狱或国内收入署）提供的是没有人愿意享受的服务，要么垄断性地提供人人需要的服务（如福利部和机动车辆注册处）。无论提供哪一种服务，都不能根据服务对象的数量来评价政府工作部门的业绩。既然没有外在的、非政治性的评价方法，就无法允许机构保留不属于该机构控制的那部分经费。

118

　　如果各机构或其管理人员都不能将剩余经费挪为己用，那么就很少有机构会尽力节省开支以获得盈余；相反，你会发现它们花钱如流水。在其拨款及有关法律允许的范围内，它们确实如此，尤其是实行拨款和合同承包的机构每年9月都会拼命花钱。作为许多经济学家的代表，威廉姆·尼斯坎南（William Niskanen）已将这种意见归纳成一条关于官僚行为的理论。他认为，各部门希望能拿到最大的拨款额，它们并不希望花费超出其所必须支付的款项。尽管立法机关并不愿意多拨款，但它们也不知道生产部门一笔实际支出是多少（如每多投递一封信、多投放一枚炸弹或多阻止一次犯罪行为所需的金额）。结果，每个机构都会得到一笔远远超过其"需要"额度的拨款——也就是说，有很多款项是立法机构在不知实际情况的条件下拨付的。因此，官僚政府就意味着花钱多的政府。[4]

我们会在第十三章中更详细地探讨上述观点。现在只要注意到有很多和尼斯坎南的预言不一致的例子就可以了。马萨诸塞州的机动车辆注册处没有大量的办公室或众多的职员，也没有昂贵的计算机，甚至与一家规模不大的保险公司相比，它的设备也是简陋的。社会保障总署设在一座大办公楼里，但内部设备很简陋，办公室面积很小。几乎所有州的监狱都是拥挤不堪的。在波士顿，警察局的总部大楼始建于 1925 年并一直使用；而在此期间，很多供企业办公的奢华新楼在这座大楼的四周拔地而起。在五角大楼里，将军们坐的办公室连小银行的出纳领班都会认为小得能让人患上幽闭恐惧症。我在公立大学和私立大学都任教过，在我的心目中，毫无疑问，私立大学能为教师提供更好的办公室以及舒适的环境。

你可能会感到不解：如果官僚们不能拿到什么好处，为什么尼斯坎南认为他们会如此希望把预算增加到最大限度呢？正如我们所见，他们不能把盈余挪为己用，他们的薪水也不会随着预算额的增加而提高（薪水的标准由立法机关确定，与用人机构无关）；如今，他们更不敢奢望搬进铺有厚地毯、能够眺望市区美景的大办公室。至于官僚们到底在哪方面获得了最大收益，这个问题将留到下一章探讨；我们现在看到，他们的工作所面临的政治环境决定了他们无法把对机构的管理转变为在物质上的获利。

政府机构的批评者们喜欢把政府机构称作"臃肿的官僚机构"，而支持者则说它们"资金不足"。但实际情况远更复杂。立法者用不同的标准去判断政府计划项目与政府部门。像社会保障这样的项目，有许多选民可从中受益，所以选民们向立法者施加压力以求增加投入。如果很多地区都有大量这样的选民，那么很多立法人员就会感觉到这些压力。任何希望削减福利的团体一般也不会对选民的诉求进行反对。相比之下，官僚们可能是也可能不是选区的选民。如果他们人数少或仅仅集中在一个立法地区，那么他们就不能形成足够的政治影响力来达到增加机构人数或提高待遇的愿望。举例来说，社会保障的费用自1935年该项目开始以来一直稳步增长，但社会保障机构的人员数量、办公室和工资却没有相应地增加。

如果官僚们人数众多且形成组织，而且遍布许多选区（如原邮政部的邮递员或纽约市的环卫人员），他们也许会有足够的影响力确保其津贴比工作量增加得快些。但是，即使是人数众多且形成组织，官僚们的诉求也处于一种战略劣势，即立法人员发现限制官僚们的投入比控制其产出要容易得多。其中的原因，部分是概念性的，部分是政治性的。就概念性而言，一栋办公大楼或一份工资报表都是有形的资金投入，是大家都能看在眼里的；而"良好的健康状况"或一份"像样的退休金"或一个"有知识的孩子"则是一些模糊的概念。就政治性而言，立法人员或多或少都面临双重压力，既要增加福利，又要兼顾低税率。面对概念上的模棱两可与政治现实，立法人员把两者巧妙地结合在一起，并形成合理的行动方针：一方面，通过炫耀性地控制办公楼、工资的增加以及管理经费的预算来讨好纳税人；另一方面，大声疾呼增加医疗、退休或教育的资金投入来迎合受益者。（想一想学校老师面临过的困境：如果不发生教师罢工，即使教育经费得到增长，学校教师的工资依然不会增加。）于是就出现这样的结果：在拥挤的办公室里使用过时设备且由薪水不丰的官僚们来管理国家投入巨大的项目。①

120　　政府机构领导人员不能把盈余作为个人获利，这便改变了政府机构工作中的激励模式。超出限度的额外努力并不能换来额外的收入。（在美国，国会有时已经批准为高层官僚加薪了，可随后又对他们的实际工资封顶，所以他们的工资提高只是一纸空文。这么做的目的是确保行政官员挣的钱不会超过国会议员，国会议员又担心提高自己的薪水而造成仕途上的损失。结果，高层官僚与其下面几级的官员相比工资差不了多少。）如果说政治因素阻碍了金钱的激励作用，那么其他非金钱的激励方式就变得越来越重要了。我们在第一部分中已经看到了其他激励方式——专业声誉、个人理念、利益集团的需求以及环境要求。

　　大部分政府机构的官僚行为不能与金钱利益沾边，但这并不能说在这一点上公共与私人管理部门是完全不同的。也有许多私立机构不能把盈余挪为己用。私立学校的办学目的通常并不是赢利，大多数这样的学校甚至根本无法盈利，相反，这些学校的经费支出还要靠朋友及校友的捐款。无论如何，有一点是显而易见的，即私立学校（无论是不是教会学校）在教育孩子方面通常比公立学校成绩好。5再者，正如政治学者约翰·查

---

　　① 在其他国家，政府官员则可以享受丰厚的薪水和奢华的办公室。在一些不发达的国家，到处可见到许多政府机构花钱如流水和个人贫穷的迹象。这两者也许是紧密相连的。

布（John Chubb）和特里·莫指出的那样，这些私立机构雇用的管理人员越少，成绩反而越突出。[6]还有一些因素也在起作用，其中之一便是一个机构必须具备获得并使用劳动力和资本的自由。

获取和利用生产要素

工商企业通过拿到利润、借款或出售公司所有权股票的方式获得资本；政府机构（有一些例外）则通过说服立法机关拨款的方式获得资金。企业有相当的自由（尽管不是完全的自由）雇用、提升、降职和解雇工作人员；而对联邦政府机构来说，国会决定其工作人员的人数以及薪水多少，人事管理局制定其挑选及分配人员时必须遵循的规定，行政管理和预算局决定其能够雇用各级工作人员的数量，功绩制保护委员会（Merit Systems Protection Board，MSPB）决定其实行降级或解雇人员时应遵循的程序，法庭判决其是否忠实地执行了国会、人事管理局、行政管理和预算局及功绩制保护委员会的规定。企业则按照内部规定的程序（包括这项规定：如果有一位卖主出价高但似乎更为可靠，公司就可以不必购买最低价投标人的货物）购买货物和服务，或跳过招标程序直接谈判；而政府机构购买大批货物时必须非常正式地做招标广告，接受最低价，并与卖主保持一定距离。当企业与承包商建立了良好的工作关系时，它往往与该承包商持续合作，不再寻找新的承包商；而当政府机构与一家承包商建立融洽的关系时，如果在一项新工程尚未招标的情况下，它通常不能再次与该承包商合作。企业会关闭或合并不再节约的某些部门或工厂；而当政府机构打算关闭某个派驻机构或军事基地时，通常必须得到立法机关的批准（即

121

使不必得到正式批准，非正式请示也是必要的）。企业制定年度预算时，可自行决定每一项开支的额度（除法定要付给政府的税金及付给银行和股东的利息外）；而政府机构制定预算时，立法机关会审定其具体的开支项目。

公众和公司都非常熟悉政府内部或与政府一起办事的复杂程序。雇用人员、购买货物、订立合同和安排预算方面的复杂性通常被认为是"官僚机构对官样文章的偏爱"导致的结果。但是，如果官员们自行决定的话，这种复杂性的规定（如果还有的话）就不会有这么多，因为不仅官员们的服务对象不喜欢这些规定，就连官员们自己也不喜欢。这些规定是被外部机构，尤其是立法机构，强加到这些机构身上的。它们不是官僚规定，而是政治规定。从原则上讲，立法机构可以允许社会保障总署、国防部或纽约市公立学校系统采用与 IBM 公司、通用电气公司或哈佛大学相同的规定来运作，但实际上它们不能这么做。原因在于政治方面，更为准确地说，在于民主政治。

史蒂文·凯尔曼曾比较政府机构和私营公司购买计算机的过程，清楚地说明了其中的不同之处。政府机构官员对他们所购买的计算机和辅助设备的质量的满意程度远比不上私营公司对自己所购计算机和辅助设备那样。原因在于私营公司可以像每一住户购买洗碗机或汽车那样自由选择——调研一下之前从这些卖家手里买过产品的买家感受如何，然后结合自己的判断去购买一件新产品。与许多人想象的恰恰相反，购买计算机的大多数公司并不是把具体的规格写成明文，然后再去招标，最后与达到规格要求、出价最低的投标者签约。这些公司与同它们（或与它们一样的其他公司）打过交道的计算机厂家会谈。通过这些会谈，它们结合自己的需求来判断可能要与之做生意的人的品质和可靠性。当最终购买时，它们只向一个公司招标，然后再根据双方共同确定的（有时是泛泛的）原则条件达成协议。

没有一位政府采购员能够像上面那样进行交易，否则会被（未获胜的投标者及其国会盟友）指控勾结、偏袒卖主并吃回扣。相反，政府机构必须要求进行秘密招标，或要求对内容详细（非常详细）的"建议"征求书做出书面答复。不允许政府机构考虑合作对象过去的业绩和无形的质量管理。因此，政府机构不得不放弃利用一个人可能拥有的最重要信息——由本人亲自了解的情况和基于过往经验形成的判断。政府机构因此常常会从不可靠的供货厂商那里买来不好用的计算机。[7]不过，我们马上就会看到，国会——无论它自己怎么对外宣称——重视"公正"超过重视效果。

产生作用的制约因素：邮政总局的状况

从合众国建立到1971年，邮政部一直是一个内阁机构，完全隶属于总统和国会，并以这种身份获得年度拨款作为运营资金。其人员由总统任命并须通过公务员考试进行录用，关于各邮局适当位置的政治决策决定了其机构的分布。听证会之后由国会确定各种邮件的邮资额，这个听证会由邮寄量很大且有组织的利益集团（如直递邮件广告商和杂志出版商）主导。邮资额还受到这样一种意识的影响：提高公众个人（大多数人参加投票）邮寄的一类邮件的邮资会产生不良的政治效果。国会通过压低邮资（尽管永远不会低到让相互竞争的利益集团消停下来的地步）对这些压力做出反应，并从国家税收中抽出大笔经费来补偿邮政部所收邮资与支出费用之间的差额（从政治操作来讲，相较于一下子让消费者掏钱来承担高额邮费，国会容易掩盖不需要马上导致税费增加的大额拨款）。邮政部工作人员工资的确定则要考虑代表这些工作人员的工会的政治力量：国会很少会忘记每一个议员选区里面都有数以千计的参加工会的邮递员。

1971 年，邮政部改组为美国邮政总局，成为一个半自治的国营公司。由 11 人组成的董事会领导，其中 9 人由总统任命，参议院批准；然后这 9 人任命一位局长和一位副局长。邮政总局的收入全部来自其收取的邮费和借贷的资金，而不再来自国会的拨款（尽管在过渡时期仍有补贴）。各种邮件的邮资不再由国会确定，而要在立法机关规定的标准（邮政总局必须收支平衡，它所处理的每一类邮件必须按照比例负担该局的部分支出）和一个独立的顾问机构（邮资委员会，其对邮寄价格提出建议）的指导下，最后由邮政总局来确定。在理论上，它不再为补贴某一类邮件（比如说二类邮件，即书籍和杂志）的邮资而提高另一类邮件（比如说一类邮件，即信件）的邮资。邮政总局有自己的一套人事体系，与联邦政府的其他人事体系分离。它可同自己的工会直接谈判。

摆脱了部分制约以后，邮政总局就可以做一些事情了（如果还能够做点什么的话），这些事情在过去必须克服极大的困难方能做成。约翰·蒂尔尼对这些变化做过如下描述：当邮政总局还是一个普通政府部门时，被关闭的邮局为数不多，因为如果想关闭地方的一家小邮局，需要经过与来自受影响地区的国会议员的一番苦战。改组之后，被关闭邮局的数目有所增加：1976 ~ 1979 年，邮政总局平均每年关闭约 24 家邮局；1983 ~ 1986 年，每年关闭 200 多家邮局。[8]该局研究制定了一套把成本费用分配到各类邮件中去（以便由各类用户分担邮资）的方案。联邦最高法院不顾利益集团的反对确认此方案生效。[9] 原来的邮政部为了减少开支曾试图取消送件上门的做法，并提出替代办法，即把邮件（起码在新建的郊区居民区）送到人行道边或"组合信箱"。① 对此，国会受到了强大压力，这迫使邮政部放弃了这一替代办法。到了 1978 年，尽管国会仍有抱怨，但邮政总局已经有了充分的自主权来实践这一想法。[10] 由于能够发行债券筹集资金，邮政总局逐步建立了邮件自动分拣系统。现在它拥有数以千计的高级光学扫描器和条形码阅读器。与以前相比，这大大提高了邮政工人分拣邮件的效率。时至 1986 年，光学字符阅读器一天能处理 9000 万份邮件。尽管政界反对，邮政总局最终还是在逐步推广 9 位数邮政编码的使用。

简而言之，获得较大自主权增加了邮政总局获取、分配及管理种种生产要素的能力。更广泛地说，邮政总局的整个风格都改变了，开始采用具有公司风格的管理方法，出版内容详尽的"任务说明书"，发布言辞考究的年度报告，建立更为严密的组织结构，并尽量下放一些决策权给地方管理人员。

尽管国会放松了控制，但它并没有放手不管。在许多关键问题上，"半自治"就意味着根本没有自治可言。任何时候，国会都可以通过修正《邮政改组法》来限制该局的行动自由。甚至国会可以通过开听证会修正法案的方式来震慑邮政总局，而这样一种威胁往往就足以改变该局的计划。9 位数邮政编码制度最终是被正式通过了，但其具体实施则被国会推迟了两年多时间，阻碍了邮政总局让工商界自愿服从新规的尝试。

---

① 组合信箱（cluster box）是金属结构，它包括 12~100 个分信箱，通过它可将邮件送至每户居民。

1977 年，为了节省 4 亿美元开支从而避免增加邮资，邮政总局宣布计划取消周六的邮递服务。邮政总局提供了公众舆论数据，表明大多数人宁愿没有周六邮递服务也不愿提高邮寄价格。但这无济于事。众议院以压倒多数票通过了一项反对这种变革的决议，邮政总局只好让步。工会似乎担心取消周六邮递服务会导致邮政工人失业。[11]

与此相似的是，1975 ~ 1976 年，邮政总局试图关闭大量乡村邮局，此举也得到了总审计局的支持。总审计局进行的一项调查表明，如果关闭 12000 家这样的邮局，每年可以节省 1 亿美元，而且邮局的服务不会受到明显的影响（许多类似小邮局的服务对象只有十来户人家，而距离这些邮局几英里处还有其他邮局能提供同样的服务，且更划算）。可那些乡村邮局的局长对此有着截然不同的看法，而且他们得到了国会的支持。参议院、众议院宣布"乡村邮局一直是美国特有的一种公共机构"，"服务"比"利润"更为重要，并共同修订了《邮政改组法》来中止关闭这些邮局并永远禁止这样做。[12]正像约翰·蒂尔尼特别提到的，就在邮政总局胆战心惊地关闭了其拥有的 30521 家邮局中的 72 家的同一年，大西洋 - 太平洋茶叶公司关闭了它拥有的 1634 家店中的 174 家，并且"事情就是如此，没什么可说的"。[13]邮政总局即使作为一个"半自治的国营公司"，依然受到了强有力的控制；相比而言，作为一个完全自治的私营公司，大西洋 - 太平洋公司则不受任何制约。

我并不是说邮政总局想要进行的所有变革都是合情合理的，也不是说该机构的管理中不应有丝毫的政治痕迹。（关于私营组织提供公共服务应该达到何种程度，我们将在下一章中讨论。）相反，我认为不能简单地凭它们是官僚机构这个事实来解释政府机构的行为；重要的事实在于它们是政府官僚机构。我也不是想说明政府（或是更广义上的政治）不好，而只是说它对选民的需求不可避免地（在某种程度上是合乎情理的）十分敏感。

我这里想阐明的是，对生产要素的政治性管理会使管理人员变得重视制约因素，而不重视任务。如果政治领袖们（总统和国会）相信管理人员能够观察到和评估一个机构的产出，如果获得预定的产出是这些领袖唯一关心的事情，那么他们会给一个机构一笔预算和一个目标，并由其自由使用其资源来达到那个目标。例如，如果国会当初满足于让原来的邮政部以尽可能最低的成本在三日之内投递完所有的一类邮件，那么它就会让邮政部按自己的想法建立投递系统，确定邮资的高低、邮局的位置并按自己的意愿雇用人员，当然前提是它能在三日之内把信送到，同时邮资又不会高得使邮局客户放弃邮局的服务而选择私营公司提供的投递服务，然后就可以根据目标实现过程中的工作质量来评价管理人员。

当然，国会的目标并非一个，它想讨好许多邮寄各类邮件的客户，满足选民拥有许多家小邮局而不只是拥有几家大邮局的愿望，妥善处理工会对增加工资的要求，并答复公众针对邮递服务的批评。国会不能把这些目标按重要性做好排序，也就是说它无法判定为了更好地实现哪一个目标（比如使乡村邮局开门营业）而牺牲另一个目标（比如保持低邮资）。国会不能做出决定并不是因为其能力水平如何；相反，这是国会作为一个代表机构的必然结果。因为不同的国会议员对不同的选区会做出不同的反应。

不论是国会还是邮政总局都从未支持过某种明显地让顾客

自己选择邮政服务的办法，即允许私营公司与邮政总局竞争第一类邮件业务。一个多世纪以来，邮政部一直合法垄断着第一类邮件投递业务。"在任何邮递线路以外，建立路线固定或时间固定的私人信件、包裹快递系统"都是犯罪行为。[14]邮政机构领导人的理由是，私营竞争者会抢走最赚钱的业务（如在大城市投递商业信函或汇票），而把最没有利润的业务（如将堪萨斯州尤多拉市安妮阿姨的圣诞贺卡送到马萨诸塞州韦克菲尔德的马特叔叔手中）留给政府机构。后来，邮局开始面临来自私营包裹和信函快递公司的竞争，这些公司投递邮件不设定固定线路或固定时间（意在避免违反私营快递法规）。同时，邮局也开始面临电子邮件和汇款行业的竞争。但那时候，邮政部已经变为邮政总局，这不仅给了它更多自由，也获得了它迎接上述竞争的原动力。

把重点放在投入上，政治领袖们认为这不仅在概念上易为人接受，而且在政治上也很有必要。国防采购项目最能说明这一点。国防部通过国防后勤局每年采购食品、燃料、服装和备件，价值达 150 亿美元（1984 年），管理一套拥有 200 多个项目的供给系统，同时还管理着 1860 多亿美元的政府合同。[15]国会和总统已反复表明希望这一系统高效率地运行，尽量利用市场上现成商品（而不是价格更昂贵的"定制产品"）。[16]可是新闻界仍然经常登出丑闻报道，包括花 435 美元买一把锤子和 700 美元买一个马桶垫圈。尽管有一些报道言过其实，[17]但毫无疑问，浪费和不称职现象确有发生。国会于是展开调查，总统委员会受命解决此类问题，其最终提出了解决办法，包括要求实行更严格的规定，雇用更多的审计人员，以及进行更详细的汇报。

关于丑闻及高价锤子的报道引人注目，但更为常见的是各类选民不断要求对采购程序施加影响。有时申请要求采取特别照顾，比如把合同优先给予政治上受宠的公司。但是，为确保"公平"的合同而对采购程序做的法律上的限制，意义同样重要而且更为深刻。也就是说，让所有公司平等参加投标，同时给予政治上更为重要的公司以特殊的机会。比如，《联邦采购条例》第五十二款中就有几十条规定要求特别照顾小型企业（尤其是"处境较差"的小型企业）、妇女开办的小型企业、残疾人或伤残军人及越战老兵开办的企业或位于"劳动力过剩"地区的供应厂商。①18另外，根据《购买美国货法》，用于公共事业的产品只能采购美国制造的，除非政府证明美国产品价格"不合理"或发现在美国没有足够数量的现货或质量不合要求。19

在采购程序中，"公平"这一目标几乎成为每一个阶段的基础，这并不是因为美国政府要全心全意地投入一种抽象的社会公益中，而是因为一旦某一采购决定受到质询，如果能够表明这个决定是按照客观标准"公平"地做出的，那么就很容易证明这项决定是正确的。此类标准在长达6000多页的《联邦采购条例》中得到了详细表述，其主要规定包括：所有潜在的供应厂商必须有参加平等投标的机会；机构所做出的采购决定必

___

① 如法律规定，"采购总量或合同的相当一部分"必须"照顾性给予小企业"，"经济和政治地位较低的人开办的小型企业将最有机会参加任何联邦机构负责的承包项目"。［15《美国法典》637（d）（1）］根据这项法律，将其采购的"相当一部分授予"小型企业和经济、社会地位较低的小型企业（《联邦采购条例》19.201a）。"社会和经济地位较低的人"包括（但不限于）非洲裔美国人、西班牙裔美国人、印第安人、亚裔美国人或印度裔美国人（Ibid.，52.219.2）。

须以书面形式表明存在客观的合理性；在秘密投标的基础上授
予的合同必须给予索价最低的承包人；如果未中标的投标人对
不赞同的决定提出抗议，必须给予其抗议的机会。[20]可是，为了
与政府反复表明的要求相一致，即提高购买产品的质量及可靠
性，这项法律的部分条款允许各机构在考虑价格的同时亦考虑
其他因素。在没有进行秘密投标的情况下，当两家公司为得到
一份合同而竞争时，政府机构需要考虑价格和"招标书提及的
其他因素"（如可靠性、质量和过去的性能），同时必须将合同
承包给投标"对美国最有利"的"可信赖的一方"。[21]

　　只有当上了国防后勤局局长，方能理解这些规定对于行政
机构的重要意义。有人认为你把合同给了一家不符合条件的公
司或买了一些质量不合格的产品，因此你做出的决定受到了质
疑。那么你该如何答复呢？说你根据自己的判断，认为这是与
一家可靠的公司做的一笔合算的买卖？这就等于请你自己向一
个怀有敌意的国会委员会解释清楚为什么你认为你的判断是合
理的。一个最为保险的回答是："我是按照规定办事的。"这些
条款没有说明什么才是质量好（一个主观的问题），但明确描
述了如何进行招标及授予合同——让大家都参与竞争（尤其是
小公司和社会地位较低的公司）并以价格这一"客观"标准来
确定承包商。即使供应厂商提供的产品质量合格，也许还会有
人投诉说它靠这份合同获得了很大利润。作为国防后勤局局长，
你可能会这样回答："利润是他们的事，与我无关。"但这等于
要你对另一个怀有敌意的委员会解释你为什么对"损害公家利
益、大发横财"的公司不闻不问。你更为有力的辩词是，你审
查了厂商的材料，并且让该厂商遵守了合同中规定的每一项详
细的条款。

如果你忠实地执行了各项规定，而国会却揭露了一件花大钱办小事（如花了 3000 美元买一个咖啡壶）的情况并大肆渲染，那么你最为明智的反应就是，建议制定更多的规定，雇用更多的审计员，采取更严格的制约措施。这样，也许能防止人们再花 3000 美元买咖啡壶，也可能会增加采购程序的复杂性（这样就不会有多少好的厂商会为出售咖啡壶而投标），也可能会增加监控采购程序所需费用，结果是，购买便宜的咖啡壶节省了一笔钱，但这笔钱花在了咖啡壶检查员上。或者以上三点兼而有之（见第十七章）。

由于需要公开向立法机关说明采购决定的合理性，明智的管理人员会按最有利于辩护的标准做出每一项决定。这在很大程度上就意味着不考虑是否达到了目标（比如买来的锤子好用吗?），而考虑是否符合有关选购锤子的更为客观、可量化且有形的规定。

对这种程序持批评态度的人时常指出，制约因素驱使的管理，可能是目标驱使管理的大敌。但是，对政治领袖来说，相比是否达到了目标，更容易察看是否服从了这些制约因素。因此要去找到一些改变局面的途径非常困难。所以你对下面所列的这些建议就不能太乐观（这些建议摘自一篇本应是有关国防后勤局采购管理的出色文章）："吸引和留住能干的采购人员，这对于巧妙地区分各种产品必不可少。"[22]且不说对政府而言很难招募、保留能干的工程师和经验丰富的合同管理人员（总审计局的一项调查表明，国防后勤局 41% 的管理人员从事这种工作不满 3 年），[23]即便做到了也很难想象，那些能干且经验丰富的人员为什么要冒风险来做出"微妙的"（因此难以为之辩解的）判断而不以最实际的方式照章行事呢?

管理人员重视制约因素的程度，取决于该机构为达到既定目标而做出的努力是否容易看到并得到评价。你很可能会认为邮政总局或社会保障总署的管理人员比国务院的管理人员更关注机构的既定目标。但是，即使在目标明确的机构里（正如我们对邮政总局的分析理应已经说明的那样），针对生产要素分配的制约因素也难以避免。

管理人员通过观察其他管理人员来更好地审视自己。他们通过观察机构中如何对待忽视制约因素的人员来判断一个制约因素的重要性。不顺从者付出的代价越高，说明这种制约因素越重要。因此，管理人员（及普通工作人员）会认识到自身的弱点何在，并做出相应的反应。他们会反对任何可能冒犯某一重要制约因素的行为。这类制约因素越多，管理人员就越反对冒险。认识到自身的这些弱点是组织文化形成的另一种方式。

情景目标

一个机构的首要目标可能很明确也可能含糊不清，但它的首要性质通常是清晰的。"教育孩子""防止犯罪""维系与其他国家的关系"——这些目标尽管模棱两可，但说明了学校系统、警察力量及国务院存在的必要性。

不过，实现这些首要目标并不是一个机构应该做的全部工作，它还必须满足许多情景目标——除了设立该部门要实现的首要目标之外的其他目标。例如，一个警察局不仅要尽力防止犯罪、抓获罪犯，还必须保护被告的权利，保护机密文件，并为被缉拿嫌犯提供必要的医疗服务，这些附带的目标便构成了实现首要目标的情景目标。

情景目标的数量近几年来大大增加，重要性也开始大幅提高。1946 年通过的《行政程序法》规定，大部分联邦机构必须遵守行政程序中的公平原则。在实施一项新规定或政策之前，这些机构必须采取书面形式进行通报（通常是在《联邦公报》上刊登一份"关于制订规章的通报"），同时需要征求相关当事人的意见。如果举行听证会，这些机构必须让相关当事人参加并提交证明材料。1981 年，里根总统要求各个机构——提议待采纳的规定必须提交给行政管理和预算局所辖的信息与制订规章事务办公室。如果行政管理和预算局判定提交的规定所需投入大于收益，该局有权阻止这些规章的实施。

　　1966～1967 年通过、1986 年修订的《信息自由法》规定，除了有关军事、情报、贸易机密及那些一旦曝光就可能造成侵犯隐私权或危及执法调查的文件之外，公民有权查阅几乎所有政府案卷。[24] 有的时候这些例外也是可以打破的。例如，根据《信息自由法》的一项规定，联邦调查局在提供他人要求查阅的所有文件之前，必须涂掉那些含有受到保护的消息的文字或句子。但是，敏锐的读者往往能从上下文推断出被删除部分的内容。为进一步减少各个机构为了自身利益而利用《信息自由法》的可能性，法律规定各个机构必须证明它没有必要公开某一消息（而不要求公民证明它必须发布这则消息）。为确保政府保守所有公民之档案的秘密，例如社会保障、法律及人事档案，1974 年通过的《隐私法》规定了详细的保护措施。[25] 1976 年通过的《公开会议法》（又称《阳光政府法》）规定，除非讨论的问题涉及某些特定内容（如军事或商业秘密、秘密人事档案），否则"所有机构每次会议的任何内容都应公开并接受公众的监督"。[26] 1969 年通过的《国家环境政策法》规定，所有联邦机构（及其他机构）在采取"任何涉及面较大、会对人类生

130

存环境之状况产生重大影响的联邦行动"之前，必须做好其他准备，并准备一份关于环境影响的声明，说明其行为将会带来的环境后果。[27]

20 世纪 70 年代，如果有团体希望介入联邦机构政策制定过程的话，联邦机构按规定必须支付部分或全部费用。例如，有团体曾提出应限制电视台在星期六早晨儿童卡通片中插播的广告数量和种类，希望联邦贸易委员会同意。这些团体不仅有权介入联邦贸易委员会相关工作，且联邦贸易委员会还得承担介入所需费用。这种介入项目在 20 世纪 80 年代被大幅缩减。

还有其他许多情景目标并未以法律的形式出现，但这些情景目标由负责审批预算的国会委员会确定并强加，委员会审批机构预算时的标准是该机构的目标在委员会眼中是否重要。例如，公园管理局的拨款申请得到批准的一个附加条件就是，必须整修一些主要国会议员十分喜爱的国立公园（而这些公园在公园管理局眼中并不那么重要）。尽管这种附加条件是完全非正式的，但依然具有很强的约束力。

一位欧洲评论家可能会对此迷惑不解。正如史蒂文·凯尔曼所观察到的："没有几个国家像美国那样在管理程序中有如此的透明度。"[28]在欧洲，国家间政府的磋商，往往是非正式的，而且是在幕后进行。外国政府机构需要完成的情景目标也比相应的美国机构少很多。美国公民可以查阅许多的政府案卷而政府几乎不能查阅公民的案卷，任何一位欧洲人都会对此感到惊讶。在欧洲，情况通常相反（产生这些差异的原因将在第十三章和第十六章探讨）。

情景目标的形成，有两个主要的且某种程度上不同的动机。第一种是确保公平程序（如"事先通知""举行听证会""鼓励介入""考虑证明材料""公开档案"和"允许被捕嫌犯与律师交谈")。第二种是关照某些群体利益(如"购买美国产品""照顾妇女经营的小本生意")。第一种动机会被描绘为试图建造一个平衡的赛场,第二种动机会被描绘为试图使赛场有所倾斜。

制约因素和情景目标的作用

大量情景目标和政治制约因素的存在已对公共机构的管理产生了多种影响。第一,由于受到强烈刺激因素的驱使,管理人员担心制约因素胜过组织任务,也就是说,担心过程胜于结果。结果往往难以预测、延缓发生并且富有争议,而过程则是广为人知、同步发生并且由法律或规章明确规定。同时,对管理人员是否达到目标进行问责很困难,但对他们是否遵守规章制度进行问责则很容易。即便一个部门的首要目标清楚明了,实现过程清晰可见,管理人员也不会仅仅满足于以最少的投入来实现该部门的首要目标;他们还必须考虑完成该部门的情景目标,因为这些情景目标由权威势力或能够接近重要权力中心——法院和国会委员会——的个人和团体守护。陆军工程兵团能精确地描述应该如何建造一座堤坝,并证明这座堤坝确实是按照所描述的方法建造的,但如果没有广泛征求公众意见又没能密切关注情景问题,事情就糟糕了。[29]

第二,制约因素的大量增加强化了潜在介入者在该机构中的权力。每一种制约因素或每一个情景目标都是这个部门外部支持者所提要求的书面确认。因此,这个机构没有明显的疆界,具有庞杂的"成员"——所有那些与维持一种或多种制约因素有关的人。在美国,法院虽拥有极大的权力,但公众也很容易接近它们，所以制约因素的增多加强了法院对行政程序的控制权。假如一个机构受到一条程序规定（如召开听证会的义务）的约束，在这一规定的影响之下，人们就可以通过起诉来强制实施这条程序规定。这些规定已经授予人们有关权利，法院就是确保这些权利的实现。如果某一方的利益（比如要求防止大气污染的势力）获得了特殊的法定地位，那么该方就可以通过向法院起诉的方式来实现自身特殊的法定地位。1963～1983 年，美国上诉法院审理因联邦行政机构的规定引起的上诉案的数量几乎增加了两倍。[30]

第三，在许多政府机构的管理中，公平重于效率。基于前两点，我们可得出这样的结论：如果管理人员必须遵循规定的程序，如果法院也保证这些程序的实施，那么人们就会说那些程序的规定是为公平或合理地对待机构人员或客户的基本条件，这样的规定也就被人们捍卫了。公平问题似乎总比效率问题容易判断：我们无法轻易地说学生们是否受到了教育、街上是否安全或者某些疾病得到预防，但我们可以很容易说学生们是否拿到了同样的教科书、警察是否得同等对待每位公民以及每位病人是否接种了同样的疫苗。

收容少年犯的政府机构和私营机构存在不同，我们也可从中看到让公平问题左右行政决定的一些后果。戴维·斯特里特（David Street）、罗伯特·温特（Robert Vinter）和查尔斯·佩罗（Charles Perrow）从两种类型的收容所中各挑出了三家进行研究，并发现政府收容所管理犯人比私营收容所遇到的麻烦多得多。原因在于政府收容所必须接收法院委托收容的犯人，而私营收容所则可以自由选择接收犯人的类型。（它们运用这种权利拒绝接收"难以对付的"人：有的拒收性犯罪者，有的则拒收暴力型罪犯。）因接收的犯人不同所产生的影响体现在收容所管理的方方面面。假设管教的是人员构成复杂并且有危险性的犯人，政府收容所会强调监禁和纪律，并把处理权交给负责管理的工作人员。假设管教的是人员构成单一并且较听话的犯人，私营收容所会强调教化和改造，并把处理权交给负责矫正的工作人员。[31]（这项调查没有提及或强调改造是否真正起了作用；根据对其他项目的调查判断，这不大可能。）

第四，如同限制资源使用的因素的存在，情景目标的存在也往往会使管理人员更不愿意冒险。警察局的官员丢了工作或得到晋级很少是因为犯罪率上升或犯罪率下降；但是，如果有人确凿地证明警察局人员曾辱骂公民、殴打罪犯或没有接报警电话，那么他们多半会丢了饭碗。[32]学校管理人员失去工作或获得晋升也很少是因为学生的阅读课分数下降或上升；但如果学生受了体罚，选了有争议的教材，或家长受到了无礼对待，那么他们就会失去工作，前途受到影响，等等。在这样的情况下，警察局局长花费大量时间竭力确保手下警察照章办事，以及学校校长花费大量时间培养与家长之间的友好关系，就不足为怪了。

第五，每一个机构都制定了一些标准作业程序（SOPs），这就减少了违背重要情景目标或制约因素的概率。所有规模庞大的官僚机构都有一些标准作业程序；政府官僚机构的标准作业程序更多，因为除了由规模和复杂性引发的管理问题外，它们还必须应对在外部支持者中形成的政治制约因素。在后面几章中我们将看到，规章增加到一定程度，如果每一个行为都必须符合所有规定的话，那么就很可能什么事也干不了。尽管如此，规章还继续存在着，一方面是对支持者利益的书面保证，另一方面也是惩处那些令其失望的工作人员的工具。

133

　　第六，如果承担的任务相同，政府机构会比私营机构拥有更多的管理人员，要求更多的管理人员去监督并确保更多的制约因素得以实施。马克·A. 埃默特（Mark A. Emmert）和迈克尔·M. 克劳（Michael M. Crow）比较了 41 家政府的与 46 家私营的"研发"实验室。政府实验室和私营实验室的规模和建立时间差不多，但相比私营实验室，政府实验室中管理人员与工作人员的比例要高得多（几乎达两倍）。[33]在很大程度上，政府机构比商业机构更"官僚化"，因为我们——人民和我们的政治代理人——坚持要求它们这样做。

　　最后，如果必须实现的情景目标和应付的制约因素越多，机构的自由行动权就会更多地集中到最高领导层。在大部分组织中，一线的工作人员比上级管理人员更能对工作中出现的问题做出判断。即使上级管理人员对具体问题有所了解，也只是通过简要且延迟到来的报告才略知一二。当要完成只有一个并且明确的目标时，让一线的工作人员掌握自由权就容易得多。目标越多、越复杂，让工作人员拥有权威产生的风险也就越大。因为尽管政府机构常常承认权力下放的原则，但它们更多奉行的是中央集权的原则。如果管理人员会因一位工作人员的所作所为受到责备，那么他就会设法为后者做出决定。邮政总局的历史就证明了这一点：当初归口邮政部管理时，权力高度集中；等到半自治性的美国邮政总局接手管理之后，制约因素的减少使它朝着分权管理的方向发展。[34]可是，有一些政府机构在执行任务时，其管理权无法集中——如警察局或公立学校。在这样的官僚机构里，工作人员行使决定权的必要性与一旦出错管理人员将会受到责备的必然性之间就存在矛盾，这是工作人员和管理人员互相猜疑的一个主要原因。

公共管理与私营管理

已故的华莱士·塞尔（Wallace Sayre）教授曾说，公共管理与私营管理在一切无关重要的方面都是相似的。[35]这种观点已受到很多人强烈的质疑，他们认为困扰政府部门的任何问题也同样令私营组织头疼。约翰·肯尼思·加尔布雷思（John Kenneth Galbraith）在他的著作《新工业国》里把这种观点做了最清晰的阐述。加尔布雷思认为，和公共机构一样，私营大公司也由"技术专家"主导，这些"技术专家"则受其官僚逻辑而非市场引导的驱使。这些公司可以控制需求（通过出色的广告）和设定价格（通过垄断一个行业），从而摆脱市场对自身的影响。这些公司的技术人员的报酬是薪水，而非利润；这些技术人员的目标是确认和维护其管理自治权。这样，公司变成了一个自主的权力中心，而不再是一家受市场驱使的企业了。[36]这样看来，公司不是一个参与竞争的资本机构，似乎更像一个政府机构了。

加尔布雷思教授的书于1976年出版，那时美国企业正经历前所未有的辉煌。书中华丽的辞藻似乎展现了一种永恒的真理。但是，随着时间的推移，这些有说服力的措辞变成了一纸空文。十年之中，通用汽车公司便面临着令人痛心的现实，就像加尔布雷思所说的那样："该公司因确信消费者相信没有任何个人买家能通过拒买方式迫使其进行变革，所以不需要为汽车定价……"[37]但来自丰田、尼桑和本田的竞争赋予了个人买主极大的权力；再加上经济衰退，通用汽车公司不得不像其他所有的汽车制造厂家一样，开始采用部分退款优惠、低息贷款以及降低售价等手段。尽管美国公司做的广告仍"具有诱惑力"，但原来在市场上的地位已经消失殆尽。尽管这些公司仍"垄断"着这个行业，但它们只能眼看着利润所剩无几。

加尔布雷思所做的分析不仅未能预测到未来，而且还有更为严重的缺陷。它使许多读者得出了错误的结论：认为"所有的官僚机构都差不多"，都雇用带薪职员，深受各种繁文缛节和官样文章的束缚，竭力确保其自治权。大公司的官僚化程度当然比小企业更重一些，但在变成官僚机构的过程中，大公司还未成为政府机构的近亲。区分公共与私营组织的标准，不在于其规模，也不在于"设计"（即控制）所处环境的愿望，而在于获得并使用资金和劳动力所必须遵守的规定。通用汽车公司通过卖股票、发行债券和留存利润获取资本，而国防部则通过国会年度拨款获取资金。在遵守政府某些规定的情况下，通用汽车公司可自行决定开办和关闭工厂，而国防部则需在国会的密切监督下建立和关闭军事基地。通用汽车公司可自定管理人员的薪水标准，根据公司利润发放奖金，而国防部支付管理人员薪水的标准则由国会确定，奖金（如果有的话）与其任务的完成情况毫无关系。通用汽车公司工人的数量由其生产水平决定，而国防部工作人员的数量则根据法律和文官条例确定。[1]

如果回头看看机动车辆注册处和麦当劳快餐店情况的对比，上面这一切意味着什么就一目了然了。假设你刚刚被任命为沃

---

[1] 很多人批评加尔布雷思没有拿出具有说服力的证据证明大公司通过控制需求和价格摆脱了市场。在加尔布雷思著作的修订本中，他对他的批评者做出了回应。他认为："坚持我的论点——以亲眼所见为依据。"（第 15 页）这个所谓的"证据"主要指的是公司斥巨资做广告这一事实。他没有去仔细求证公司用这笔钱做了什么。20 世纪 70 年代后期，美国汽车制造厂商销售量减少，利润下降。如果它们的广告预算费用翻倍，它们换回的将是失去市场，并且破产。

特敦注册处的负责人，你想达到麦当劳快餐店的服务水平，想改进服务质量，更好的服务可能意味着更多的花费（用于雇用办事员、购买设备和修建大楼）。那么，你的政治领袖们凭什么要给你那笔钱呢？如果这要求提高税金或由另一机构提供的话，那么其就意味着以一笔很大的开销为代价；况且拿出这些费用后，何时能够拿到利润做补偿也没有把握。如果排队的队伍短了，顾客们就会高兴，但立法人员则一无所获；人们的怨言可能会减少，但怨言只是偶发，不会对任何一位立法人员产生任何影响。恰恰相反，麦当劳快餐店不长的排队和快速的服务意味着每小时能服务更多顾客，因此每小时能赚到更多利润。麦当劳快餐店的经理可以估算出他用于改进服务质量的每一美元为其带来的边际利润；而机动车辆注册处的负责人无论花多少钱都不会产生任何有形的利润，因此，他们难以证明这笔支出的必要性。

如果机动车辆注册处要改进服务质量的话，可以采用手脚麻利、正能量十足的人，淘汰动作慢且脾气大的工作人员。可是作为政府机构管理者，你既不能随意雇用也不能随意解雇工作人员。你不能羡慕麦当劳快餐店的经理，因为他们为了雇用称职的工作人员，常常不预先通知就解雇不称职的工作人员。或者，你可能希望设立大量的培训项目（或许创办一所能与麦当劳"汉堡包大学"媲美的注册事务大学），向工作人员传递服务业的文化。但是，除非注册处规模大到立法机关不注意也不在意为此目标的花费——实际上它并没有那么大的规模——否则让别人相信这笔开支并不是浪费就十分困难。

假如你的目标是为了让注册处的顾客高兴，那么你就会从中获得乐趣；一位顾客找到你，并感谢你所做的一切，这时你

136

可以陶醉于这值得自豪的瞬间，但很少有顾客会对你致以谢意。而麦当劳快餐店的管理者如果改进了服务，他们不但可从中获得乐趣，还会因为销售额的增加而赚得更多利润。

总有一天，你会渐渐明白，如果你使沃特敦机动车辆注册处的服务质量有了很大改进，顾客们会开始到沃特敦注册处而不去波士顿注册处。结果，你成功缩短了的队伍会再度变长。如果你希望减少客户的怨言，就不得不在沃特敦注册处投入更多资金。在过去，很难说服立法机关这么做，而到现在，则根本不可能说服立法机关。波士顿注册处工作人员充足（来的顾客不多，也没有人被解雇，这很自然），根本就不用排队，为什么要让纳税人在沃特敦花更多的钱呢？从立法机关的角度来看，恰当的开支水准并不意味着一个注册处比另一个注册处的工作更出色，而是在所有注册处，顾客的不满意程度大致相当。

最后，要记住，你的顾客别无选择：机动车辆注册处提供的服务是一种垄断，因为只有在这里才能办理汽车驾驶执照。归根到底，立法机关不会太关注对服务的"太多"抱怨。麦当劳快餐店会担心顾客们将其生意转给汉堡王快餐店或温迪快餐店，但注册处大可不必有这种担心。或许你应该做的仅仅是让自己放宽心点。

如果公共管理部门的情况都是这样的话，就会使做实际工作的人员很快且不可避免地产生玩世不恭的倾向。但实际情况并非完全如此。一则政府机构面临的问题各有不同，再则许多政府管理人员尽管面临这些难以应付的制约因素，但他们还是会竭尽全力做好工作。在下一章里，我们将更详细地讨论管理人员的行为。

第八章　人员

1977 年的一天，在美国圣迭戈海军海洋系统中心，一位人事专家拜访了一位从事鱼雷设计的电子工程师。人事专家问："我是来给你的工作定级的，你做什么工作？"这位工程师对这次造访感到有些厌烦，便咕哝着说："我是搞发明的。"这位人事专家记录了这一情况，便回到了办公室。她从架子上取下《电子工程师岗位分级标准——GS - 855 系列》。这本书是美国文官委员会于 1971 年出版的，书中描述了各种不同等级的工程师应该具备的技能。当时，这位工程师已到 GS - 15 级（美国文官制度把所有工作人员分成 18 个级别，从最低级的 GS - 1 到最高级的 GS - 18）。① 她断定"搞发明"不在一位 GS - 15 级工程师的工作范围内，而可能是 GS - 13 级工程师工作的一部分。于是，她建议这位工程师的上司降低这份工作的等级。

这位上司勃然大怒。人事专家经了解才知道这位工程师是在鱼雷制导装置中逻辑系统设计方面世界领先的专家，如果没有他，海军海洋系统中心的鱼雷研制计划就会受到巨大影响。如果将其从事的工作降低等级，他很可能会退出这项计划。

海军海洋系统中心和其他一些单位中政府人事官员和政府管理人员之间发生过很多冲突，上述工程师事件只是众多冲突——某管理人员称此为"极端仇视"——的插曲之一。部门

---

① GS 是"General Schedule"的缩写。

管理人员认为，人事专家愚昧无知、爱管闲事，认为他们连工程师和电梯工也分不清楚。而人事专家则认为，部门管理人员只能纸上谈兵，不负责任，不明白要确保公平、合理且无政治偏见地对待每一位政府工作人员，就必须把各种工作分成不同的等级。用另一位官员的话说，管理海军海洋系统中心就是部门管理人员和职位分类人员之间"掰手腕"的比赛。

而在中国湖海军武器中心，事态则要严重得多。海军海洋系统中心能雇到称职的工程师，因为有很多人愿意在圣迭戈市生活和工作。可是，中国湖位于加利福尼亚沙漠的中央，与海滨相隔很远，离任何一个算得上城市的地方也有数英里之遥。同时，政府那固定工资制很难提供诱人的薪水或奖励工作出色的人员。当一位初级工程师的技术在工作中学得差不多时，就会离开这里到市郊，那里工作比较滋润，生活较好，薪水也比较丰厚。中国湖中心的一位官员痛惜地说："我们这儿不是海军武器中心，俨然成了海军宇宙空间工程培训基地。"[1] 如果说把一名工作人员从一个岗位调往另一个岗位需要一大堆文案工作，那么降低一名工作人员的级别则被认为是几乎不可能的事情。

人事专家不愿意作为所有这些招致敌对行动的靶子，他们的工作应该是去帮助招聘和挽留出色的工作人员；而实际上，他们所做的就是完成大量的书面工作——描述工作要求和定级标准，而且文字工作一旦成行，就将存档，遭人遗忘。对海军海洋系统中心鱼雷工程师的岗位定级要求，就算进行单倍行距的打印也需五六页纸。一位人事专家回忆说："我在中国湖从事的第一次分级工作是为一位 GS-13 级数学家定级，花了 9 个月时间才最后定下来，简直让人无法忍受！"[2]

当政府决定减少其工作人员（即"精简队伍"）时，一些规定的荒唐可笑也就毋庸置疑了。在两家海军研究实验室合并成一家新的"海军海洋系统中心"八个月之后，颁布的精简令意味着要解聘 150 名工作人员。（当时）文官委员会实施的精简规定，解雇人员主要根据资历深浅而非功绩大小。也就是说，如果一个人要被"精简"掉，那么他（如果有资格的话）就会转而解雇一个资历较浅的人，而那个人又会解雇另一个资历更浅的人，依此类推，专业特长因素根本不在考虑的范围内。理论上讲，一位工程师会解雇指挥官的秘书，而后者则会解雇管道工。

面对所有这些制约因素，部门管理人员都会想方设法避开这个体制。他们不是把工作人员从一个职位调往另一职位——这一程序需要花许多时间走书面手续，而是把工作人员"借调"（技术术语叫"选派"）到新的岗位上去；不是解雇不称职的工作人员，而是把他们派到不受欢迎的岗位上去，希望他们会主动辞掉工作。即使他们不辞职，起码他们已不再碍手碍脚了。如果一位管理人员想提升一位工程师，但发现更高一级的职位只能给予一位有领导职责的人，那么一个小规模的新单位——比如说，由三个人组成的新课题小组——就会应运而生，以便那位被提升的工程师能够"带领"它。

人事制度

上文对海军海洋系统中心和中国湖中心的描述使用的都是过去时态，因为这两个单位的情形已发生变化。不过，大部分联邦人事制度及许多仿效联邦规定的州人事制度并未发生多大变化。《彭德尔顿法》通过后的人事制度有三个目标：根据功绩大小而非政治关系聘用政府职员；有效管理这些工作人员；

平等对待同一级别的工作人员。

基本概念：何为"功绩制"？

功绩制（merit）建立在公开考试的基础之上。长期以来，这种考试常常用来测验综合能力、知识水平以及从事某种工作所需要的技能。例如，速记员和文档员等文书职位的招聘至今仍沿用这种考试方法。申请工作的人参加文字录入测试，并展示他们按字母顺序编排文档材料的能力。不过，考试之外的其他方法也可以用来考核候选人，如对其受教育程度、培训情况及阅历进行评估。对科学、技术和工程方面的工作人员的"考核"主要是评估大学学历和工作履历。

考核过程中碰到的主要问题是如何考核那些申请管理职位的人员。对文书职位候选人可以采取模拟操作的方法测试其实际工作能力，与办公室文书职位候选人不同的是，对管理人员却无法采取有效的模拟操作方法来判断其实际工作能力。而且，考试的目的是寻找有能力成长为管理人员的人，而不是发现那些已经是管理人员的人。管理技能未必能在大学里就学到手（如果能学到手该有多好！），这与科学、工程相关工作不同。从1939年开始，文官委员会就设计了一系列的考题，用以测试候选成为政府机构 GS – 5 或 GS – 7 级管理人员的综合能力，其目的是要找到一种简单且经济的途径来衡量他们未来应对各种不同工作的能力。1974年，这种努力终以"专业和管理职位考试"的形式获得成功，这种考试被用来评估100多种联邦工作职位（多属管理类）的候选人。这一考试办法是由24名从事研究的心理学家花了35年时间才研制出来的。

140   该考试的选拔过程是这样的：参加专业和管理职位考试的人员必须是四年制大学毕业生或具有三年工作经验（事实上，

几乎每个人都是大学毕业生）。40 分是允许的最低分数；而要成为联邦某一职位的候选人则必须要达到 70 分以上（如果你大学期间成绩优异，还可以有一个公式给你加分，保证你的最后得分起码不会低于 70 分）。通过考试后，成绩中还可以加上退伍军人优先分（每个退伍军人增加 5 分，在服役期间致残的退伍军人加 10 分）。① 人事管理局（前身是之前的文官委员会）列出所有通过考试的候选人的名单，按名次排序。所有伤残退伍军人自动排在名单的前面，其他退伍军人则与非军人一起排序，如果分数相同则退伍军人排列在前。如果联邦机构打算按这个名单雇用人员，必须从名单上的前三名中挑选。不过，并不是所有联邦机构都必须采用专业和管理职位考试的形式选拔人才，它们还可以通过内部提拔（如提拔一位秘书）的方法来填补管理或专业职位空缺。

专业和管理职位考试是一种综合智力测试。作为一种考试，它同其他类似的考试拥有许多相同之处，如"武装部队资格考试"（AFQT）、美国就业署（U. S. Employment Service）采用的"综合水平测试"（GATB）以及"学术水平测验考试"（SAT）。这些考试在准确地预测工作表现方面是有效的（就如同学校里学术水平测试考试那样）。没有一种考试是完全有效的；这也就是说，没有任何考试能够精确无误地预测未来的工作表现。关键问题是，与其他预测手段（如面试、证明材料的核查以及阅历的审核）相比，一次性考试的预测准确吗？

长期以来，工业心理学家们认为，大量岗位的工作情况都不能由一次性考试来预测，因此审核候选人应该主要通过为某

---

① 阵亡或残疾军人的母亲和配偶也有资格另外加 10 分。GS – 9 级或高于此级别的科学和专业职位则不采用退伍军人优先制。

一种岗位设计的专门考试以及面试和阅历的情况而定。最近进行的调查表明，这种观点是错误的。已经开展了成千上万次对各种工作所做的调查，综合的结果显示：在预测工作表现（按照管理人员对工作表现的评定等标准来衡量）方面，学者们已经能够证明各种综合智力考试优于任何一种单项工作考试。[3]这些研究还表明，任何一种能力测试都比诸如面试这样的评估方法更为有效。

采用专业和管理职位考试的前五年，100 万人中有近 3/4 的人参加了这种考试，通过考试的人中有 35000 多人受聘。后来，一位联邦法官下令停止使用这种选拔程序。1979 年 1 月，非洲裔和西班牙裔美国人的律师代表宣称，专业和管理职位考试歧视少数族裔，违背了 1964 年《民权法》的第七款。一项调查对 1978 年参加专业和管理职位考试的人员进行抽样，结果表明（在未加上退伍军人优先分的情况下）42% 的白人分数高达 70 分或 70 分以上，只有 5% 的非洲裔美国人和大约 13% 的说西班牙语的美国人得了 70 分或 70 分以上。[4]

这起诉讼案从未受到审理。联邦政府和诉讼律师进行了长达两年的谈判。就在 1981 年 1 月 9 日，里根政府就任前十一天，卡特政府提出了一项法律提案，要求三年之内废除专业和管理职位考试。人事管理局同意用不同的选拔步骤来取代专业和管理职位考试，这些步骤将会"尽可能地消除对非洲裔美国人和说西班牙语的美国人带来的不利影响"并且会"合理、公平地考核本应参加专业和管理职位考试的求职人的相应能力"。[5]乔伊斯·格林（Joyce Green）法官批准了这项法律提案。

考试被废除之后，各机构通过三种途径招聘初级管理人员。首先，为某些专业岗位设计专项工作试题。但设计出一套合理的试卷需要大量的时间和精力，因此只有部分专业岗位（到1988年有16个）有相应考卷。需要花数十年的时间为其他上百种管理职位设计试卷。第二，允许政府机构不经考试直接任命专业人员。这多少有些讽刺。为了增加少数族裔就业机会，法院通过一项规定（专业和管理职位考试），即不允许政府机构领导人根据个人爱好、偏见雇用人员，而采取"B类任命"程序。这给机构领导人按照自己的标准（或根本没有任何标准）选人提供了机会。而在对全国财政工作人员联盟提出的一项诉讼案的审理中，一个联邦法庭则宣布B类任命程序不合法。第三，各机构通过内部提拔的方法填补管理或专业职位的空缺。

　　人事管理局公开否认废除专业和管理职位考试造成的严重问题。但私下里，一些高级官员说废除考试导致初级管理人员素质下降。一位机构领导人把这种素质下降形容为"恶性循环"，但有些机构领导人则不同意这种说法。事实上，就连人事管理局也无法断定联邦工作人员的素质是提高了还是变低了，或是没变化。虽然该制度的创立是为了帮助政府基于成绩来招聘新员工，但没有收集任何数据也没有做任何调查来证明所招聘人员的业绩是如何变化的。[6]不过，提及这件事的人事管理局官员和大部分从事研究的心理学家认为，由于专业和管理职位考试是一种已被证明可以预测工作能力的手段，它的废除也就意味着联邦政府无法确保如下事宜：有才能的候选人优先于能力稍逊的人受雇于政府。1986年，对21000名联邦工作人员的调查表明，在政府官员中，认为新的求职人员的素质有所下降的人数，要远远多于认为素质提高了的人数。[7]

　　与此相反，废除专业和管理职位考试之后，机构领导人则对他们享有的那种新的自由感到非常满意。许多人认为，B类程序允许他们无须经过烦琐的程序快速聘用人员，并且可以更大胆地选用需要的人才。由于这种权力的下放，非洲裔和西班牙裔美国人被雇用的比例开始上升。[8]

寻找一种新的选拔程序开始了。据 1988 年 6 月的公告，这种探索有如下几个组成部分。首先，对每类相似的职位，采用书面考试的办法。为 100 多种专业岗位逐一设计一套试题所需费用太高，尽管这样，还是可以为一些密切相关的岗位设计出一套试题。第二，通过"个人考绩档案"来评价每位候选人的素质，即通过问答题的形式，衡量每位候选人利用所获机会取得的成绩，对其工作习惯、工作经历、实际成绩和业余活动做出评价。第三，机构领导人可以自由聘用优秀学生。政府机构可以不经考试直接雇用所有平均学分值达到要求（直到 1989 年为止，人事管理局尚未决定应为 3.0 分还是 3.25 分）的大学毕业生。人事管理局进行的调查表明，"个人考绩档案"和大学平均成绩能相当准确地预测一个人的工作能力。[9]

人员的管理：定级、评估和工资制度

选择在政府机构中工作，就意味着必须顺着人事管理局手册中规定了的多达 18 个工资等级（GS - 1 至 GS - 18）的职位往上爬。负责招聘并管理工作人员的管理人员通常不解释关于岗位工资的规定，而是由受过人事管理局手册使用培训的人事官员负责。描述打字员或档案管理员岗位并为之分级并不会碰到多大的困难，而一旦涉及诸如前述两个海军实验室的情况所反映的那种从事复杂工作的人员，各种各样的问题就会接踵而至。

要想体会到人事工作的奥秘，必须阅读实际岗位分级标准。起薪（1989 年）为 33169 美元的 GS - 11 级电子工程师具备

"运用多种工程概念和程序的广泛知识";起薪为 37294 美元的 GS－12 级电子工程师能够"把深奥的、多种多样的知识运用于非同寻常的或高难度的工作";起薪为 41121 美元的 GS－13 级电子工程师"是其专业领域中知识极为渊博的专家",且"善于革新并具有独创性"。[10]就连才华横溢的《圣经》研究者也无法解释清楚"多种的……广泛的"知识与"深奥的、多种多样的"知识之间的区别,或阐明一位 GS－13 级工程师"善于革新并具有独创性"比 GS－12 级工程师从事"非同寻常的"工作多值 3827 美元的原因。

同一级别(如 GS－12 级)的工作人员则按不同"档"增加工资。理论上讲,增加工资需要得到工作良好的评语,但实际上几乎每个人都能获得令人满意的评语,因此,每上升一档只不过是耗一段时间而已。如果某人在一个级别上时间很久,并已升至该级别工资的最高档,那么要再增加工资就必须晋升到更高一级(当然,整个工资档次调整除外)。但是,升档需要人事管理局批准,这又回到了岗位分级标准模糊(但冗长)的话题上了。

如果一位管理人员想对一个工作人员进行调岗,那么这个管理人员首先必须弄清那份新工作与这位工作人员现有工作的等级是否相同(譬如说 GS－12 级),否则,若要晋升到 GS－13 级,这位管理人员就必须得向人事管理局证明这是应该的。而要这么做,这位管理人员就必须在岗位分级标准中找到能说明晋升合理的理由。这也就是说,管理人员得花大量时间逐一记住每一个抽象的词语,花大量精力和时间用华丽的辞藻来撰写推荐书,并与岗位定级人员辩论。

1978 年,国会通过了《文官制度改革法》。在某种程度上,这部法律旨在推行（在一个级别上）按功绩付酬，而非按资历付酬，同时增加高级文官岗位调动的灵活性。《文官制度改革法》设立了一种新的政府工作人员档位——"高级行政官员"，这些职位由文官最高 3 个级别（GS－16、GS－17 和 GS－18）以及其他对等岗位上的职业和非职业文官任职。高级行政官员每年按其工作表现可获得相当于薪水 20% 的奖金（一个机构支付的全部奖金不得超过其发放给高级行政官员工资额的 3%）。另外，总统授予的"优秀"和"杰出"行政官员每年可得到 1万美元或 2 万美元的奖金。最后，《文官制度改革法》规定，中级管理人员（GS－13、GS－14 和 GS－15）实行功绩工资制。1978 年以前，这些级别的工资差异体现的只是工龄，任何其他方面的因素几乎都不予考虑。现在，一位官员年薪增加数额则反映其工作表现。

几乎没有事实表明奖金或功绩工资制已对政府机构的行为产生大的影响。首先，奖金主要基于个人的表现而非机构的表现。[11]一位高级行政官员可能出色地完成了自身的任务，但这个机构的工作可能很糟糕。与此形成鲜明对照的是，许多公司把个人奖金同组织成就联系起来，这样的话，酬金支付不仅要看个人努力，也取决于公司的利润。而且，高级行政官员认为，就连个人表现的标准也不公平，或者说毫无意义。1982 年对凯斯西部保留地大学的韦瑟黑德管理学校所做的调查表明，在接受调查的政府机构中，大部分高级行政官员对奖金持漠不关心或无所谓的态度，他们认为奖金要么随机发放，要么是受青睐的领导人员的报酬。部分原因可能是，机构领导人常常是给许多人发放小额奖金，而不是给少数人大额奖金。机构领导人这样做是想减少不满情绪，同时也缘于他们难以对工作人员的表现做出评价。[12]与此类似的是，1982 年在密歇根大学社会研究学院进行的调查发现，大部分中级官员怀疑功绩工资制的益处。由于投入的钱很少，普通工作人员和出色的工作人员之间的工资差额也很小。同高级行政官员的奖金一样，按其功绩，大部分官员有资格加薪，但数额很小。[13]

虽然工作人员和官员双方有时在原则上赞同功绩工资制，但实际上往往不喜欢这种制度，这无疑增加了将工资与表现挂钩的难度。尽管海军海洋系统中心的工作人员已逐渐接受了功绩工资制，但相比根据管理人员的评价提拔人员的做法，其他许多政府工作人员更喜欢按资历取酬和按"客观的"考绩升迁。学校教师一般都反对功绩工资制；警察大部分要按书面考核及资历的方式，而不是按局长和分局长的看法获得晋升。无论在哪里，你都会发现有政府工作人员利用他们这种（通常是很大的）影响力来削弱管理人员对工资方案的干预。你可能会猜想，在私营公司中人们也会这么做（在按工会合同研究工资的范围内，他们确实会这么做），但公司并不是立法机关，工作人员无法施加影响。而且，公司常常能够证明，事实上某些工资方案（如奖金制度）确实达到了节约成本或增加销售量的目的。

许多管理人员同样不喜欢按表现付酬的某些方面。尽管他们愿意以业绩为基础提升下属人员，但以此为基础分配工资则属冒险之举。这就意味着，以后继续共事的许多人要被区别分类，而这种分类本身并不能自圆其说。每当要对下属做出考核评价时，任何填写过工作人员考评表的人都知道，在标有"优秀"或"优良"字样的小方格上画钩的诱惑力有多大（正如每一位教授都知道在推荐毕业生求职时使用这类评语有很大的吸引力一样）。我们当中几乎所有人都想得到别人的喜爱；我们都不会喜欢令人不愉快的场面或是难看的脸色（记住，考评表要同工作人员见面）。讨人喜欢的评语容易给，因为给这样的评价并不花人们任何力气——这种宽宏大量不会给我们的薪水和我们部门的预算带来不利影响。当然，如果这样做或提升素质差的工作人员会害了我们自己……假如我们的组织正在为生意而竞争或我们自己的工资取决于我们部门的效率——那么我们通常会有勇气做出强硬的选择。在政府内，不能把机构作为一个整体进行评价会影响到这个机构的每一个环节，因此，规则取代了实际表现，成了管理人的基础。

免职

与人们的普遍看法完全不同的是，解除一位政府工作人员的职务并不是一件不可能的事情，只不过难度很大而已。

针对自己所在单位对自己采取的不利行为，在富有竞争性的机构中工作的大部分联邦工作人员都有权利提出上诉。这些不利行为包括开除、降职、不给增加级别内的档次工资或在一段时间内停薪留用等。如果申诉的话，申诉人需要向功绩制保护委员会设在当地的办事处提出，该办事处再把案子交派给行政法官办理。行政法官会尽力解决争端；如果未能做到这一点，那位受到侵害的工作人员（申诉人）有权要求召开一次由双方提供证据的听证会，并向宣过誓的证人进行调查。行政法官将在120天之内做出判决。无论是这位工作人员还是其所在机构都可以针对这一判决向功绩制保护委员会（由总统任命的三位官员组成）提出上诉。该委员会可能会决定再举行一次听证会，并做出裁决。之后，上诉人还可以针对委员会的裁决向美国联邦巡回上诉法院提出上诉（如果控告涉及歧视的话，则可向就业机会均等委员会①提出上诉）。

截至 1987 年 9 月 30 日的一个年度中，功绩制保护委员会的行政法官审理了约 6500 件案子，其中拒绝受理的约占 1/3（通常是因为没有裁决权）；在剩余的案子中，被解决的数量约占 1/3（通常是通过上诉人和机构之间的谈判来解决）。在剩下的 2500 件未经正式判决的案子中，上诉人胜诉的案子不到 1/4。许多败诉的人向功绩制保护委员会提出上诉，其中大多数人再次败诉。从统计资料来看，机构将工作人员开除或降职的决定最终大都能够维持。[14]

但是，这种漫长的上诉过程需要耗掉大量的费用和时间，所以机构的行政长官不愿意对任何乐于起诉的工作人员采取不利行为，除非该人有严重的渎职行为或其表现差到不得不采取不利行为的地步。行政法官做出一项判决平均需用 75 天时间，如果还要上诉的话，功绩制保护委员会复审此案还需 149 天时间。目前，还没有数据表明法院做出判决需要多少天时间，不过那很可能不是个小数目。[15]

代价高昂的事件发生的频率不会很高，所以对工作人员采取不利行为的数量也并不多。1987 年试用期满后因渎职、表现欠佳或两者兼而有之被开除的工作人员大约有 2600 人（另有 2500 名工作人员未受惩处便自动辞职了。[16]）谁也不知道具体有多少工作人员受到了功绩制保护委员会的保护，但可能至少有 200 万人，也就是说每 1000 人中只有不到 2 人被开除。

①　如果工作人员因肤色、种族、性别或个人残疾等原因受到歧视的话，可以向就业机会均等委员会（Equal Employment Opportunity Commission）提出上诉，控告机构做出的人事决定。该委员会的审查人员会举行一次听证会，让双方提供证据并听取证词。这位工作人员还可以向法院提出上诉。

改革文官制度

在 1978 年的《文官制度改革法》中，有一项鲜为人知的规定，这条规定授权人事管理局实施"示范工程"以察看人事制度的改革能否提高联邦管理服务的水平。类似的实验进行了不到 10 次，但没有一次能够持续五年以上，每个试点最多影响到 5000 名工作人员。

如果不是海军武器中心和海军海洋系统中心的人事官员拼命争取，这条规定很可能仍不会引起人们的注意。前者不能招聘到足够称职的工程师，后者则在两个独立的实验室改组成海军海洋系统中心后，针对如何重新编写职位说明和分级标准，人事官员与职业官员展开了激烈争斗。

结果便有了"海军示范工程"，海军武器中心地点确定之后，该工程通常被称为"中国湖试验"（China Lake experiment）[17]，目的就是授予职业官员以更大的权力来调动、提升和奖励下属。具体做法是：把实验室所有的工作分为 5 大岗位（专业、技术、专家、行政和办事员），并把 18 个一般行政级别归并为（依不同的岗位系列而定）4 个、5 个或 6 个大的工资级别（或"等级"）。① 两个实验室约有 5000 名工作人员，其中大部分（不是全部）科学、专业和技术人员参与了示范工程。

管理人员在很多方面受益。在海军海洋系统中心，管理人员收到的不再是用好几页纸写成的对每一岗位的详细描述，而

147

---

① 例如，所有 GS－9、GS－10 和 GS－11 的工程师被一起分在第二工资等级，一位工作成绩突出、刚刚升到 GS－9 级的工程师的工资可以在此工资级别中得到提升，他可以在未被调往新的工作岗位、未被授予管理职责或未被晋升到一个新级别的情况下拿到相当于 GS－11 级工程师的工资。

是一页有关某一职业的简要说明。在为某一岗位划分等级时，管理人员只需复印一份简化说明，附在岗位表后面，然后在表中的职位栏目上打钩。当他们招聘新人时，他们可根据市场调节灵活地决定新来人员的工资级别。管理人员不用说明理由，便可将工作人员晋升至一个新的级别或将其调到管理岗位，并可在每一工资级别范围内给表现突出的人员提高工资。管理人员可自行分配拨给他们的专款，款项可用作提高工资以资鼓励，也可用作一次性奖金奖励突出的表现。这笔专款的数目和有关他们使用这笔钱的规定使其无法给每个人增加工资或发放奖金，因此管理人员只好根据工作表现来发放奖金。假如必须精减人员的话（海军海洋系统中心和海军武器中心至今未精简过人员），高级工作人员只能把自己专业系列中的其他人从其岗位上裁掉，而裁员主要看对工作表现的评语，其次才看资历。

这次试验很快就受到了管理人员的欢迎，工作人员也逐渐接受。[18]人事官员和职业官员之间的游击战结束了。前者不再像警察一样告诉管理人员不做什么了，后者也不必在完成任务的时候被迫应付或回避规定了。这两个海军实验室真正地把工资基于功绩之上，即奖励表现出色的人员而不是表现欠佳的人员，这一点与《文官制度改革法》批准的一般功绩工资制不同。

人事管理局做出的评价进一步鼓励了工作人员从事实际工作的热情。人事管理局比较了八年来加利福尼亚州两个实验室的情况与东海岸的两个类似海军实验室的情况，发现中国湖海军武器中心向工程师提供较高的起薪及较快晋升的机会，能够更有效地在竞争中招聘到工程师。示范工程实施的前五年中，西海岸实验室人员补缺率下降了，而东海岸实验室人员补缺率则与以往一样。[19]更重要的是，有可能离职的人员本身发生了变化。无论在试验型实验室还是在控制型实验室中，相比工作水平低的人，工作水平高的人离职的可能性更小，其中试验型实验室比控制型实验室的情况更好。[20]圣迭戈海军实验室（海军海洋系统中心）管理人员一致认为，正是示范工程帮助他们维持或提高了技术人员的素质。

所有这一切都需要花钱。加利福尼亚示范实验室的工资额比东海岸控制型实验室增长得快。[21]但这不足为怪。如果一个组织的目标只是减少其工资的话，就只能雇用低价人才，一旦开始大笔赚钱，该组织就会裁掉资历较深的人员，雇用新人。当然，质量会受到损害。要保证质量，你就得聘用最出色的人员，并且尽量长时间地留住他们，即使工资福利优厚也应如此。加利福尼亚的示范实验室正是这么做的。

抵制变革

既然较为灵活的人事制度受到了管理人员、工作人员以及人事管理局的一致称赞，你也许会以为联邦政府会在全国范围内迅速推行这一制度。

人事管理局向立法机关呈送了一份议案，这份议案允许其他机构采取中国湖－圣迭戈方案的形式，但不做硬性要求。然而，国会没有反应。这样的议案或类似的东西也许能够获得通过，但它首先必须克服一些利益集团的反对。联邦管理人员协会在其2万名中级文官中进行了民意测验，发现70%的人反对在全国范围内推行中国湖－圣迭戈工程模式的功绩工资制。[22]许多联邦工作人员工会也表示反对。总审计局一位研究示范工程的人说："我不敢确定我们的现行制度究竟有什么不好。"[23]

部分阻力也许反映出了单方面的惰性。正如圣迭戈的一位人事官员对我说的那样："那些属于守旧派的专业分级员墨守成规。"这些官员反对下放行政权。对他们而言，联邦人事制度应该集中在中央进行管理，否则就不叫制度了（当然，一种中央集中管理的制度的要求就是发行一本厚达6000页的人事手册）。但是，起作用的远不止惰性和旧习。工作人员工会也对功绩工资制持怀疑态度（如果说不是彻头彻尾地反对的话）。按资历支付工资要安全些，这样做把管理人员的权力减少到最小。一些国会议员担心，行政权力下放会导致同工不同酬，如同类工程师在美国的不同地区会拿到不同数额的工资。当然，他们这种担心是有道理的；地区不同，工资的等级也各不相同。但一位企业经理能够理解的东西，在国会看来却成了一种威胁，因为议员们认为选民受到不公平待遇会转而抱怨他们。最后，里根政府做出决定：任何新的人事制度"费用不变"——花费不超过现行制度。许多人认为，这意味着如果玛丽·史密斯因其出色表现得到了奖金，那么这笔钱很可能来自约翰·琼斯的腰包。这样一种一方得益而引起另一方相应受损的游戏并不英明。

官僚化与专业化

149

任何一种政府人事制度陷入进退两难的窘境都会归因于选择官僚化还是专业化的工作方式。官僚化下的规定详细说明雇用什么类型的人员，如何管理他们，以及让他们从事什么工作等；专业化下的规定详细说明雇用什么样的人员，但工作人员或其直接上司有极大的自主权，去决定这些被聘用的工作人员该做什么工作以及如何管理他们。正如我们在第四章看到的，一种专业就是这样一种工作岗位：在此岗位上，工作人员的行为将受到某一个外在集团的极大影响，这个集团的成员则是那些同行专家，他们指导培训、评估工作情况、制定标准。医生、经济学家和工程师，绝大部分都是专业人员，办事员、调查人员和临时合同工作人员则不属此类。专业人员应该置顾客的幸福或对真理的追求于个人利益之上。社会大量投资于培训专业人员，这在某种程度上是因为顾客——如内科病人——不能对他们接受的程序的质量做出评判。

在政府机构里，专业人员的地位极不正常。一方面，许多专业人员被雇用是因为他们能够将深奥的知识用于自己的工作中——因为他们知道如何处理那些别人不容易学会但必须做的事情，也因为他们会根据专业规范调整自己的行为。另一方面，民主的政府要求承担行政责任。这就是说，在做出重大抉择时，任何人都不能得到完全信任而不受法律和行政制约因素的限制。

这种不正常的问题通常是这样解决的：为了获得专门知识而雇用专业人员，但拒绝给予他们认为自主并灵活运用知识的权力。许多政府工作的完成情况事先无法详细描述，这就致使在任务完成之后仍无法评判完成的质量。我们无法告诉海军海洋系统中心的 GS－15 级工程师如何设计鱼雷制导系统，但起码我们可以判断出设计的系统能否制导鱼雷；我们无法告诉加利福尼亚大学的哲学教授如何上哲学课，而且在其授课之后我们也无法判断这堂课上得是好、是差还是一般。

联邦人事体系中最大的斗争就是争夺自主权——允许当事机构官员做决策并允许专业或准专业人员自己处理工作。如果政府只由办事员组成（曾一度如此），我们就不会停止争论是否应该在全国范围内采用中国湖试验的模式了（虽然管理人员只要拥有较大的权力雇用和解雇办事员，对办事员的管理也会

有所改善）。人事制度创建于 19 世纪，那时我们确实拥有一个 150
由办事员组成的政府。现在的人事制度必须应付一个由工程师、
科学家、律师、医生、经济学家、审计员和教师组成的政府。

　　教师的问题尤其棘手。他们在高等学府接受培训以完成其
至关重要的任务，但这种培训不易于让人们观察或做出准确的
评判。许多评论家怀疑那些教师在高等学府所学的东西是否可
以满足其必须从事的工作的需要，同时也怀疑教师能否根据自
己的判断或者同行的监督来决定他们的工作方式。在许多人看
来，教师充其量不过是一种准专业人员，因此必须将他们当作
官僚机构人员来管理。

　　在美国，钟摆在促使公立学校教学官僚化和专业化两种努
力之间摆来摆去。与此相反，私立学校的教学则一直处于几乎
完全由市场调节的状态：个人所有的私立学校始终能够自由地
雇用所需要的人员，这些学校的委托人（家长）也能够自由地
选择自己喜欢的学校（只要私立学校达到政府制定的某些最低
标准）。

　　19 世纪初，随着公立学校运动的兴起，霍瑞斯·曼
（Horace Mann）以及其他人士试图促进教学专业化。[①] 第一家
"师范"学校或教师培训学校创建于 1839 年。19 世纪末开始的
"进步运动"迫切要求教学成为一种类似法律和医学的职业；
为达到这一目的，它支持各大学创办了教育学院，但教育学从
未获得法学或医学那样的地位。在大学内部，教育学院总是因

---

① 下面的段落中，我大量使用了兰德公司的琳达·达林－哈蒙德（Linda
Darling-Hammond）、巴尼特·贝里（Barnett Berry）、阿瑟·怀斯（Arthur
E. Wise）、米尔布里·麦克劳林（Milbrey W. McLaughlin）、理查德·埃尔
莫尔（Richard F. Elmore）和哈里特·伯恩斯坦（Harriet T. Bernstein）几项
研究的成果，在此表示万分感谢。

为缺少大学文科包含的或其他专业学院具有的课程内容而遭到批评。[24]另外，因为教育学院的毕业生主要受雇于当地政府（而大部分律师和医生则受聘于私营企业），总有一种强大的习惯势力把教师视为官僚机构人员，即那些由中央集权部门指定和控制的人。

全国性危机或精英们热情转移①的结果导致人们不断地想这么做：1957 年苏联人造地球卫星的发射引起了人们对数学、科学和外语培训的极大重视；20 世纪 50 年代末 60 年代初在学校中取消种族隔离，这种危机促使联邦进行了立法，目的是提高招收自身条件较差和少数族裔学生的学校的教学质量；20 世纪 60 年代末大学入学分数下降，激发了公立学校回到"基础知识教学"上去的要求；移民和残疾人数量日益增加，产生了让学校提供使用两种语言和针对"特别需求"的教育的要求；公众因校园内犯罪现象而产生的不安，为确保安全、保护学生权利或二者兼而有之，强制实行了一些新的做法。所有这些压力共有"一种倾向：用外来权威——社会科学方法、大学研究专家、规章要求及法律准则——取代教育工作者的权威和专长"。[25]

因为各州和联邦政府及其在公众中的支持者不信任关于教师专业化的判定，所以教师被官僚化了。但正如理查德·埃尔

---

① 这些精英的热情有时使人们做出使教学官僚化的古怪尝试。1910 年，卡内基促进教学基金会聘用了效率学专家弗雷德里克·W. 泰勒的门徒莫里斯·L. 库克（Morris L. Cooke），请他调查大学的教学情况。他在报告中建议教授们使用标准化教案以提高大学的效率。一位评论家说，库克的报告"读起来就好像其作者曾在肥皂厂里受过教育"。See Samuel Haber, *Efficient and Uplift* (Chicago: University of Chicago Press, 1964), 65–66; Raymond E, Callahan, *Education and the Cult of Efficiency* (Chicago: University of Chicago Press, 1962).

莫尔和米尔布里·麦克劳林特别指出的，这种不信任给人们提出了一个难题："改革的命运最终取决于那些不被信任的人。"[26]官僚化采取了如下这种形式：不仅详细说明谁可以成为教师，而且还规定教师该做些什么。他们必须更频繁地对学生进行考试，按新设置的数学和自然科学课程上课，更详细地汇报活动，并改变授课方式（使用计算机、分组教学、外语教学或其他方式）。琳达·达林－哈蒙德和巴尼特·贝里的研究报告说，1969～1974年，各州的立法机关起码制定了66条法律，要求或鼓励学校采用新的管理、预算、计划、考核和考试程序。到1983年时，38个州已批准把学生能力考试作为毕业的必要条件，所有50个州都为公立学校制定新标准的形式做了一些工作。[27]

20世纪80年代中期，钟摆开始摆向另一个方向。针对全国将缺少出色的教师这样的警告，各州的立法人员感到惊恐不安，开始通过旨在吸引更多的教师及提高在职教师质量的议案。吸引人才的措施包括加薪、提高地位和权威，同时提高资格要求。到1986年年中时，有46个州已在使用或设计了全州教师能力考试，而且教师的薪水自1980年以后已增加了35%以上。26个州已制定政策，要求把达到某一最低考核成绩或考试分数作为参加教师培训项目的先决条件。几十个州已增加了预备教师用于学习专业课程或"学术"课程（尤其是大学文科课程）的学时。[28]一些州甚至考虑要求预备教师在开始教师培训前，先在一家四年制的文科大学拿到一个学士学位。有几个州现在把教师资格证书限定于其精通的一门学科（如数学或物理），而不是授予他们一个涉及面广泛的通用证书。[29]

除4个州以外，所有的州现在都要求进行教师能力考试。

152

其中有一种考试叫作"全国教师考试",目前起码有 20 个州在使用。与专业和管理职位考试一样,在全国教师考试中,少数族裔人士不如白人考得好,这就导致了法院对使用这种考试的异议。另外,教师团体申诉这些考试的项目同兽医或建筑师考试一样,一直是由政府机关或考核组织的非专业人员设计出来的。一些州正考虑建立教师委员会来设计并实施考试。[30]

一旦拿到了证书,这些新教师将按照越来越严格的要求进行见习,见习期间的工作将受到评判。通过了考核之后,他们也不会像以前的教师那样得到一份永久或终身证书;相反,现在有 32 个州要求他们通过进修或在职培训更新证书。[31]除了这些变化之外,一些教育改革的提倡者,如卡内基教育和经济论坛、全国学校董事协会,一直急切要求给予学校校长和教师更多的自主权。[32]这股新的改革浪潮反映出教学应该专业化而非官僚化的信念。这就意味着教师做些什么将更多地由教师自己及第一线主管人——校长来确定。

达林-哈蒙德和贝里巧妙地概括这种变革如下:"第二次浪潮中的改革者们建议更严格地管理教师……以此换取下放教学权。"[33]这种变化产生的原因在于承认了"改革如果仅仅注重具体内容和教学方法,那只能从表面上对实践产生有限的影响"。[34]

然而,与 20 世纪 50 年代一样,现在也没有理由认为钟摆摆到专业化这一端之后就将停止。公立学校的教学一直受到对公众意见敏感的政客们的控制。这就是说,无论利益集团自称代表公众提出什么样的要求——使用双语、新的数学、计算机扫盲、控制犯罪、性教育等,教师的自主权都会受到制约。

公立学校在推行工作表现或功绩工资制时遇到了极大的困难,这表明针对下放权力、实行专业化及授予教师自主权等做法，人们目前的热情具有不稳定性。通过调查 32 个学区对教师的考核方法，阿瑟·E. 怀斯及其同事没有发现很多成功的经验。共同问题是教师的敌视与校长的消极态度。[35]他们发现，有 4 个学区获得过成功并值得研究。在这 4 个学区，教育领导人能力非凡，积极性很高。在教师们的积极配合下，他们设计了一套适合于社区和学校特点的工作成绩考核制度。[36]简而言之，当有才能、富于奉献精神的人在社区的积极支持下发挥作用时，是可能办好公立学校的。了解这种可能性固然好，但期望其在处处都会成为现实就是奢望了。

153

小结

为政府工作的人们总是希望在不受过多制约因素束缚的情况下自由完成自己的任务，但他们却抵制根据其工作表现来考评及奖励他们。最近，越来越多的专业及准专业人员受聘进入政府部门，再加上立法、司法因素对政府工作的制约开始增加，这一问题变得更加尖锐了。任务变得越复杂，工作人员就越想得到更多的自由；随着制约因素的增加，他们对管理人员（负责实施这种制约）或政治制度（促使形成了制约因素）会越来越不信任。

当政府工作人员对自己面临的压力采取守势或敌视态度时，政客及利益集团便把其守势误作胆怯，将其敌视误作造反，因而容易加入攻击他们的行列：嘲笑政府工作人员目光短浅、专门利己且无能无为。而被攻击的对象自然会感到不满，一个主要原因就是这种嘲讽性攻击并不能反映真实情况。[37]

管理人员被夹在工作人员和政客之间，他们面临的挑战和应付的方法将在下一章中探讨。

第九章 遵从

假如公共机构的管理者受到种种束缚，也就谈不上什么管理了。管理者要通过协调工作人员的工作来实现该机构的组织目标。对管理者而言，要做好这一点，组织目标必须明确，工作人员的工作必须有效，管理者的权力必须充足。我相信，读者通过后面的章节会认识到，在公共机构中，上述条件极少能够满足。通常的情况是：组织目标极其含糊，工作人员的行动效果很差，管理者的权力十分有限。

然而，管理者也确实做了点事情。人们打电话叫警察，他们（通常）会来；孩子们去上学，教师们已经备好了课；森林失火，护林人员会采取措施；工人退休后，社会保险汇款单就会开始寄过来；接到作战命令，士兵们就会投入战斗。即使在沃特敦，只要你在机动车辆注册处排上足够长时间的队，你就会领到一张驾驶执照。

如果你认为所有的政府官员都是彻头彻尾的自私者，只顾着谋取最大的私利，那么，上面列举的许多情况就不会发生了。为什么老师不在课堂上让学生玩游戏或消磨时间来逃避工作量呢？大多数学生都不会主动向父母抱怨他们在学校里没有好好学习，光玩了；即使他们真的抱怨，校长们想要辞退一名教师或降他的工资也很困难。士兵们为什么不开小差而要打仗？假如他们真要临阵脱逃，也只有离他们很近的军官才会知道，何况可能这些军官自己也存有逃跑的念头。有人说他的汽车被盗了，如果警察不把这个事情报告给他的上司，他们的上司绝对不会知道是否有汽车被盗，不知道他们是否采取过任何行动去寻找汽车。当然，某些教师确实不讲课，某些警察并不做调查，某些士兵也不打仗，但大多数还是在履行自己的职责。

　　假如工作人员没有为实现其组织目标而努力，他们就是在偷懒。最近，经济学家们已注意到偷懒这一问题并提出了理论，说明这个问题为什么很普遍，并提出了避免这一现象的条件。[1]这些条件被称作委托人－代理人模式，该模式能够解答这样一个问题：一个委托人（如某家公司的老板或某个政府机构的负责人）怎样才能调动和激励其代理人（如一位工人或低一级的负责人），从而使后者按照前者的愿望行事？如果委托人能够直接观察和控制其代理人的行动，偷懒的现象就不会出现；而当观察不到代理人的行动或当代理人能够向委托人隐瞒其工作的某些情况时，偷懒的现象就会发生。假如一个公司的总裁观察不到一个工厂厂长的行为，后者工作就可能不会那么尽力，因此也就不会带来总裁所期望的高利润。发生这种情况的原因可能是以下两者之一或两者兼而有之：其一，申请工厂厂长职位的人可能隐瞒了他不能胜任的事实，但总裁错误地认为他能胜任，并雇用了他；① 其二，厂长可能认为，既然自己的收入并不依赖于工厂利润，他也就没有必要像总裁所期望的那样拼命干。② 无论是哪种情况，努力和利润都没有达到总裁的期望。

　　经济学家解决这个问题的办法是，设计巧妙的聘用合同。比如，保证厂长有一份最低限度的固定工资（否则，他根本不会接受这份工作），外加奖金并根据盈利多少而定。但做到这

---

① 用专门术语来说，这就是"逆向选择"（adverse selection）问题。

② 用专门术语来说，这就是"道德危机"（moral hazard）问题。

155

一点并不像想象的那么简单，因为除了管理者的工作之外，还有许多因素——天气、原材料的成本、技术更新——都会影响利润。那么，究竟多少（如果有的话）利润应归功于管理者的努力呢？要弄清这点很难。（专业的说法是，去估算个人努力的边际效用十分困难。）这就是为什么大多数人的报酬的绝大部分或全部是以工资的形式支付，而不是利润分成。

理论上讲，政府部门的偷懒问题更为严重。许多人的工作在其上司的视野范围之外，而且他们的工作成果事后也无法衡量。假如一位巡警巡逻时没有拘捕任何人，这可能意味着两种情形：一是根本没有发生犯罪事件；二是确实发生了几十起犯罪事件，但这位巡警一件也没有解决。当然，在有些部门，工作人员的工作成果是可以观测并估量的。在邮政部门，管理人员知道工作人员分拣邮件的数量和速度（美国邮政总局使用"收发邮件信息系统"来测定邮递一类邮件所花的时间）。也许的确有办法能将邮件的邮递速度与某个邮电部门的职员或主管的工作联系起来（这是个大胆的设想），但由于政府部门主管受到的约束太多，要想根据职员的工作表现来决定此人的报酬并在此基础上设计出一份聘用合同几乎是不可能的。

在政府机构中，避免偷懒现象有一定困难，这种困难远远超出了标准的委托－代理理论所涉及的范围。首先，也许不仅无法观测而且无法知晓一个机构的工作成果。假如一个机构的目标含糊得毫无意义（如"增进美国的利益"），那么，该机构的领导人通常情况下会不知所措，因此也就不能指望他告诉下属该做些什么，更不用说在事后评估其工作了。其次，政府部门的每个工作人员都如同一位代理人，可能有许多委托人——不仅包括其所在机构的负责人，还包括行政管理和预算局、白官、法院、几个国会委员会等部门的上司。而且，随着选举不断进行，这些上司也被频繁更换。第三，代理人——外交官、医生、工程师、飞行员、警官、教师、反垄断律师、公共卫生官员——都会将其政治倾向、专业标准和以前的经验带入工作中。在其他条件与过去相同的情况下，他们自然希望有更高的薪水。但这些条件很难与过去相同，而且相比工作表现，薪水的增加与资历的关系往往更为密切。我们在第一部分已经看到，政府官员都有自己的倾向性观点，这些观点既涉及应该如何开展工作，也涉及其工作应该获得多少报酬。只要有一位机构负责人抱怨自己的下属干得太少（偷懒），就会有另一位机构负责人抱怨自己的下属干得不对（暗中破坏）。[2]如果目标含糊或相互矛盾、委托人太多、官僚带有政策偏好，经济学家们在寻找解决偷懒问题的办法——哪怕是理论上的办法——方面进展应该是甚微的。令人惊奇的是，政府官员们全都在工作，而不是一有机会就偷懒。

为什么会这样呢？部分原因是，管理人员也在一定程度上控制着下属的物质报酬，即使是在政府部门。要解雇或降职可能有困难，可是分配给下属令人羡慕的工作或苦差事，加快或放慢其晋升的速度并不会太难。[3]还有部分答案可从这一问题本身找到：官员们都有偏好。干工作的欲望便是其中之一。这种欲望可能出于一种责任感，也可能出于一种与同事和上司的期望保持一致的愿望，哪怕这样做并不能立即产生经济收益。

我们（从第三章）回顾一下士兵为何打仗：那并不是因为某个聪明的经济学家已经设计出一种聘用合同，使得他为获得最多的收入而冒生命危险，而是因为他不想让他的战友失望或

157

被他们看成懦夫。在美国南北战争时期，联邦军队和南方邦联军队的纪律都极其涣散：军官经常由士兵选举产生，即使选出来也得不到后者的敬重；命令难以执行，开小差盛行；军事审判和正式处罚难以采用和执行。但是，他们在战斗中毫不畏惧。深受荣誉感的鼓舞并忠诚于各自的集体——这种忠诚又因为许多连队的士兵都来自同一个村镇而得到巩固。[4]介入家庭纠纷现场的警察是冒着风险的：争吵双方可能转而粗暴地对待警察。一旦到了现场，警察们的所作所为，比如制止严重的错误行为，上司也不会知道。一位理智的警察考虑到个人利益往往不会去现场，或者即使到了现场，也尽可能什么都不干。然而，许多警察总是努力安抚双方并劝慰受害者。[①] 他们之所以这样做，是因为人们的期望，现场的局面似乎也要求他们这样做；还有，假如他们不能显示自己能够"控制局面"，同事就会看不起他们。

使命与遵从

人不能仅仅靠面包来生活，这一点大家都知道。可是，在探求解释人类行为的最简洁方法和引导人类行为的最佳途径时，学者们却经常忘记这一点。想象中认为金钱就是全部原动力的经营领域里，大多数生产性企业还是尽最大努力以企业文化为

---

① 尽管有证据表明如果警察只是直接逮捕被指控的施暴者，然后离开现场，家庭双方的情况都会因此好转，但警察还是会这么做。理查德·伯克和劳伦斯·谢尔曼通过一个著名的实验证明：相比于做男人的工作劝说他冷静下来，直接逮捕他们反而会使今后妇女再受侵害的可能性低得多。［See Lawrence W. Sherman and Richard A. Berk, "The Specific Deterrent Effects of Arrest for Domestic Assault," *American Sociology Review* 49（1984）：261 - 72.］在这里，警察的行为既不能带来实质性的好处，也不能得到上司的认可（因为不会增加逮捕记录）。

基础建立使命感，从而来补充这种动力。政府机构领导人对金钱奖励的控制远远赶不上他们的企业界同行，因此就应该使用非物质奖励。非物质奖励有三种：责任和目标感；对个人价值和个人权力认同而产生的地位；作为某个受到其成员或整个社会高度评价的机构（或该机构中的一个小集体）的连带收益。目标、地位和集体意识构成使命感获得的三个因素。

　　但是，一些公共机构的领导人发现，使用这些因素有计划地创造出这种使命感非常困难。移民归化局以其微弱的使命感和低下的士气而闻名。[5]主要原因在于该局的目标含糊而自相矛盾："禁止非法移民，但允许必要的农业工人进入"；"仔细审查试图入境的外国人，但为外国旅游者入境提供便利"；"寻找并驱逐非法外国移民，但不要拆散家庭、虐待、侵犯民权，或使雇主失去廉价工人"。没有哪个机构能做好所有这些事，尤其是因为每项目标的倡导者都有权让报纸和国会对该部门的"错误"进行调查。目标的相互抵触导致经费紧缺；移民归化局工作量的增加大大快于其经费的增加。[6]移民归化局当然是个极端的例子，可它并不是唯一的例子：监狱系统应该既管制囚犯又改造囚犯；国务院既要在外国面前代表本国又要在本国面前代表外国。如果一个机构甚至不能在原则上确定其最主要的任务，那它就无法形成一种使命感。

　　可是，使命感却能在某些公共机构中找到。前面几章已列出一些：陆军工程兵团、联邦调查局、国家航空航天局（在"挑战者号"遇难之前）、海军陆战队以及社会保障总署的许多基层办公室。我们可以看到，就如何服从组织目标的问题，已经在有些部门得到解决。即使在缺少显著使命感的部门，通常情况下大多数工作人员都在为了机构的目标而工作，而没有严重的偷懒问题。在引导人员服从组织目标方面，各机构的方法肯定不一样，其中某些差异可以进行系统阐述。

机构的类型

从管理学的角度来看，机构间的差异主要体现在两个方面：其工作人员的工作能观察到吗？这些工作的结果能观察到吗？第一个因素涉及"付出"——教师、医生、律师、工程师、警察、拨款人员每日之所为。付出由机构所做的工作组成。第二个因素涉及"成果"——上述付出让这个世界产生了怎样的变化（假如有的话）。成果，可以被看成机构工作的结果。警察的"付出"（或工作）就是应答无线电呼叫、巡逻、开具罚单、调查事故、拘捕嫌疑人，其"成果"（或结果）就是本管辖区在安全、治安、秩序和礼节方面的变化（如果有变化的话）。

有时付出的工作可能不容易被观察到，因为工作人员的工作深奥莫测（比如，医生进行诊断或物理学家创立理论），或者因为工作人员的工作在其上司的视野范围之外（比如，警察处理家庭纠纷或护林员巡视森林）。假如工作人员的所为深奥莫测、不可观察，就可能会出现道德危机的问题：工作人员可以偷懒或干别的事。有时工作的产出可能不容易被观察到，一是因为它缺少一种收集关于其行动成果信息的方法（比如，一个阻止自杀的机构可能确实防止了自杀事件的发生，但并没有一种方法来统计可能发生的潜在自杀事件的数量），二是因为工作人员缺少一个被验证有效的手段来获取预期成果（比如，犯罪心理学家不知道如何才能改造好罪犯），三是因为其工作成果受到工作人员的行为和其他不可知因素的综合影响（比如，儿童考试的分数反映了学生的智力、父母的影响、教师的水平等因素的综合效果），四是因为成果需要经过很长一段时间的延迟后才会显现出来（比如，罪犯所受的惩罚可能导致其犯罪行为有所减小，或是大幅度减小，但这可能要在五年之后才知道）。当然，我知道，关于何为成果只是个判定。美国就业署工作的成果是指让失业者获得一份工作，但使用的方法是让任意一个雇主雇用他，还是帮助此人找到一个有意义的长期职位呢？下面我将主要列举那些接近于有关机构目标的最可行的（或者清晰的）定义。

去观察付出和成果可能很困难，但也可能是容易的。如果根据最典型的例子归类，我们可分辨出四种机构：付出和成果都能观察得到的机构；可以观察到付出但观察不到成果的机构；可以观察到成果但观察不到付出的机构；付出和成果二者都观察不到的机构。鉴于某些原因——我希望这些原因会随着我们接下来的探讨而变得非常清晰——我称第一种机构为生产型组织，第二种为程序型组织，第三种为工艺型组织，第四种为解决型组织。[①]

生产型组织

在一个付出（或工作）和成果二者都能观察到的机构中，管理人员有机会设计（在外部约束的限制范围之内）一个遵从目标的体系，并产生良好的效果。国内收入署（Internal Revenue Service，IRS，也叫国家税务局）能够观察其职员和审计人员的活动，并且可以用征收的税款来衡量他们的工作，它

160

---

① 我的分类受到了亨利·明茨伯格（Henry Mintberg）《组织的结构》［*The Structuring of Organizations*（Englewood Cliffs, N. J.：Prentice-Hall, 1979）］一书（特别是该书第四部分）的影响（尽管我没有沿用这本书的分类法）。我的这种分类只是简单地将一些重要的差异分拣出来，它不是什么理论，而且许多部门不适合这种分类。故请谨慎使用。

能够比较精确地计算出通过增加某类接受审计的税务申报书的比例而增加的税款额。美国邮政总局能够观察其信件分拣人员和其他工作人员的行为，并且能够计算出他们接近该机构邮递标准的情况，比如要求在 3 日之内将 95% 的写明邮政编码的一类邮件从波士顿邮至洛杉矶。[7]社会保障总署能够测出（它的确也是这样做的）退休金（老人及生存保险）领取单付给受惠者的速度。在这些例子中，我猜想国内收入署希望每个职员都能收取最高额的税款；邮政总局则希望达到以最少的开支邮递邮件的目标；至于社会保障总署，在资金允许的情况下，希望及时适量地将汇款单发出，越多越好。

能够观察到付出（审计人员、信件分拣人员、领取单发放人员的活动）和能够观察到成果（已收取的税款、已邮递的邮件、已发出的汇款单），这简化了管理，但并不是说管理这些机构很容易。总体而言，关于社会保障总署的老人及生存保险的工作既简单又可测，但法律条文的执行却极为复杂。在开始工作之前，社会保障总署必须给全国每个合法公民一个单独的标志号（社会保障号），为所有这些人建立并保持终生收入档案，以及决定年龄和身份证明的规范。有些人改变了自己姓名的拼写，有些人则没有正式的出生证明，这些（至少在一开始）都是令人头疼的难题。

社会保障总署解决了上述问题。在此过程中，它还向许多基层工作人员灌输了一种强烈的使命感——"职业道德"。为了维持这种道德，该局利用了文官法律中的修正条文——这些条文允许根据高级职员的突出表现给予奖励，并试图以体现奖励优秀的原则来提拔和使用人员。

有助于促成生产导向的管理的条件并不就能保证这样的管

理一定会出现。机动车辆注册处发放驾驶执照是一项付出（职员在工作）和成果（执照到手）都可观察到的活动。一方面，美国邮政总局和国内收入署追求效率的努力与社会保障总署的服务之间有差距；另一方面，机动车辆注册处在效率或服务方面并未做出相同的努力。其中的原因有许多种解释，有些将在后几章中讨论。它们不仅包括马萨诸塞州的政治与华盛顿特区的政治在文化上的差异，还包括以下事实：政界领导人从税收收取和发放退休金中获得的益处要远远大于他们从发放驾驶执照中获得的益处。

　　所有生产型机构的领导人都面临的一个问题是：他们有意或无意中可能将大部分注意力集中到更容易测算的成果上，而忽略了那些不太容易观察或测算的成果。格雷沙姆法则在许多政府部门中发生作用：能够产生可测算成果的工作往往会排挤产生不可测算成果的工作。我们可以看看国内收入署的例子。该机构希望通过审计人员的工作最大限度地获得税款。因此，它在评判审计人员的工作时就会倾向于用这样一种单一标准：每一个审计项目能带来多少钱，他们完成了多少个审计项目。这样做可能导致审计人员对审计工作过分热情，从而激怒那些感觉受到不公平对待的纳税人，或造成审计中小差错不断。

　　福利事务所的接待人员也会面临这样的问题。福利事务所工作的某些方面——处理申请的数量及准确性——是很容易观察到的。因此，福利事务所的负责人就会要求其工作人员多处理申请，少出差错（同时做到这两点可不是件容易的事；处理更多的申请要求职员办事高效，少出差错则要求职员细心谨慎，而既高效又细心的职员总是太少）。而另一种不容易观察到的成果会因此受到忽略——热情接待来客。假如细心而利索的职

161

员短缺，那么细心、利索而又热情的职员就更难寻觅了。即使找到了，一心盯着数量的主管人员也会引导其职员重视速度和精度，而忽视热情与礼貌。[8]

彼得·布劳（Peter Blau）在对一家州就业机构进行调查的过程中发现，如果机构领导人计算接待人员推荐给雇主的求职者人数时，会产生好坏两种结果。评价接待人员的工作要看有多少待业者被介绍了工作，因此接待人员（绝大部分是白人）对黑人求职者的任何歧视倾向都会受到抑制：安排一名黑人就业与安排一名白人就业都会同样算作工作成果。但与此同时，假如职员们发现难以保住自己的饭碗，他们就会将不合格的求职者也推荐给雇主，因为安排一位勉强合格的求职者就业与安排一位合格的求职者就业一样会被算为工作成果，因此没有必要花费太多时间在条件较差的求职者身上。此外，由于职员之间在安排就业方面互相竞争，他们有时会相互隐瞒职位空缺的情况。[9]

生产型机构的工作人员对他们必须应付的管理体制并不是漠不关心。他们有时会捏造评价其工作的数字，也许是出于偷懒（即尽量少干活）的目的，也可能是出于干别的事（即不产生能要被观测的结果）的目的。约翰·蒂尔尼曾举了邮递员和基层管理人员操作用于测量邮件邮递速度的系统（即收发邮件地址信息系统）的例子——在某些城市，迟到的邮件被先从发送处拿出来，然后抽样测算发送这些邮件的时间。[10]

在 J. 埃德加·胡佛担任联邦调查局局长期间，该机构热衷于玩"统计游戏"，其程度没有一个机构能够匹敌。特工人员被期望创造更高纪录的拘捕量、查获量（比如找回一辆被盗汽车）、逃犯抓获量和经费节省量（即公民申请的但美国政府不一定非付不可的资金）。在克拉伦斯·凯利（Clarence Kelley）局长上任而使联邦调查局发生变化之前，每一位特工人员都承受着巨大压力来创造这些"统计数字"。这就导致联邦调查局的特工人员会从地方警察局找来查获被盗汽车的清单用以充当"查获量"，尽管他们在追查被盗汽车过程中没做什么事或根本就没有参与。[11]逃犯抓获量会被人为地加大到最高限度。他们主要统计部队逃兵数（大多数是在家中找到的），而不是偷偷逃跑、藏踪掩迹以逃避重罚的重罪犯数。20世纪70年代，一份联邦调查局调查报告披露，该机构提请地方检察官起诉的案件中有60%被驳回了。许多案件被驳回的原因是案子太轻，不值得起诉。[12]

国内收入署、上面提到的那家州就业机构以及联邦调查局所犯的错误在于把成果限制得太窄，因此只有部分而不是全部良好的成果得到了观察和考核。国内收入署和那家州就业机构的行为可能是无意的；而联邦调查局的行为则是胡佛在国会的恩宠下，为维护其地位而蓄意使用的重要战略（参见第十一章）。这种错误在任何组织中都很容易犯，尤其是政府机构。在政府中，机构的成果并不以市场上自由交易的销售额来计算。在评估工作表现方面，私营快递服务公司就没有此前的邮政部（在某种程度上相当于现在的邮政总局）存在的问题；倘若普罗莱特信使公司的顾客开始光顾联邦快递公司或联合包裹服务公司，该公司就会知道它在管理上出了问题。

在你能管理好一个生产型机构之前，你首先必须确定，这的确是个生产型机构。因为这意味着你能确定所有重要的成果都会被观察到。在这一点上，社会保障总署和美国邮政总局比国内收入署或那家州就业机构更容易做到；而后两者又比联邦调查局更容易做。认识到自己的不足之后，20 世纪 70 年代联邦调查局终于断定办案的质量比数量更重要，并相应地改变了自己的管理体制。这种改革曾遭到联邦调查局许多管理人员的极力反对，这也足以证明纯粹的数字统计式管理体制的诱惑力有多大。[13]

163

程序型组织

假如管理人员能观察到其下属正在做什么，但看不到这些努力获得的成果（如果有成果的话），那么他们管理的就是一个程序型组织。精神病医院的管理人员能够了解医务人员在做什么，却不易观察到（假如能观察到的话）各种疗法的效果，这也可能是因为根本就没有效果，也可能是因为效果要在很久以后才会被看到。在少年犯管教所，管教人员的工作能够观察到，可其工作是否已经产生积极效果却是看不到的；职业安全与健康管理局的管理人员知道或能轻易地发现他们的安全和健康检查人员在做什么，但要想弄清楚那些活动是否从根本上改善了他们所检查的工厂的安全和健康状况，管理人员必须花费很大力气才能做到。（的确，关于健康方面的情况，他们可能永远也不会知道，因为由工业中毒引发的许多疾病潜伏期可长达几年甚至几十年。）[14]

政府系统中最大的程序型组织也许是和平时期的美国军队。训练、装备、部署的每个细节都处于连长、舰长和飞行中队长的直接监督之下。可是这些因素无一能通过唯一有效的办法——面对真正的敌人——得到验证，除非在战时。这一点对那些为制止核战争而设计的武器系统来说就更为真实。自 1945 年以来，核武器从未因愤怒而被使用，人们希望将来也不要使用。对核导弹进行抽样，卸下弹头，然后发射，即可验证它们能否飞行并估算出它们的命中精度。可是这并不能告诉我们真正需要知道的东西：这些武器能阻止敌人入侵吗？一旦发射，它们能按设计击中敌方目标吗？军方领导人经常被指责还在打上一场战争；但考虑到在下一场战争之前无法有一个真正的敌人检验他们的准备情况，这种批评便多少有点不公平。

对程序型官僚机构进行界定，看起来似乎是要通过发展专业化的管理方式使对这类组织的管理变得成熟。人们也许会问，程序型官僚机构的成果不能从任何管理者的位置上观察到，那么在管理组织的活动方面，还有什么方法比按照最高专业标准招聘专业人员更好呢？这些标准将迫使工作人员把顾客的利益放在个人利益之上，并投身于最可能产生预期成果的活动中。这种情况有时会发生（比如在管理得当的精神病医院），可是更多的时候则不会发生。我认为，原因在于当这种实践的后果不可预测或有争议的时候，政府机构就担不起让其工作人员按照自我判断行事的风险。正如我们在前一章中所见，公共机构中的管理受到约束因素的左右。有时，如果一位领导人能令人信服地说："看，我们所做的工作确实有效。"那么，那些限制就会放宽。假如这位领导人不能拿出结果证明下属按其自认为恰当的方式行事是正确的，那他就必须使上层政治人物信服：政府工作的规定得到了忠实执行。以"专业化"为托词来掩盖不可知的结果，是骗不了任何人的。

简而言之，因为受到约束因素的左右，在程序型机构里，管理变得以手段为导向了。工作人员如何开展工作比开展这些工作是否产生预期效果更为重要。让我们回顾一下那家州就业机构的情况：彼得·布劳发现，那些管理人员一心想找到一种方法，意图牢牢控制其职员和接待人员的行动。也许他们有一

164

种错误的印象，即该机构是一个简单的生产型组织（也就是说，它能被轻易地观察到工作成果），但事实上它不是。更有可能的是，他们非常清楚自己不能准确地判断是否在实现组织目标；他们能弄清楚的只是，假如他们违犯了程序方面的重要规定，比如超支或种族歧视，就会遇到麻烦。

在程序型组织里，到处都有标准作业程序。和平时期美国陆军和海军服役情况的描述充满着关于规定和程序的故事。（"假如它移动，就向它敬礼；假如它不动，就把它提起来；假如它太大提不起来，就在上面画画。"）在下一章中，我们将会看到，近几十年来，美军通过尝试然后抛弃各种作战教条，将他们在和平时期的大量精力，用在了提高标准作业程序的细致程度上。但是，一旦战争爆发，标准作业程序也就不管用了。原因很明显：突然之间可以看见成果了。保全性命、抢占物资、杀死敌人，这些成果极为重要。因此，继续有效的标准作业程序只能是直接有助于获得这些成果的规程。这一点至少接近于实际情况。某些标准作业程序，如那些似乎对组织的使命至关重要的规程，继续在产生影响，尽管实际上它们妨碍获得好的效果。美国陆军曾为中欧的大规模常规战争设计战略和标准作业程序，在越战中，美国陆军把这些应用于越南村寨的非常规战争中。[15]最小的作战单位——班、排、连——总是在近距离面对敌人，所以他们首先发现了其中的错误。因此，尽管大型作战单位——远离战场的人指挥的师和军——坚持旧的观点，但有些小分队改变了战术。

工艺型组织

战争爆发后，许多陆军、海军单位都会从程序型组织变成工艺型组织。在和平时期，这些单位的士兵在上级的直接监督下行动（队列操练、步枪射击训练、舰艇演习），战时则是在遥远的战场上，在一片硝烟、喧闹和混乱中作战。在和平时期，指挥官们对每个士兵的行踪都很清楚，而在战时，如能知道整个部队的方位和行动就算是幸运的了。这就是战争中矛盾的地方，对此克劳塞维茨做过令人信服的论述。[16]可是，战时的指挥官们确实（通常也很快地）知道他们的部队是否赢得了战斗。工艺型组织里成员的活动很难被观察到，但其成果却比较容易测算。

工艺型组织的例子并非只局限在战争环境里。彼得·布劳描述过一家"联邦就业机构"（几乎可以断定是劳工部的工资与工时司）的情况。其中，主要工作人员被称为"督察员"，他们在大部分时间里并不在办公室工作，而是根据检举到各地去调查雇主是否违反有关工作人员工资和工时的联邦法律。①这些官员采访雇主和雇员（经常是在他们家中），检查档案，与雇主们就遵从协议进行谈判，这些协议的内容包括关于未来良好行为的承诺，有时也包括关于支付被拖欠薪金的保证。违约的雇主将被诉诸法律。

工资与工时司人员的日常活动受到的控制相比布劳研究过的那家州就业机构人员要松得多。原因很简单：前者的表现在某种程度上可以根据他们的工作成果进行评估，而后者的表现则无法采取这种方法进行评估。[17]工资与工时司所涉雇主和雇员们达成的遵法协议和提交的法律诉讼案，在法律上的准确性和

① 主要的法律是《公平劳动标准法》，它规定了该法所列行业的最低工资和最大工时量。该司还负责执行《大卫·培根法案》（该法案规定了联邦工程项目的承建费用）的条款。1978年前，它还负责执行《同工同酬法》（禁止在报酬方面实行性别歧视）和《就业法》中有关年龄歧视的条款（保护40岁以上的工人不受工作时间、雇用和补偿上的歧视）。

完整性是可以被审核和评估的。法律条文和政府机构的规定清楚地描述了什么是应有的成果，而且这种成果是能够被观察到的。督察员可能会获得这种成果，也可能无法获得这种成果，但没有任何法律或规定清楚地阐明就业机构的求职人员接待者应有的成果。（给某一求职者分配一份工作？帮助其找到一份工作？使其获得一份期限只有一年的工作，还是使其获得终身职业？）在任何情况下，除工作分配之外，该机构都无法观察到其他成果。由于这些差异的存在，工资与工时司的管理便是目标导向的，而那家州就业机构的管理则以手段为导向。

　　许多调查机构实行以目标为导向的管理。对警察局侦查人员的评价，依据的是侦破罪案的数量而不是侦破的手段。司法部反垄断司的检察官们在立案和办案时行使相当的自主权。反垄断司能够给予检察官们这一自由，是因为高层官员将审查最终的报告并判定它是否能够构成起诉的基础。正如苏珊娜·韦弗所指出的，这些判定通常都是例行公事（立案检察官的判定将得到批准）。即使这种判定难以做出，该司领导人也有非常明确的依据去评估工作成果。考虑一下提交的证据和联邦法院近期的裁决，如果该司决定起诉，就很可能胜诉。[18]

　　相比陆军工程兵团基层代表的日常工作，联邦机构中也极少有什么人员的日常工作会更难观察到。他们在偏远地区工作一两年，监督军事基地或其他设施的建设。1986年，穆罕默德·艾尔－索德研究该部队时，它巨大的工程之一位于沙特阿拉伯内陆的纵深处——这仅仅是他们投资额在60亿美元以上的4000多项工程之一。这些工程分布在非洲、欧洲、拉美、中东、远东，当然还有美国。尽管管理人员巡视过这些地方，但总的来说，"在如何完成任务方面，基层代表们很少得到指

166

示"；的确，"他们极少受到上司的监督和检查"。[19]路途遥远并不是造成细致检查稀少的唯一原因，任务本身的性质也是决定因素。谁也无法事先保证一个空军基地将在预算内按要求如期完工。付出——工程兵的野外日常工作——基本上得不到指挥，但成果却能评估：要弄清该空军基地是不是在预算内如期建成的确很容易，但要知道它是不是按要求修建的则太困难了。

关于政府部门设法管理其在偏远地区的工作人员的行为，最著名的研究报告大概要算是赫伯特·考夫曼的《护林员》。[20]考夫曼提出了这样一个问题：林务局华盛顿总部的领导人如何才能克服近800名（其中有许多在偏远地区看管国有森林）护林员的离心倾向呢？他的答案是推行多重正规管理：多卷本的《林务局工作手册》中有明确的护林细则；要求林区护林员报告他们怎样度过每天的每一分钟；设计多种不测事件（考夫曼称之为"已实践的决定"）、经常性检查和在职培训的政策指南；以及轮换制度，这种制度要求护林员对调林区，旨在防止形成严重的地方观念。

考夫曼做过一个关于松散官僚机构如何做到政策整合的引人入胜的论述，那个论述似乎可以反驳本节中的论点——假如一个机构在工作中的"付出"难以被观察而"成果"却容易被观察，那么其领导者就不会试图控制工作人员的日常活动。当然，一片国有森林的伐木量或接待游客的多少并不难观察到；就连那里的野生动物状况在某种程度上也是可以观察的。如果真是这样，林务局的官员们为何不根据林区护林员的工作成果对他们做出评价呢？反倒要为去弄清护林员们每时每刻的行动而付出沉重代价呢？我认为答案是：与工程兵部队、反垄断司或警察局侦查部门相比，关于森林的工作成果事实上并不那么容易被观察到。一棵树需要很长时间才能长大，森林的生态环境会逐渐变化，变化的原因可能是护林员能够或不能够左右的。林务局的总目标是"管理好森林，以实现其可持续的最大效用"，而去评判一个护林员的工作是否对这个目标做出了贡献从来就不容易。由于这些原因，我认为林务局是一个有趣的复杂体。护林员的工作只能通过一些具体情况才能观察到，如是否设法扑灭了一场森林大火或修建了一条道路，而森林二十年后是否会有一片耐寒林或保存了种类繁多的野生动物则是看不到的。因此，该机构是通过过程控制与成果评估相结合的方法来管理其职员的。

然而，林务局同其他工艺型组织在一个重要方面是相同的：它在很大程度上依靠工作人员的风气和责任感来控制自身的行为。对于反垄断司的律师、陆军工程兵团的工程师和林务局的众多护林员而言，这种风气产生于一系列已深入人心的职业规范。对工程兵部队的非工程人员、工资与工时司的督察员、警探和战时的士兵来说，这种风气并非产生于一种职业，而产生于根据工作而结成的行会，这种行会则是由关系密切的工作小集体联合组成的（假如有联合的话）。

正是因为这种由自学或通过专业培训获得的技能与群体或行业风气，这些组织才被称为工艺型组织。当初亚瑟·斯廷施凯姆首先使用工艺型组织这一概念，目的是要将我在此描述的相对分散、程序性自我调节的组织与一般官僚机构区别开来，我对这种组织也做过描述。斯廷施凯姆举的例子是建筑业："那里的木工、管道工、电工和其他工人组合在一起建筑房屋，极少受到集中管理，他们作业的程序根据自己的工作经验来进行。"[21]对他们工作质量的控制来自承包商或房屋主人对于建筑结构质量的评价，同时来自各工种共同要"做好工作"的承诺。

能依据工作成果，而不是依据工作程序来评价其成员的机构很少满足于此。公共机构的领导者——至少是优秀的公共部门领导者——还没有无情或功利到只看重结果。原因之一就是，每个公共机构都会获得许多种成果，不仅包含实现机构主要目标方面的过程，而且包含对机构子目标和所受制约因素的遵从。就拿从事调查工作的人员来说，不管是警察局的警探、工资与工时司的官员，还是反垄断司的律师，他们都有许多机会滥用手中权力、受贿、使用强权或不正当的调查方法或带着政治偏向行事。尽管管理上的检查会阻止部分此类事情的发生，可大多数情况下要靠工作人员自身的责任感来抵制。布劳曾指出，经常有人向工资与工时司的官员行贿，而且这种行贿几乎从未报告过，但据他所知，几乎无人接受过这种贿赂。[22]韦弗也没发现在反垄断司的律师中有任何滥用职权的迹象。某些警探的确腐败，但大多数不是这样；某些警察部门腐败现象普遍，但大多数并非如此。腐败的程度取决于多种因素，包括重要的文化因素。在以技能为核心的机构中，成功的领导者不仅会尽力教会其职员正确的技术，而且鼓励培养下属接受对何谓责任和优秀工作的共同理念。

解决型组织

有些机构不仅看不到其主要工作人员的付出，也看不到他们的成果。学校校长不能监视教师上课（除非到教室听课——那样可能暂时改变教师的行为），也不能判断学生们学到了多少知识（除非通过标准化测试——那样仍然区别不出教师所传授的和学生在没有教师上课的情况下所学到的）。警察开展工作不会受到上司的监视，他们在巡逻中维持秩序的程度也不会立即被观察到；即使被观察到，那也不能说明警察们努力的程度。外交官的一些行为（比如与外国同行的私下交谈）不会被观察到，而且许多成果（比如别国对美国利益的看法或对美国所提倡议的态度的变化）也不能轻易判定。

这些机构的领导必须应付一个困难的情况。他们可以设法招聘最优秀的人（尽管不十分清楚"最优秀的人"是什么样子）；他们可以争取创造一种有助于促进优质工作出现的气氛（尽管不十分清楚"优质工作"是什么样子）；每当听到抱怨或出现危机时，他们可以采取相应措施（尽管不知道抱怨是否合理或危机是否具有代表性）。

私立大学的校长都很明白这些困难并非政府机构所特有的。如果你既不知道教育产品是什么，又不能解释它是如何产生的，那你怎么能改善你的教育产品呢？私立学校的校长们和公立学校的校长们面临同样的基本问题，私营保安机构的管理人员和警察局负责管理巡警的警长们也面临许多相同的问题。但是，私营解决型组织的管理在两个重要方面与类似的公共机构不同。第一，私营组织必须通过吸引顾客和赞助者求得生存，只要失掉其中一方就表明哪个环节出了问题。由于有关付出和成果的信息缺乏，管理人员也许不知道到底出了什么差错。但市场信号通常会激发对情况的调查，并激励对错误加以改正。除了依靠计划，试验和失误也会导致组织的改变。第二，在使用或分配资本和劳动力方面，私营组织比公共机构遇到的约束要少得多（参见第七章）。

此外，解决型组织的管理人员所做的某些事情似乎也会产生不同的结果。我们已经评论过詹姆斯·科尔曼和他的同事们的发现，即私立教会学校比公立学校教育质量高。埃里克·哈努谢克在有关公立学校的研究报告中得出了如下结论：有些教师比另一些教师工作出色得多，好校长能够以某种方式发现、留住这些优秀教师并激发他们积极性。问题在于，似乎没有任何公平的、现成可见的方法能将优秀教师和不称职教师系统地区分开来，或能解释一位优秀的校长为何能够发现优秀的教师并调动起他们的积极性。[23]

在付出和成果都不能被看到的公共机构中，管理人员和工作人员之间会发生较大矛盾，特别是在那些必须应付并非由自己挑选的顾客的机构中。工作人员会受到他们面临的环境要求的驱使——教师们需要维持课堂秩序，警察们则期望在街头维持好秩序或在发生纠纷的家庭中恢复秩序。管理人员会受到他们面临的制约因素的驱使，尤其要应付来自政治上有影响力的赞助者的责难。如果管理人员能够证明受到责难的行为没有发生，则可驳回这些责难；如果他们能用已经取得的成果证明受到质询的行为的合理性，则可以部分驳回这些责难。可是，解决型机构正是那些弄不清发生了什么并且不能有力地证明获得了什么成果的组织。这样一来，依各人的风格而定，管理人员只好尽其所能处理这些责难。在处理的过程中，他们必须保持一种微妙的平衡：假如他们认真对待责难，工作人员就会感到无人给他们"撑腰"；假如他们消极对待责难，公众就会感到该机构是"麻木的"。当与学生或家长发生冲突时，教师们不喜欢不给予自己支持的校长；当与公民或律师发生冲突时，警察不喜欢不给予自己支持的警长。[24]

多年来，警察专业化的理论基础是基于这样一种观点：警察部门的领导人必须控制住所在部门，以防止出现腐败或滥用职权的现象，并引导警员在解决犯罪问题时运用快速反应、科学调查和完整记录等方法。这就导致警察部门的领导人将其所在部门当作生产型组织对待：警察们必须按照标准化程序办事，将他们的所作所为细致地记录在案，始终不离警用无线电并随时待命，并写出能够证明其工作成效的统计材料。反过来，这会导致警察重视最容易标准化和记录在案的、能用无线电指挥的以及能够产生统计数字的工作，包括撰写犯罪（大部分是过去发生的偷盗案）报告和采取简单的惩处行动（比如给违反交通规章的司机开出罚款单，拘留在公共场合酗酒和行为不轨的"显而易见"的违法者），同时导致他们轻视平息家庭或酒吧纠纷以及处理街头闹事青少年这样的工作。总之，警察工作的一部分（维持秩序）为另一部分（执法）做出了牺牲。[25]困难在于，对许多公民来说，维持秩序比执法更为重要；然而，对许多警察来说，来自官僚机构的监督对解决犯罪问题来说并不是一个帮助，而是一个障碍。

因为公众对城市的治安状况越来越不满意，有些警察局开始转而要求警察更深入地介入维持秩序的活动以扭转工作的失衡。按照要求，警察巡逻时必须步行而不能坐车，既要报告犯罪事件，也要报告街灯被打碎或汽车丢弃的情况；既处理真正的罪犯，也处置无家可归者和闹事者。但是，许多警察部门的负责人对此进行抵制也是情有可原的。维持秩序的工作（比如对付年轻的闹事者或处理家庭争吵）很难产生结果，这使警察们陷入了矛盾的境地，并增加了抱怨警察失职的风险，这些指责者在以下问题上与警察观点不一致：秩序达到什么程度才可接受？如何最有效地达到这个程度？[26]警察维持秩序的职责正威胁着许多警察部门的负责人，他们（以及许多警察）分成两

派：一派认为主要使命应该是执法，另一派则认为主要任务应 171
该是维持秩序（或社区服务、处理随时出现的问题等）。

像生产型组织一样，解决型组织的领导人会有一种强烈的
愿望，即将自身精力集中在工作人员那些最容易评估（因此也
最容易控制）的活动上。但是，他们不能评估，甚至通常情况
下也不能看到成果，因此，只有勇敢的领导人才会倾向于给下
属许多行动的自由。

当然，下属们也有他们自己的对策。一些人会使自己的行
为与那些被测量的指标相一致（"他们喜欢统计数字，那我们
就给他们统计数字"）；另一些人则会对管理者的政策阳奉阴
违。他们要么对这些测量行为置之不理（因此也损害了他们自
己晋升的机会），要么通过造出足够的统计数字使管理者们高
兴，同时依旧坚持他们自己关于优质工作的定义。

服从与平等

任何曾在军队、外交机构、中央情报局或分支机构遍布各
地的许多其他政府组织中工作过的人都知道，这些组织分配工
作往往会采取频繁轮换的办法。有时是你本人想离开，有时是
你尽管想留在一个地方可还是被调离。在东南亚期间，军官们
一般都会被派到越南任职一年。一个营级指挥员刚熟悉周围的
情况并开始发挥作用就被调回美国或被调往欧洲。国务院的外
交官们和中央情报局的情报站站长们经常是在他们开始学习所
在国语言和了解当地习俗时被调到了另一个岗位上，他们因此
不得不面对一门新的语言和一套新的习俗。美国政府机构分配
工作的做法似乎最大限度地减少了使精英职员成为其工作领域
专家的机会。它们为什么要这样做呢？

假如你去问这些机构的领导人，他们会告诉你他们的目标在于培养能够胜任该组织任何工作的多面手。毫无疑问，拥有阅历丰富的职员大有好处，但拥有精通专业的专家职员也有好处，尤其是在这样一个国家，其教育体系的名声并不好，因为它不能使学生在外语、地理和历史知识方面打下很牢固的基础。在职责分散的政府机构中，人事制度一般都偏向于频繁轮换而牺牲长期稳定。但是，如果把这种政策看成是机构负责人主观意愿造成的后果，那便是个错误。事实上，普通工作人员更喜欢这种轮岗。

172

无论何时，当分配的职位在吸引力方面有巨大差异时，工作人员自然会更倾向于吸引力大的职位。外交官们会挑选巴黎而不选喀布尔，海军军官们会挑选地中海而不选北极，陆军军官们会愿意待在夏威夷而不去首尔。假如功绩和组织需要是分配岗位的仅有标准，那么，优秀的营级指挥员就会被留在越南干上三四年，而不合格的指挥员则会被送回美国；老练的外交官就会被留在莫斯科或北京，而不是轮换到里斯本或罗马。但是，工作人员要求在选择职位方面被给予平等待遇，而在政府机构中，公平通常意味着平均。因为从上到下几乎每个人都想得到较好的职位，他们对维持以最快频率轮换岗位这一制度就达成了共识。

这个道理对晋升有利的任命也是适用的。获得一个对晋升有利的职位可能是指被调到某个具有地理优势的地方工作，也可能是指进入某一培训学校，或参加某一培训项目，或接受一项特殊任务。在陆军中，突击队员学校、参谋与指挥学院或训练与军事理论中心曾于不同时期被看作对晋升有利的地方；国家安全委员会也被看作对晋升有利的地方。在海军中，在适当类型的舰艇（驱逐舰、潜艇或航空母舰）上得到指挥经验很重要；要尽量避免长期在油轮或扫雷舰上工作。得到一个对晋升有利的职位经常被说成是"获得了入场券"。

在对晋升有利的职位数量供小于求的情况下，这一点尤为重要。假如在陆军里指挥过一个机动营是很重要的经历，而这项工作一般是由中校担任，可中校的数量比让他们指挥的营的数量要多得多。假如陆军将最优秀的营级指挥员任职时间放长，部队的表现可能会更好些；可是，其他中校晋升的机会就会减少。为了保持平衡，陆军倾向于频繁轮换。明显的例子是：一个普通营级指挥员的任职时间只有 18 个月，有时（如在韩国）只有 12 个月。尽管如此，在所有有资格的中校里，也只有少数被选中当指挥员。假如任职时间延长一倍（陆军参谋长尤金·迈耶曾试图这样做），那么中选率就会减少一半。结果，任期改为 30 个月的计划未能获得通过。

管理任何组织都意味着不仅要找到有效的激励手段，并合理使用以奖赏表现出色者，而且要在分配时照顾组织成员对于公平的愿望。在政府机构中，尤其是在那些程序型或解决型组织中，要求把公平变成平等的压力很强大；就是说，奖赏将大家都有份，而不是只限于最优秀的成员。

173

管理风格

到目前为止，我在讨论机构领导人时一直假定他们全都一样。很显然，事实并非如此。领导者都有个性，而个性会有差异。然而，令人遗憾的是，有关公共管理的研究迄今只对领导者做了分类，而对以下问题并没有提供答案，即：每种类型各有多少人？为什么有些人更受欢迎？什么因素导致一个人采用一种风格而不是另外一种？不同风格对组织的效率有何影响？

经济学家安东尼·唐斯（Anthony Downs）描述过五种官僚类型：野心家、守成者、狂热者、空谈家和政客。[27]休·赫克洛（Hugh Heclo）曾在文章中描述过程序官僚、参谋官僚、改革者和组织学家。[28]我曾试图将官僚分为追求功名者、政客和专业人员。[29]毫无疑问，还有别的分类法。每个类别的含义可以很容易地从字面上得知。可是，除了列出名称（这些分类只是一些简单的自然划分），这种分类并不能达到什么目的。

个人风格的不同的确会导致差异产生，任何为别人工作过的人都会乐于证明这一点。令人遗憾的是，我们无法对这种差异进行系统说明，这一点可能反映出学界对于个体区别研究的敌视态度，这种个性差异令社会科学界感到头痛，尤其对从事组织研究的学者来说更是如此。然而，风格并非全部来自个性。我们所有人当中都有一种倾向，即会把原本是组织角色的成分当成个人特性来描述。假如我们遇到一位邮政总局负责人，他致力于利用光学扫描仪提高工作效率，我们就会认为他是一个有"工程师思维"的人；假如我们看到一位连长，他在操场上无休无止地训练他的部队，我们就会私下称他是"锡制玩具兵"；假如我们见到反垄断司的一位督察员批准了某一普通律师办理的案件，我们就会认为他是个不负责任的"橡皮图章"；假如我们发现一位警长担心他的管区上个月是否拘留了足够的人，我们就会故意地称他为"计数器"。可是，那位邮政总局负责人、那位连长、那位督察员和那位警长本质上并不一定是工程师、玩具兵、橡皮图章或计数器；他们在组织中扮演各种角色，组织的核心任务深刻地塑造了领导者能够和愿意做的事情。人重要，可是组织也重要，而且组织更重要。

公共机构的领导人所面临的主要挑战是：懂得慎重确定组
织核心任务，同时采取金钱和非金钱的激励手段来引导工作人
员完成确定的任务的重要性。如果工作人员能够认识到，完成
核心任务既有利于工作人员的前途又能使他得到同事们的尊敬，
那么偷懒的现象就会大大减少。做到这一点需要有能支持核心
任务的辅助文化。可通过使组织的分支机构形成一种"小集
体"的方法控制被威廉·奥奇称为"表现模糊"的问题：这种
"小集体"拥有"有机的统一"，它靠正规和非正规的高度社会
化来维持。[30]但这一点做起来很不容易，这也是许多公共机构没
有使命感的原因所在。不过，即使某些机构缺少严密监测其主
要工作人员行为的手段，做到这一点也是可能的。

总结：实现遵从

公共机构的负责人使工作人员遵守机构规章的激励手段不
多，即便如此，使用这些激励手段也还是受到了很大约束。在
我们描述的四类组织中，每类组织所采用的都是不同方式混合
的激励手段。在生产型组织中，领导者能够观察到工作人员的
工作及成果，因此评判工作人员的工作效率可以依据他们的表
现。他们可以询问获得某一成果是否花费了最少的财力（或者
某一定量的财力是否产生了最大的效益）。事实上，他们的工
作是否高效取决于该组织是否获得了所给予的自由和财力。假
如拥有先进的计算机，一个生产型组织的工作就会高效，但这
个组织购置计算机的经费可能会被立法机关否决，或者是上层
政治人物并不想实现高效率；相反，他们可能希望该组织给政
治上有特权的顾客提供特殊待遇。国会议员口头上说他们想要
一个高效的国内收入署，可事实上他们是想要一个效率刚好达

到某一限度的国内收入署，即选民们刚要开始抱怨他们受到了
收税官骚扰。

在程序型组织中，以过程为基础而不是按照结果进行管理
的趋势更加盛行，因为过程是可以观察到的，而结果则观察不
到。既然工作人员的工作是可见的，那它就会始终受到监视。
领导者使用多种形式的连续监视方法（从直接观察到定期的统
计报告）来保证正确的规程被遵守。这些方式包括直接观察与
定期提交统计报告等。在和平时期，士兵或水兵的生活就是不
175 停地被调查并重复执行看起来毫无意义的任务。程序型组织面
对的一个很大危险就是士气受到挫伤（工作人员会对监视感到
愤慨，他们相信自己知道——尽管他们不能表现出来——怎样
做好工作），而且这种监视也会影响机构的工作（因为工作人
员要遵守规章，这就偏离了实现目标的初衷）。

在工艺型组织中，领导者能按照工作人员取得的成果来评
判和奖励他们，尽管领导者并不知道工作人员是如何取得这种
成果的。但是，领导者不得不担心的一件事就是，这种行动的
自由会使某些不受监视的工作人员产生不良或违法行为。工资
与工时司的督察员可能受贿，警探可能严刑逼供，驻外工程兵
可能对不合格的建筑视而不见。虽然这些结果可以发现，但发
现错误往往为时已晚。在这类机构中，最成功的领导者就是在
下属中培养出一种使命感、一种敬业精神或对职业道德的崇尚，
这样就可以防止那些不受监视的工作人员滥用自由裁量的权利。

在解决型组织中，有效管理几乎是不可能的。当然，有些
工作有时也能被观察到，有时一些工作成果确实会展现在人们
的面前（尽管谁也不清楚这部分成果在所有成果中的代表性有
多大）。巡警队长会定期见到某个巡警在街上巡逻；警长会不

时被告知一场酒吧打斗得到了妥善处理或者一个犯罪嫌疑人被误杀。像任何解决型组织的领导者一样，负责管理巡警的警官试图通过罚一儆百的方法——定期指出做错的事情——来让巡警遵从。通过惩罚明显失误的员工给所有员工敲响警钟。（表彰那些良好行为也会给其他工作人员带来一种示范效应。然而，因为公众更爱抱怨其所受到的不公正待遇而不爱赞扬他们见到的良好行为，因此，解决型组织的领导人实施的惩罚就会比表彰多。）因为错误一般是偶尔犯的，所以犯错不足以代表工作人员的日常工作。这样，惩罚便不会被视为公正。结果是，解决型组织的工作人员经常感觉他们受到了领导不公正的对待，因为领导"不支持自己"或"老是跟自己过不去"。

第四部分　主管人员

第十章 势力范围

在罗伯特·S. 麦克纳马拉担任国防部长的七年里，军费开支大幅增长，从 1961 年的 1950 亿美元增长到 1968 年的约 2250 亿美元（按照不变美元计算）。仅在其任内的第一年，麦克纳马拉就增加了 60 多亿美元的国防预算。尽管如此，截至他辞职之时，军队高层仍旧把他看作自 1947 年设立部长之位至今最不受待见的部长之一。[1]

在担任国防部长的四年里，梅尔文·莱尔德使得国防预算缩减了 28%，从 1969 年的 2430 亿美元下降到 1973 年的 1750 亿美元（按照不变美元计算）。陆军失去了一些师级编制，海军也失去了一批军舰，军队人数也减少了三分之一左右。但即便这样，莱尔德依然在军队中享有盛誉。[2]

第一个注意到这个令人费解现象的人是莫顿·H. 霍尔珀林，并对此做了解释。他认为，官僚机构"通常宁愿获得少一些经费，也要享有更多自主权，而不是获得更多的经费却只给予较少的自主权"。[3]这是因为，官僚机构十分重视自主权或势力范围。麦克纳马拉没有对各个军事部门的自主权给予尊重，相反，莱尔德却予以足够的重视。当前者上任后，他立马将防务决策权集中到国防部长办公室秘书处，指定"精明小子"（whiz kids）——由麦克纳马拉带来的、受过良好定量分析训练的并在防务事务方面有专长的年轻知识分子——来制定关于武器和作战理论的关键决策。当莱尔德上任后，他缩减了国防预算

（当时越南战争行将结束），但他把各自的缩减权下放到军中各部门。莱尔德没有起用"精明小子"为其工作，所以他十分谨慎，亲自就影响军队的重要决策与陆军和海军上将们进行磋商。[4]莱尔德领导下的各个武装力量都享有对关键任务的控制权。

180

自主权并不局限于军事。多年以来，国会议员一直试图说服 J. 埃德加·胡佛，让他接受联邦调查局应该承担起调查贩毒的联邦职责这一提议。如果胡佛点头，那就意味着联邦调查局预算的大幅提升。但他没有这样做，他坚持认为这项工作应该由隶属财政部的联邦麻醉品管理局来承担。甚至在胡佛去世以后，联邦调查局高层仍旧抵制国会和司法部让其承担解决麻醉品问题的任务。[5]一直到里根政府时期，联邦调查局才接受对缉毒局行使监管权；但即便那时，联邦调查局的很多高层人士，包括被指派负责监督缉毒局的人员，都反对两个机构的完全合并。

很多年里，胡佛也一直抵制联邦调查局职能的扩大，不愿插手对有组织犯罪的系统性调查。他用一项简单的权宜之计就证明了这样做的正确性，即否认存在任何有组织的犯罪，不论是黑手党、辛迪加、黑帮还是流氓团伙。1957 年在纽约州阿巴拉契亚，纽约州警察局的一名警官偶然发现黑社会头目聚集在约瑟夫·芭芭拉（Joseph Barbara）的家中开会之后，胡佛的否认变得站不住脚了。尽管如此，胡佛仍然持反对意见。直到他手下的特工们收集的证据充分确认了"全美犯罪委员会"成员，同时黑手党党徒约瑟夫·瓦拉奇（Joseph Valachi）成为联邦调查局的线人后，胡佛的想法才改变。[6]

国务院一直以来都反对将美国新闻署（United States Information Agency）和国际开发署（Agency for International

Development）纳入麾下。[7] 20 世纪 40 年代末，美国陆军曾试图将其空军部队分离出去。[8] 农业部在 1973 年和 1974 年提议，将食品和营养局——负责给失业者和贫民发放食品津贴的部门——从农业部转到卫生、教育和福利部。[9] 1968 年，当白宫打算把药品滥用控制局从卫生、教育和福利部中分离出来，并把服务美国的志愿者项目从经济机会局中分离出来的时候，卫生、教育和福利部以及经济机会局都没有表示反对。[10] 马克·蒂珀斯曾对发生在 20 世纪 60 年代末 70 年代初的 5 个重要的联邦重组计划（包括上文提及的 3 个）进行研究。之后，他又对 25 个机构获得或失去一个分支机构的前景的反应进行研究。其中，15 个机构试图寻求扩大或继续保持其现有的势力范围；10 个机构拒绝扩编的机会，或者同意砍掉一个分支机构。[11]

　　以上事例和蒂珀斯提供的数据并不能为下面这种为人熟知的观点提供证据，即政府机构都具有帝国主义的特性，总是试图通过扩充新的职能来蚕食竞争对手的地盘。尤其是，事实与戈登·塔洛克（Gordon Tullock）和威廉姆·尼斯坎南（以及其他人）所推崇的理论相背离，这一理论认为官僚机构的人员都渴望将本机构的规模最大化。[12] 诚然，确实存在大量的机构，它们由一门心思想扩充的主管们所领导。但是，同时也存在另外一些机构，这些机构由一些谨小慎微的主管人员所领导。相较而言，我们更多听到的是前者，原因是，很多意图扩大自己规模的机构会很张扬（淹没了小机构所发出的声音），而后者却在静静地处理自己的日常事务。

主管人员与自主权

　　处理上述日常事务的时候，各个执行机构需要采取适当的方法把维持整个机构运营的工作量减至最小。维持机构运营是主管人员的特殊职责。[13]维持运营意味着保证为该机构注入源源不断的资源。在以盈利为目的的商业公司中，维持运营主要通过资本和劳动力的形式。如果商业竞争不受禁止垄断的法律条文限制，则维持一个企业的运营也可能需要排除资本和市场的竞争。在政府机构中，维持运营则不仅需要资本（拨款）和劳动力（人员），而且需要获取政治上的支持。此外，政府机构不受反垄断法的约束，因此维持运营能够而且往往确实会消除或妥善处理对手带来的威胁。

当一个机构的目标深得人心、任务简单明确、对手并不存在而且所受限制极小，它所获得的政治支持最高。一种完美的状况是：一个政府机构希冀自己成为一个城市里治疗癌症的唯一机构，并且希冀在治疗方法上不受任何束缚。但在现实中，这些政府机构很难获得如此美妙的环境。这些机构必须做一些不受欢迎（如税收）或难于处理（如管理外交事务）的工作以及许多其他机构正在从事的工作（如搜集情报或者抓捕毒贩），同时它们必须在无数委员会、利益集团和新闻记者挑剔的注视之下完成这些工作。它们也面临经费不足、任务复杂、竞争对手众多和约束重重的局面。①

---

① 用组织理论的语言来讲，政府机构饱受"严重的资源依赖症"困扰。商业公司可以依靠外部来获取资源，但是，它们也可以通过合并、纵向整合和利用利润来进行信贷融资以减轻这种依赖的程度。此外，尽管外部股东在向公司提供资源时保留某些产权，但与立法机关不同，它们一般没有任何的管理权。Cf. Jeffrey Pfeffer and Gerald R. Salanick, *The External Control of Organizations: A Resource Dependence Perspective* (New York: Harper & Row, 1978), 261, 272. 对有关势力范围扩大的外部或选民因素的开创性分析，可参见 Matthew Holden, Jr., "'Imperialism' in Bureaucracy," *American Political Science Review* 60 (1966): 943 – 51.

那种认为所有机构都想增加财政预算的观点忽略了一个经 182
常出现的事实，即一方面是预算得以扩大，另一方面是任务变
复杂了，竞争对手增加了，约束因素也增多了。两个方面之间
存在一种博弈。如果另一方面的条件都是一样的，那么预算越
大自然就越好。但是，另一方面的所有条件是不一样的，其中
之一，我称为自主权。

菲利普·塞尔兹尼克将自主权定义为"足够允许一个集团
解决问题并保持其独特性的状态"。[14]塞尔兹尼克的定义有两个
方面，一是外部因素，二是内部因素。自主权的外在方面，即
独立性，相当于"权限"或"管理范围"。自主权较大的机构
拥有垄断权（就是说，它们在政府机构中对手很少或者没有对
手，而且上级施加给它们的约束力也很小）。自主权的内在方
面就是共识和使命感，即对机构内部核心人物共有的和普遍赞
同的理解。

财政预算的增加可能会削弱机构的自主权，这会经常但并
不总是遭到反对。军方之所以不喜欢麦克纳马拉，是因为他通
过减少军方在武器和理论问题上的决策权来削减各部门的自主
权。麦克纳马拉给了各部门很多经费，但这一事实并不能弥补
各个部门在任务独立性方面的损失。

农业部不情愿执行食品券分配计划，部分原因在于发行食
品券的工作包括一系列与农业部的传统使命（即帮助农场主）
截然不同的任务，另一部分原因是负责发放食品券就意味着对
那些与福利项目（而不是农业项目）相关的国会委员会和利益
集团负责。如果食品券项目规模不大的话，农业部或许不会担
忧；但在 20 世纪 70 年代初，当农业部部长意识到该项目不久
就会占整个农业部全部支出的三分之二份额时，他感到了惶恐。

这样的数额实际上意味着什么呢？农业部一个官员做出了如下表述："我们不得不对各种欺诈、各种侵犯公民权利的行为进行全面追踪，而这样的工作会占据我们全部的时间和精力。"[15]有人怀疑，困扰他的不仅有所抱怨的经济代价，而且还有政治代价。

联邦调查局不想卷入与毒品和有组织犯罪相关的工作中，是因为这些工作可能需要它付出很大的组织代价。如果一个组织有摆脱政治约束的自由，很大程度上取决于它过去在道德和效率上所建立的声誉。在调查毒品和黑手党的工作中，联邦调查局就会面临进行侦查工作所固有的受贿的可能性。它还可能遇到指责，原因是该局没有像以往解决绑架和银行抢劫问题那样"解决"贩毒问题。此外，联邦调查局的使命——基于寻访民众进行谨慎控制的调查——会因为接受新任务而受到折损，这些新任务包括乔装混入毒品交易现场和假扮黑手党成员。这样的不良方式会让联邦调查局的内部管理更加困难，甚至会威胁到共有的使命感。例如，如果联邦调查局已经完全接受了调查贩毒活动的职责，某些特工就有很大的受贿可能性（这会导致公开丑闻）；更有可能发生的事情是，不论联邦调查局做什么，毒品问题都会更加恶化（这会引起公众质疑）；还有一种可能，即联邦调查局中的毒品事务专家们会与那些不是毒品事务专家的特工人员进行竞争，以捞取经费或者谋求晋升（这会造成内部摩擦）。总之，这看上去是一笔划不来的投资。

对一位政府机构主管人员来讲，扩大机构的自主权能够最大限度地减少外部投资者和竞争机构数量，同时会增强机构内部工作人员的使命感，最终减少机构的运营成本。放弃某些新任务和与之相匹配的预算增加，看来是获得这些益处所要付出的合理代价。①

这并不是说，所有的机构主管人员都永远采取扩大自主权的方式行事。国务卿乔治·舒尔茨曾经极力将一些部门保留在国务院之中，这些是建造美国使馆并为其提供安全保障的部门，他获得了成功。20 世纪 80 年代，尽管有关的令人尴尬的信息被披露，如美国使馆安全方面存在巨大隐患，国务院建设方案也有严重缺陷（参见第六章），但舒尔茨还是固执己见。而这些实践的后果就是国务院在继续参与和监督使馆建设事务中付出了更多的代价。

针对国务院在使馆建设和安全上的问题，来自国会的批评大爆发。这些批评会使国务卿明晓：如果把这些"烫手山芋"转给其他政府部门，国务院的处境就会好一些。另外，国务院的组织文化传统是奖赏外交官，而不是建筑工程监督员或安全官员。因此，可以想象，国务院负责驻外机构建设的部门和安全部门的士气都很低落。所以，从内部和外部环境来考虑，让

184

---

① 在我之前对自主权的论述中，我把自主权定义为"去做他们（机构主管人员）希望做的事情的全部自由"，这一定义受到赫伯特·考夫曼的批评。他认为这种自由在政治学中不可能存在。当然，他是正确的。但是，在我看来，自主权指的不是行动的自由，而是毫无争议的管辖权。机构主管人员都清楚：他们会受到立法机关和当选的行政官员的约束；但只要条件允许，他们就竭尽全力保持对任务范围的控制权，因为任务范围界定了机构的管辖权限。考夫曼研究的六个部门中有三个部门——美国国内收入署、社会保障局以及食品和药物管理局——从来就没有对管辖权限提出挑战，另外两个——海关总署和林务局——在考夫曼于 1978 年对它们进行研究之前，曾就管辖权问题进行了艰苦卓绝的斗争（前者与麻醉品和危险药品管理局斗争，后者和园林局斗争）。See Herbert Kaufman, *The Administrative Behavior of Federal Bereau Chiefs* (Washington, D. C.: The Brookings Institution, 1981), 161 - 64.

其他专长于建筑或安全保障的政府部门来承担这些引起争议的任务似乎是明智之举。但是，很可惜，事实上并没有做出这样的决策。舒尔茨坚持保留国务院的这些职能，一位同僚据此把舒尔茨称为"我遇到的势力范围意识最强的国务卿"。很多了解首府华盛顿内幕的人把舒尔茨的坚持看作部门主管不惜任何代价极力保留其势力范围的又一例证。但是，相比较而言，下面几个例子明显更加典型：农业部部长愿意放弃食品券项目，经济机会局放弃志愿服务美国项目，卫生、教育和福利部放弃吸毒管理局，以及陆军放弃其空军部队。放弃一个部门从而加强这个机构的自主权是一种极端的（同时也是特别能说明问题的）例子。更为常见的做法是，确定自己的任务来阻止和剥夺竞争对手涉足自己核心业务的机会。

吉福德·平肖领导的林务局是一个隶属于农业部的机构。当对国家森林的管辖权从内政部转归农业部时，平肖就顺理成章地接手了对国家森林的管辖权。这可谓是对林务局自主权的守护所进行的巧妙一步。由于对国家森林进行管辖是内政部的一贯传统（并且似乎是合理的），在这种情况下，还能实现管辖权力的转移无疑证明了平肖拥有强大的政治手腕。他动员了林业和畜牧业群众来支持他与内政部的对抗，声称如果森林管辖权转到农业部的话，会产生更大的经济效益。（但是，平肖想方设法限制林业和畜牧业群众使用森林资源，这令后者感到十分失望。）当平肖的朋友和支持者西奥多·罗斯福在威廉·麦金莱遇刺后突然成为美国总统，幸运之神再次眷顾了平肖。于是，1905 年的转让法案就变成了法律。[16]

戴维·利连撒尔将"草根民主"（grass-roots democracy）作为新成立的田纳西河流域管理局的任务加以精心宣传。根据欧文·哈格罗夫（Erwin Hargrove）的说法，这一策略是用来阻止田纳西河流域管理局被内政部吞并的决定性因素。[17]"草根民主"口号的用意是：与内政部不同，田纳西河流域管理局直接与流域民众一起努力，为流域民众服务。这个口号是基于这样一个想法，即田纳西河流域管理局将允许农场主参与挑选农场，在那里进行新的水土保持和农作物栽培实验。假如田纳西河流域管理局公开阐释其任务是建造大坝和发电（事实上，该局做的主要也是这些），那么就没有任何明显的理由能够说明，为什么内政部（该部有很长的水利工程建设历史）不能将该局接管。

　　除了 J. 埃德加·胡佛和戴维·利连撒尔，在权力的殿堂中纵横驰骋、在势力范围方面运筹帷幄的人首推海军上将海曼·里科弗（Hyman Rickover）。这位海军军官甚是精明，但脾气暴躁。凭借着与国会和私人承包商的密切关系，他谋取了所有用于军事目的的核电厂的建造授权，并最终获得了领导所有核动力潜艇开发的授权。[18]在官僚体制的一般程序中，任何像核动力推进器这样有吸引力的东西肯定会被各个民用和军事机构所占据。结果就是：一个机构负责研究，另一个机构订购反应堆，第三个机构将它们安装在各类舰艇上，第四个（甚至第五个和第六个）招募人员、训练并指挥驾驶员。但事实上，在这里一个人就能够建造一个被叫作"里科弗海军"的整体。里科弗不顾众多海军将领的反对，从一开始便审时度势，在获得资源之前先要获得自主权。

"统一"三军

　　当一些组织承担相同的任务时，对自主权的争夺就会异常

激烈，军队的情况就是这样。各个军种之间的争吵就是生活中
存在的现实。有时候我们会遗忘的事实是，第二次世界大战结
束之后曾经制订计划来统一各军种。该计划的支持者和反对者
共同的动机都是力图保留或者加强自主权。

计划最主要的支持者就是陆军。作战部提出一个计划，即
设置唯一的总参谋长来统领陆、海、空三军，这个总参谋长向
国防部汇报。当时由于战争行将结束，随着士兵的复员，陆军
担心其资源会大规模缩减。相比之下，海军和空军掌握并拥有舰
艇和飞机，因为至少要确保这些武器部分能够运行，海军和空军
就足以保证自己的资源不会像陆军那样被大幅度地削减。除此之
外，空军所拥有的核弹似乎可以作为一种廉价的防卫手段，几架
轰炸机（后来还有弹道导弹）就可以轻而易举地威慑任何潜在的
侵略者，如此一来还需要大量士兵吗？陆军的担忧还是有理由
的。无论何时削减国防预算，人们都会想到的是裁人比削减装备
容易得多。这时，一个统一指挥官（可能从陆军中挑选）将会
"平衡"三军的需求（例如，保护陆军的角色）。[19]

陆军提议的计划得到了空军的支持，这是因为该计划看上
去会为后者的自主权提供很好的保障。航空部队已经作为陆军
的一部分并且是以陆军航空兵的名字创建和成长的。航空部队
急于成为一支独立的队伍，这一抱负获得了公众的大力支持。
陆军之所以促成这件事，部分原因在于，这支名义上属于它的
空军部队已经变得如此庞大且有名，陆军担心如果两者继续合
作下去，陆军就会受到航空兵的支配；除此之外，这也是由于
步兵军官们不愿意与陆军航空兵的军官们分掌兵权。[20]简而言
之，如果分开，陆军和空军在自主权方面的利益都会得到巩固。
但是，陆军为航空兵的独立附加了一个条件：三军联合设立一

个最高的领导体系，由唯一一个军事指挥官来指挥。哈里·杜鲁门总统对该计划给予了大力支持。

统一的反对者是海军，原因也是自主权问题。从某种意义上来讲，海军就是一个小型的国防部，不仅拥有自己的舰船，还拥有自己的步兵（海军陆战队），以及空军（海军航空兵）。因此，不论实施何种重组计划，海军都更容易受到损害。效率和统一的支持者们肯定会认为"合理的"组织形式应该是：海军的地面力量——海军陆战队——转入陆军编制，其空军力量则转入空军编制。以海军部部长詹姆斯·福雷斯特尔（James Forrestal）为首的整个海军都反对这样的重组方案，并提出一个简单方案来替代，即只设两个协调委员会——由高级指挥官组成的参谋长联席会议和一个能将与国防事务相关的重要文职官员召集在一起的委员会（后来成为国家安全委员会）。

妥协最终达成了，成立了一个统一的国防部（陆军的意愿），但国防部长的权力受到了限制（海军的意愿），不设唯一的军事指挥官（陆军的意愿），取而代之的是参谋长联席会议（海军的意愿）。海军同意航空兵建立独立的空军，作为对其他军种的一个让步。曾一直反对统一的海军部部长被任命为第一任国防部长，但他很快就意识到还有很多管辖权限问题亟待解决，而他却因为权力所限对此无能为力。例如，海军和空军都想在战略威慑中占有一席之地，前者试图建造大型航空母舰，后者则试图生产重型轰炸机，但两种议案都是在国防预算压缩的情况下提出来的。新独立的空军急于控制所有军用飞机，陆军则坚持要求保留自己的部分空军力量。1948 年，福雷斯特尔部长在佛罗里达的西锁岛（Key West，又叫基韦斯特岛）召开了一次会议，希望各军种能够在会上解决彼此间的分歧。

会议只形成了一纸协议书，但产生了出人意料的结果。

西锁岛协议的条款中有一条规定：空军购买和管控所有用于陆军步兵作战的飞机。为了保证陆军遵守这一条款，协议特别规定了陆军不得购买任何重量超过5000磅的固定翼飞机。[21] 朝鲜战争暴露了这一协议的弱点。空军的组织文化是建立在高性能战斗机飞行和远程轰炸机飞行的基础之上的，尤其是后者。其结果是，空军很少购买适合近距离支援步兵作战的飞机——这些飞机速度慢、装甲厚、有效载荷大——并拒绝陆军指挥官控制这些飞机。当陆军试图寻求国会的批准来购买这种飞机时，就有人援引西锁岛协议，从而阻止了购买此类飞机的计划。但是，几年过后，一位精明的陆军上将注意到，西锁岛协议中仅限制固定翼飞机，关于直升机只字未提。因此，陆军开始购置直升机来弥补空军不愿意承担的近距离支援任务。越南战争加速了这种购置行动，不久，陆军就拥有了大量直升机机群。但是，关于直升机是否像固定翼飞机那样能够进行有力的近距离支援问题上，各军种间仍然存在分歧。然而，论争的焦点不在于其优劣性，而在于各军种都建立在自身对自主权的控制欲的基础上。前军费预算分析专家理查德·斯塔宾（Richard Stubbing）对这一问题做了如下总结：

> 空军一直很少关注近距离空中支援，仅仅购置攻击机来维护它承担近距离空中支援的任务要求。与此同时，陆军因无法断定是否能在其需要的时候得到空军的有效支援，而购置了大量的攻击直升机。这些直升机比普通的攻击机要昂贵，而且更容易遭到打击，但可以直接接受陆军的指挥。[22]

上述事例加之其他关于军队中争夺势力范围的例子有时候会被错误地理解为组织扩张主义的例子——一场为了"更多"而获得更多的竞赛，其根源在于这样一种理念：越多越好。这种看法其实是很肤浅的。实际上，军队的这些行为就是试图使任务和权限相匹配。对任何组织来说，拥有强烈的使命感都十分重要，特别是军事机构。在军事机构中，甘愿面对危难和无私奉献的意愿往往是遵守军队组织文化和共同的道义规范的产物。强烈的使命感还包括与必须完成的任务和用以完成任务的资源相联系的组织权限。例如，陆军军官之所以想要指挥战术（或近距离支援的）空军部队，绝不是因为他们想拥有自己的飞机，而是因为经验已经告诉他们：那些在步兵团前面直接扫射和轰炸目标的飞机，需要与之精确配合，如果扫射就得正好发生在需要的时候，炸弹也要准确地落在敌人部队时——就更需要这种精确了。同样的，空军军官反对使用低速地面支援飞机，并不是因为他们不重视扫射敌军部队，而是因为经验已经告诉他们：低速飞行的飞机容易遭到敌军快速而机动的战斗机的攻击。因此，他们想要获得战术飞机，因为战术飞机能够像它们可能遭遇到的敌机一样快速地飞行和转弯，从而更好地保护自己。但问题在于，快速飞行和机动性能比较好的飞机不适于执行地面支援任务。

因为两个军种的任务利益都建立在似乎合理而严肃的问题上，所以找到一种可以调和任务和权限的组织形式并非易事。尽管起初用于建立国防部的法律条文已经为了减缓军种间的竞争而进行过多次修改，但要寻找到一种在任务和权限之间做得恰到好处的调和方法，还是和之前一样难以实现。

艾略特·科恩在描述第二次世界大战期间反潜艇战问题时

就说过关于匹配的问题。这个问题的核心是应该由哪一个军种控制飞机并搜寻敌方潜艇的航道。海军想控制这些飞机，以便帮助海军护航舰队为军舰和那些试图避开德国潜艇的商船护航。既然海军负责护航舰队的安全，而且许多船舰由海军操纵，那么海军自然会想到让飞机贴近护航舰队。而陆军航空兵部队并没有护航的责任，它所感兴趣的是搜寻和攻击德国潜艇。所以，这些军官不想让飞机紧跟护航舰队，而是在海上更大范围地飞行，寻找可能出现的潜艇。[23]最终，陆军航空兵将陆基反潜飞机的控制权交给了海军。这是个明智的决定。任务与权限相适应的匹配对海军有着生死攸关的重要性，而对陆军航空兵来讲，重要性不是很大。此外，将这些飞机的控制权交出去也意味着陆军航空兵的飞行员们不需要在海军指挥官那里接受护航任务了。[24]

实现自主权

任何一个机构的领导者都不会为其组织争取到完全的自主权；政治需要问责，民主政治则意味着需要一个尤为复杂且包罗万象的问责模式。政府的行政主管人员能做到的最佳状态也就是尽量减少竞争对手和约束因素的数量。

实现任务和管辖权限匹配的最佳时机是组织建立之时。一个组织就像珊瑚礁里的一条鱼：为了生存，它需要找一个对它提供支持的生态位。有的时候，这个生态位是法律具体规定了的，社会保障总署和国内收入署在创建之初就是这样。但经常出现的状况是法律条文比较模糊，这就给了创建初期的主管一个可利用的机会。如果这样做的话，需要遵循一些基本方法。

第一，搜寻那些别人还没有承担的任务。监狱管理人员轻而易举就能习得这一方法，因为几乎没有其他人愿意做这件吃力不讨好的事情。但是，中央情报局的头几任局长却面对很多对手——军队和国务院也有活跃的情报机构。基于这个事实，加之中央情报局创建者们先前的经验，使它将自己的新角色限定在秘密活动的领域之内。在搜集情报的过程中，秘密活动成为中央情报局组织文化的任务，这一特点一直持续到高空监测卫星出现。监测卫星可以从四五百英里的高度清晰地拍到其他国家的军事和工业设施。这个时候问题也随之出现：谁来控制这些技术设备？

空军拥有的火箭可以把卫星发射到相应的轨道上，并且他们十分想刺探到关于苏联火箭的情况。同样，中央情报局也对这个项目很感兴趣，并承诺自己可以搞到的情报甚至比一群间谍能获取的还要多。针对这一项目，中央情报局和空军展开了一场激烈争夺。直到最终成立了国家侦察局（National Reconnaissance Office，NRO）来承担发射和控制卫星的任务，这场争斗才得以解决。这个局受空军部部长控制，一位来自中央情报局的官员被任命为二把手。为了监督国家侦察局并有权选择侦察目标，一系列复杂的协调委员会成立了。当然，部门间的争吵不会销声匿迹，但是，（据来自这个高度机密机构的某些观察员所言）随着国家侦察局开始工作并形成自己的使命感和职业感，争吵也就慢慢平息了。[23]

联邦调查局不愿意染指任何麻醉品调查行动，不仅是因为担心受贿，而且也确实不想做其他组织已经做过的事情——如果染指了就会成为那个组织的对手。即便原联邦麻醉品管理局已经完全被胡佛接管，但海关总署、边境巡逻队以及移民局也都参与到了毒品调查中。当联邦调查局最终进入毒品调查领域后，它发现要搞定的那些对手组织着实令人头痛。

第二，与那些企图将其他机构负责的任务收归己有的机构做斗争。空军最终未能阻止海军建造大型航空母舰，而海军最终也未能阻止空军购置重型轰炸机。每一个军种都竭力保持其能向遥远的敌人发射核武器的能力——这其实是很危险的。联邦调查局成功地阻止了战略情报局参与反间谍工作的企图。胡佛不信任战略情报局及其有野心的领导者"野蛮比尔"威廉·多诺万（William Donovan）。他担心（事实上他的担心是对的）战略情报局会占据国外事务，也会染指国内事务。国内反间谍活动是联邦调查局的工作，这是该局要坚决维护的。例如，有一次，来自战略情报局的几位职员试图去首府华盛顿的外国大使馆行窃，胡佛听到风声后就指派几名联邦调查局特工前去阻止行窃活动。多诺万向罗斯福抱怨，但获胜的还是胡佛，这样的任务被完全划归在联邦调查局的工作权限内。[26]当罗斯福将搜集关于拉丁美洲情报的任务交给胡佛时，胡佛十分警惕，并要求确认战略情报局不会参与其中。[27]

第三，尽量不要去做那些和本组织的中心任务严重偏离的工作。陆军工程兵团非常注重自己的良好声誉，因为它能按期可靠地在预算以内设计并建造港口、桥梁、大坝和复杂的水资源开发项目。从 20 世纪 70 年代起，国会开始支持一些新的议案，如处理废物、改善城市供水系统和加强沿海地区管理。我们的第一反应可能是，这些新计划会给急于扩张机构业务和增加预算的工程兵部队一个良机。而事实是，许多有经验的工程兵都反对部队涉足这些新计划。他们严格地如此行事——是因为这些新计划仅仅是计划而已，不是工程。一项工程关乎的是为其雇主设计并建造一个建筑物。工程兵部队知道如何应对一项工程。与此相反，一个计划，例如清理有毒废物或改善城市供水系统，则会涉及与州及其他地方机构进行谈判，达成协议，为各种政治机构提供技术支持，管理补助拨款项目以及劝诫企业减少使用有毒物品或劝导城市居民节约水资源。正如亚瑟·马斯和迈伦·菲林（Myron Fiering）所说的，尽管这意味着工程兵部队的建筑预算会缩减，它仍拒绝涉足许多这样的计划。[28]使命比预算更重要。

第四，谨慎对待联合与协作。多年以来，联邦调查局一直不愿意指派其特工参与协作打击有组织犯罪的合作型任务。胡佛担心，如果其他不受联邦调查局控制的部门的成员因错误判断而造成失误，可能会牵连联邦调查局，这样一来该局的名誉就会受到损害。① 基于同样的缘由，陆军工程兵团有一个"不打下手"的规定：禁止将工程兵指派到政府其他部门或者军队的其他单位。正如工程兵部队的主管之一穆罕默德·艾尔－索德所言，我们认为，我们的声誉不会由于多做几件其他组织因为某些原因遗漏或做不好的琐事而得到提升。[30]如果工程兵部队决定承担一项工程，它就会希望自己获得绝对的权威。例如，有人曾提议环境保护局和陆军工程兵团协同负责清除有毒废物的工作。工程兵部队对此予以拒绝，原因就像一个工程兵部队军官所说的："如果不由我们设计，如果我们不是承包方，如果我们没有权威……我们仅仅是在为环境保护局打工……那样的话，一旦出现什么差错，我们就会成为报纸上的头条新闻，标题就是'工程兵团搞砸了'。"[31]

① 有人会问，为何其他执法部门愿意参与这些打击犯罪行为的活动呢？我不能肯定地做出回答，但是我想它们的使命感不强，它们坚持自身政治使命感的意愿也薄弱。

第五，尽量不要做那些会导致支持者出现分歧或对立的工作。像大部分州一样，加利福尼亚州和怀俄明州都有州属的捕鱼和狩猎管理机构，其管辖范围是各自州境内的各种野生动物。这些机构的任务就是保护各种野生动物免于非法的猎杀和垂钓。除此之外，这些机构还专门为狩猎和垂钓保留了一些陆地和池塘。这些部门的核心支持者就是各州内的猎人和捕鱼人；也正是他们在19世纪促成了这些机构的建立，也正是他们当前仍旧在立法机关面前支持捕鱼狩猎机构。他们的支持非常有效，这些机构通过简单有效的手段就能从法律约束中获得很多自主权，即将捕鱼和狩猎执照费用限定在能使本机构自给自足的程度。托马斯·H. 哈蒙德（Thomas H. Hamond）对这些机构如何承担新任务进行了研究。[32]总体而言，它们试图回避任何会造成支持者分裂的任务。结果，两个州的捕鱼和狩猎机构都设法避免涉及诸如狼和郊狼类的肉食动物。这样的议案会导致农民和生态学家对立起来。因为农夫想要杀掉这些肉食动物来保护他们的家畜；而生态学家则想要保护这类肉食动物，因为在他们看来，这些动物有濒临灭绝的危险。怀俄明州捕鱼狩猎管理局在回避这样的工作方面特别成功。最后，立法机关把这项任务交给了农业局。①

第六，回避已知的薄弱环节。如同我们人一样，每一个组织都会从产生过大问题的行为中获得教训。但是，与人相比，组织拥有更长久的记忆和应对风险的敏感。一朝被蛇咬，十年怕井绳。就联邦调查局而言，已知的薄弱环节是腐败；对监狱而言，是越狱和暴乱；就国防部而言，是购买价值435美元的

---

① 哈蒙德也指出，要充分了解这两个机构承担和回避的任务，必须了解机构中工作人员的职业标准。这与第四章中的观点是一致的。

锤子；对食品和药物管理局而言，是批准可能致癌的食品添加
剂。每当出现严重差错且还要应付巨大政治危机的时候，这种 192
错误就会进入机构的组织记忆中，成为一个传奇的恐怖故事。
机构的官员们会花费大量时间和精力来建立一种机制，预防此
类恐怖故事不再重演。有的时候，这种机制走到了极端。例如，
有很多关于胡佛的故事就是这样的，其中一个是他禁止联邦调
查局的特工执行公务时在公共场所喝咖啡。原因是为了避免出
现如下情况，即一位公民发现特工喝咖啡后向某个国会议员举
报："政府官僚拿着纳税人的钱在享乐。"

回避已知薄弱环节的好处是，最大限度地减少外部机构对
本部门的控制。政府机构的主管人员通常是实现了机构目标，
但没有获得相应的奖赏，这是因为机构目标是那么的含糊不清
或者进展的取得是如此艰难，以至于不能说服任何人对你进行
奖励。这将会在下一章具体阐释。相反，政府机构的主管人员
却很容易遭受批评。如果这种薄弱环节能够减少，如果国会议
员、利益集团和媒体记者不能收集到对政府机构言之有据的批
评，那么这些机构的外部人士就失去了控制该机构的渠道。结
果显而易见，机构的自主权增加了。对政府机构的主管人员而
言，回避已知的薄弱环节相当于企业经营者获得利润，那就是
生命线。

关注自主权的后果

关注势力范围和自主权的主要后果，就是不同机构之间的
工作协调起来异常困难（这个问题非常重要，将专门有一章对
之进行探讨）。企业通过对市场信号（价格）的回应来调整其
经营，也可在反垄断法允许的范围内通过达成公开协议（合

同）来调整，合作的标准是互利互惠。对企业而言，无须担心这种合同会使一家企业获得对另一家企业内部事务的控制权。相较而言，政府机构则把任何机构间的协议都看作是对自身自主权的威胁。

因此，很多必须合作（至少看起来相互合作）的政府机构在达成协议时都会保护双方的自主权免受损害。参谋长联席会议的行动程序所受到的支配就是很好的例子。参谋长联席会议的成员机构倾向于通过签订互不干涉协议以尽可能不使各自的自主权受到威胁。参谋长联席会议有一条不成文的"全体一致"原则：如果有任何军队部门的代表有异议，那么考虑到对角色和任务的设定，就不会采取任何行动。因此，也就不会采取任何威胁到各部门角色或任务的行动。[33]1955～1959 年，参谋长联席会议曾做出将近 3000 项决议，只有 23 项有人投反对票。[34]1986 年《国防部改组法》被通过，它扩大了参谋长联席会议主席的权力来改变之前的状况。这样的话，参联会主席就可以做出一些参谋长联席会议作为一个委员会所不愿意去做的关于角色和任务的比较棘手的抉择。不过，这是否有可能达到预期的结果，观察家们看法不一。

关注自主权还会导致政府机构抵制其他机构对自身的控制。联邦合同合规项目办公室（Office of Federal Contract Compliance Programs，OFCC）隶属于劳工部，负责监督联邦机构的行为，保证与政府有经营活动的承包商遵守有关民权和肯定性行动计划的法律与行政命令。例如，该办公室应该保证国防部能够有效地监督国防工业承包商的雇用方式。当帕特里夏·蕾切尔研究这个办公室的时候，没有人认为该办公室正在实现其目标。问题很明显：联邦合同合规项目办公室不控制任何资源，如财政预算和人事权，而这恰恰是国防部所重视的。[35]相比之下，当联邦政府对某个私人承包商实施一项法规的时候，该企业的资源就会受到威胁，途径要么是停止合约或拒付合同酬金，要么是向法院起诉把企业送上法庭。

波士顿住房监察员负责对房客关于住房不安全或不卫生的投诉进行回应。在彼得罗·尼沃拉（Pietro Nivola）对该机构进行研究的过程中，他发现了一个令人困惑的问题：尽管监察员们在同一时间向私人和公共房屋的房主们指出其各自违反住房法规的问题，私人房屋房主接过传票后比该城市最主要的公共房屋房主——波士顿住房管理局——接到传票后改正得更为及时和准确。[36]这个问题的答案显而易见——住房监察员们愿意受理私人房屋房主的案子，他们能够有法（法庭裁决）可依将不服从的房东诉诸法律。但是，他们不愿意受理与另一家政府机构相关的案子，而且他们对这些机构几乎没有任何控制权。

人们越来越希望电力企业去尝试各种形式的节能措施（如鼓励用户减少用电需求），并探索多种可再生能源或者软能源前景（如太阳能、风能和地热能）。一项对处于同一州、为相同市场提供服务的三家私营企业和三家公有企业进行比较的研究表明，私营企业在探索节能和寻找替代能源计划方面比公有企业更加积极。[37]州管理机构控制着私营公司而非公有电力企业所看重的资源；这些管理机构可以设定投资者经营的企业的供电价格并决定其拥有的企业的回报率（大体上就是利润率）；但对那些市政部门经营的企业，这些管理机构则不能这样做。

一份关于田纳西河流域管理局的研究报告得出相似的结论。当环境保护局开始命令电力企业减少其烟囱排放的某些污染物的数量时，与私营企业如太平洋天然气和电力公司相比，田纳西河流域管理局作为一家由政府经营的大企业，花费了更多时间来抵制这些法规，并采取了有效的抵制方式。[38]虽然最终田纳西河流域管理局的态度发生了改变，但这一改变的原因同时也暴露出一个政府机构在控制另一个政府机构的行为方面存在的问题。当时，美国总统正好也比较关注这一问题，并决定指派环境保护部门的主管进入田纳西河流域管理局的董事会工作。一位重要的参议员威胁要阻止一项田纳西河流域管理局急于通过的法案，但更重要的是，法院宣布可以对田纳西河流域管理局发起诉讼。各种社会团体和两个州的司法局局长组成一个联合小组起诉田纳西河流域管理局，指控该局没有遵守环保法规。最终的判决书迫使田纳西河流域管理局答应改变其以往的做法。[39]

田纳西河流域管理局不遵守《清洁空气法》的做法体现了该机构的使命，即有效的电力生产是重中之重。这一观点体现了该局电力工程师们的专业特性，这些工程师的岗位在该局中占据了主导地位（参见第四章和第五章）。该局对《清洁空气法》的抵制如此长久而且抵制行动颇有成效，是该机构已经获得高度自治权的结果。该局抵制行为的结束则是大多数政府机构不需要去应付的因素所致——总统本人的直接干预和法律诉讼的威胁。确实，我们仍无法知晓一个联邦机构起诉另一个联邦机构时联邦法院究竟起到了何种作用。

1978年的统计数据显示了这个问题的严重性——在遵守环保局的规定时，联邦机构在效率和态度上不如私营企业那样好。例如，科罗拉多州丹佛附近的一个基地存有上百加仑的各种有毒化学药品。两个使用该基地的组织——壳牌石油公司和国防部的兵工厂应该对此负责。司法部于 1983 年起诉壳牌公司，要求其承担清理它制造的垃圾的费用，但没有对国防部采取同样的惩治措施。部分原因是一个公共机构不愿与另外一个公共机构为敌，同时也是因为律师们在对这一问题的意见上并没有达成一致，他们并不知道一个政府机构在法律上如何掌控（如果可以控制的话）另一个政府机构。[40]

小结

195

预先设想的政府机构的扩张特性是一个过于简单化的概念。自主权至少与资源具有同等的重要性，因为自主权决定了政府机构获得和使用资源所需要付出代价的程度。高度的自主权意味着该机构拥有一个可靠的选民基础以及一系列一致的任务。支持者和任务共同促进政府机构形成一种强烈而具广泛认同的使命感。假如自主权能够保证，寻求更多的资源或更大的权限会是必然的诉求。

但这只是一个大大的"假设"。随着政府活动种类的增多，所有政府机构都会面临无人争夺的权力的减少，都会面临对其完全支持的机会的缩减。曾几何时，邮政总局、退休金办理处、军队和海关总署是为数不多的重要机构，所以势力范围之争并不突出。可如今，政府中制定外交政策、制定和影响经济政策的机构就有几十家，负责调节商业活动和执行打击犯罪活动的法律机构也不计其数。在这种情况下，势力范围之争就凸显出来了，而且很多争斗是无法解决的。

这可以解释约翰·瓦纳特（John Wanat）在一份报告中得出的结论，这份报告研究了各种联邦机构在 1952 年到 1966 年间规模的扩大。该研究表明，在允许机构膨胀之后，许多机构并没有扩大规模①，确实扩大的机构大多是研究机构。[41]很多研究机构（人们会想起国家健康研究所）很受支持者们的拥护（有谁会反对寻找治疗癌症的新疗法呢？），并拥有无可置疑的权限（没有其他机构从事同样的工作），以及拥有一种一致的使命感（职业科学家们的研究兴趣）。在这种情况下，就会有很多怂恿扩大机构规模的呼声，因为这样做代价不大。至于能否扩大机构的规模，除了该机构的控制权之外，还取决于很多因素，包括主要的经济和预算条件。

很少有联邦机构拥有癌症研究所那样的优势，所以大部分机构要为自主权和资源扩大而奋斗。机构的主管人员如何为此而努力将是下一章的主题。

---

① 显然，一些机构的规模肯定是扩大了。否则，1966 年的政府支出就会和1952 年的相同。这种规模的扩大主要体现在军费增加和职权范围的加大上。

第十一章　策略

"你很快就明白了，你作为一个好部长或坏部长载入史册，并不是看你治理的政绩……"[1]迈克尔·布卢门撒尔（Michael Blumenthal）用这句话总结了他担任财政部部长和本迪克斯公司总经理两个职位时经历的差别，把财政部管理得井井有条但得不到奖赏，而在本迪克斯公司则大为不同。

政府机构主管人员和企业经理都要维持各自的组织。我们很容易做出判断：维持一个公共机构似乎比经营一家企业要容易得多。毕竟，每年有五六万家公司申请破产，却没有任何一个政府机构有相同的行为。[2]当赫伯特·考夫曼考察 1923 年之前建立的 175 家联邦机构的命运时，他发现其中有 15% 的机构到 1973 年都消失了。[3]这些机构虽不能万世长存，但可以肯定的是它们还是有生命力的：如果 1923 年时所有的商业公司在半个世纪后真的有 85% 不复存在，那才是合情合理的猜想。此外，在 27 个消失的联邦机构中，很多机构的功能和人员都被其他机构吸纳了。其实它们并没有死亡，而是获得重生。

但是，这些统计数字可能会误导我们。维持公共组织其实比经营私营企业更艰难，有两个原因。第一，维持并非简单地意味着生存，还意味着繁荣。繁荣反过来又意味着获取自主权和资源。正如我们在上一章中所看到的，大多数机构的自主权都受到了很大程度的限制。所以，一个联邦机构的主管人员需要花费大量时间来抵御对手的挑战，应付来自媒体和利益集团的批评，还要试图获得并保持总统和国会对本机构的支持。本迪克斯公司的总经理也必须应付竞争对手及寻找资源，但与财政部部长不同的是，他能够在应付竞争对手和寻找资源的工作中不让竞争者或资源拥有者对其经营之道指手画脚。本迪克斯公司从资源拥有者手里得到承诺（如答应提供资金、劳动力和材料）；而财政部部长从国会和白宫获得交易（有条件且不断变化地提供支持，以换取对如何使用这些资源的发言权）。这里的意思用前国务卿乔治·舒尔茨的一句话能做最清晰的表达："真是没完没了。"没有一件事情能够彻底解决，很多关于机构应该做什么和如何做的争论一直存在。因此，维持一个机构是一个没完没了、耗费大量时间的过程。在这一过程中，要与那些经常改变主意的资源持有者进行谈判和再谈判，并尝试达成一系列协议。

第二，与私营企业的经理相比，政府机构的主管人员面对的是不同的奖赏手段。商业公司的经理可以根据公司的利润来对其进行评估和奖赏。对公共机构主管的评估和奖赏是以表面上的成功为基础，这里的成功意味着名声、影响力、魅力、没有受到批评、个人意识形态或者政策在辩论中获得胜利。当然，有时候成功意味着机构目标的实现，如国家航空航天局将宇航员送上月球，武装部队在第二次世界大战中获得胜利，社会保障总署及时发出救济金汇款支票。但是，正如前几章所阐释的，很多政府机构的目标是含糊不清的，有很多争议或者很难实现，从而导致难以评估目标实现的进程。此外，对公共机构主管的奖赏不全都是看得见摸得着的，甚至根本就看不见摸不着；但是，那些无形的东西也很重要，因为它们与个人品质和意识形态，如声望、权力的拥有或者对某项事业的认同休戚相关。迈克尔·布卢门撒尔就曾坦率地回答这个问题：在华盛顿，"如果你表面上看是成功的，你就能成功……外表与事实同等重要"。[4]

把上述两个因素放在一起就意味着维持行政权不同于经营一个组织。我们熟悉这样的国务卿：他们花费大量时间在外交事务中运筹帷幄，但几乎拿不出时间来管理国务院；不管这些外交活动是否有意义，他们的孜孜以求就很清楚地告诉我们，国务卿的声誉与他们管理国务院没有多大关系。

主管人员的分类

政府主管人员有两类（也存在这两类的复杂组合）。第一类是政治官员（political executive），由总统、州长和市长任命，来满足他们的政治需要。第二类是专业官员（career executive），因为法律规定要这么做，或者因为没有任何需要满足的高于一切的政治需要。联邦政府中大约有700名政治官员（行政序列由 I 至 V 级依次降低）和5000多名占据着"超级职位"的专业官员（GS-16 至 GS-18 级）。这两者之间的界限并不是很分明。近期，有些超级公务职位被政治任命的人员占据了（这被称为非专业行政任命），而有些行政级别的职位也被专业人员占据了。[5]

大多数联邦机构、局和部的领导都是政治官员。然而，也有一些重要的机构和部门例外。按照惯例，监狱管理局、气象局、林务局和（国家）标准局的首长和四个军种的参谋长通常是从内部专业人员中选拔出来的。尽管许多地方警察局局长的当选源自政治上对市长的支持，但地方警察部门的主管通常也是专业官员，而不是外来文职人员。判断政府机构领导人是政治官

198

员还是专业官员的一个简单有效的方法是，看这个官员的任期长短：政治官员的任期往往较短（在联邦政府中平均任期为 2 年或 2 年以下）[6]，专业官员的任期往往要更长一些。

大家通常会认为总统或州长任命一个部或局的主管是为了实现某种政治目标，但大多数时候这样的想法是错误的。有时的确是这样，但更多的时候是总统（或州长、市长）也找不出一个明确的任命准则。有的时候，选中某人当部门主管是为了满足总统的政治需求，可能涉及政治方面的考虑，但也可能与此无关。有些人被任命是为了回报有功劳的竞选工作人员，有些人被任命是为了安排落选的国会议员，有些人被任命是为了满足利益集团的需要。有时挑选某个人担任一个部门的主管是因为他或她被认为是该领域的专家，但更多的时候，总统对这位专家有何专长或其专长对政策有何影响也不是很了解。对此，休·赫克洛曾写道：

> 选拔过程不太关注工作目标，如此就会导致这样一种现象，即一位被任命者穿越华盛顿雷区的旅程就像是在随意漫步。假如他不完全了解人们对他的期望是什么，那也不足为奇；因为在很多情况下，连任命他的人也不清楚这一点。很多任命者更关注任命下属的过程，而不太关心被任命者在获得任命之后的最终业绩。[7]

20 世纪 70 年代初期，杰拉尔德·福特总统对职业安全与健康管理局颁布的"狂热"和"挑剔"的规章表达过激烈的批评，但他选中的莫顿·科恩局长，甚至比其前任更加狂热。为什么官样文章和具体行为之间会有差别呢？因为福特总统在挑

199

选职业安全与健康管理局局长的时候，听取了他的劳工部长约翰·邓洛普（John Dunlop）的意见，而邓洛普的关注点与总统的关注点是有差异的。不同的是，福特的继任者吉米·卡特在任命职业安全与健康管理局局长的时候亲自把关，选中了尤拉·宾厄姆。卡特知道此人会像他期望的那样成为一位充满干劲的管理者。[8]

由于总统在挑选机构主管的时候，既要考虑总统自身职位，也要维护各个机构，而且由于每个机构的主管都发觉他们陷入了一个非常复杂的困境并导致自身的行动受到束缚，所以任命者和被任命者之间的关系一般处于善意的疏远和主动的敌对状态之间。任命者认为，部门主管会"入乡随俗"——受控于官僚政客和利益集团；而被任命者认为，总统及其主要助手会"损公肥私"——在机构主管与国会和新闻界的斗争中忘记了本该记得的支持机构主管的承诺。

专业机构的主管会受制于这些政治关系，但所受影响不大，因为总统（或负责的其他任命者）已经认定，控制这些机构所需付出的代价超出了控制这些机构所得的收益。比如，需要任命一个饱受争议并被指责带有政治偏见的警察局局长的时候，市长可能就会承诺"不插手"并由一位"专业人士"在不受干扰的情况下管理该机构。自从有人断言白宫利用了当时的联邦调查局局长 L. 帕特里克·格雷帮助掩盖水门丑闻以来，历任总统都会避嫌而不去插手联邦调查局的工作。在格雷事件之后，通过的一项法案规定联邦调查局局长的任期为 10 年，以此来强化这一局面。

丑闻并不是把一个机构交给一位专业人士来管理的唯一原因。有些机构的存续主要取决于它们表象上的专业化和非政治化，因此，当选的官员一般不会莽撞地破坏这种表象。国家标准局和气象局就是这样的例子。即使有些机构因政治理念上的分歧而遭到非议，但还是不能对这些机构大动干戈——没准这些机构最终还会成为一个精干机构呢。陆军工程兵团、监狱管理局和林务局就是这样的例子。

专业官员的当选也可能与自身的能力和当选机构的性质没有多大关系。政府职员，尤其是来自地方的职员，会利用他们对市议会和州立法机构的政治影响力来控制他们的机构，这样，内部提升便取得了法律上的保护。例如，洛杉矶警察局由高级警官之外的人士来担任局长一职事实上是不可能的。尽管洛杉矶警察局外部人员也可以申请这一职位，但文官条例规定洛杉矶警察局内部人员享有优势，这就决定了外部人员很难在评分上超过这些内部人员。

机构类型与主管类型

对那些崇尚改革理念的人来说，让没有党派倾向的专家来管理政府机构的想法总是很诱人的。商界的管理人士和其他外部精英经常感到痛惜的是，"最杰出的人士"没有承担政府管理工作。事实上，许多特别好的联邦机构（如陆军工程兵团、林务局、监狱管理局和社会保障总署）很久以来一直是由无党派专业人士管理的。但是，假如从这些事实便断定，所有的机构只有在专家或专业人士的管理下才能很好地运作的话，这就忽略了机构之间存在的差别，也没有注意到一个机构在其发展的不同阶段具有不同需求的事实。

假如让一位专业外交官来当国务卿，那么，他将完全可能被排除在白宫的政治决策之外，无法参与外交政策的制定，这样国务院就会沦为一间精心装饰的邮件收发室。甚至一些政治任命的国务卿——如尼克松总统手下的国务卿威廉·罗杰斯——也在政策制定过程中被边缘化。我在前面（第八章）把国务院当作解决型机构的一个例子。解决型机构极少能形成使命感并赢得来自外部的支持，这就致使专业人员与管理机构失之交臂。这些机构既不能展现出明确的业绩，也不能展现实际的活动。其结果是，它们可能会陷入对其组织目标的争论中，并对其工作方法产生怀疑。

专业人员在生产型机构中有极大的机会成为成功的主管——在这样的机构中，完成的工作和取得的成功都是切实可见的。如果机构的目标获得了广泛的政治支持（就像社会保障总署的退休金计划、国家航空航天局以及纽约港口管理局曾经获得的那种支持），那么，一个专业官员就有机会创建或维持一个运转有效且没有丑闻的机构。政界领导们可以随时评估该机构的业绩；如果他们喜欢所见到的情况，他们就会很容易地同意（甚至坚持）让一位无党派专业人员来管理这个运转有效的机构。这样的组织经常因其"专业"素质而受到称赞。这种赞赏非常合理，因为事实上这些机构在总体上经得起专业管理方法的检验。当然，有一些生产型机构，诸如邮政总局，各方面一直未能就其目标达成一致意见。（是廉价投递邮件更重要，还是快速传递邮件更重要？）因此，无党派专业人员获得成功的机会就会缩减。邮政总局也进行过努力，设法采用专业管理方法并取得了一定的成功，但由于受到政治需求的制约，成功只是局部的。

工艺型机构也采用了由专业人员来领导的方式。尽管工作人员的工作过程很难被看到，但工作结果却可以被看到。如果工作结果受到政界的欢迎，如果工作人员的工作再被美化一番，政界领导者们就会倾向于认可专业人员的领导。陆军工程兵团就是由专业陆军军官领导的，而且几乎所有人都对此感到满意。尽管在该组织的部分任务上依然存在分歧，但几乎无人认为工程兵部队让一位政治官员指挥会更好些。林务局一直保持着（有时候也遇到了一些困难）作为专业人员领导下的精锐之师的形象。直到最近，医院还一直由医生掌管：他们是专家。（当医院运营成本开始猛涨之时，公众认为光有专业知识还不够，因此，一些非医学专业的外来人士开始进入医院管理层。）联邦调查局在 J. 埃德加·胡佛领导下似乎做出了成绩（约翰·迪林杰被击毙，纳粹破坏分子被抓获，绑架者和银行抢劫者开始害怕"联邦调查局的探员"）；没人清楚联邦调查局的特工人员是如何做出这些业绩的（事实上他们从其他人那里得到了大量帮助），但他们毕竟做出了这些成绩，这就足够了，至少在他们的工作本身引起争议（例如，在政治精英们不再害怕激进分子并对激进分子进行调查）之前是这样。后来，有人要求把联邦调查局置于外界（即政界）的控制之下，而这一点后来的确做到了。

在工艺型组织中，专业人员的领导也许特别容易维持下去，因为在这样的组织中已形成一种神秘而浪漫的氛围。专业官员成功进入了林务局高层的原因是：护林员们穿着制服，就会被联想到在偏远的地方承受着孤独而艰苦的生活，护林员帽子上"熊"的形象就是他们工作的标志。胡佛局长曾颁布一条规定，即当谈及联邦调查局的工作时，特工人员须保持绝对的缄默（官方新闻发布会除外）。这一点更增添了联邦调查局的神秘色彩。医院里的医生身穿白大褂，说着别人听不懂的医学术语，写的处方很潦草且难以辨认。对大多数人来讲，所有这些都增强而不是削弱了由专业人员来从事管理工作的信心。

像解决型组织一样，程序型组织也很难由专业人员来掌管，因为外部人员很难观察和评估专业人员的成果。不过，外部人员可以观察他们的具体工作，因此可以坚持要求他们的工作要遵守利益集团的规则，要受到约束。没人知晓监狱是降低还是增高了犯罪率，或者根本没有带来任何影响。可是人人都会注意到监狱暴乱或越狱事件，而且在罪犯日常生活水准是应该提高还是降低这一问题上每个人都会有自己的想法。没有人知道美国陆军在和平时期是否已做好战斗准备并有把握赢得胜利，但人人都能发现，在晋升的时候女兵是否被忽略，新兵在日常训练时是否遭受虐待，或订购合同的付酬是否合理。维持一个监狱系统或统领一支和平时期的军队需要高超的政治技巧。某些专业人员可能具备这些技巧，甚至会进入高层，但他们要得到和保住那个职位，并不在于他们的专业知识，更大程度上取决于他们寻求政治支持、与批评者周旋以及解决争端的能力。

机构主管们要是不清楚他们正在维持的组织属于哪种类型（或者更糟的是忘记他们必须维持而不仅仅是管理它），他们就麻烦了。许多警察局局长从内部晋升上来后会错误地认为，得到这份工作的关键既然是专业能力，那么专业能力就足以使自己保住这个职位。这样的警察局局长会加强执法力度和合理分配人力，但可能不会注意到一些社区团体的诉求，如要求警察进行"低效的"徒步巡逻或承担像制止乱涂乱画一类的"警察分外"的工作。有效率的专业警察局局长能够迅速学会如何应付和维持一个组织所碰到的政治问题。

关键策略：寻找支持者

1987 年出版的一本关于"政府里的企业家"的书描述了十三位成功的政府机构主管人员。[9]他们当中有知名人士（如罗伯特·麦克纳马拉和海曼·里科弗）和一些不太知名的人士［如奥斯汀·托宾（Austin Tobin）和南希·汉克斯（Nancy Hanks）］，也有一些名声显赫的人物（如吉福德·平肖和戴维·利连撒尔）和几乎无人知晓的人物［如埃尔默·斯塔茨（Elmer Staats）］，有商界人士［如詹姆斯·福雷斯特尔和马里纳·埃克尔斯（Marriner Eccles）］，有一生都担任公职的人士［如威尔伯·科恩（Wilbur Cohen）和罗伯特·鲍尔（Robert Ball）］，还有频繁出入政府部门的人士［如詹姆斯·韦伯（James Webb）］。

这些传略的作者们都问道，这些人成为优秀的部门管理者的秘诀是什么？一些个人素质，尤其是极强的工作能力和（始终）追求目标的执着，显然促成了上述很多管理者的成功。除此之外，他们的性情各不相同。有的人喜欢抛头露面并经常发表意见，如田纳西河流域管理局的局长利连撒尔；也有人不太喜欢公共场合，如国家艺术基金会的会长南希·汉克斯。有的人通过集体的一致意见和委员会来管理，如第一任国防部长詹姆斯·福雷斯特尔；也有人喜欢自作主张，如后来的国防部长罗伯特·麦克纳马拉，他不会顾及委员会的意见。有的人与相关的社会团体建立了广泛的联系，如纽约港口管理局的局长奥斯汀·托宾；也有人缺乏讨价还价的才能而且对此也没有兴趣，如联邦储备委员会主席马里纳·埃克尔斯。有的人性格开朗而且十分友善，如社会保障总署的负责人罗伯特·鲍尔；也有人脾气暴躁，像核潜艇计划的主管人海曼·里科弗。但是，他们有一个共同点：他们都找到或维持了来自外部的关键支持者。[10]有时，支持者就是整个国会，如长期担任总审计局局长的埃尔默·斯塔茨就是这种情况。有时，支持者是总统（经常只有总统一人），罗伯特·麦克纳马拉掌管军队时就是如此，他当时只能依靠肯尼迪总统。吉福德·平肖和马里纳·埃克尔斯的情况也是这样。吉福德·平肖在争取国有森林控制权的斗争中击败了内政部，靠的就是自己与西奥多·罗斯福总统的友谊；而马里纳·埃克尔斯在与国会和其他政府成员的激烈斗争中获胜，靠的就是富兰克林·罗斯福总统的帮助。通常，支持者都由一些利益集团组成。例如，在南希·汉克斯设法将大多数历来相互责难的艺术团体和文化团体集中到国家艺术基金会周围的时候；还有一个例子是，奥斯汀·托宾在纽约商界的支持下（甚至让它伴装成这个计划的倡导者）扩大了港口管理局的作用。有时，支持者是民众：在海曼·里科弗与那些要他退休的海军将领们的斗争中，美国民众曾为里科弗这个"劣势方"欢呼加油；当詹姆斯·韦伯领导的国家航空航天局把宇航员们送入太空时，美国民众亦曾屏住呼吸关注着。

韦伯曾这样描述一名政府机构主管的角色，他的说法足以代表其他人的观点：

> 环境与主观努力休戚相关；它不仅仅促使主观努力发挥作用并对之进行调节；它就是主观努力的一个组成部分。……（机构主管人员的）全部工作包括内部和外部两个方面，而成功既依赖于环境的影响也依赖于主观努力的成效。[11]

韦伯本人付出了巨大代价才领悟到环境到底有多重要。在将人送上月球的阿波罗计划之后，国家航空航天局便设法寻找一个新计划来维持该组织的存在。下一步任务该是什么（如果还有下一步任务的话）？在这一问题上广泛一致的意见没有形成；曾经给韦伯大力支持的约翰逊总统正忙于越南战争，不再拥有韦伯需要的政治资本；同时，空军也在马不停蹄地推进自己的空间计划，来与国家航空航天局竞争。[12]有批评家认为，国家航空航天局转向航天飞机计划是为了吸引公众的关注，即使航天飞机本身在将有效载荷送入轨道方面效率低下并且危险重重。[13]

詹姆斯·福雷斯特尔也意识到支持者会在瞬间消失。在第二次世界大战期间，他担任海军部副部长时曾获得辉煌的成功，他重组海军部，为生产和购置大量舰船提供了方便并保证了充足的给养。他经常与海军将领和一些国会议员发生冲突，但是，战时的危机保证了他的地位——因为他实践他的诺言，所以总统愿意支持他。二战结束后，福雷斯特尔当上了海军部部长，开始为和平时期的到来以及军界的统一做准备，这些正是杜鲁门总统想要福雷斯特尔做而他不想做的事；因此，这位部长经常公开反对其上司。新的国防部初创之时，杜鲁门让他担任第一任国防部长——这对双方来说都是一个错误，因为杜鲁门不准备全力支持他的批评者福雷斯特尔，而福雷斯特尔在建设一个新组织时所迫切需要的恰恰是杜鲁门总统的全力支持。最终，工作逼得福雷斯特尔自杀身亡。[14]

多年以前，诺顿·隆（Norton Long）对政府机构主管对支持者的需求做了极为贴切的描述：

在行政管理的世界中，依仗法令的威严、法庭的支持和行政命令的存在，一个机构和一项计划才得以维持。但权力被剥夺，就会导致组织的瘫痪，加之敌人的轻蔑和朋友的绝望，对政府机构来说，没有什么事情会比这更糟糕了。权力就是行政管理的源泉，它的获得、维持、增加、减少、丧失等都是实践者和研究者不容忽视的课题。[15]

权力的首要来源是支持者。这一简单的事实虽已被几代公共管理研究者所证实，但似乎仍然不被某些人（尤其是商界主管们）所理解。这些人一旦在华盛顿从事高层次工作就会怨声载道，抱怨他们牺牲大量时间来倾听外部集团的要求。在他们看来，所有这些花在争取好感和安抚批评者上的时间，完全偏离了该机构的目标并占据了该机构真正"干实事"的时间。但事实是，政府机构官员的真正工作就是争取好感和安抚批评者。老练的行政官员能够避免以欺骗的方式争取好感和做好安抚，同时又显得不低三下四，但是，不管以何种方式，争取好感和做好安抚的工作都必须要做。

不仅外部人员讨厌这样做，机构内部人员也一样。格雷厄姆·艾利森曾指出，机构主管关注的是其工作的权力因素，工作人员注重的则是工作的可行性。[16]机构主管想通过付出任何合理的代价来寻求盟友以应付不确定因素，而工作人员则想通过得到上级明确支持的承诺来应对不确定因素。机构主管为获得盟友支持而付出的代价经常给工作人员的工作带来更复杂的局面和更多的不确定因素。例如，警察们认为自己在应付街头的恶劣现实，他们想从局长那里获得支持。警察局局长们认为他们自己要设法保证本机构不要惹上政治麻烦，他们想从盟友们那里得到的是支持（尽管他们知道这种支持是暂时的）和资源

（尽管他们知道资源提供是有条件的）。为获得这种支持和资源所要付出的代价，可能是调查并处理某些警察的不端行为，或者是把一个警察分配到另外一个地方工作，或者是接受某种制止犯罪和滥用药品的异常计划。正如前面已经谈到的，警察部门有两种文化共存：巡逻警察的文化和管理警察的文化。接受前一种文化理念的人通常不信任那些接受后一种文化理念的人，因为他们已经"被出卖了"。

大多数政府机构主管在乎外部支持者的意见，这一点就解释了迈克尔·布卢门撒尔所说的"表象与现实同等重要"的问题。[17]判断一位机构领导人与某些支持者之间关系的依据是美元（他发放拨款或补贴了吗？他允许减税了吗？），但大多情况下，与多数集团的关系则牵涉到无形的东西（她可靠吗？她是总统的嫡系吗？她是个精明的发言人吗？）。声誉——影响力、风格和对外接触——是机构领导人与支持者之间关系的关键部分。[18]

布卢门撒尔清楚地解释了维持恰当的表象在实际生活中意味着什么：在影响总统立场的斗争中，不要显得处于失败的境地（你会被看成缺乏权力）；不要经常更改主意（你会被指责为反复无常）；不要使用令人费解的语言（你会使某个利益集团感到不悦）；不要犯错误（你会被看成缺乏能力）；不要试图大包大揽（只要在其中一件事上失手你就会显得无能）。

维持和政策

许多政治官员的任期短且回报小，对他们来说，影响政策的机会就是承担政府工作的一个主要激励因素。当然，在某些州和城市，这种激励因素较多，因为有较多机会向朋友和支持者介绍工作和让其承包项目。以前，联邦官员也具备这些激励因素，但现在少多了。

如果既想影响政策又想按照（或不反对）以外部支持者的需求为标准来定义其政策，机构主管人员就会陷入一种尴尬的境地——甚至比他们有时意识到的还要尴尬。要想改变他们的机构，他们需要弄清楚机构的运作方式，了解机构中的人员，熟悉机构面临的约束。但是，这些官员一味注重外部支持者这个单一因素，在任期短的情况下，他们用在学习过程上的时间和精力就少了。结果是，他们做出的政策变动就可能考虑不周或执行不严。甚至像社会保障总署这样一个有着强有力的领导且信息灵通的机构，在20世纪70年代初也曾极其严重地低估了实施补充保障收入计划的困难。总署高层官员们不遗余力地向国会和白宫保证该机构有能力做好以下工作：甄选300万老年人、盲人或残疾人，以确认他们接受此项援助计划的资格，并雇用1.5万名新员工来做这项工作。与此同时，真正从事工作的管理人员却处于一种恐慌状态，因为他们知道该机构遇到了麻烦，即不可能在限期之内很快训练人员来安装计算机系统。玛莎·德斯克在对这一事件的研究中得出了结论，其中的一些话可以概括多数机构主管与机构之间的关系：

> 当具有社会价值的社会目标即将实现时，上层人物会表露出一种自豪感，他们的观点也就在这种自豪感中得到了反映；而在基层，人们显然对承担的任务缺乏准备，因此表现出强烈的恐慌感和挫败感。这样的差异一定会让人感到震惊。[19]

不过，政治官员可以改变政策。他们不必充当其所在机构的俘虏或国会监督的工具。

卡特和福特任命的职业安全与健康管理局局长在推进制定健康法规时，曾试图减少采用那些"挑剔的"安全法规。里根任命的局长则试图减少两种法规而要求该机构的检查人员采取更灵活更柔和的方式。[20]但是，这两种侧重点不同的做法都没有促成该机构的行为全面改观，因为两者都要求机构主管把复杂而模糊的指示传达给远在基层的雇员们。你如何在一个更少"挑剔"或更"灵活"的环境下指示一个基层员工呢？回答是：很难。缺少可行性目标的大型组织只有通过间接的方法进行管理——上层定下基调，提升一些人，罢免一些人。但机构主管发出的信号像大学宿舍里的谣言一样，很快就会消失或被曲解。

菲利普·海曼（Philip Heymann）曾对公共机构领导人的工作做过精彩的描述，他分析了两种向联邦贸易委员会下达新指令的努力：一次非常成功，指令发出者是卡斯帕·温伯格（Caspar Weinberger）和迈尔斯·柯克帕特里克（Miles Kirkpatrick）；另一次则不太成功，指令发出者是迈克尔·珀楚克（Michael Pertschuk）。[21]1969 年，联邦贸易委员会四面楚歌，同时受到拉尔夫·纳德和美国律师协会的责难。二者一致认为，联邦贸易委员会处理的都是些涉及不公平竞争的小案件，而不是重大案件，且小案件处理得也很糟糕。它在检查纺织品和毛皮制品标签上花费大量的金钱，而不去调查垄断商品的案件。联邦贸易委员会仅有的支持者是小部分国会议员，而他们最关心的是把自己的朋友安排在该委员会中工作。

理查德·尼克松总统任命温伯格为联邦贸易委员会主席，并期望温伯格改变这一状况。可是要达到什么目标呢？联邦贸易委员会到底应该干些什么呢？在这一点上，总统也没有多少发言权。越南战争正在进行，他不会太顾及联邦贸易委员会的前途。温伯格（以及后来的柯克帕特里克）试图寻求一种策略。对一个政治官员来说，一个有效的策略就是列出一系列既可行又能获得支持的任务，即在该机构能力范围内并得到重要支持者支持的工作。一个好的突破口就是重点调查有欺骗性的全国性广告。谁都不会公开袒护欺骗行为——调查这样的案件既不困难，也不需要花很多金钱。该领域的生命力会吸引新的消费者集团的大力声援。重新开展这方面的工作要求排除一些老职员并吸收一些有活力和热情的律师。这一点确实做到了。不久，联邦贸易委员会重新焕发了活力和热情，反击了旺德·布雷德、巴费林、埃克赛德林和利斯特林等人提出的质疑。被查明有欺骗行为的公司被要求对广告进行整改。

迈克尔·珀楚克于1977年成为联邦贸易委员会主席时，他给该委员会的成员注入了献身于消费者运动的热情和信心。他试图利用新法律工具进一步扩大联邦贸易委员会的地盘，特别是利用1975年颁布的一项法律，该法授权联邦贸易委员会颁布并实施那些可保证商业活动公平的法规。（在此之前，联邦贸易委员会只能发布针对单个企业的命令。）珀楚克的共和党前任们已制定了大量这样的准则，但这些准则是在他的任期内成为法规的。他开始针对儿童电视广告（"少儿录像"）制片人采取行动，尤其是打击那些与周六早间动画节目有联系的广告，从而扩大了上述动议权。

珀楚克在制定更加雄心勃勃的策略时犯了两个错误。第一，208划分联邦贸易委员会职员功过的依据是他们在整个行业中的功绩，而不是单单打击某个企业的不法行为。正如第四章所阐述的，律师们倾向于就事论事，而经济学家则喜欢宏观。第二，该策略激起了商业界的广泛反对。如果一个企业被证明发布了欺骗性的广告，那它就很难赢得政治上的同情；而就整个产业而言，只要它们没有任何明显的过错，一旦其成为新的宏观法规管制的目标，它们会很容易就博得同情。更糟糕的是，此类行业包含了在每个众议员选区内都很活跃的小企业：旧车销售商、殡仪馆、药店、职业学校、加油站和眼镜店。大概珀楚克以为旧车销售商和殡仪馆运营商有许多批评者，但他后来发觉他们也有许多支持者。国会大幅削减了他的财政预算，阻挠他制定儿童电视节目的规定，限制他的决策权。里根总统于1980年执政之后，迅速换掉了珀楚克。

罗纳德·里根当上总统之后，联邦贸易委员会又发生了变化。以詹姆斯·C. 米勒三世（James C. Miller Ⅲ）为首的过渡班子提交了一份报告，呼吁应该根据经济效益来评估联邦贸易委员会的政策。这也就是说，要看它们在促进经济发展方面发挥作用的成效和对消费者福利长远的影响，而不要依据简单的法律标准（法律毕竟是模糊的）。对米勒和他的同事而言，这意味着鼓励竞争性市场发挥作用。米勒当上了联邦贸易委员会的主席，开始面对国会的敌意实施报告中的建议。

保持支持者的支持是一种普遍需求，但政治环境会限制机构主管的行动自由度。当这种环境牵涉到客户政治（参见第五章）时，自由度就非常小；当牵涉到利益集团政治时，自由度就会大一些，但仍有限制；当牵涉到企业家政治时，自由度则会更大些。联邦贸易委员会随着所处环境的变化而变化。不断高涨的消费者运动，使得联邦贸易委员会可以与国会中坚持恩赐官职做法的势力断绝保护人与被保护人的关系。在调查欺骗性广告的时候，该委员会与保护消费者利益的企业家结成了最初的联盟，这种联盟的代价并不算高，但当它把这种联盟扩大到制定整个行业的法规时，它发觉不断高涨的保护消费者利益的浪潮已经把一些愤怒的小鱼——小企业及它们的国会盟友——冲上了岸。于是，它们开始重新确定联邦贸易委员会的环境，将该机构置于利益集团政治的旋涡之中。

所有这些都无法避免。尼克松总统本可以任命温伯格之外 209 的人担任联邦贸易委员会主席，此人或许不会像温伯格那样对该机构的人事和任务做如此全面的变动。珀楚克本可以对行动自由的限制做另一番评估，从而可避免国会的敌对反应。里根并不是一定承诺选择米勒或一定支持他提倡的自由市场经济。为什么温伯格、珀楚克和米勒都会如此表现呢？这样的问题需由传记作家——而不是一个组织理论家——去解答。政府机构的主管人员可以在权限范围内做出选择。

策略的种类

部门主管有多种选择，因为与众多工作人员不同，他们所扮演的角色并没有十分明确的界定。他们受到日常事务和同伴期望的制约不大，受到环境和技术因素的左右更少。此外，其任期（通常）短暂意味着许多对他们的嘉奖取决于机构之外的因素——他们的媒体形象、与总统的关系、面对各种问题时在其盟友和监督自身的利益集团间的声誉等。假如迈克尔·珀楚克对其在用户至上主义者中间之声誉的重视程度超过了他对其在国会之地位的重视程度——或许事实就是如此，他在联邦贸易委员会的大刀阔斧就很好解释了。与普通工作人员相比，机构主管的个性更能解释其行为。但是，各机构主管在策略上的差异并不是简单的个性问题。环境和性情相互作用于策略决定。

没有比卡斯帕·温伯格在尼克松和里根当政时期的经历更能说明这一问题了。作为联邦贸易委员会的主席，温伯格一直致力于重建其机构文化；作为行政管理和预算局的局长以及后来作为卫生、教育和福利部的部长，温伯格全力削减预算；最后作为国防部长，温伯格则是一个孜孜不倦的集资者和各种计划的拥护者。

机构主管有多种管理风格，试图列举所有风格或宣称每一种风格都完全不同于另一种，是毫无意义的。这里将列举四种类型并加以说明：辩护者、决策者、预算削减者和谈判者。许多经济学家认为只有第一种类型存在：假如总是越大越好，那么机构主管总会设法最大限度地增加预算。在第十章中我试图对此提出疑问。这一点通常是对的，但并非永远是对的。

辩护者

当里根总统任命卡斯帕·温伯格为国防部长时，那些见过他在行政管理和预算局及卫生、教育和福利部工作的人认为他会成为一个冷静的、注意成本的项目管理者。一个在行政管理和预算局有"削减之王"之称的人接管五角大楼后，保守派们惊呆了。1972年，温伯格为尼克松总统下令大幅削减国防开支进行辩护并预言：今后"我们能够……在国防领域继续保持相对平稳的开支"。[22]同样坐立不安的除了那些国防部鹰派人物，还有温伯格自己带来的副手——许多他在联邦贸易委员会及卫生、教育和福利部任职时的"自由派"人士。

鹰派们错了。不出一年，温伯格就同意大幅而全面地增加国防开支。他支持生产B-1轰炸机——他担任行政管理和预算局局长时放弃过此项目。他不顾朝野上下的批评，全力支持国防开支的增加。同时，他允许对国防部实行分权管理，以保持各军种对于任务确定和装备采购的优先权。

温伯格在担任所有政府公职期间表现出的品性就是对任命他的总统所做计划的极度忠诚。一位记者曾这样描述道:"他的'一贯做法'一直没变:掌握信念,选一条正确的道路,对反对派采取强硬态度,决不动摇,使总统愉悦。"[23]同时,由于温伯格非常精明、始终彬彬有礼,他为其"当事人"的案件进行的律师般辩护通常很有效。[24]但最后,国会撤回了对增加国防开支的支持,白宫的态度也开始模棱两可;由于没有明确的当事人支持,且有一些需要应付的个人问题,温伯格辞职了。

詹姆斯·施莱辛格(James Schlesinger)在国防部也是位辩护者,但原因不同,工作方式也不一样。其建立强大国防的决心不是来自为总统政策服务的愿望,更大程度上是出自对国防态势的细致分析。温伯格是一位律师,而施莱辛格是一位经济学家。另外,施莱辛格时期的总统杰拉尔德·福特的国防目标并没有像温伯格时期的总统的国防目标那么具体。如果说温伯格是在努力实现总统的意愿(这一意愿与温伯格本人的意愿相同),那么,施莱辛格从事的工作就是向总统兜售自己的意愿。作为一位分析家,一方面,施莱辛格使他自己和福特相信尼克松将国防预算削减得过了头,所以重建国防非常必要;另一方面,他还喜欢对重建的细节自做决定,而作为辩护者的温伯格则将这些细节的决定权转交给其他人。施莱辛格为人直率、精明,有些固执,为此他也付出了代价,与国会的关键议员和白宫的主要人物渐行渐远。在其掌管五角大楼两年多之后,福特总统解除了他的职务。[25]

辩护者并非只有在五角大楼才能被发现。1961~1969年,威尔伯·科恩曾先后担任卫生、教育和福利部的部长助理、副

211 部长及部长。即使在担任部长助理期间，科恩在该部也是个大人物，这在很大程度上是由于他把发展和扩大社会福利计划作为终身事业，且尤其重视社会保险和医疗保险制度。在政府内外，科恩为建立一个美国式的福利国家而进行不懈游说。他在社会保障总署任职达 20 年之久；在他不担任公职的短暂时间内，他选择了密歇根大学教授一职，就"尚未满足的需求"著书立说，授课传道。在科恩看来，这些需求中最主要的便是医疗保险。作为卫生、教育和福利部的部长助理，他是为 1965 年通过的医疗保障方案在国会山进行辩护的主要发言人。1965年，他成为该部的副部长，并在 1968 年成为部长后，继续扮演西奥多·马默（Theodore Marmor）所称的"方案忠臣"的角色，为确保其政策得到足够的资助和维护而奋斗。

在卫生、教育和福利部，科恩本来还可以扮演另一种角色。他可以设法管理好该部，重新组建许多部门，削减增加的开支，分散边远机构的权力。对卫生、教育和福利部官员工作所下的定义，事实上在 20 世纪六七十年代的不同时期曾被约翰·加德纳（John Gardner）、罗伯特·芬奇（Robert Finch）、埃利奥特·理查森（Elliott Richardson）、卡斯帕·温伯格、戴维·马修斯（David Mathews）和约瑟夫·卡里法诺（Joseph Califano）所接受。但是，正如上述部长所发现的，管理卫生、教育和福利部是一项让人望而生畏的工作。像今天的国防部一样，卫生、教育和福利部与其说是一个机构，倒不如说是一个由许多独立机构组成的联合体，有些机构目标模糊或相互矛盾，还有些机构是由有权势的人主政，这些人得到专业同行们强有力的支持和高额行政经费预算的扶持，而且大部分预算都由法律来管理，部长对其几乎没有任何控制权（这些便是所谓的"授权计划"，如社会保险和医疗保障计划）。另外，卫生、教育和福利部的许多工作不是他们直接去干，也不是他们自己去完成，而是在州和地方政府的帮助下由像医疗保险公司那样的私营机构间接完成。[26]

没有任何一位部长真正"管理"过卫生、教育和福利部（现在改名为卫生和公众服务部）。那些曾试图进行管理的部长发现那是令人感到挫败的经历。埃利奥特·理查森在辞去卫生、教育和福利部部长之位不久后告诉我，那段经历让他开始钦佩菲德尔·卡斯特罗——他能够将成千上万的人召集到一个城市广场上，让他们站在那儿聆听他四个小时的演讲，然后离开，并按照他吩咐的去做。理查森想对卫生、教育和福利部的雇员们发表一次"卡斯特罗式的演讲"，但毫无疑问，他或其他任何人都无法做到这一点；即使他能做到，雇员们也不会改变自己的行为方式。威尔伯·科恩的策略——做一个筹款人和政策拥护者——既适合他自己的性情和信念，又不抵触该工作的约束因素。

决策者

罗伯特·麦克纳马拉作为国防部长是一位决策者。他认为国防经费预算不能依照总统的政治偏好来决定，也不能以各个部门相互捧场来确定，而应该有种规矩：开支匹配"适量"的部队和武器，以实现国防政策的既定目标。麦克纳马拉明确地拒绝扮演以平衡各军种之间的利益来维持该组织的角色，而明确接受作为一位领导人的角色，去研究问题、收集数据并果断行动以解决问题。[27]

毫无疑问，麦克纳马拉带来了变化。1961～1965年，战略武器（轰炸机和导弹）所占国防预算的比例由27%降至12%；

212

空军和海军（尽管持反对态度）联合开发使用 TFX（F－111）战斗机；重新组建了五角大楼的供给系统。但是，麦克纳马拉运用的方法——"理性的"、"定量的"分析——并没有帮助他们发展并领导一支陆军；许多批评家认为，这种方法在越南战争中使用时就已被证明十分糟糕。[28]

约翰·加德纳在担任卫生、教育和福利部部长时是一位决策者。他最喜欢的决策工具就是重组。像他这样的人有很多。在 20 世纪 60 年代，新建立了 270 个联邦机构，另有 109 个被撤销，61 个被并入其他机构，109 个变换了名称。1953～1970 年，教育办公室被重组 6 次，而食品和药物管理局被重组 8 次。[29] 这种重组有些是为了适应新的法规，但多数重组就是不同的部长为提高他们掌控下属的权威所做的投入。1965～1968 年担任部长的加德纳还有另一个进行重组的原因：据乔治·格林伯格披露，加德纳认为重组给人们带来的挑战同时会激励他们。[30] 在来卫生、教育和福利部之前，加德纳曾著书阐述"优秀"在社会和个性中的重要性，以及刺激人们取得更大成就的必要性。[31] 然而，他推行的许多重组，尤其是在卫生领域，却适得其反——导致一部分下属不知所措、士气低落，同时使另一部分下属无所顾忌地按照过去的方式办事。[32]

卡特执政前期的卫生、教育和福利部部长约瑟夫·卡里法诺也是一位决策者。他与加德纳一样进行了重组，但与加德纳不同的是，这种重组不是为了刺激，而是为了强化部长的权力。他牢牢地握住权力的缰绳，并坚持自己做关键决策。[33] 像他的政治老师林登·约翰逊一样，卡里法诺信奉激进的政府和激进的领导。同样，他也希望他的下属能随时待命，并全力完成上司在政治和媒体上的需要。许多部长被迫接受白宫政治官员指派的副手，而卡里法诺不一样，他在卡特政府开始正式接手之前就任命了他自己的人。卡里法诺成功地做出了下面的决定，并成功地让该部的政策留下他的印记——一项（不幸的）医院开支控制计划、一场禁烟运动和一个对残疾人所提要求的答复。对坚持要当一个真正的部门领导的人——而不仅仅是个代理人的部门负责人——来说，这样做好比是在不系安全绳的情况下完成令人目眩的高空荡秋千动作。这样做明显存在一个危险：他可能会摔下来。他真的摔了下来，卡特解除了他的职务。

成功的决策者应该能够将三件事结合起来，即要求机构完成工作的清晰愿景、有效地传播这一愿景以及激励主要文职人员开始执行的能力。威廉·克里斯托尔把这称为"战略性管理"。[34]他以三位由里根任命的官员为例进行了阐释，这三个人是：全国人文科学基金会主席和后来的教育部部长以及毒品"沙皇"威廉·贝内特（William Bennett），联邦贸易委员会主席詹姆斯·C.米勒三世和美国改善邻国关系委员会主席托马斯·波肯（Thomas Pauken），他们每个人都获得了成功，其成功意味着使官僚机构为实现机构主管的目标而有效地工作。

贝内特转变了全国人文科学基金会的初衷，即从资助克里斯托尔所说的"最肤浅和最时髦的计划"转而支持传统意义上的人文学科计划。米勒结束了珀楚克掌管联邦贸易委员会期间对儿童节目的重视，转而攻击对经济竞争的限制（尤其是政府确定的限制）。波肯使美国改善邻国关系委员会放弃了对被他认作"新左派"社团组织的计划的支持，转而资助志愿者和自助计划。克里斯托尔将这些改组的成功与安妮·伯福德（Anne Burford）重建环境保护局的失败做了对比。伯福德知道人们期望她应该做些变动，但究竟朝哪个方向变动，她也不太清楚，只知道应该做一些"亲商"事业。结果是，她只好采取"以不变应万变"——放慢行动速度，采纳那些最不"反商业"的提案以及削弱环保局执行人员力量——的方式与民事部门和利益集团的建议对峙。

早在里根执政时期就任职教育部高级官员的克里斯托尔说，这些保守策略的成功案例是由那些感觉自己缺少来自白宫的明确指导或有力支持的官员个人执行的。那些希望改组其机构的保守派人物经常很难找到或建立一支能支持他的队伍，因为大多数机构的支持者是与该机构扩张有利害关系的集团。但是，缺少支持者不一定是致命的。关于这一点，预算削减者的例子可以充分说明。

预算削减者

如果一位公共机构的主管人员想削减其机构的开支或强制减少其活动，他就可能会缺少一个有组织的支持者，但拥有一个很大的优势：国会对想缩小规模的机构比对寻求扩大规模的机构的影响力要小。

卡斯帕·温伯格在卫生、教育和福利部时曾试图做一个预算削减者；刘易斯·约翰逊（Louis Johnson）和梅尔文·莱尔德在国防部时是预算削减者。莱尔德的情况更具启发性。当尼克松明白美国在越南的战争行将结束、军费开支必须削减时，总统求助于一位经验丰富的国会议员，请他出任国防部长。民主党参议员亨利·杰克逊（Henry Jackson）谢绝这一邀请之后，共和党众议员梅尔文·莱尔德接受了这一工作。

按照理查德·斯塔宾（前国防预算分析家）的说法，莱尔德将给收缩机构规模这一不值得羡慕的工作带来许多新的品格，例如与国会议员保持良好的私人关系，细细磨炼谈判技巧，宽宏大度地给予各军种自主权以及"遇事掩饰个人观点的非凡能力"。[35]他花大量时间与人交谈，利用他的魅力恢复在罗伯特·麦克纳马拉时代遭到破坏的国防部文职人员与军官之间的友好关系。结果，他设法把五角大楼的预算降低到了比越南战争升级前还低的水平（以实际币值计算）。他与国会议员们保持良好的私人关系，并且在严格的预算上限之下让军官们自行决定武器和人事问题。他把这二者结合起来，从而实现了自己的目标。结果是，他把支持者施加的压力减到了最低程度（在这种情况下，海军上将和陆军司令私下到国会为其计划辩护）。四年之后，一位敬重他的国防部分析员对此做了这样的总结："他（莱尔德）实现了所有他想实现的目标，而且从未有人向他表达过不满。"[36]

与军队相比，许多民用计划能够获得更大的支持者集团，这些集团自卫意识更强且政治影响力更大。但这些计划有的照样会遭到预算削减，正如艾琳·鲁宾（Irene Rubin）在她一本名叫《压缩联邦政府》的书中解释的那样。[37]她描述了里根时代遭到经费削减的五个联邦机构：卫生计划局、就业和培训管理局、城区发展规划署、城市公共交通管理局和人事管理局。她发现机构主管人员的领导方法和支持者的压力都会起作用。

信奉里根哲学的政治官员在这五个机构中任职，他们也将各自机构的决策权集中到自己手里。尽管有两个机构成功地抵制了某些削减，大多数机构都接受了白宫削减开支的行政命令。与某些政界批评家所预言的相反，"在执行政策的过程中，专业官员拖后腿的情况很少（假如存在的话）"。[38]某些专业官员辞了职，因为他们不喜欢这些新的削减政策；有个工会曾试图阻止裁减人员；一个机构的某些职员向负责检查该机构工作的

215

官员控告了政治官员的不道德行为。但是，从总体上看，这些文职官员都服从了命令。

在拥有强大保护集团的机构中，经费削减遭到最有效的抵制。从城市发展和公共交通拨款中获得实惠的城市和私人行业，可以动员国会中的盟友阻止对城区发展规划署和城市公共交通管理局的预算削减；相比之下，人事管理局和卫生计划局没有保护集团，就业和培训管理局则疏远了它自己的保护集团，因此，这些机构的预算就遭到了削减。[39]缩减并非没有代价。缩减必须付出政治资本，有时对职员的士气也会产生破坏性影响，但是，与那些认为政府机构扩大规模不可避免的人的观点相反，削减还是可以做到的。

谈判者

许多（如果不是绝大多数的话）政治官员并不是成天致力于增加或削减经费预算，或忙于做出改变使命的决策。相反，像大多数私人企业的管理人员一样，他们也寻求通过与各种内部和外部支持者谈判，维持其组织，减少压力和不确定因素，提高组织的健康水平，应付一些关键问题。在福特执政时曾担任劳工部部长的约翰·邓洛普向来访者说出了其他政治官员想说的话：一个庞大的政府机构就像一座"巨大的冰川"，它既不会被融化也不会让道，只好选择"劈开"它。

邓洛普决定选择五个方面"劈开"，其中有两个方面是关于"维持"的，三个方面是关于"政策"的。两个关于"维持"的问题涉及重新获得两个主要支持者——劳工界和工商界——对劳工部的支持并减少参议院劳工委员会成员对劳工部的控制权。劳工界的支持在尼克松执政时减弱了；恢复它，需要劳工部与劳联－产联主席乔治·米尼（George Meaney）修复关系。工商界的支持几乎就不曾有过；相反，劳工部与工商界一般处于敌对状态。为了改变这一现状，邓洛普任命了一位支持共和党的工商界领袖担任劳工部副部长，让他负责劳工部的管理，并设立了一个工商业咨询委员会，为邓洛普提供劳工问题咨询。参议院某种程度上的控制是不可避免的，但邓洛普对劳资关系有详细的了解（他曾在哈佛大学讲授这门课并有多年调停的经验），因此，与许多经验不足的官员相比，他在应付国会的压力方面有优势。

216

关于"政策"的问题涉及职业安全与健康管理局的管理、新退休金法案的实施以及为工商界和劳工界就一个法案进行的争吵找到解决办法，该法案允许工会在任何一位承包人员成为外部骚扰的目标时，可以用栅栏把整个工地围起来。

职业安全与健康管理局是劳工界（认为它太软弱）和工商界（认为它经常越界且蛮不讲理）之间争夺的一个焦点。福特总统经常为此一筹莫展。邓洛普试图同时满足劳工界和工商界的要求，便指派一位有魄力的人进入职业安全与健康管理局的领导层，同时对一项法案予以支持——该法案要求职业安全与健康管理局在指控公司违法之前当场向它们指出问题（不过该法案未获通过）。1974 年获得通过的新养老金法案为私人退休金计划设定了联邦标准。这是一部冗长的法规，而更复杂的是它授权劳工部和司法部均承担管理职责。不久，邓洛普就发觉自己不得不参加无休止的会议，以诠释该法律的条文，批准实施它的条例，解决司法部与军工部门之间的法律纠纷。在劳工界进行十多年的斡旋之后，在工商界反对的情况下国会通过了"普通工地警戒法案"。邓洛普原以为福特总统已私下同意签署该法案，可是，强大的政治压力（包括工商界扬言在 1976 年的总统初选中支持里根来威胁福特）致使福特否决了该法案。邓洛普感到他在劳工界已信誉扫地，于是辞职了。

邓洛普是一位精明老练的谈判专家，他在首府华盛顿的职业生涯在大多数政治官员的经历中颇具典型性：短暂、有选择性、压力重重。邓洛普本来可以只承担部长应操心的几项任务，而这正是许多局外人眼中机构主管的职责。他很少顾及职业团（Job Corps，一个被认为是培训长期失业、需要救济的失业人员的机构），以及就业培训管理局、工资工时司、联邦合同合规项目办公室（致使女权运动组织抱怨他不关心民权）。邓洛普承认所有这些部门都存在问题并需要帮助，但他只有有限的时间和政治资本，他和财政部部长布卢门撒尔使用了几乎完全相同的句子："你必须决定把精力放在哪儿。"[40]

217 小结

政府机构主管很少把精力放在行政管理事务上，因为机构是否管理得当并不是对自身评价的主要指标，主要还是得看其所推行政策的成功与否。对邓洛普的评价就取决于普通工地警戒法案的命运，对布卢门撒尔的评价则取决于利率和美元价值变化。人们不会因为以出色的管理著称而获得回报。所以，应该在此重复一下本章开头提出的观点：在政治上，维持机构主管地位和维持组织本身完全是两码事。在这种情况下，如果高级政府官员在管理其部门方面花费任何时间，都将是令人吃惊的。

少数有才华的政治官员能够把维持他们自己的地位和维持其组织的地位融合在一起。由于他们具有非凡的才能，再加上他们当政时有幸碰上了良好的政治环境和有利的氛围，以至于环境本身实际上成了不折不扣的支持者。海曼·里科弗、J. 埃德加·胡佛和罗伯特·摩西（Robert Moses，纽约的公路建筑大师）都采用了尤金·刘易斯（Eugene Lewis）在一部关于公共企业的论著中提出的方法，从而取得了这样的功绩。[41] 很少有人具备他们为其机构争得自主权的那种能力：他们都在自己周围筑成了一道"与政治无关的屏障"[42]，使他们在维持其机构运转的同时，得以推行他们的计划。

那些不仅维持而且改变其机构的主管人员所做的工作不局限于获取支持者的支持，他们还会对机构的任务、文化和重要性描绘出令人向往的远景。最出色的公共机构主管人员都会赋予其组织一种价值观，并让别人相信，这种价值观不仅对其机构本身有用，对所有公共机构也都有用。

第十二章 改革

　　在第二次世界大战结束后的40年里，美国陆军对其军事思想至少做过4次重大修订。第一次修订完成于1958年，改编了作战师的建制。在欧洲战场上逐步形成的传统编制为17460人，分为3个团（或旅），团又分为几个营。每个师都配备大量的车辆（坦克和卡车）和自己的防空部队。在这种建制下，一个师自己就能够向敌军发动集中而猛烈的攻击。

　　新的建制称为"五群制"师，较之前有很大变化。这种建制人数减少了（为13748人），分为5个作战群，而不是3个团，不设营，减少了车辆数量，撤除了师属防空部队。新建制设置的独立作战单位有利于在分散的地区性防御中独立作战。核武器在战场上的应用导致旧的建制已不适应新的作战形势，是这次改编的基本理论根据和战术思想；调用大规模军事力量对一个特定区域进行防御，很可能会成为核袭击的目标。那些认为陆军总要为决战做准备的怀疑论者，都被15个师改编为新的五群制的速度弄得不知所措。

　　然而只过几年，陆军的主管人员对五群制也不满意了。由于通信设备不足，即使在最好的情况下都难以指挥这种新建制的部队，而要在实战中进行指挥几乎是不可能的。车辆减少了，又很难调遣作战群。因此，20世纪60年代初出台了一种新的作战思想，即重组实战陆军师。这种陆军师恢复了从前对机械化装备的强调，以及与"五群制"相对的"三旅建制"。

20世纪70年代初，陆军再度改变其作战思想。五群制师尚未解决的问题依然存在：一支部队怎样才能抵御兵力比自己强得多、装备也更加精良的敌军？同时，新的问题也出现了。越南战争以及将军们越来越多地乘直升机，对着下面在森林中步履蹒跚的步兵发号施令，导致许多军官士气低落。1973年的第四次中东战争显示了反坦克导弹和地对空导弹等高精度杀伤武器的威力。新的作战思想被称为积极防御，它试图用改变思想而非改变建制的方式来解决上述问题。在这种新的作战思想指导下，陆军指挥官开始重视防御（陆军的传统是以攻为主），并积极利用快速机动来保证部队的攻击力。此外，这一作战思想还相当详细地规定了各级指挥员应尽的职责。

与五群制一样，积极防御的思想也是有争议的。这种新型的防御战略要求具备一定程度的协同行动，而且实践证明，在训练时这种协同行动很难做到，在实战中也不可能实现。此外，军队内外许多持批评态度的人认为，这种作战思想建立在对苏联战略的不切实际的假设基础之上。如果苏联不采用其在第二次世界大战中使用的集中火力发动进攻的方法，而改用灵活的、向纵深推进的进攻方式，那么在新的美军作战思想指导下，这种薄弱的运动式防御就会被彻底打垮。于是第四次改革便呼之欲出了。

一种被称为空地战的新理论在这次改革中诞生了。20世纪80年代初颁布的新实战指南曾推广这一理论。空地战主张美军进行敌后反击来展开攻势，重新重视进攻战术。这种深入敌后进攻的思想旨在破坏苏军第一波增援部队的攻击力量。要实施这一理念，陆军必须具备发现并摧毁距前线数英里的敌军坦克的能力，而这样做本身又意味着陆军必须配备极先进的雷达、计算机和导弹。在能够生产这些武器装备之前，这一作战思想要求陆军与空军必须达到一种前所未有的协同作战水平。在这种形势下，会出现更多的作战思想和建制方面的变化。

从一个层面上看，自二战以来美国陆军的历史很难为大家所普遍认为的，官僚机构是一成不变的这一观点提供证据。在作战思想以及一定程度的组织结构方面，可以说自 1945 年以来除了改革就几乎没干过别的。这一点并不是仅在当今时代才有的。拉塞尔·韦格利（Russell Weigley）在其有关军队历史的著作中就记叙了不少随军队规模和任务的变化而改编的实例。[1]

然而，深层次的改革却不多。正如凯文·P. 希恩（在其对陆军四次作战思想变革的一项研究中所阐明的那样，陆军把自身在战略战术上的变革局限在筹划抵御苏联对西欧的侵略上。每一次作战思想和结构的改革都假想陆军应准备参加一场发生在德国平原上的常规战争，但这期间并没有发生类似的战争。而陆军却在朝鲜、越南、多米尼加共和国以及格林纳达打了几仗，并且面临还要在中东和中美洲打仗的危险。但是，对于这些实际的或可能爆发的战争，陆军并未做出同样的反思，对待可能发生在欧洲的战争可不是这样的。[2]结果是，陆军的改革主要局限于寻找某些方法，以充分利用它自身及其敌人在巴伐利亚可能使用的那种武器的新技术成果。[3]

1930 年以前的和平时期，美国海军陆战队是一支小型部队，只是担负海军舰艇以及美国大使馆的警备任务；在战争期间，也只是充当占领中美洲各国的临时部队，以来对付这些常被首府华盛顿的政治家们称为"香蕉共和国"的国家。海军陆战队确实曾转战于蒙特祖马的官邸和的黎波里沿岸，但这些不起眼的战争历史，都不会促使局外人预料到海军陆战队即将发生异乎寻常的变化。1940 年，海军陆战队发生了根本的变化，从海军常规步兵部队变成了能对防守严密的太平洋岛屿发动水陆两栖进攻的部队。富勒（J. F. C. Fuller）后来写道，这些水陆两栖作战行动是战争中"最具有深远意义的战术变化"。[4]

要认识这一重要的改革，我们必须了解 1912 年占领尼加拉瓜与 1945 年占领硫黄岛这两次战争的不同之处。对于第一场战争，几个海军陆战连乘舰艇从平时使用的码头登陆，在几乎没有遭遇任何抵抗的情况下就占领了尼加拉瓜首府，升起了美国国旗。对于第二场战争，几个师的海军陆战队员向设防严密的海滩发起猛攻，空军和炮兵协同作战打击战壕中的日军，并展开了长达几个星期的肉搏战。史蒂文·罗森在历史著作中对这一军队的变化进行了深刻分析：不仅要在技术上，也要在精神上征服诸多困难；要创建一个组织，就要对该组织进行训练并提供装备，培养一批有能力并且愿意在不可能偷袭和没有隐蔽条件的情况下冒着猛烈炮火向敌人发动攻击的士兵。[5]为了协助士兵，需要设计和配备专门的登陆舰艇，并建立一支海军航空兵。很多海军和海军陆战队军官不相信该计划能够实现，并且持反对态度。

其实早在 1905 年，就曾有人提议建立这样的一支部队并给出了充分理由：如果海军要在太平洋作战，就必须拥有前方基地。不能假设在战争期间可以轻而易举地控制可供使用的基地，因此必须组建一支能够强行占领这些基地的部队。但自 1905 年至 20 世纪 30 年代初，一直没有发生促使海军陆战队放弃原有任务而承担不同的新任务的事件。考虑到人们常常谈及的组织机构的惰性，有充分的理由预料，在对日宣战之时，海军陆战队对进行水陆两栖战争可能是毫无准备的。回想起来，这种作战方式对取得胜利有着决定性的意义。

罗森对海军陆战队发生的变化所做的解释，并没有为我们提供一种关于改革的全面理论。但这些解释也有优点，那就是记录了客观事实。海军陆战队内部领导层中的一些有识之士是改革的倡导者。他们得到了关键的指挥官——海军陆战队司令约翰·拉塞尔（John Russell）的支持。这位司令为新使命的倡导者创造了两个重要的有利条件——某种程度上的行政自主权（新组建舰队的形式）以及一系列激励措施（新晋升机会的形式）。充满活力的年轻军官有了一位高层指挥官的保护并受到诱人前途的激励，事情便开始发生变化——拟定了训练计划，举行了军事演习并研制了武器装备。1933～1934 年，海军陆战队开始走上改革的道路。至 1941 年战争爆发时，这支部队已经做好准备把新的作战理论应用到实践中去了。[6]

改革与任务

公共机构会抵制改革，对于这一点，我们不应该感到意外。机构本来就是与改革相抵触的。因为，设立机构的主要目的就是为了用稳定的组织惯例替代自发行为中的不确定预期和无序活动。标准作业程序并不是机构的敌人，而是机构组织的精髓。[7]在一些易于按公正原则（至少是表面上的公正）要求办事的政府部门，保持稳定和惯例特别重要。正如美国国内的情况那样，案件 B 的处理方式不同于案件 A，选区的一些人通常要求解释为什么采用与先前不同的处理方案，因此，人们就十分自然地竭力避免造成任何有可能违反先例的行为。人所共知的一句官僚界格言就是："千万别做别人没有做过的事情。"如果组织机构的工作人员具有强烈的使命感，那些向此机构提供拨款的政治领导人就会全力支持，这时候，改革的阻力也就更加强大。

需要声明的是，我所说的改革并不是出现新的计划或技术，而是出现新的方法，这些方法与新任务的实施或者完成现有任务有关。如果改革有助于按照现存的管理体制执行现有任务，各个部门都会欣然接受（至少不会强烈抵制）。陆军并不阻止用卡车替代马车。然而，令人惊奇的是，许多其价值在外人看来是显而易见的技术发明却遭到不同程度的抵制，就是因为这些技术发明改变了工作人员的工作性质和管理人员的控制形式。新发明和生产的后膛装填式步枪和机关枪极大地增强了陆军的火力。但是，火力的增强却迫使指挥员要么将步兵在战场上分散开来，要么让他们在战壕和掩体内隐蔽起来。前一种反应要求建立分散的指挥系统，后一种则允许他们保持统一的指挥。正如我们在第二章中所看到的那样，普鲁士（以及后来的德国）陆军对采用分散的指挥方式比法国和英国陆军准备得更充分——第二次世界大战证明德国所采取的做法是正确的。[8]

侧重于维护现有任务的性质常常促使官僚机构采用新技术，却意识不到这些技术的重要意义。坦克出现于第一次世界大战期间，陆军并未对这种新机械置之不理，他们大量购进——但只是为了采用更有效的方式完成一项传统任务（即骑兵侦察）。当一些国家的陆军（但不是多数）认识到坦克并不是一种机械战马，而是代表着一种全新的作战方式时，真正的改革才出现。在欧洲，德国人最先认识到这一点并创立了装甲师和闪电战理论。同样，许多国家的海军在第二次世界大战之前就购买了飞机，但大多数仅将其视为一种改进了的侦察手段。因此，用弹射器将第一批飞机从舰艇上发射升空，其目的是为了扩大舰长的视野范围。后来，人们认识到指导飞机作战是一种新的海战形式，快速行动的特遣舰队的航空母舰上已经部署了飞机，直到此时才出现组织建制的改革。

与现有任务性质相一致的改革会被人们所认可，而要求改变任务性质的变革都将遭到抵制——这一事实有助于我们理解第二次世界大战后美国陆军战略思想的变化。1944～1945 年，在欧洲进行的成功的地面作战是陆军指挥官的荣耀。根据对北大西洋公约组织承诺的义务，美国政府可在德国保留一支陆军部队，反过来，政府的承诺又增加了陆军在军费预算中所占的份额。此外，根据这项承诺，陆军的各个兵种——步兵、装甲兵、炮兵以及航空兵——都有不同的任务。以欧洲为工作重心的理念满足了陆军军费拨款和政治支持的组织需要，延续了第二次世界大战中所形成的职责和作用，最大化地减少了各兵种间的摩擦。与此相反，为适应中美洲、中东或东南亚的中小型战争需要而提出的对陆军结构或作战思想的改革，都会成为上述组织需要的威胁：不能提出任何与北大西洋公约组织成员国的义务同等的政治义务；必须说服那些未经第三世界国家非常规战争考验而晋级高升的将军接受这些观点；不得不在各兵种间做出艰难的选择——因为在洪都拉斯的丛林中不需要重型坦克，在格林纳达的街头上也不需要重型大炮。

年轻的海军陆战队军官在创建海军陆战队舰队方面所取得的巨大成功验证了，赞成与现有任务及组织形式相一致的改革的重要性（海军航空兵在创建航空母舰特遣舰队方面取得的巨大成功也是一个例证）。我们还将进一步分析如何实现这些似乎是不可能的且实属罕见的成功。

对改变任务性质的改革进行抵制的趋势，并非仅存在于军队或政府部门。以电子计算机为例，在有些公司中它得到迅速推广，而在另一些公司却受到抵制。不详尽了解这些公司的核心任务，就无法真正理解为什么有的公司很早就购买了计算机，而有的公司却拖到很晚才购置。如果核心任务是写东西、文件归档或计算，计算机会被视为一种速度更快、效率更高的工具而得到使用。这是一种改进，而不是变革（此词在本书中的含义）。例如，百货商场会很快购置计算机以提高账目结算的效率，但计算机在库存管理方面的应用却进展缓慢。正如哈维·萨波尔斯基（Harvey Sapolsky）所阐明的，其原因是，商品库存的管理涉及商场的核心任务，也就是商场进货员（这类人员负责供应一系列商品，如运动服、低档服装、男子服饰等的采购和展销工作，并因此可分得提成）的核心任务。如果从商品库存管理的层面上购买计算机，就会把进货品种和进货量的决策权从进货员——历来几乎完全自主的商人——的手中移交给经理及其助手，从而将改变进货员的工作性质。[9]最终，倡导使用计算机的人士获胜，进货员的权力遭到了削弱。

一项改革倡议将会在何种程度上为人们所接受，取决于确定核心任务的方式。认识这一点，有助于我们正确理解人们对政府机构，特别是军队的评价，即经常过分追求最新技术。与拉尔大·莱普（Ralph Lapp）一样，詹姆斯·法洛斯（James Fallows）就军队的军需品采购进行责难。[10]另外，小查尔斯·沃尔夫专门研究了在提供服务的途径上是以选择市场为标准还是以选择政府为标准。他的研究工作很出色[11]，并且断言，对于一个官僚机构来说，"新的和复杂的便会受到青睐"。其实，只有当一项新的先进技术与现有任务不抵触的时候，才会如此。

224

（空军总是想得到性能最好的飞机，即使是不够先进的飞机能够更好地发挥作用时也是如此。比如空军当年就反对在越南战争中把低速螺旋桨飞机当作武装直升机使用。）然而，就像保罗·斯托克顿（Paul Stockton）在其关于美国军方研制新战略武器方面之做法的研究报告中所阐明的那样，倘若新的技术要求重新确定组织的核心任务，那它就一定会遭到抵制。[12]

一个能够允许改革出现并延续下去的特殊环境是学校。在对过去五十年的教育"改革"进行评论时，迈克尔·柯斯特和盖尔·迈斯特写道，人们很容易接受并延续一些改革，如职业教育、驾驶员培训、阅读补习课程、卫生知识教育、教具的使用、午餐安排、学业和专业选择的咨询服务、移动式教室的安装，以及为英语差或学习有困难的学生设立特殊班级等。与此相反，有的变革要么从未立住脚，要么就是昙花一现，如教师集体授课、因材施教、使用机器进行程序化教学、"新数学"课程以及课堂广播电视教学等。[13]

军队接受或反对某些改革的原因已经有所阐释，由此应该不难理解某些改革被公立学校采纳或反对的原因。只要不改变教师的核心任务，教育改革就会延续下来，而要求对这些核心任务做重大改变的则会步履蹒跚或消失殆尽。学校接受了"补充"性的改革，特别是当这些改革附带更多拨款和得到有影响力的集团的支持时。学校决定增设驾驶员培训课程，聘任一位咨询人员，提供午餐或为在阅读或学习上有困难的学生设立新班，此时教师不必改变他们正在从事的工作。如果他们被告知要用一种新的方法教授数学课、与另一位教师共同授课、用计算机授课或因材施教，他们就必须改变正在从事的工作。[14]

真正的改革（即重新确定核心任务）在学校可能会特别难

以实行，原因是很难观察到教学活动，教学效果亦难以评估。正是由于这些原因，我在第八章中把学校称为应付型组织。然而，教师工作中有些方面是可以加以监测的，而那些实力雄厚的支持者若希望改变这些方面的教学，他们是能够做到的。譬如，将规定和保证某些学生权利（与诸如纪律问题相关）的传统做法强加于学校，这种做法相对来说是易于成功的。但这并不是因为教师们欢迎这一改革（他们往往对此是反对的），而是因为实力雄厚的外部集团坚持要求进行这方面的变革，而且，学校是否按要求实行变革是会受到监督的。

225

政府机构一直在改革，但最常见的改革是补充性的，即在未改变核心任务或组织特性的情况下，在现有任务的基础上增加一项新的工作。国务院接受了加强美国使馆安全防卫的任务，其做法是增设一个专门负责此项工作的部门。正如我们在第六章中所看到的那样，这种补充性改革并未明显地改变外交官的行为方式（因此使馆的安全亦无大的改进）。过去的联邦麻醉品管理局改成麻醉品和危险药品管理局之后，其核心任务（拘捕海洛因贩子）之上又增加了监督合法但易于滥用的药品（如氨基丙苯）的销售这一新任务。然而，麻醉品管理人员的日常工作并未改变，新任务交给了一个由新工作人员组成的新下属机构。该机构仍保留着以麻醉品管理人员为主体的组织文化，新任务（常被戏称为控制"儿童药品"）则留给了那些职位较低而且（长期）极少有晋升机会的雇员去承担。[15]在约翰·F. 肯尼迪总统要求陆军提高游击战能力之际，这一任务（不情愿地）交给了一支新的"特种部队"。由于总统强有力的领导和支持，这支部队才确立自己的使命，但这一使命多年来一直被视为整个陆军系统中的外围

（和次要）任务。

真正的改革是那些改变核心任务的变革；大多数变革仅仅增加或改变了外围任务。这些外围的改革往往是针对部门的外部环境要求做出的一种反应。许多观察家发现，大多数教育方面的变革（这些变革无论是否真正地改善了现状，都似乎被称为"改革"）都是政治制度强加给学校的。军队的许多重大变革也是对政治要求做出的回应。空军的一些主要将领最初都不愿意研制洲际导弹；[16] 海军对是否需要潜射导弹的计划也一直拿不定主意；[17] 陆军是屈从于总统的要求才创建反叛乱部队的。外部力量——科学家、工程技术人员、非军事理论家、国会议员和总统助理——都敦促军队将一些最初似乎与其核心任务毫不相干（或者与这些任务相冲突的）的计划划入自己的使命之中。

有时，一个机构内的主管人员会引发一些边缘性变革。在许多种情况下，他们能否成功取决于其是否有能力让别人相信这些变革只是小打小闹，而不会危及后者的核心利益。尽管有人说比利·米切尔（Billy Mitchell）将军使海军感到惭愧进而承认了飞机在军事上的潜在威力，但其实海军从一开始就对飞机有着浓厚兴趣。[18] 争论的焦点是飞机将发挥什么样的作用。海军的组织文化——以水兵和战列舰为主的思想——通常仅仅是把飞机视为一种侦察工具。海军航空局首任局长威廉·莫菲特（William Moffett）少将忍痛放弃了这种思想。作为一名前战列舰指挥官，他的资历让他深受海军军官的拥护。他赞同把飞机用作战列舰侦察工具的设想，并提出，只有把飞机部署在与战列艇协同作战的航空母舰上，才能更有效地发挥其侦察功能。然而，莫菲特开始不动声色地（如果不说他是秘密地）

推行了将海军航空兵建成一支独立于战列舰作战的打击力量的计划。他是在一些机密的备忘录中完成这一切的。他设法使建造高速航空母舰的合同获得批准，并插手军官的提拔以落实大批飞行员的晋升。（至 1926 年时，已有 4 位海军将军、2 位海军上校和 63 位海军中校曾是飞行员。[19]）他干得十分出色，在珍珠港事件爆发前一年就已经有了 10 艘高速航空母舰处于建造中。

然而，要是没有珍珠港事件，航空母舰特遣舰队可能永远不会成为美国海军水面作战的主力。但在 1941 年 12 月 7 日之后，便别无选择了。5 艘美国战列舰被击沉或退役。要在太平洋进行海战，除了调动航空母舰别无他法。[20]

边缘性改革通常有可能被轻易地推翻。这一事实有助于解释军备控制谈判中一个令人费解的问题。当里根总统就裁减欧洲中程核力量条约与苏联进行谈判时，苏联人要求在欧洲禁止部署任何陆基巡航导弹。这种导弹是一种高精度、低空飞行的制导武器，既能携带常规弹头又能携带核弹头。几乎不可能辨别带核弹头和不带核弹头的陆基巡航导弹。许多战略家都认为，非核弹头的陆基巡航导弹对欧洲的防卫是至关重要的，因为利用非核弹头可以对远离前线的苏联指挥机关和集结的装甲部队发动反击，美国飞行员也可免于冒生命危险。但是，当参谋长联席会议被问及他们各自对陆基巡航导弹的看法时，他们表示不反对签订一项禁止使用这种导弹的协议。这些高级军官为什么要放弃政治家们千方百计才说服欧洲人接受的武器呢？我的推测是：陆基巡航导弹未曾被任何军种视为其核心任务的组成部分——它既不是空军的飞机、海军的舰艇，也不是陆军的坦克。

机构主管与改革

　　无论改革触及的是核心任务还是边缘任务，是外部强加的还是自发产生的，想要弄清楚改革产生的原因，都需要了解机构主管的行为方式。在维持一个机构正常运转的人中，唯有最高领导人才能判断该机构应对哪些外部压力做出反应；他们必须在部门内部各竞争势力之间掌握平衡，也必须决定，是应保护那些一心倡导改革的管理人员，还是对他们置之不理。几乎每一项有关官僚机构改革的研究都表明了机构主管在解释改革方面所具有的巨大作用。[21]譬如，杰拉尔德·哈格（Jerald Hage）和罗伯特·迪尤尔（Robert Dewar）曾经选取中西部某城市的16个社会福利机构的改革案例进行研究，他们发现，机构负责人对改革的信念比部门的结构特征更重要。[22]如果约翰·拉塞尔不曾是海军陆战队的司令，或者说，威廉·莫菲特不曾是海军航空局的局长，那么海军陆战队和以航空母舰为基础的海军航空力量就不会在那个时候出现。

　　我认为，正是这个原因，导致有关改革理论的研究进展不大。改革不仅仅在性质上差异颇大——试图用一种理论去解释它的一切，就好像试图用一种医学理论去解释所有的病症——而且改革是如此依赖机构负责人的兴趣点和信念，以至于任何一个颇具改革精神的人的偶然上台对改革做出解释都具有极重要的意义。然而，要在这种"偶然现象"的基础之上建立起一种实用的社会科学理论是很困难的。

　　在这方面，研究政府机构的改革与研究公司的改革差别不大。在一个纯粹竞争的市场，绝没有什么企业家的能力可言，因为任何一个生产出一种更好产品的人会立刻招来压低价格的竞争对手（从而减少这位企业家的利润），他们可能把价格压低到使这位企业家从其新产品中所获得的利润为零的程度。虽然如此，新公司、新产品依然不断涌现。那些创办新企业、生产新产品的人甘愿冒超乎寻常的风险。至于他们将会是谁则是难以预测的，至少迄今为止，这一点被证明是不可能的。

机构主管是重要的，但也可能是很顽固的。改革并非必然都是好的，好的改革与不好的改革的数量基本一样多。而且，政府机构特别容易卷入不好的改革。不存在检验机构改革的合理性的市场，一个改革之后的公共机构有可能连续多年做错事。福特汽车公司本不应该生产埃德赛尔汽车（Edsel）；但如果政府掌管福特汽车公司的话，它会重复错误，仍然会继续生产这个牌子的汽车。

政府机构主管往往特别易于实施轻率的改革——那些从表面上看能巩固自身权力的改革。在军队有很多这方面的例子。电报的出现，电话、无线电、计算机的相继问世，以及后来的直升机，赋予了军队指挥官日益增长的能力来接受并发布命令，直升机还使他们能够一览无余地俯视整个战场。马丁·克里费德对战争中的指挥作用进行过深刻分析。他认为，上级指挥官往往使用革新的通信设备来削弱下级指挥官的主观能动性和应变能力，其结果往往是灾难性的。对于这一点，克里费德非常直率地说："那些不将自己的士兵当作机械人，不试图自上而下指挥一切，而给予自己的下级指挥员相当大自由度的军队才是最成功的。"[23]他的结论是正确的，罗马军团、拿破仑的将军、毛奇的陆军指挥官、1914年鲁登道夫的强击分队以及1940年古德里安的装甲部队都是例证。

正如乔纳森·本多所写的那样，对一个组织机构来说，不

228

确定性就像每个人的原罪一样，与生俱来。[24] 由于它们很难知晓成功的原因及成功的内涵，政府机构总是处于变化不定之中。机构主管和高级管理人员有一种要减少此种不确定性的强烈欲望，这是可以理解的。他们还有一种不太令人理解的信念，即掌握的信息越多，就意味着不确定因素越少。如果他们用先进的通信手段和计算机设备获得真实的信息，即关于重大问题的全面、准确、分类精细的知识体系，确实会减少不确定因素。然而，他们所获得的信息却往往是一系列不完整的事实、意见、猜测和进行自我辩护的言论。

原因并非只是信息收集和传递过程中的局限性，还在于这种过程的产生，本身就改变了对下属的激励作用。它包括：

1. 如果上级能收到有关某一决策的信息，那么这个上级就会收到一份要求其做出决策的报告。

2. 如果上级能够倾听意见，那么这个上级就会听到他想听到的情况。

3. 由于处理信息需要建立专门的机构，这些机构一定会要求日益增多的信息，以证明其存在的合理性。

铁路和电报的发明对一些部队产生的影响，足以说明这些刺激作用的实际效果。如今，部队可以通过统一部署（唯有总指挥部才有权调整全铁路系统复杂的运行时间表）进行调动，陆军指挥员有更多时间与总指挥部沟通（因为通往后方的电报和电话线很可能完好无损），而与前方作战部队的联系却变得更少了（前方的通信线路常常被破坏）。结果是指挥员更易于顺从总指挥部对战局的看法（这些看法往往是片面的），而更少采纳前线的意见。对铁路和电报的依赖增强了工程兵部队在总指挥部的势力，而且过不了很长时间，战争本身的变化趋势也会被视为仅仅是一个工程事物了。[25]克里费德援引一位奥地利军官于 1861 年所写的一句话说：通信设备改善的结果是，一个指挥官现在"要打败两个敌人，一个在前线，另一个在后方"。[26]

1940 年的德国陆军在这一点上做得特别突出，他们手中掌握的技术（坦克、俯冲式轰炸机、无线电）增强了自身的作战能力，但是没有使用无线电和电话来实现指挥权的上移——至少在 1940 年 5 月的法国前线是如此。但后来，希特勒及其将军们决定从柏林指挥此后的战争。给别人划定目标，这不是一个明智的决定。

此例不仅说明有些改革是有悖常情的，还表明任何自上而下的改革都是有风险的。如果政府部门的最高领导发起改革，他们很可能会过高地估计改革的收益，并低估改革的代价。事实就是这样的，原因在于与工作人员和下级管理人员相比，这些高级别负责人不仅缺乏详尽的专业知识，而且改革对这些负责人还具有激励作用。他们往往是从其他部门调过来短期任职的——他们得到的奖赏并非来自本部门而是外界（同行、舆论、国会）对他们的评价。一个"积极进取"但不"随波逐流"的"精明且有抱负的人"往往会比一个谨小慎微、瞻前顾后的人赢得更多赞誉。

对地方行政官员的研究证实了这一点。R. O. 卡尔森（R. O Carlson）专门分析了为什么有的学校总是比其他学校更具有改革精神。[27]其中一个重要原因是选拔学校领导人员的方式不同。与校内提拔的领导人员相比，从外单位调来的领导会提出更多的改革举措。原因是显而易见的：这位外来者颇受国内同行的赞赏，而内部提拔的人（他在现在所领导的单位工作了一辈子）仅从工作本身得到奖赏。外来者常常中选，因为局外人赏识他，即使在新的工作中失败了，只要他们失败的原因是合理的——如未能达到其专业所认可的某一目标，他们仍会期望在其他单位得到升迁。对这些人来讲，失败却造就了成功。

在城市管理人员身上也可看到同样的模式。他们的专业能力越强（也就是说，他们在别的城市的工作经历和所受教育越多），就越有可能做一些引起争议的事，如运用行政手段在城市供水中添加氟化物，[28]或聘任一位热衷改革的"懂法的"警长。[29]

有时，进行自上而下的改革是可取的，因为基层工作人员有的时候只关注细节，而且受到文化和使命感偏见的限制。倘若采纳了基层人员的意见，海军舰艇的将领们很可能会阻止建立海军航空母舰部队。[30]如果没有意志坚定的上层领导人强行实施改革，就绝不可能关闭那些虐待成性、骇人听闻的少年犯管教所。唯有像克拉伦斯·凯利这样强有力的联邦调查局局长才能力排中层人士的反对，将该局的侦破重点从盗窃汽车的小案子转移到重大的阴谋犯罪案件上来。[31]

此外，还有一些改革几乎得不到下属的支持。如果一位部门领导认为应该撤销一个下属机构，他可能就不会得到众多普通职员的支持，即使必须撤销，如何撤销这个机构或大幅度裁员，也应该在只有实际工作人员才掌握的专业知识的指导下进行才行。（社会科学研究在改革方面的众多缺陷之一是，很少进行重点研究机构的解散，原因可能是在许多社会科学工作者看来，"改革精神"是开明和进步人士的一大特点，而"解散机构"却是居心叵测、倒行逆施者的行为。）

机构主管应在何时听取下属意见，何时可对其置之不理呢？

如果本书是一本部门管理手册，那回答会是"酌情而定，审慎善断"。这话说了也是白说。此外，可鼓励其成员提出改革建议的组织形式，通常不同于那种改革建议一提出便很容易实施的组织形式。如果一个部门希望其管理人员和实际工作人员提出新的工作方法，这个部门必须是开放的、上下平等的和支持改革的。一个不顾其部分成员的反对而希望实行改革的部门，往往必须把权力集中在当权者一个人身上，使他完全可以不去考虑反对者的意见（甚至解雇持反对意见的人）。

在 J. 埃德加·胡佛领导下的美国联邦调查局——确切地说并不是一个大学研究生院的研讨班——提出新工作方式的工作人员有可能会被发落到蒙大拿州比尤特去执行其他任务。但是，所提建议如果正合胡佛的意，毫无疑问是会被采纳的。与此相反，领导一所州立大学就像主持一个永无止境的研讨会一样，会上提出的想法如涌如潮，可几乎每一个想法都不会被采纳，因为没有一个人有权将它付诸实施。大多数政府部门的情况介乎过去的联邦调查局和州立大学之间，但就其内部权力分布而言，它们或许更接近州立大学。

无论权力如何分配，热衷于改革的部门领导人必须创造条件激发下属思考问题、提出改革并为完善改革出力，这意味着要让他们相信，如果参与一个（通常是）短期任职的领导人的改革活动，即使改革失败或在改革实施前领导离任，他们的工作也不会陷入困境。莫菲特海军上将在海军中是这么做的，拉塞尔司令在海军陆战队中是这么做的，克拉伦斯·凯利在联邦调查局也是这么做的。

要把提出的一项改革付诸实施，往往需要创建一个专门的下属机构来承担革新的任务（如海军航空局）。如果不能将此任务完全交给一个从属机构去完成，那就必须重新培训或撤换反对改革的下属人员。卡斯帕·温伯格在联邦贸易委员会就是这样做的。在那里，为使其工作人员在维护消费者利益方面加强管理、增进责任心，他撤换了 31 名高级职员中的 18 个以及近 600 名业务代理人员中的约 200 人。[32]温伯格及联邦贸易委员会主席职务的继任者们录用了一些新人，最主要的考虑就是他们支持该部门新确定的核心任务（即打击假广告和垄断经营机构，而不是对小范围的价格垄断提出公诉）。在联邦调查局，凯利及其继任者威廉·韦伯斯特（William Webster）能够实行多项改革，是因为优厚的退休政策使许多联邦调查局的老资格工作人员情愿 50 岁就离任，这样中层管理部门就留出了许多空缺，一批与领导人意见一致的、年轻的特工人员就加入了进来。

以上例子并不意味着部门工作人员总是反对改革，并一定要隔离他们，对他们进行撤职或重新培训的处置。工作人员对拟议中的改革的反应，取决于刺激的因素。一些政府部门如果不能用金钱奖励的方式来激励的话，确定任务形式就是重要的刺激手段了。人们更喜欢那些他们熟悉的、简单的、有助于职业发展的或适应其环境的工作，因为从事这些工作比承担一些新的、艰难的、无益于职业发展或不适于其环境的工作所付出的代价要小。

温伯格和其他几任主席撤换了好几位要员之后，联邦贸易委员会不仅变了样，而且由于刺激手段对新的工作人员起作用，变化还在继续发生。他们中间的许多人都属于“芝加哥经济学派”成员或是职业律师。他们迫切要求按照詹姆斯·米勒及其他领导人所倡导的自由市场方针从内部采取行动，以此表现个人的意向并获得日后在学术上的认可。

有时，法律或一个机构的创始人会偏爱赋予某个政府部门一系列任务，而工作人员完成这些任务比做其他工作所得的报偿要少。在这种情况下，这些工作人员会迫切要求实行改革，或至少不会对改革进行抵制。

杰里·马修和戴维·哈福斯特（David Harfst）认为，在国家公路交通安全管理局出现的改革就是一个极好例子。我们（在第四章中）已经看到，工程专家们的职业特点使该委员会更加重视对汽车的改造而不是提高驾驶人员的驾车水平。但改造汽车有两种方法：一种是公布事先制定的有关汽车制造方面的法规；另一种是召回被证明有设计问题的汽车。最初（大约是 1966～1974 年），国家公路交通安全管理局所采取的是公布法规的做法。但这样做付出的代价很高。这些法规是一些极其复杂的文件，它们必须经过本部门一系列周密的审议程序和法庭的严格审查。① 与此相反，召回有故障的汽车就容易多了。一辆汽车投放市场后，出了故障，搜集故障证据然后责成生产厂家召回这辆汽车进行修理。正如马修和哈福斯特所指出的那样，国家公路交通安全管理局之所以发生变化就是因为其任务的性质转变了："制定法规太难，而召回有故障的汽车却很容易。"[33]

一个机构的历史越长，其核心任务就越有可能使承担这些任务的工作人员以最小的代价将其确定下来，而改变它们就要付出最高的代价。因此，官僚机构中最富戏剧性和最为

---

① 在关于国家公路交通安全管理局所制定的法规的案子中，根据法院的裁决，该局 12 次有 6 次败诉，而在与下达收回汽车的命令有关的案例中仅 1 次败诉。参见 Jerry L. Mashaw and David L. Harfst, "Regulation and Legal Culture: The Case of Motor Vehicle Safety," *Yale Journal of Regulation* 4 (1987): 273-7。

深刻的改革当属那些建立了固定的工作方式和人人适应的常规的部门——海军、海军陆战队、联邦调查局。要在这些部门实行改革，人们必须运用判断力、个人技巧和转移他人注意力等手法，而这些在政府部门领导人身上是少见的，所以它们中的改革也就不多见了。

第五部分　环境

第十三章　国会

没有政治家曾因为抨击官僚体制而失去选票。1976 年总统
竞选之时，吉米·卡特和杰拉尔德·福特针锋相对，但在认定
官僚体制的混乱不堪上却不谋而合。参议员爱德华·M. 肯尼迪
不遗余力地攻击食品和药物管理局，指责该局让大量新药涌入
市场从而危及公众健康。联邦贸易委员会曾提议限制针对儿童
的电视广告并建议规范二手车经销商和殡仪馆市场，众议院议
员对此十分气愤。当国家公路交通安全管理局下令要求汽车制
造商在汽车内安装启动前必须系好的安全带时，公众和国会怒
不可遏。参议员马尔科姆·沃勒普（Malcolm Wallop）曾经拖着
一个便携式户外马桶参加怀俄明州的竞选，意图嘲讽并指责职
业安全与健康管理局的官员发出的要求农场主提供马桶以让在
野外劳作的工人使用的命令。立法者们（议员们）愤恨教育工
作者不愿意做更多努力来提升学生成绩和减少校园暴力，因此
公立学校会定期受到立法者们的谴责。在这个国家里，几乎每
一个市议会议员都时常指责当地警察局未能对市民的求助做出
及时的回应。如果某位国会议员曾经赞扬了五角大楼的武器采购
体制，我们也不会发现这样的历史记录。上述以及其他无数可怕
的报道很容易映入我们眼帘，这足以证明在我们国家，我们面临
着一个"失控的官僚体制"（runaway bureaucracy），而这对高层
政客们的政治抱负无关紧要。

对失控的官僚体制愤怒的人们也许同样会对那些认为官僚

机构远未失控的学者发火，这些学者认定这个国家的政府机构尽在定期指责它们的议员们的掌控之中。事实上，每一个研究官僚体制的政治学家都承认，议会掌握着一个装有各式武器的"可怕的军械库"（赫伯特·考夫曼语），里面的武器可以用来对付政府机构。武器中包含着立法、拨款、听证、调查、私人介入和"友好建议"，如果忽视其中的"友好建议"就会使行政人员处于危险的境地之中。[1]在细致研究首府华盛顿六个机构[①]的主管人员后，就像描述公司经理在接管公司时所表现出对变幻无常的股东们的担忧一样，考夫曼用如下语言描述了六个机构的主管们的日常行为：

> 主管们要不断地留意和他们所在机构相关的立法机关的要素——揣摩情绪和态度，评估他们对酝酿中的决定和行动的反应，尽量防止误解和能避免的争执，并且做好暴风骤雨突然来袭的应对计划。不需要刺探来自国会山的暗示和信号，因为国会山的议员们会非常慷慨地通过建议、需求、要求、指令和声明来发号施令。[2]

国会控制意味着什么呢？意味着三个方面。第一，国会控制着某一机构的主要日常活动。国会是"委托人"，行政机构是"代理人"。如果这种关系是正确的，这就意味着没有其他势力施加巨大影响。第二，当得知某个行政机构存在疏忽或者委任的错误时，国会有能力并愿意进行干涉。但如果这个机构真要完全代理国会的话，它就不可能犯错。因此，这种"控

---

① 这六个机构为动植物检疫局、海关总署、食品和药物管理局、国内收入署、森林管理局和社会保障总署。

制”的说法就预先做了假定，即其他力量——总统、法院、利益集团或官僚机构自身——独立于国会对行政部门产生影响。第三，国会创建并维持一种政府机构可在其中运行的建构性环境。

第一个方面控制类似于公司经理和董事会的模式。第二个方面则可以用救火来比喻。当国会的利益可能受到行政部门侵害时警报会响起，然后议员们就会冲进来“灭火”。[3]第三个方面可以用建筑物来形容。行政机构按照其需求被限定在一个特定空间中生活，沿着指定的通道活动，并使用规定的器具。

毫无疑问，国会是官僚体制的建筑师。国会及其委员会创建并维持第七章所述的大多数制约。国会对行政机构官样文章的抱怨如同一位建筑师对房主的不满一样，因为房主提出从卧室到洗手间必须爬过五段楼梯的要求。国会，更准确地说是它的委员会和小组委员会，毫无疑问也承担消防员的角色。它们毫不犹豫地使用授权、拨款、调查和批准的权力对违背委员会喜好的行政机构发号施令。但在“灭火”时，国会必须同千方百计要“火上浇油”的其他政治力量周旋。国会在权力运用中取得多大成功不仅取决于它的坚决性，还取决于行政部门正在执行何种任务以及国会正面临何种政治环境。

但是，国会几乎从来都不是可对其“代理人”（官僚机构）颐指气使的“委托人”。（一些接受过经济学训练的学者试图以这种方式来描述国会，但他们错了。若想了解这一学术争论的具体内容，请阅读本章附录。）

当议员们抱怨行政机构对国会没有反应或是控诉行政机构失控时，他们是不诚实的。没有一个行政机构会自由到不顾及国会的意见。但是，行政机构可能会遵从国会一个部门（如一

237

个委员会）的意见从而忽略了国会另一个部门的意见，或者对白宫和国会某些部门相抵触的要求进行平衡从而可能导致国会其他部门的不满。官僚体制摆脱不了政治控制，同时我们也不能把官僚机构看作一个能够长期免受政治影响的"行政"王国。尽管官僚机构的运转方式可能难免得罪政治大腕中的一些人，但它还是能够在众多政治大腕中运筹帷幄，能够依据自身因素来设定自己的任务，并不是一味地迎合外部环境。

在本章中，我们希望回答的问题不是国会的权力有多强大，而是在什么情况下国会手中的资源在塑造行政机构行为时可能最有效。回答这个问题，我们需要首先研究国会掌握着哪些资源和国会将采取何种步骤，以实现削弱行政机构的权力并最终达到改变其行为的目的。其次，梳理政治环境如何引导国会"微观管理"（micromanage）官僚机构——这种管理方式和以往相比颇有不同。最后，考察每个行政机构的任务和执行这些任务时的环境如何影响国会决定官僚机构成果的能力。

国会施加影响的手段

与欧洲民主国家的议会相比，美国国会的权力异常强大。尽管欧洲的议会有权遴选总理或首相，但它们的权力大抵至此。例如，没有首相的同意，英国下院没有权力修改议案、更改预算、举行听证会或提供某项服务。更准确地讲，下院可以做一些首相反对的事情，但前提是要先解散政府并强制举行新的选举。在职议员们热衷新的选举就像小孩子想要去看牙科医生一样，充满期待。

参议员丹尼尔·P. 莫伊尼汉（Danier P. Moynihan）曾毫不夸张地说，美国是唯一一个立法机关独立于政府的民主国家。但是，这个立法机关及其所辖的委员会也未必口径统一、步调一致，而且国会和它的委员会不可能在任何情况下都能够完全控制所有的官僚机构。

国会有权决定行政机构雇员的数量，但无权决定雇员的具体人选（除了少数需要得到国会批准的高层职位），也无权强迫它不喜欢的雇员离职。文官条例通过以后，国会就丧失了选择和替换单个官僚的权力，国会也失去了一些控制行政管理机构的权力。在过去，为了确保行政管理人员服务于国会的意志，国会有权力撤换那些违背国会意愿的人员。但现在，很多行政管理任务已经移交给专门委员会，这些委员会的成员任职时间很长，除非有特殊原因否则不能被撤换（可能因为弹劾程序过于艰难）。国会一贯希望保持充足的货币供应以及低利率，但它在设计对这些事情影响力最大的部门——联邦储备委员会——的时候，委员会的委员们被给予十四年的任期。联邦贸易委员会委员被给予七年任期，联邦通讯委员会委员、联邦存款保险公司、联邦能源管理委员会、州际商业委员会、国家劳资关系委员会、证券交易委员会、田纳西河流域管理局等机构的成员则被给予五年到九年不等的任期。

国会有权决定一个部门、一个机构人事的薪金总额，但不能决定里面员工个人的薪水数额。根据政府通用职位工资表设定官僚机构薪金总额后，国会就没有机会再为不同部门或是某一部门某些员工制定不同的薪金级别。

国会可以设定政府机构的总支出和部门职能范围内某些特定项目的花销，但在很多重要的情况下，通过一个数学公式——"生活成本调整"（COCA）公式便计算出了本年度支出变化额度。在过去很长一段时间里，国会每隔两年（通常赶在选举

前）便核算出退休人员社会保险金额的额度。但自 1972 年以
239 来，这一办法被国会弃用，取而代之的是一个系统程序，在这
个程序下，保险金额随着生活成本的增加自动追加。[4]

　　一些学者认为国会议员们会挖空心思地想要获得连任，于
是便经常试图通过操控官僚体制来为连任造势。这些学者一直
思索国会在多大程度上削弱了自身的诸多权力，而这些权力正
是能够确保国会对官僚机构施加控制的关键所在。穆雷·霍恩
（Murray Horn）提醒我们政客们曾通过"分赃制"（patronage
system）具备随意授予官职的权力。文官体制取代"分赃制"
后，官僚的权力得到了保障。[5]为什么国会会交出这些权力？很
大一部分原因在于行使这些权力的代价过高，选民对政客们滥
用权力卖官鬻爵和中饱私囊的行径日益不满。[6]还有一部分原因
在于改革"分赃制"有实用价值。有些总统（富兰克林·罗斯
福就是一个典型的例子）为了使官僚体制顺从自己的意识形
态，便把某些职位赐给他们的支持者，然后通过加大对支持者
公职的保护力度以确保他们长期在位。[7]有证据表明里根总统曾
经把普遍赞同自己目标的文职人员提拔到核心职位以参与政策
制定。[8]

　　可以用同样的理由来解释国会为什么给很多管理委员会委
员们长时间的任期，并不受常规免职的限制，同时可以解释国
会为什么要求委员们必须出自共和、民主两党。由于采取了预
防措施，这就避免了过浓的政治化色彩，也就是说脱离了国会
或是总统的严密管控，在此种情况下创建一个管理某一经济部
门的机构就变得轻而易举。而且，长时间的任期和稳定的职位
也会使国会中的联盟创建一个机构变得易如反掌，同时该机构
的创建会保护议员联盟成员在未来面临政治联盟的冲击之时保

持成员构成稳定。简而言之，政客们有充分理由为此"捆绑住自己的手脚"。但是，一旦手脚受到束缚，就很难解脱了。

在费用指数化或是费用预算自动形成的情况下，束缚住自己的手脚似乎还是不错的政治策略。民主党人（他们通常控制国会）经常通过提升社会保障福利水平而获得赞誉，这一直是共和党人不愿意看到的。对共和党人来说，终结民主党这一优势唯一可行的方法就是使社会保障福利水平自动增长。对财政保守派人士来讲，指数化还有另一个优势：它能使福利水平随生活费用的增加而增长，这样就阻止了国会议员们为了把自己美化为"老年公民最好的朋友"而相互竞争。因此，华盛顿最大的行政机构（就美元支出而言）中预算最大的部分就自动分配了。[9]自此以后，这种方式就会步入正轨，想要取消的话则要经过新的立法，而这会以高昂的政治代价做补偿。这就等于是国会自己削弱了自己的权力。

正如穆雷·霍恩所阐释的，文官系统和委员们的固定任期及指数化费用的增长都说明，国会取悦选民的意愿和操控官僚体制的努力有时是背道而驰的。有的时候，议员们认为不去做过多的干涉可能会更好。国会采取上面提到的不干涉理念以及"克己条例"的长期后果是国会对官僚机构的影响力日益减弱。但是，国会并未从这种权力的让渡中蒙受过多损失。绝大多数现职的众议员和大多数的参议员都轻松获得了连任。

我们需要清楚的是，尽管国会放弃了一定的权力，但仍保持着对官僚机构的巨大影响力。不过，在某种程度上，国会当前拥有的权力和曾经拥有的是不一样的。1884 年，伍德罗·威尔逊在著作《国会政府》中把国会委员会描述为部长群体，把真正的部长群体仅仅描述为亲信职员。[10]国会相关委员会很少会直接授权某行政机构来办理人员的雇用、船只的建造、火炮的部署、赋税的征收和机构的开设等事务。国会议员选择官僚时不会讲情面，除非官僚取悦议员或为议员的连任服务。那种认为给联邦军队老兵发放养老金的数量会由一个自动公式生成的想法是可笑的，在国会议员看来，老兵养老金发放数目是根据国会的深思熟虑及其对议员选举的投票来确定的。

伍德罗·威尔逊当政之后，国会发生了变化。国会委员会（或小组委员会）仍然掌控着权力，但行使权力的工具发生了变化。参议院仍然拥有批准总统任命的权力；整体来讲，国会仍然有调查行政机构行为的权力。大量的拨款和税收法案依然偏向于重点选民的利益，但在一定程度上，国会对官僚机构行为细节的监控受到了越来越多的立法规范的限制。曾几何时，国会发号施令道"开放这个边境贸易站"或"关闭那个造船场"，现在的措辞变成了"要根据环境影响报告来选择开放边境贸易站和关闭造船场"。曾几何时，国会理直气壮地命令战争部门把武器合同给予杰迪戴亚·琼斯火炮铸造厂（Jedediah Jones Cannon Foundry）；现在则是指示国防部确保把武器合同交给一家美国公司——而这个公司要满足以下条件：能够提供优惠的报价，雇用合适比例的妇女和少数族裔，制定有关条款帮助残疾人，把一部分业务外包给一些小型公司，符合环境保护局、职业安全与健康管理局的规定，并且当下不得收到欺诈性合同的指控。为了确保上述条件以及其他约束条件得以遵守，国会还要求五角大楼安排一批订约职员和合同审计员，把采购政策装订成册予以公布，当然这个册子篇幅冗长、细节枯燥、语言乏味。

国会对行政机构的监控方式的变化也能从国会议员对自己所在州的军事基地的保护中体现出来。国会在很长一段时间里拥有对新建立军事基地的选址的独自裁断权，这些军事基地很少被关闭也就不足为奇了。在第二次世界大战期间，1200 万男性和女性应征入伍，这些军事基地的数量也随之大幅增加。战争结束之后，正规军的数量减少到 200 万，很多这样的军事基地就都失去了效用。但要去关闭一个没有必要存在的基地，国防部长必须要与受到关闭基地影响的议员们进行一番论战。国防部长很少会赢得论战，如果勉强取胜那也是以失去国会山的政治支持为代价的。1965 年，95 个军事基地被关闭，这是通过国防部长罗伯特·麦克纳马拉与一些议员的"殊死搏斗"，加之总统行使否决权要求国会通过关闭军事基地的法案所换来的。但是，1967 年国会设计了一个可让议员个人免受压力的总体性方案，并以立法的形式予以体现：要求五角大楼关闭军事基地的前提条件是要事先发表环境影响报告，否则国会将诉诸法律。在这项法案实施的 11 年里，尽管历任国防部长都要求关闭一些大型军事基地，但没有一个大型军事基地被关闭，反而出现了一些新的军事基地。

随后，国会于 1988 年通过一项法案来成立一个独立委员会，该委员会有权选择关闭军事基地的名单。然后由国防部长和国会从整体上接受或是拒绝这个关闭名单，国会无权选择关闭其中的哪个军事基地。一些学者认为，国会会利用官僚体制来增加议员连任的机会；但是，这些学者很难去解释议员们为何同意把权力交给一个局外的委员会，因为这样做的后果是议员们各自选区内的军事基地所提供的工作机会将会随之消失。

新型微观管理

国会经常因为对政府机构采取"微观管理"（即事无巨细型管理）而饱受批评，事实的确如此，并且它也习以为常。国会可以通过手中握有的批准项目、拨款、确认当选总统、展开调查的权力来把任何一个官僚机构的决议变更为一个政策选项。正如政治学家都会在开课的第一天提示学生所说的那样：在我们国家，政策和管理大同小异。

242   新近的但尚未成熟的研究认为这种微观管理的形式仿佛已经发生了改变，一些学术著作把这种变化描述为行政机构是国会的"代理人"。前面的例子已经表明，与过去相比，今天的国会很大程度上不大可能会做出具体的管理决定，更大可能是对这些政策的制定施加约束。现在，国会微观管理常见的形式已经转变为策划具体而详尽的规则，而不是给予特别人群以特别恩惠了。

有很多动因促成了这样的变化。和过去相比，公然谋求恩惠现在可要承担更多的风险了。新闻界以及政治上的对手随之便可轻而易举地通过"兜售自我影响力"捞取政治资本。国会权力的分散化以及论资排辈体系的弱化为议员个人升级为政策制定者提供了空间，他们随即会利用其委员会或小组委员会主席的头衔（半数众议院民主党议员拥有主席头衔）来推进自己偏爱的目标或者使自己成为焦点。

在国会权力分散化的同时，政府活动的空间有了巨大的拓展。这一拓展刺激了众多利益的生发，导致华盛顿比以往聚集了更多的游说者来鼓动国会采取行动。结果是，国会对官僚体制的影响受利益集团的要求所驱动的程度，不亚于所在地区选民的要求。地方性代表权是通过满足与发展当地的利益需求以及参与政党分赃立法来实现的，全国性代表权是通过制定规则来实现的，这些规则用概括性的语言来界定官僚机构自主性。两种代表权同时存在，但吸引我们眼球的是，全国性代表权已经可以和地方性代表权相匹敌。这从政党分赃的相对减弱中就可以看出端倪。我们之前就提及联邦的工作、合同、计划和福利曾经都是由国会议员根据当地选区的特殊性来逐项分配和发放的，但今天，依据规则和程序计算来配给的可能性更大一些，而这些规则的撰写以及程序的设计都由全国性利益集团的领袖来设定。

不过具有讽刺意味的是，这些规则经常反倒让他们的设计者感到不满。设计者们在创建法规以筹划新型商业管理模式的过程中展开争论，这些争论导致法规的支持者和反对者坚持进行结构化和程序化的设计布置，仅仅为了达成让双方旗鼓相当的均势。这样做的结果就像特里·莫在他对消费者产品安全委员会、职业安全与健康管理局以及环境保护局的研究中所揭示的一样：低效运行的官僚机构应运而生。就像他说的那样，"对立集团铁了心要给官僚机构捣乱，以获得对官僚机构在决策上的掌控。它们施以压力，就想看到行政当局支离破碎的权威，想看到杂乱无章的行政程序，想看到层出不穷的政治干涉机制，想看到其他破坏官僚体制运行并使之成为众矢之的的层层体系"。[11]

最后，国会委员会委员们凭借人数的优势和权力的扩张促使起草委员会或小组委员会所做的报告成为指导官僚机构的指南。不用通过一项法律，甚至不需要批准一份报告，国会现在就可以指导政府部门怎样使用经费、如何解读法律条文。行政机构的一些人曾经反对国会的这种做法，但迄今为止未见成效。[12]

在联邦最高法院战胜国会之前的一段时间里，国会一直声称拥有对一些特定行政行为的否决权。[①] 但是，即使在联邦最高法院干预此事之后，国会仍然陆续通过了与立法否决权类似的条款，而这些立法否决权在今天已经被认为是违宪的。

国会的变化虽然没有消除博取支持的动机，但的确促成了政策更加密集地出台。国会不是一个只有听到选民发出的警报，才会冲出来提供帮助的消极的机构，现在国会监督官僚机构政策执行情况时，会重点关注对细节工作的梳理以及对众多信息来源的整理。[13]国会并非能一直主导官僚机构的运作，这一事实反映出其他机构，特别是白宫、法院和利益集团获得了权力和信息。

国会的规则转向而非利益转向的迹象俯拾皆是。在 1960 年以前，正如亚瑟·马斯所揭示的，通常由国会授权的联邦项目并没有时间上的限制。国会试图对项目施加全方位的管理，这些管理措施多半需要在历年的年度拨款法案中予以明确。但是，拨款委员会并非由国会政策制定专家构成，实际的构成人员并不是经常抛头露面的人士，这些人的主要兴趣点在经济发展和选民利益上。1961 年以后，所有的军备花费都必须进行年度授

---

① 立法否决权曾被联邦最高法院宣布为违宪，参见"移民与归化局诉查达"，103 S. Ct. 2764（1983）。当时，有 200 多部成文法包括立法否决权的条款，只不过形式不一。总体而言，它们的前提条件是，行政机构向国会提交一个建议案，国会可以否决，也就是说，只要出超过规定期限，两院中的一个或两个同时通过一个否决决议即可。因为这个决议始终未报给总统签字，所以这违背了宪法第一条的要求——任何议案能够成为实质立法并得以生效的前提是必须得到总统的认可。

权。这个变化使参众两院军事委员会的权力得到了很大提升。此后，国会一改之前无时间限制的授权模式，开始要求对国防部的任何活动进行年度授权，包括研究开发、人员定级、军事行动和设备维护以及军火采购等。[14]不久之后，许多机构的行动都需要进行年度授权，包括国务院、司法部、能源部、交通部、住房和城市发展部、环境保护局、中央情报局等。

通过频繁的授权，国会就可以创制和施加更多针对政府机构的规则和政策指导，同时还会出现立法法案接踵而至和行政机构自主权减少的现象。国防部是解释这一现象的最好例子。目前在国会，以不同方式监督国防事务的有 29 个委员会和 55 个小组委员会。1984 年，这些委员会和小组委员会针对国防事务举行了 441 次听证会。[15]1977 年，众议院针对国防授权法案进行了 3 天的听证会，结果未做任何修正；但到了 1986 年，众议院针对同一议题进行了历时 13 天的辩论，做出了 148 处修正。和众议院一样，参议院也有类似的较大变动。[16]1970 年，参议院要求五角大楼提交 36 份报告，而到 1985 年时，参议院要求五角大楼提交 1172 份报告。[17]

任务和环境

国会能在多大程度上将对行政部门的控制升级为主导，取决于政府机构从事的任务以及它所处的政治环境。

任务

国会主导社会保障总署的很多任务。社会保障总署的主管们如果听到有人说该机构受国会主导的话会怒不可遏。令他们愤怒的并不是"受国会主导"这一事实，而是"主导"一词涵盖了令他们尴尬的言外之意，这个词暗含"插手、操纵和从属"。作为一个令人艳羡的组织，社会保障总署对自己受制于人的说法一直耿耿于怀、愤愤不平。但是，当任何一个行政机构的主管尝试单方面决定福利的规模和选择发放对象时，他确实时刻能体会到宏观层面的国会主导无处不在。在退休政策的制定上，国会可以完全和有效地给予社会保障总署以明确规定，并以此来左右社会保障总署。国会之所以能做出明晰的规定，是因为社会保障总署的目标是完全可控的：工作易于观测，产出也易于全面衡量。用第八章的术语来讲，我们可把社会保障总署称作"生产型机构"。但是，它在残疾人计划的管控上就相对弱一些，原因是该计划的目标并不可控。从这个角度而言，它是程序型机构。

245　　立法机构通常不会完全左右公立学校教师或警察局巡警的工作，其原因正如学校校长或警察局局长不能很容易地去管理其下属的工作一样：他们不能一直观测下属开展工作，不能清楚地评估下属工作目标的完成情况，甚至对下属的工作目标也并不清楚。学校教师和巡警的工作机构属于"解决型机构"。需要明确的是，在某些情况下，立法机构还是有支配的可能性的。例如，如果学校或警察局存在腐败行为（即以权谋私）或存在贿选的行为，立法机构就会动用政治主导。一些学校和警察局已经在政治主导原则下运行过了。但是，只要学校教师和巡警忠于职守，即好好教书和维护公共秩序，立法者或是其他人员就很难找他们的麻烦。当然，立法部门能够以增加某些新任务为借口来佯装主导行政机构，但这与立法部门支配行政机构核心工作的理念大相径庭。

　　国会声称人们对工艺型或程序型机构进行控制的做法兴致勃勃，同时这一控制也问题重重。国会可以是否赢得胜利为标准来评价军队的表现，可以是否建成大坝为标准来评价美国陆军工程兵团的表现。但是，要对如何打仗以及如何建造大坝提出一些建设性意见，它却不知所措。国会的确曾尝试这样做，但显得有些荒谬。国会曾经叮嘱林肯如何打内战，但除了使一些将军声名鹊起，使另外一些声誉扫地以外徒劳无功。市议会可以是否侦破谋杀案件为标准来评判警探，但若想指导警探如何破案则同样会无功而返。这些工艺型机构抵制立法机构的主导，但也做了妥协，即它们接受机构的目标由立法机构设定，机构的资源由立法机构控制，然而机构具体任务的确定则不受国会的干扰。

在和平时期，军队预料到国会也许会就其组织形式和装备情况主动给出诸多建议。当国会判定某种训练对身体有很大伤害的时候，海军陆战队就必须改变对新兵的训练方式。但是，国会一点儿也不知道旧有的训练方式和新的训练方式哪一个能培养出更好的海军陆战队队员。食品和药物管理局经常受到国会的侵扰——要么判定该局把有风险的新药推入市场，要么指责该局阻止病人获得有效的药物。食品和药物管理局评估上述药品的程序也受到国会严格的检查和批评。但当被问到一个核心问题，即在一个给定（可能得到的）收益条件下，食品和药物管理局可以冒多大风险时，国会就茫然不知所措。这就是行政机构的命运：这些机构既要接受来自国会政客们关于如何开展具体细致的工作的指导，还要饱受来自国会政客们的批评；在国会政客们评价工作业绩的时候，他们感受不到任何扶持。

像食品和药物管理局这样的行政管理机构具有工艺型机构或程序型机构的特征，因此监督起来十分复杂。这样的机构之所以被授予广泛的权力，大部分是因为国会不能合理地确定一

246

个清晰的立法标准。国会实在不了解什么是"安全"产品，什么是"安全风险"，什么是"贸易限制组合"，什么是"防撞汽车"，什么是"复合型学校"，所以国会把这些留给"专家"来处理。① 后来，当国会试图规定准确和严格的标准时，发现自己处于两难的境地。标准越严格，行政机构的自由度就越低，行政机构就越难用产生更大效用的其他标准替代产生较小效用的既有标准。我们在第十八章中将会看到，环境保护局被一项减污的非常死板的标准限制得很死，以至于无法考虑达到那样的标准所要的成本（费用支出的数量和失业情况）。

如果政府广泛地介入社会事务，广泛的国会授权是不可避免的，但这种授权会让国会很难发挥它的控制力。杰里米·拉布金曾细致研究了三个联邦机构——民权事务局、食品和药物管理局及职业安全与健康管理局——如何把具体意义灌输到模糊的法定权力中，用本书的语言来讲，即它们怎样定义自身的

---

① 一些学者认为，立法机关把权力授予行政机构并不是允许行政机构自主行事，而是为了让自身免于遭受批评。立法机关允许行政机构独立决策的企图是，一旦发生民众厌憎某些法规的状况就让行政机关来顶罪，这样自身就可免遭非议。参见 Morris Fiorina，"Legislative Choice of Regulatory Forms：Legal Process or Administrative Process？" *Public Choice*，39（1982）：33 – 66；Matthew McCubbins and T. Page，"A Theory of Congressional Delegation，" in M. McCubbins and T. Sullivan，eds.，*Congress：Structure and Policy*（Cambridge：Cambrage University Press，1987）。但正如穆雷·霍恩所指出的，这一理论存在一些问题。首先，该理论假定国会所要的花招会欺骗到那些受到影响的利益集团，同时假定利益集团注意不到立法者的花招带给它们的不利影响。事实上，正如麦卡宾斯、裴杰和其他学者所指出的那样，在国会主导决策机构日常工作的模式下，这样的花招是不能够欺骗到利益集团的。其次，转移诘难这种情况只能发生在美国这样的国家，因为在这样的国家里，官僚当局的界限是模糊的。但在议会政体之下，首相、内阁和执政党将承担官僚体制运作的全部责任。但是，像在英国、法国和加拿大这样的国家里，我们依然能够发现同样广泛授权模式的存在。（Horn，"Political Economy of Public Administration，" 119 – 120.）

任务。调查高中体育活动中性别歧视投诉的是民权事务局，不是国会；对新药投入使用的限制比其他国家更严格的是食品和药物管理局，不是国会；对工人接触到化学药品的可能性进行严格限制的是职业安全与健康管理局，不是国会。[18]在任务确认的过程中，行政机构在法院的鼓励（甚至是引导）下朝这样的方向开展工作，第十五章将对此进行考察。国会没有反对上述变化，但这并不是说它支持这样的变化，更不是说它通过使用监督权来实现这样的变化。这仅仅说明两个事实：其一，国会通常不能决定它要什么；其二，任何一个想要迫使国会决定要什么的人都会发现，一些支持政府的重要议员能够阻挠任何阐释性和修正性的立法，甚至会以退出委员会相要挟。[19]

247

职业安全与健康管理局就是例证。健康保护是它的业务，从这一点上看，它属于程序型机构，因为没有人能够轻松地定义什么是健康的工人或者轻易地评价管理局关于工人健康条例的长期效用。所以，1970年通过的法案就没有给管理局提出明确的目标，这一点都不奇怪。但是，正如格雷厄姆·威尔逊所指出的那样，这部法案却给管理局定了基调，即"严格把关"。其中一个条款就规定管理局需要"尽最大可能"确保"工人们的健康和身体功能免于受伤害"，哪怕是他"整个劳动生涯中也不要遇到一个风险"。[20]一旦管理局按照要求严格把关，国会又有了第二个想法，但最初条款中的关键词一直没有被修改。目标没有改变，改变的是方式方法。经过数十次的调查后（1973~1976年举行100多次听证会，1977~1981年举行30多次听证会[21]），国会通过了一系列的拨款法案附加条款，要求管理局为雇主缴纳咨询费，撤销检查农场的决定，免于惩罚雇工少于十名的企业，服从所在州的安全和健康部门。国会试图通过控制程序型机构的程序以实现对其进行主导。这会被认定为主导吗？毋庸置疑，这属于国会影响，但不是国会主导，因为其他的参与者，如由管理局聘请的健康和安全方面的专业人员，往往会给出他们自己对管理局任务的定义。如果这一切没有发生的话，国会就没有理由设计出一套针对这些专业人士的复杂限制。

我们把联邦贸易委员会作为案例就能发现，国会控制程序型和工艺型机构的努力同样受到了限制。在国会的影响下，联邦贸易委员会改变了自己的初衷，并颁布了关于某种产业的广泛规则。在这一点上，国会的影响是有效的。但是，20 世纪 80 年代早期詹姆斯·米勒当选联邦贸易委员会主席之时，国会对其的影响力就减弱了。在米勒主政期间，联邦贸易委员会决定对一些案子进行经济调查，批准那些扩大市场竞争的兼并，同时抨击减弱市场竞争的兼并，在这样的情况下，国会的影响力就是有限的了。不久，一些国会议员就开始把该委员会称作"无赖机构"，追求"新奇的"经济理论。[22] 米勒还努力降低该委员会的花销。如果说国会可以主导的话，那它应该阻止此类事件的发生，但它没有。米勒的经济哲学主导了委员会的工作理念，而且作为该委员会成员中的经济学家开始支配法律专家。国会能做的只有抱怨、设法修改程序，如停止关闭区域性机构并拨发比米勒要求的还要多的资金。

如果联邦贸易委员会、食品和药物管理局、职业安全与健康管理局、民权事务局或其他十几个行政管理机构执行的任务能够获得清晰的结果，那么国会主导就会变得异常简单。那样的话，这些机构就变成了生产型机构，它们的整个管理和治理体系也会因此变得大为不同。那样的话，总统也将有更多机会控制这些部门。舞台上所上演的也就不是国会主导了，而会成为宪政之争。

环境

国会权力的运用不仅取决于行政机构的业务，也与行政机构所处的政治环境有关。国会之所以主导社会保障总署，一方面因为该局的工作清晰可查，另一方面国会也代表了要求保护退休福利的大多数人的利益。市议会主导警察局就会有困难，一方面在于警察局的业务很难去明确；另一方面，市议会在面对不同群体争取警员数量配置时要做权衡，即一个社区想要更多的巡警，那是以牺牲另一个同样想要更多巡警的社区的利益为代价的。"反对酒后驾车的母亲组织"要求严惩酒后驾车者，"美国自由公民联合会"则会反对；一个民权组织要求增加黑人警察的数量，而"巡逻人员慈善协会"则会将之认定为逆向歧视。

在第五章中，行政机构所处的环境被分为四类：多数人政治、创制政治、客户政治和利益集团政治。和行政机构处在利益集团政治环境相比，当它处在客户政治的大环境下时，国会主导更容易实现。在后一种环境中，一个独立的小利益团体能够从行政机构的活动中获得利益，而让分散的大多数团体来为此负担成本。客户通常很容易寻找到他们的国会同盟，他们（根据工作的性质）也能轻松和行政机构保持协同。退伍军人通常可看到国会两院的委员会不会漠视退伍军人事务；当然，退伍军人事务部也同样会重视两院委员会的要求。联邦海事管理局会特别关注来自众议院商业性海洋业务和渔业委员会或参议院科学、商业和交通委员会商业性海洋业务小组委员会的意见；不拥有政治学博士头衔的人也会猜到，这种特别关注与两院委员会对海事联合会和蒸汽船公司的特殊关照有很大关联。

249　　　　我们已经看到，国会并未从根本上侵扰职业安全与健康管理局。原因之一就在于管理局一些业务的性质：包括国会在内的任何人都不能明确知晓管理局是否真正改善了工人的健康状况。在制定健康规章方面，管理局是一个程序型机构。但是，评估管理局是否真正提高了工人的工作安全水平操作起来会更简单。管理局的规章可以决定是否使用护眼、灭火或者使手指远离急速旋转刀片的设备。在安全事务方面，管理局是一个生产型机构。但是，职业安全与健康管理局所处的利益集团环境阻挠了在本来清晰可查的业务方面存在的国会主导。劳资双方对管理局关于满意度、可行性和成本的规章持续争吵。由于管理局的支持者们发生了分裂，国会层面也发生了分裂：有的议员赞同严格执法，有的议员支持宽松执法。格雷厄姆·威尔逊认为，国会对职业安全与健康事务的处理被视为国会"作为政策制定机构孱弱一面的典型例子"。[23]国会无法解决劳资争端，只能例行准许劳资双方做出一些哗众取宠的行为。资方支持者要求废除管理局，而劳方支持者要求完全保留管理局。没人有意愿通过立法修正案的方式来解决下面这一关键问题，即应该如何平衡保护劳动者所导致的收益和成本？即使在理论层面，这个问题也很难解决。在现实层面，劳方支持者会把这一关键问题指责为"试图给人的生命标价"。

　　　　有时候，政策创制者会设法动员国会的多数支持某项行动，这项行动可能有悖于某个客户集团的利益或者无视传统利益集团的纷争。创制政治经常以短暂的激情爆发的方式出现。当它出现时，立法机关能够战胜很多通常会阻碍国会主导的政治束缚。在20世纪60年代及70年代早期，很多法案的通过得益于创制政治，包括规范汽车产业的法案、收紧药品管理的法案，并且在创制政治的影响下，新的减少空气污染和水污染的具体标准及其时间表也开始创建。[24]根据 1975 年的《麦格纳森－莫斯法案》（Magnuson-Moss Act），联邦贸易委员会既有权对单个公司下发传统的"停止并终止"命令，也有权颁布针对整个行业的规则。

不论创制政治导致了新行政机构的创建，还是对现有的行政机构重新定位，它都改变了官僚体制运行的政治环境。热情的专业人士蜂拥加入新创建的或精神焕发的行政机构。昔日的客户集团只有招架之功，这时，总统会面临选择——是顺潮流而动还是成为绊脚石。但是，创制者的热情是短暂的，当他们平息之后，留下的是一个新的利益结构，这个结构可能与最初的立法展望利益攸关，也可能不会。国家公路交通安全管理局的新成员曾无比期待颁布管理机动车设计的法规，但经过一段时间以后他们发现，下令召回有安全缺陷的汽车要比处理纠缠不清、争论不已甚至需要进一步立法的问题要容易得多。当净化全国空气和水质的截止日期一确定，人们对这个华丽的目标充满期待。但是，当时间一天一天的流逝，同时净化洛杉矶的烟雾和伊利湖的污染物所需的资金成本以及政治阻力开始日益凸显，这时环境保护局开始谈论"交易"和"可行性"。对于那个起草提案的民主党参议员和那位率先执行法规的联邦贸易委员会主席来讲，当时制定适合整个行业的法规似乎是一个好想法，但规则实施后就遭到了二手车经销商和丧葬事务承办人的集体抗议。

在上述例子中，当任务和环境能够改变国会控制官僚机构的程度时，我们能够看到两者之间微妙且复杂的相互影响。国会可以主导联邦贸易委员会对整个行业的规则的制定。这些规则清晰可辨，同时也激发了有组织的反对活动。在创制者热情

250

的引领下，国会可以促成这些法规的颁布。当这种热情平息之后，加之行业激烈地反对，国会可以要求撤回这些法规。相反，联邦贸易委员会针对存在不公平或垄断性行为的企业一贯发布的"停止并终止"命令就很难被评估（每一个案例的事实都非常复杂），其经济结果也难以预测。而且，收到"停止并终止"命令的企业在国会山如果有"熟人"的话，那也是寥寥无几。国会是不太可能主导这些进程的。

总之，如果行政机构的任务便于设计和评估，并且这些任务拥有压倒性支持和客户支撑的话，国会就会较容易地控制这些行政机构。这种控制的获得不费吹灰之力，以至于看不出是国会的主导。如果行政机构的任务比较模糊也难于评估，并且处于充满纷争的政治环境中的话，国会就难以控制这些行政机构——除非国会成倍增加对这些行政机构应该遵循的程序限制。大量行政机构处于这两个极端分类之间，它们或者有着模棱两可的工作结果（如程序型机构），或者有着无法辨认的运作过程（如工艺型机构）。它们可能受到国会的有效控制，也可能不受国会控制，这取决于它们所处的政治环境。当行政机构的工作成为创制政治的焦点之时，这些工作就会受到短暂的控制；当这样的工作具有重要的"分配效应"时，即会让一些有组织的团体获利，又会让其他团体失利时，国会就会不断地试图控制这些工作。但是，如果立法机关不能决定"分配"的具体结果时，这种控制就陷入了瘫痪。①

251

---

① 关于政府机构对立法机关可控制性的比较分析的不同阐释可参见：Lester M. Salamon and Gary L. Wamsley，"The Federal Bureaucracy：Responsiveness to Whom？" in Leroy N. Rieselbach, ed., *People vs. Government*：*The Responsiveness of American Institutions* (Bloomington, Ind. ：Indianan University Press, 1975)，151 – 88。

行政机构对国会控制的反应

尽管官僚们不会使用我在上文给出的令人尴尬的标签以及复杂的区分，但当需要去考虑立法机构的偏好时，他们的嗅觉也是相当敏锐的。他们会用理性的态度来应对这些情况，即规划好与国会的关系。这样做的目的是为了满足那些与行政机构决策的"分配效应"有利益纠葛的议员。行政机构不是其国会监督者的被动代理人，就好比《费加罗的婚礼》中老谋深算的男仆，他挖空心思操控主人就是想做出互利的安排。

道格拉斯·阿诺德（Douglas Arnold）分析供水和排水拨款、模范城市规划以及军事基地的资金获取方式，计算了行政机构对国会的适应程度。[25]至少在那些供水和排水拨款以及军事基地的案例中，所牵涉的行政机构从事的是生产性任务。所有三个案例的结果都受到了"分配效应"的影响———一些机构争取到了资金，一些则没有。执行上述项目的官僚们并不仅仅对控制做了反应，他们还能预测和调整来自国会的控制。

官僚们能做到这些，是因为他们可以通过扩展提案的范围来获得国会关键人物的支持。行政部门提交预算请求的时候，时刻都需确保请求中包含某项计划，这些计划专门服务于拨款小组委员会成员（以及其他一些关键国会委员会的成员）所代表的地区。根据阿诺德估计，行政机构在国会山建立起支持性联盟的后果就是使原计划成本增加了10%至30%。

一个最近发生的事例就能说明上述情况：前海军部部长为寻求国会支持其扩张海军规模的计划，特意加入了"停靠船籍港"（homeporting）的规定，即把新舰艇停靠在大量地方港口，而不是将它们集中在一些大规模的海军基地。很多国会关键人

252　物虽然在其他方面抨击军事的过度开支，但这一次他们所有人都尽量确保一艘战舰及其护卫艇停靠在他们所代表的城市。[26]

批评人士把此举称为"政党分肥"（pork barreling），并且认为此举是错误的。卡特总统就是其中一个批评人士，他曾经通过否决议案的方式来着力弱化"政党分肥"的影响，该议案提议向若干地方水利工程提供资金。但是，他失败了，他疏远了国会，并为此断送了自己的政治前程。虽说"肥水"与公路承包商和军事设施联系紧密，但不限于桥梁、排水系统和海军基地，它还包括公立公园、垃圾点清理和高校研究项目。自由主义者和保守主义者都会从中受益。上述情形说明"分肥"（有时这样称谓）并不是美国政治中偶然出现的一个怪诞事件，而是美国政治的要素之一。于是在美国政治体系中就会出现一种符合逻辑并注定要发生的结果，即它要求议员们首要服务于地方利益而非政党利益，同时又要赋予国会凌驾于行政机构之上的独立权力。

在政治联盟里取得广泛共识的问题上，"政党分肥"现象是普遍的；但是，小范围内的认同，如将一笔特定款项用于特定项目上，"政党分肥"现象就不太常见了。亚瑟·马斯认为，与大多数人的想法不一样的是，国会通常不会"依据授权法案指定具体项目或者依据拨款法案把资金分配给具体项目"。[27]相反，国会仅仅为这些项目的资金设定分配的标准和原则，并将具体的拨款抉择权让渡给行政部门。国会为什么要这样做？因为它担心背上"裙带关系"的罪名，同时也是因为如果每个州或特区都能从这些原则中看到会有资格获得一个项目时，国会中形成一个特定多数就更容易了。

当国会考虑实施授权行为但目标又不是很清晰的时候，

"政党分肥"现象是不太常见的。在这样的情况下，行政机构所采取的理性战略并不需要向国会承诺好处，而是开诚布公地面对未来的工作。国会的议员们不喜欢被欺骗，[28]并且在一个很难保守秘密的政治体系中，欺骗行为迟早会被发现的。针对问题解决型机构或程序型机构（这些机构的具体工作也可探讨，但无法衡量其业绩）的立法监督，主要由国会各委员会对其行为和成本进行的大规模测评构成。愤世嫉俗者据此会看到帕金斯定律的灵验，即一方面，国会成员们对某一个行政机构是否应该关闭达拉斯办公室各持己见，另一方面，国会成员对办公室所从事的工作却熟视无睹。但是，愤世嫉俗者也并不完全正确。国会正在做的不但包括简单断言地方利益高于办公室的选址，而且也包括精细考察行政机构管理者的能力和忠诚度，这主要通过议员们一心一意地详细审视一些具体案例（如获取职位和行使职权）来实现。有经验的行政人员明白这一点，并会努力维护一个良好的声誉。[29]

国会议员喜欢为所在选区服务的官员，喜欢能以低成本的方式完成指定目标的官员，（如果官员对所从事的问题不甚了解的情况下）喜欢在资源的使用方式和民众的对待态度上对国会开诚布公的官员。（有的时候，国会议员会对他们所喜欢的官员不留情面，这是因为议员们不会感情用事，他们必须在针对行政机构任务分配的论争中选择立场。）上述想法有助于让我们认识到，行政机构的领导取悦国会监督者的工作既是最容易的也是最难的。社会保障总署的领导可以为自己辩解道：至少在退休计划方面她正在实现她的目标（这些目标广为人知而且也是可以衡量的），并且这项计划在所有的国会选区得以实施（由成百上千的社会保障总署办公室），而且她没有必要对

253

这些信息进行隐瞒。（社会保障总署的残疾人计划就不一样了。她不能为自己辩护说，她已经实现了明确的目标，而只能说对模棱两可和存在争议的标准进行了"合理的"评价。）相反，国务卿没有为任何一个选区做任何事情，几乎不能证明他在任何一个重要目标下取得了进展，并且有的时候为了保证那些具有微妙关系的磋商得以实现或者维护政治选择的权力而必须有所隐瞒。至于国务卿在大多数的时间里尽可能远离首府华盛顿也就不足为奇了。

附录 国会主导：近距离观察

254

白瑞·R. 温格斯特（Barry R. Weingast）和马克·J. 莫兰（Mark J. Moran）[30] 提到了国会对联邦贸易委员会的一些决定怒不可遏，议员们认为这些决定是"离经叛道"之举。联邦贸易委员会的决定要求对针对儿童的广告进行规范，颁布更严格的政策规范二手车经销商和殡仪馆，并打破被指控的大型谷类食品制造商和石油公司的垄断局面。很多学术评论家接受了政客们对这一争议的解释，即联邦贸易委员会使用了它广泛的决策自主权来制定了政策，却漠视了国会的喜好。这之所以能发生是因为，尽管国会拥有控制行政机构行为的强大武器，但这些武器几乎没有被国会所使用；相反，国会对行政机构的监督要么只是象征性的，要么是间歇性的。

温格斯特和莫兰却提出了一个不同的解读，即联邦贸易委员会（参议院商业委员会所属的消费者事务小组委员会以及众议院能源和商业委员会所属的消费者事务小组委员会）一直致力于为国会中的监督委员会寻求利益。在 20 世纪 70 年代早期，这些国会委员会期待一个激进的带有"反公司"理念的联邦贸易委员会，这一愿望最终得以实现。20 世纪 70 年代晚期，这些委员会期待一个温和的带有"亲公司"理念的联邦贸易委员会，这一愿望最终也得以实现。公众之所以不满是因为，联邦贸易委员会没能像国会委员会所期待的那样迅速进行政策方向上的急转。因此，在大约一年的时间里，它被猛烈地抨击为一个"离经叛道"的机构。但是，该委员会很快又完全顺从了国会委员会的理念。

为了证明这一观点，温格斯特和莫兰将联邦贸易委员会的案例划分为两种：一种为"传统"案例（或微小案例），如某一公司违反了皮毛、羊毛和纺织品标签粘贴规范的案例；另一种为"激进"案例（或重大案例），如需要执行"诚信贷款或良好信誉报告法案"（Truth-in-Lending or Fair Credit Reporting Act）的案例。他们二人又继续展示了两种案例出现的频率与参众两院监督委员会的自由主义理念之间存在联系，并可以用数据来表示。当监督委员会小组委员会成员趋向自由主义理念的时候（这是二人基于从一个自由派利益集团——"民主行动美国人"那里获得的数据进行的统计），联邦贸易委员会专员们开始对更多的"激进"案例采取听证，"传统"案例随之就会减少。这样的情形发生在 20 世纪 60 年代末和 70 年代初。当监督委员会小组委员会（尤其是参议院监督委员会小组委员会）开始趋向保守时，联邦贸易委员会就会减少对激进案件的处理，传统案例的数量就开始攀升。这种情形发生在 20 世纪 70 年代末，原因是参议院监督委员会小组委员会的成员几乎全部被更换。在联邦贸易委员会随后对此进行相应的顺从性调整的短暂时间里，公众的不满和随之而来的指责不绝于耳，纷纷指责联邦贸易委员会处于失控的境地。

上述分析已经招致了其他人的全面批评。这里只列举这种分析存在的主要问题。首先，温格斯特和莫兰所依赖的数据不足以支撑他们的推测，即在 20 世纪 70 年代晚期，当国会趋于保守时，联邦贸易委员会开始转向去处理更多的传统案例，激进案例数量开始减少。[31]其次，如果相关的国会委员会不赞同芝加哥经济学派的观点，依照国会主导理论，我们能够预见联邦贸易委员会不会采纳和芝加哥经济学派紧密相关的市场原则，尤其是当消费者的福利被证实没有受到任何侵害时允许公司兼并的原则。事实上，相关国会委员确实不赞同芝加哥经济学派的观点，但里根总统时期的联邦贸易委员会却完全按照该学派的理论指导来行事。① 联邦贸易委员会撤回了诉凯洛格公司一案，批准了索科尔公司收购格尔夫公司以及允许通用汽车和丰田成立合资企业。[32]第三，也是最重要的，温格斯特和莫兰没

① 1978～1988 年，罗伯特·卡茨曼对联邦贸易委员会的一些高级官员进行了采访，受访者一致认为国会政策导向（这些政策不包括预算层面上的程序性争论和区域行政机构的关闭）很异常。其中一个受访者说，除了那些令人厌烦的、"不知所云"的国会听证会之外，"我们什么事都可以做或者什么事都没有做"。另一个受访者则说："自从我来这里工作到现在，我也想不出一个由国会牵头的法令执行行动。"当一个国会委员会调查联邦贸易委员会的时候，联邦贸易委员会的领导们会把此举认为是一种作秀："在他（委员会主席）讨好其选民后……一切又恢复如初。"（Robert Katzmann, interview notes, July 31, 1988.）

有使用反证法来验证他们二人对联邦贸易委员会行为的解释。[33] 反向的解释可用四个词来总结：总统、行政主管、职员和法院。单纯指出某一机构的行为随着议员态度的变化而发生变化以来说明国会主导该行政机构，是不足以让人信服的；还需要证明该行政机构的变化不是由其他因素导致的，这些因素包括总统行为，总统遴选的行政主管的行为，行政机构中任职职员的行为以及起诉行政机构的法院的行为。阅读温格斯特和莫兰以及其他国会主导理论支持者的书籍，我们几乎看不到上述其他行为主体的存在。

政府机构或许可以被视为"代理人"，但这与公司的代理人完全不同。因为政府机构的代理人并不是为一个委托人（公司里相对应的是董事会）服务，而是存在不同的委托人。我们已经看到（参见第十二章）卡斯帕·温伯格和迈尔斯·柯克帕特里克撤换了联邦贸易委员会的很多重要职员，重新设计了首要的工作方向，放弃去调查打错标签的毛制品案，重心转向针对公司并购和垄断。我们已经了解到（第四章），经济学家对联邦贸易委员会任务的界定有别于律师对该委员会任务的界定。卡斯帕·温伯格和迈尔斯·柯克帕特里克的改革提升了经济学家在联邦贸易委员会中的权力。我们很快就会看到（第十五章）联邦法院是通过审理它愿意接手的案子来对行政机构施加影响的。在 20 世纪 60 年代末以前，受联邦法院的影响，联邦贸易委员会很难在一些传统案件中打赢官司，以至于该委员会几乎放弃了打官司的尝试。纵观整个时代，总统们对联邦贸易委员会的态度也是不一样的。罗斯福、杜鲁门、肯尼迪和约翰逊四位总统几乎无视该委员会的存在，他们只是利用该委员会的某些职位"赐官"给国会重要的议员盟友。艾森豪威尔总统则与四位总统不一样，他选拔官员对联邦贸易委员会进行机构精简，使之更加有效率。与艾森豪威尔总统相比，尼克松总统决定利用该委员会作为取悦消费者群体的工具。因此，他首先任用了温伯格，接着又任命了柯克帕特里克来重新定位联邦贸易委员会的发展方向。卡特总统更加坚定地把该委员会塑造为消费主义的先锋，因此任命了迈克尔·珀楚克。里根总统任命了像詹姆斯·米勒三世这样的

256

专员，改变了联邦贸易委员会的哲学基调。米勒三世通过该委员会促进了市场竞争，弱化了设定消费主义原则的惯例。正如特里·M. 莫所说的那样，国会主导理论令人诧异的地方是它分析的着眼点几乎完全被国会占据，几乎不会关注实际执行国会任务的行政机构，结果就导致了"包括总统、重组、联邦贸易委员会主席和专员、行政机构的组织结构和运作过程、对政策的内部论争在内的这些因素以及其他更多的东西都遭到漠视"。[34]

同时，如果国会被纳入分析的视角，只分析两个国会委员会也是不对的。每个联邦行政机构都受到至少四个国会委员会（或小组委员会）的监督，这四个委员会是：对行政机构授权并修正执行法案的参众两院立法委员会，决定行政机构人员规模和预算的参众两院的拨款委员会。在各个委员会之间发生重大纷争司空见惯。例如，众议院能源和商业委员会长期以来一直希望在消费者和环境事务上有重大利益的议员加入，相反，众议院拨款委员会则想吸纳在经济和选民服务上有利益的议员加入，这一直是该委员会的传统。[35]每一个政府机构的领导都需要立法和拨款两个委员会的支持，但这个领导经常会从两个委员会那里获得不同的指令。立法委员会说"多做事"，拨款委员则会说"少花钱"。

第十四章　总统

　　现代的每一个总统即使不会公开广而告之，也会私下向他的顾问团透露，他们对一个谋官未成者杀害了詹姆斯·加菲尔德总统一事十分懊恼，因为此事直接导致了文官体制改革。现代的总统们把大部分官僚体制视为自己的天敌，并且想方设法来操控它。尽管这些总统已经在考绩制度外提拔了400多名官员，但他们还是不满足。有些总统对任命更多的官员不感兴趣，他们想要的是将官员任命到更好的职位，这样就可以把与自己意识形态相一致的高级文官提拔到高层管理岗位。当总统们不寻求更多数量的任命或者不关注意识形态的一致性时，他们就重组行政机构并且在白宫创建重要职位以来监督、协调和（必要时）亲自处理官僚事务。

　　上述行为在英国首相撒切尔夫人眼里可能就显得十分奇怪了。除了她的内阁成员之外，她只任命了十几个幕僚，而且看上去对此十分满足。就像在颇受欢迎的电视剧《是的，部长》中所展现的一样，英国公务员体制会受到讽刺，但不会受到攻击。在20世纪40年代中期，工党首相们担心"托利党"公务员的行为会扰乱他们的政策部署，但他们担心的事情并没有发生。所以，他们随后也就消除了疑虑。他们的继任者也就不用把大量时间花在将"自己人"安插在高层岗位这种事上。与白宫不同的是，唐宁街十号没有大量用于监管官僚体系的特别助理、特别顾问、顾问、委员会和办公室。

为什么英美两国会存在差异？简言之，这都是美国宪法"惹的祸"。宪法导致了国会和总统竞争对美国行政体系的控制权。竞争导致斗争，斗争导致挫败。一些被国会认为反应迟钝的行政机构，总统认为它们不负责任；一些被国会认为离经叛道的部门，总统则视它们为傲慢的懒散。在英国，首相和议会并不是竞争对手，因为下院没有那么大的权力去监督、调查、干涉甚至从官僚机构中寻求答案。如果发生英国官僚机构漠视首相及其内阁成员的事情，最好不要去宣传，因为这只会败坏拥有监督官僚机构权力的首相的名声。

我们的宪法指示总统"关注法律是否被完全执行"，总统把此条款解读为，政府机构应该对总统负责。但是，宪法也赋予国会"拥有所有的立法权"，国会把此条款解读为，国会创建的行政机构应该对它们的创建者负责。与此不同的是，在英国，责任与负责的对象是一样的，都是指同一个人或事物。

作为美国的"首席执行官"，总统应该掌控行政机构，并要求行政机构对其负责，这一观念是相对比较新近的观念。1921 年之前，白宫甚至没有行政预算；1939 年前，预算局（Bureau of Budget）也不设在白宫而是设在财政部；直到富兰克林·罗斯福时期，白宫才拥有自己的职员班子。从一个事实我们就可以看出当时能给总统配备的行政人员的数量少得可怜：罗斯福总统指派一个委员会研究白宫职员班子的任命，该委员会写成的报告建议高级官员的任命"不要超过六人"。[1] 1921 年前，各行政机构未经通报总统就可以直接将法案提交给国会。1921 年拨款法案提交国会前必须先向总统通报；在 1930 年代，所有法案提交国会前都要向总统通报。

罗斯福总统在位期间发生的行政体制改革美其名曰是为了

"提高效率"和"优化管理",但实际上这是深层政治信念的产物。改革的目标不仅仅是简单地规范政府机构,还是使总统成为政府的真正领袖。这就意味着国会直接控制行政机构的能力遭到削弱。改革的内容包括规划联邦预算、联邦法案和联邦人事管理,建议允许总统重组和强化行政机构,建议将独立管理委员会的很多功能交予直接或间接向总统报告的机构。所有这些改革的想法都基于一种理念,即对宪法赋予总统的行政权力应做宽泛的解释,国会对行政权力的分享应受到大幅度的限制。

"总统行政管理委员会"的许多建议被采纳了,但根本的 259
紧张状态依然存在。按照正常程序,所有的部门需要向白宫提出它们的预算和立法建议,但国会私下很容易获悉哪些部门的长官在预算和立法建议上与总统存在分歧。按照规定,行政体系内的所有机构都隶属于总统,但事实上,国会凭借其授权、拨款和调查的权力轻而易举就能够影响到行政机构(至少可以察觉一些明显的行为)并更改行政机构可操作的目标。

结果,行政机构成为不同的且存在分歧的主人的代理人,所以,它们的日常工作可以反映出白宫和国会持续的紧张状况。自罗斯福时代开始,这两个主人所拥有的可用于影响行政机构的资源都得到了增加,但总统权力的每一步增进都是和国会权力的增进相匹敌的。参议员丹尼尔·P. 莫伊尼汉把这一现象称作"仿效铁律"(Iron Law of Emulation)①:政府中任何一个部门获得了一项新技术,进而与其他部门相比增强了它的权力,那么其他部门也会很快采用此项技术。[2]

罗斯福总统最终建立起一个叫预算局的机构,后来尼克松

---

① 我是这一理念的创建者,莫伊尼汉创造了用词。

总统将之升级为一个更有权力的部门，叫作行政管理和预算局。国会随之创建总审计局来应对，这个机构可以被国会用来监督行政机构的开支不能超出国会的拨款；后来，国会创建了国会预算办公室（Congressional Budget Accounting Office，CBO），国会可以通过这个机构而不是从总统那里获得预算信息。如果注意到行政管理和预算局除了编制预算之外，还更改官僚体系中的管理工作的话，国会将命令总审计局研究如何对其进行管理和如何监管其政策的执行情况，同时还要审计其账户。1962年，总统建立了为他在技术方面建言的科技办公室；大约十年之后，国会也创建了为它在技术方面建言的技术评估办公室。总统最初只有六个特别助理，随后人员大幅攀升。国会注意到这样的变化后也做了同样意向的安排，促使国会职员人数迅速增长：罗斯福主政期间国会职员仅有 1500 人，里根主政时期国会职员有将近 15000 人。[3]〔那些抱怨总统的官僚机构花销太大的国会议员最好也回过头去看看自己的支出。1978 年，参议员克莱本·佩尔（Claiborne Pell）注意到，仅美国参议院自身的支出就超过 74 个国家的全国预算。[4]〕1947 年，总统建立中央情报局。国会立马建立两院情报特别委员会做出回应，依据法律，该委员会的委员和职员可以第一时间获知中央情报局获得的所有调查结果。1963 年，总统在白宫增加了一个贸易谈判代表的岗位设置。十年后，参议院金融委员会建立了一个国际贸易小组委员会，其成员是总统谈判代表的官方顾问。

　　这种组织仿效的过程可能是避免不了的，有时甚至是必要的，但确实要消耗成本：总统和国会两个机构以往的交流沟通是双方面对面完成的，现在却不得不面对官僚体制。总统现在仍然面对面与议员打交道，但这曾经是他们相互共事的唯一方式。现在，总统立法事务办公室职员和国会山职员的间接联系已经弱化了总统和议员面对面共事的重要性。行政管理和预算局的官员会与国会预算办公室的官员交谈，白宫的新闻发言人和参众两院的新闻发言人在媒体上相互攻讦。

官僚机构因为夹在中间所以既害怕又厌烦。一方面，同侍两主的日子本就不好过；另一方面，这两个主人本身已经演化成带有自身文化和各自需求的庞杂的官僚组织。个人之间交流的方式是提出要求和达成交易，而官僚机构之间打交道的方式是彼此限制和操纵信息。第七章的阐述反映的是白宫和国会的官僚机构之间在选民利益上的博弈。旧式面对面的沟通可能有其缺陷，如存在任人唯亲和特殊恩惠的现象，但新式的部门间的谈判（被称为谅解备忘录）和对程序规则的讨价还价依然有弊端，其中之一就是工作进度停滞不前。

总统在争取官僚机构的斗争中有四种手段：遴选人员、更改程序、重组机构、协调行动。

人员

当总统接受部长们和各位局长宣誓就职的时候，一个明显的角色转变就发生了。被任命者在把手放在《圣经》上以前，他们是总统理念和政策的忠实追随者，宣誓结束，他们的手刚从《圣经》上抬起，几乎与此同时，这些宣誓者就开始经历一场灵魂的转变。他们看待问题的立足点开始转移到他所负责的行政机构——去考虑它们未满足的需求、它们尚未完成的任务以及手下忠实且勤劳的职员。

这些宣誓就职的官员目睹了他们自身的这种变化，他们认为导致这种变化发生的并不是受《圣经》的启示，而是"嫁鸡随鸡"理念的促使，即接纳了新下属们的观点并支持新下属们的工作计划。令人惊奇的是，没有几个总统会出来强行阻止这种"婚嫁"现象的发生，因为总统也就对他所任命的一小部分官员比较熟悉。谋官者和谋官者的朋友经常围绕在总统身边，这些人推荐给总统的人名都似曾相识，但是总统大多记不得。总统会密切关注他的核心圈子成员，如白宫顾问们，以及那些掌管内阁重要部门——国防部、国务院和财政部——的部长以及中央情报局。除此之外，他还必须通过副职、党政领导人、利益集团和国会议员获得建议。总统会根据个人的利益倾向于处理重大议题，同时，政治诱因也会使总统关注重大议题，如经济状况、美苏关系以及媒体声誉。他不太可能去关注不能给他带来回报的事情，如修缮公园设施、领导证券交易委员会或者改进劳工部的管理。

因此，我们可以预料到，总统将会把那些并不是自己理念忠实拥趸的官员指派到那些自己不太关注的或者类似的岗位上，而不会在乎他们口中谎称什么，哪怕他们鼓吹总统关于公园、证券交易和劳工政策都具有鲜明的理念。但要是在过去，这些总统看不上的职位的任职人选是由从此类机构获益的利益集团来敲定的。但近年来，意识形态开始代替门户主义作为标准成为许多任命的基础。尼克松、卡特和里根三位总统竭力给大多数（如果不能是全部的）联邦机构打上自己独特理念的烙印。尼克松首先清理了联邦政府中的次要职位（例如，主要各部的副部长和部长助理），任命他的拥趸到这些岗位任职，这些人在尼克松入主白宫之后先被招纳为白宫职员来测试其忠诚度。[5]卡特有条不紊地选派一批自由派人士填补保守派人士离职所产生的职位空缺。[6]里根任职后决心有效利用他手中的委任权，便创建了很多"专门工作组"来处理职位变迁问题，并尽一切可能让自己的亲信来填补职位空缺，很多亲信所被安插的职位就是之前他们负责调查的那些。白宫的总统人事办公室网罗了一百多名职员作为潜在的侯任人选，他们被看上的原因要么是理念，要么是忠诚和能力。总统利用"高级行政官"（Senior Executive Service）的政治功能，免去一批职业官员，用更多的自己人来代替。[7] 里根政府在对官僚机构的领导力塑造上比任何一届政府做得都成功。[8] 但是，即便如此，里根仍然发觉他任命的很多官员缺乏保守理念或者能力欠缺，抑或是两者都不能令人满意。这就是说，每个成功的任命背后都存在一些让人不满意的意外之事。

里根政府曾经因为其任命的联邦政府正副部长"普遍抵制应当去执行的计划"[9] 而遭到指责。从某种程度来讲，这种指责是正确的。但是，将意识形态而非门户关系作为任命标准的始作俑者并不是里根。卡特的批评者就曾指责他在联邦政府副部长的职位上任命了几十个左倾激进分子。[10]

所有这些会产生什么样的不同结果，目前还不明了。意识形态不足以改变一个政府机构的方向，技能和毅力同样重要。如我们在第十一章和第十二章中所看到的，一些行政官员有能力为他们的部门重新绘制蓝图，一些却做不到。卡斯帕·温伯格改变了联邦贸易委员会；安妮·伯福德没能改变环境保护局；迈克尔·珀楚克试图让联邦贸易委员会监督政府的所有行业，结果以失败而告终。詹姆斯·米勒试图将一种独特的经济理念融入联邦贸易委员会，他成功了；长期担任内政部长的詹姆斯·瓦特（James Watt）最终取得了什么成就没人知晓，人们能看到的是他上过头条新闻（和援助环保主义者的募捐活动），倒是他的雷厉风行为其批评者提供了足够的指责机会。亨利·

基辛格用他条理清晰的世界观和超人的聪明才智把国务卿这个职务演绎得淋漓尽致，但他的成功则是因为他主动忽视了其名义上领导的国务院。正像前大使劳伦斯·H. 希尔伯曼（Laurence H. Silberman）讲述的那样，基辛格通过把所有重大问题的决策集中到自己办公室里以实现对国务院的主导，不理会低级别官员，甚至不会让他们知晓发生了什么。[11]基辛格有能力辅佐两任总统，但他没能做到让国务院处在总统的直接掌控之下。政策的制定尽在基辛格掌控之中，但国务院却不在任何人的掌控之下。

管理

有些总统通过改变程序来竭力改变政策。例如，里根总统发起或推进一些计划，旨在提高行政机构的管理效率并增加政府机构颁布的法规的回报率。这些计划包括创建内阁管理和行政委员会、规章精简工作小组、行政管理和预算局的法规事务办公室以及总统私营部门成本控制检查处（该处一般被称为格雷斯委员会，因为格雷斯任该处的主席）。在这一点上，他是步富兰克林·罗斯福、杜鲁门、艾森豪威尔、尼克松和卡特的后尘：罗斯福创建了总统行政管理委员会；杜鲁门在国会的支持下创建了胡佛委员会，该委员会与总统行政委员会研究的问题是一致的；艾森豪威尔重建了胡佛委员会并扩展了研究范围；尼克松创建了艾希委员会，重新审视了总统行政委员会和胡佛委员会研究过的议题；卡特着手进行了各种类型的程序改革，涉及预算编制、组织和政府法规。

所有这些计划实质上都反映了同一个现象：政府管理不善。如果想去改善管理，总统需要获得更多高效职员的协助（来制定政策和评估绩效），同时部门主管需要得到更多的授权（来组织他们的部门、培养下属的责任心以及采取公司式的管理模式）。[12]理论上，建议增强总统制定政策的权力和培养下属的责任心，与建议加强部门主管在尽可能少的限制的情况下管理其部门的能力之间不存在冲突。实际上，这种观点是商学院教学的主题之一：总经理通过批准预算、收集信息和分配报酬的方式来监管下属部门；部门经理使用他们的预算完成目标、报告目标完成信息以及等待奖赏。

在政治现实中，两组建议的冲突可谓根深蒂固。国会不会容忍给予部门主管人员独立重组他们的机构、决定自己的人事或是获得与处置资产的权力。如果是这样的话，国会迫使这些机构积极为其服务的能力就会降低，甚至会完全丧失。不过，国会不会让此类事情发生，它经常加大而不是削减对官僚机构的控制。但另一方面，国会倒也时不时愿意加大对总统人力资源的投入，尤其当国会山和白宫的意识形态倾向存在广泛一致性的时候，例如在富兰克林·罗斯福和约翰逊（在某种程度上，还有艾森豪威尔和卡特）当政时期尤为明显。即使国会和白宫分别由对立的政党控制，国会在一定程度上依然尊重总统的宪法地位并且顺从总统按照自己的偏好来统领白宫的要求。

这些政治现实的结果是，改善管理的努力常常使总统的权力得到提升，但各部部长的自由并未扩大。商学院教学内容的一半已经得到落实：总统获得了他所要求的在制定行政政策上的更大的控制权，但是部门主管们直接对总统负责的责任既没有得到强化，也没有使他们获得管理本部门的工具。实际结果不是总统监督下的行政权力的下放，而是制衡部门行政自主权的筹码越发集中在白宫。

264

与之前比较，当前对核心管理人员的遴选更直接处于总统控制之下了。现在通过行政管理和预算局的协助，白宫能够审查各部门提出的法规建议，有权判断各部门是否以最小的成本来完成法定的任务。行政管理和预算局在规划、执行总统预算政策上发挥了更加积极的作用。在过去，它只审查部门提出的要求，监督它们是否与总统的计划和行政效率标准相吻合；现在，（至少在里根政府时期），它通过授权削减和重新拟定支出计划来制定政策。国家安全委员会已经成为制定——而不仅仅是评估——国防和情报政策的主要力量了。

上述观点被美国总审计长和国家公共管理学院所认可。后者提出，白宫控制体系的增强造就了"管理的超负荷"现象，在这里程序压倒了实质。[13]这个评价可能过于尖锐（认为规章审查是一套繁重程序还是一个本质上理想的替换，取决于你是否赞同既往规则改变的方式），但这一评价的核心内容——白宫改善管理的努力导致了管理决策制度的集中化——一语中的。

总统可能都没完全意料到这样的结果。他认为他的职员们已经掌握了政策的核心部分，但结果却发现，实际上他们掌握的只是操作和程序上的琐事而已。罗伯特·伍德（Robert Wood）在约翰逊住房和城市发展部部长助理职位上离任后说，白宫竭力通过制定越来越多的政策来确立"上层多做事"的原则，却出现了"奇怪的颠倒"现象：

> 具体操作业务流向上层——核心职员开始专注于开拓非核心的部门业务，政策制定发生在下层。在上层，大问题受到了小问题的排挤，级别越低的职员反倒有充足时间来仔细思索和捣乱，他们开始处理根本性和有政治意义的议题。[14]

重组

靠改变程序来改变政策的难度着实不小，总统也不能完全控制许多重要的下属。有鉴于此，就不难理解总统对重组行政机构的偏爱了，这就好比肥胖人士钟情于节食疗法一样，两者的结果是一样的。

重组机构能够摆脱"大换血"所带来的痛楚。一个惹是生非的部门经过重组被安排在一个态度友善的部门之下，进而一个不善合作的主管瞬间变成了另一个主管的副手，曾经相互掣肘的计划现在则能和谐地推进了。或许理论上可以达成这样的情境。当然，并不是所有的重组都是为了改头换面；一些重组，如教育部或退伍军人事务部的创建，主要是为了兑现竞选承诺或者出于政治目的讨好重要的利益集团而已。但是，很多重组实际上是打算改变官僚机构的工作内容和工作方法，可惜它们的成功率并不是很高。

如果重组改变了资源流向项目的方式、改变职业报酬分配的方式或目标界定方式，那么重组就起了作用。有时候这种情况会发生，但数量不多。

1967 年，弗雷德里克·莫舍（Frederick C. Mosher）发表了一篇关于 12 个不同层级政府部门重组案例的评论，他指出，那些旨在改变部门任务的重组成功率不高，而那些意图解决行政管理问题的重组成功率比较高；那些依靠外力进行的重组成功率不高，而那些从内部引发的重组成功率比较高。[15]

依靠外力进行的重组意味着从一个侧面反映出这是在自上而下地去审视官僚体制，这并不是本书所认可的。上层人士（白宫职员和总统委员会）看到两个相互独立的机构从事着明

265

显类似的任务后，就会立刻将这种情况贴上"无用的重复"的标签。或者，上层人士发觉某一个办事处的行动与同一政策领域下的其他办事处不合拍时，也会立马给这种情况扣上"不明晰的责任界限"的帽子。

判断一项任务是否重复，需要详细分析这个机构所从事的实际业务。责任划分给这个部长还是那个部长要看哪个部门能提供与履行该项职责最契合的组织文化。这些事情高层委员会是无法轻易决定的。

那些对禁毒执法工作进行重组的历史揭示了重组能带来什么和不能带来什么。从 20 世纪 30 年代开始，同属于财政部的联邦麻醉品管理局和海关总署两个单位争夺对麻醉品进口控制的权力。1968 年，约翰逊总统发布行政命令，将联邦麻醉品管理局移出财政部，改名为麻醉品和危险药品管理局，并将其设在司法部。就像帕特里夏·蕾切尔所评论的，新的结构"丝毫未缓解争斗，只不过把部内的争斗转化为部际的争斗"。[16]接着在 1973 年，尼克松总统发布了重组计划，号召建立缉毒局，统一管理原有的麻醉品和危险药品管理局以及之前海关总署辖下负责麻醉品管理的机构。缉毒局隶属司法部，并作为麻醉品管理的"领导机构"。之前司法部的一些移民和归化部的监察员划归到海关，算作对海关的部分补偿。①

在一段时间里，这项重组消除了争吵之声，但未根除不和。原因很简单：为势力范围所进行的争斗是所有重组计划都难以

266

---

① 如果知道我参与了 1968 年和 1976 年的重组之后，读者可能会更有兴趣。白宫特别犯罪小组（当时我任主席）的建议引发了 1968 年的重组。1973 年进行重组的时候，我任国家药品滥用控制咨询委员会的主席。我当时对两项重组都表示支持。现在回想起来，我认为很多当时的参与者，包括我在内，都没有足够慎重地对待这些重组方案。

避免的。海关的任务是在边境对进口商品征税和严防走私，在工作中发现毒品是不可避免的事情。这时，海关就会去调查谁是走私者。因此，不可能不让海关涉及毒品执法的工作，除非解散海关——那又是不切实际的做法。缉毒局的目标是"执行禁毒法"，但这种表述是模糊的。缉毒局的工作人员进行了一种清晰易懂的解读，即通过卧底购买毒品，并以此为证据逮捕中间人和供货人。当然，这种针对交易进行打击的策略不仅应用在大城市，也应用在边界及其附近地区；不仅针对分销的美国人，也针对那些从美国购买违禁药物的外国人。缉毒局调查的案子很明显会和海关处理的案子有重叠，因此两个机构之间冲突不断。

多次重组都没能彻底改变两个部门的根本任务、财政资源和事业上的回报。偶尔，一些有经验的部门主管通过成功的协商改善了两个部门之间的关系。海关和缉毒局的官员开始联合执行任务，艾尔帕索（El Paso）情报中心就是其中一个例子，而且在合作过程中，两个部门对彼此合作的想法感到满意。但只要两个部门的核心任务不变，在禁毒执法的过程中，隔阂始终存在。例如，缉毒局经常会发现很难对大型黑社会组织犯提出贩毒阴谋罪行的指控——因为地方缉毒局官员不愿意配合，同时也因为要证明犯有贩毒阴谋罪需要工作人员花费大量时间研究枯燥的窃听记录，这远不是进行地下交易和破门而入那么简单。除此之外，缉毒局也是一个预算有限的小单位。

1982 年，里根政府重组了禁毒执法工作，这一次，缉毒局被放在联邦调查局的管辖之下。联邦调查局局长亲自任命缉毒局高级官员，制定雇用、训练、组织和财务控制的政策。最初，这次改革引发了强烈的文化不适。缉毒局职员已经习惯了在一个权力高度分散的组织里工作：随时准备拿着现金去和毒品贩子接头，其工作方式也是在街头学会的。突然间，他们发现自己身处另一个组织中，这个组织强调决策的高度集中、严格控制现金（有时候行动迟缓并且出手吝啬）、推崇详细的训练计划。缉毒局的职员们抵制这种"组织联姻"，他们抱怨称，联邦调查局的特工才不会去抓捕毒贩，他们不想弄脏他们干净的衬衫。同时，很多联邦调查局特工也流露出他们对缉毒局职员的不屑，认为他们衣着随意、走路冒冒失失、行事放荡不羁。

但是，不久之后，怨气就渐渐消失了，实实在在的变化发生了。联邦调查局的训练计划开始培养出优秀的办事人员，即使是缉毒局的资深工作人员也对此予以肯定。联邦调查局为了适应街头执法的实际情况，也相应地逐步放松严厉的集权控制。晋升机制亦得以改善，用于鼓励那些参与棘手的案件调查并对检控重大贩毒阴谋有功的人员。为了保证针对大毒枭的关键调查有充足的资金支持，地方层面建立了部门关系委员会。资金的投入加强了各部门之间信息共享。借助联邦调查局的习惯、经验和技术设备，加之电话窃听装置，取证就变得简单高效。同时，缉毒局的线人群体也是联邦调查局不可多得的重要资源。

总之，1968 年和 1973 年的两次重组计划只是"换汤不换药"，除了产生混乱和迷惑之外，对药品执法几乎没有什么影响。只要部门有权按照自己的标准来对自己的任务进行界定，只要职业激励机制不发生改变，即使划分责任界限也于事无补。但是，联邦调查局和缉毒局的"半联合"却产生了非常好的效果，就是因为晋升机制得到了革新，新的资源得到了供给，并且（经过一段时间的抵制后）联邦调查局和缉毒局的核心任务得到了重新界定。

其他许多事例也能得出这样的结论。陆军航空兵脱离陆军，加入美国空军，之后就脱胎换骨了。变化之处在于：一个有着自己独特文化的机构获得了自主权、事业追求和预算拨款，可是之前它还在一个与自身文化截然不同的机构内煎熬。[17] 相反，将林林总总的机构塞进卫生、教育和福利部就不会产生效果，这是因为，该部所辖的每一个司局都有不同的文化、专业见解和国会的支持者，每个司局在大多数情况下彼此不相往来，也游离于该部的领导之外。

但是，即使总统在理论上知道一个重组计划能够获得什么以及不能获得什么时，他依然很难知晓某一个重组特例会有什么样的影响（如果存在这样的影响）。联邦航空管理局（Federal Aviation Administration，FAA）负责管理飞机交通和保障飞行安全——很好，但是应该把联邦航空管理局挂靠在什么地方呢？从 1940 年到 1958 年，它挂靠在商务部；从 1958 年到 1967 年，它成为一个独立的部门，（理论上）直接向总统报告；1967 年后，它挂靠在交通部；到 1988 年，国会又想出台一个法案，让它再次成为一个独立部门。当它独立的时候，批评人士声称航空交通安全和其他交通计划无法协调；当它挂靠在商务部的时候（后来又一次挂靠在交通部），批评人士又指责航空交通安全被"降级"了。[18] 总统是应该以降级为代价来支持交通协调，还是以自治为代价支持升级？这没有显然的答案，尤其是因为联邦航空管理局植根于利益集团网（航空公司、私人飞机驾驶员协会、飞机制造厂和航空交通控制者协会）之中，这些利益集团都会为满意的答案而各执己见。

无论总统做出何种决定，最终还是国会说了算。从 1939 年到 20 世纪 70 年代，总统有权提出重组计划。如果国会参众两院在 60 天之内没有通过反对该计划的议案，该计划就会生效。

由于立法否决现在已经是违宪的，上述重组模式已不再适用。取而代之的是，需要制定法案。在讨论这种法案的时候，国会对任何由重组导致的内部权力的再分配都异常敏感——把某局从某一部中拿出来放到另一部，常常意味着监督该局的责任从一个委员会（或小组委员会）转移到另一个委员会（或小组委员会）。愿意割让自己势力范围的人在国会中是很罕见的，这一点在联邦政府中也是如此。

协调

哈罗德·塞德曼（Harold Seidman）把对协调的追求比作"中世纪对点金石的追索"——每一个公共管理专业的学生对这一描述都烂熟于胸。他用反话进行解释说："如果我们能找到协调的正确模式，我们就能调节不相容的事情，就能调和相互竞争且完全相左的利益，就能克服我们政府结构中的非理性因素，最终艰难地做出无人反对的决策。"[19]

这一带有怀疑性的评价在巴兹尔·莫特（Basil Mott）的详细研究中得到了充分的证实。巴兹尔·莫特研究的是一个实现协调的普通机制——机构间理事会，具体研究对象是纽约州健康和医院部门间理事会。[20]该委员会活跃了二十多年，历经三任不同的州长，并受到参与者的大力支持。该理事会似乎是能够协调具有利益重叠的行政机构的典范——尽管被称作典范，但是它没取得任何成就。莫特总结道，该理事会几乎没有促进不同部门精神健康服务的一体化，未能对适用于精神病患者的职业服务进行协调，甚至没有检查一些部门的环境卫生功效，同时在各州提供健康教育的计划上也无所作为。"理事会的决策效率也是低下的。它没有从全局的视野检查问题或是在解决这些问题上找到目标和手段。尽管理事会的委员会做过一些有用的研究，但这些努力通常绕开了敏感和有争议的问题。"[21] 理事会受到成员机构的支持，不是因为没有这些局限，反而正是因为这些局限。该理事会的存在保护其成员机构免受外力威胁（州长的干涉和立法机关的控制），使得它们的核心工作程序免遭破坏。

为什么协调理事会却不能协调？原因就是它运行的基础是"全体一致原则"，即如果有成员机构反对，就不能做出决策。与"全体一致原则"有密切关系的是"琐事原则"，即如果只有在全体一致的情况下才能做出决策的话，任何有争议的（也就是说，重要的）事情都不能做出决策。[22] 但是，为什么该理事会会采用"全体一致原则"？因为如果采用任何其他原则的话，该理事会的成员机构的自主权将受到威胁。如果依照多数票的形式来做出决策的话，一些成员机构就会组团反对其他部门的利益。没有哪个成员机构的领导期望自己的机构受制于一个程序，而这个程序允许其他成员机构确定自己机构的任务并分配资源。

但也有不同的情况发生。罗杰·波特（Roger Porter）曾经报告了白宫经济政策委员会十分迥异的经历。经济政策委员会向总统连续并及时地提供关于经济政策建议，并解决了各位部长在委员会内部的分歧，这一点非常成功。它的成功并不是以关注小事为代价换来的；它早在 1957 年就绘制出福特总统的减税要点，协调形成这届政府在向苏联出售谷物一事上的立场，并且介入了关于进口鞋制品的一个复杂的国际贸易问题。[23]

在很多方面，部门间健康和医院理事会同经济政策委员会有相似点。两者规模相同，都拥有较少数量的专业人员，并且参加会议之时成员几乎从不缺席，但是，两者之间还有一些重要的区别。第一，委员会每天开会，理事会一月开一次会议。

270

这说明委员会在其成员机构的工作中是一个工作核心，不处于边缘地位，同时也说明该委员会成了组织忠诚的源泉。第二，委员会在白宫工作并直接向总统汇报，理事会在自己的总部工作，并脱离于州长政治圈。第三，似乎委员会主要关心的是政策而不是运行。该委员会要求部长们同意其行动路线，而不是去要求他们更改本部门的目标。正好相反，理事会的缺陷就在于——正如莫特指出的那样——很少去提出重新确定任务和服务方式的要求。

我认为，部门间健康和医院理事会是现行协调机制普遍存在的形式。经济政策委员会只是一个例外而已。普遍存在的理事会正符合塞德曼所做比喻的例证："如果说政府是一个花园的话，部门间委员会就是花园中的杂草。没有人愿意要它，但是每个人都拥有它，委员会就在嘲讽中茁壮成长。"[24]这种现象之所以常见是因为协调是一个普遍的问题；它们之所以很少有高效的时候是因为总统或是州长不可能动心思去关注这些为数不多的机构，并且它们（我认为经济政策委员会也包括在内）几乎不可能改变行政机构的任务。

在第二次世界大战期间，富兰克林·罗斯福曾经努力协调美国政府对经济和军事采购的管理，这段历史可以被解读为探寻有效协调机制的长期试验。正如赫尔曼·萨默斯（Herman Somers）在他的《总统机构》[25]一书中所说的那样，这段历史讲述的是一次又一次权宜之计失败的经历，直到最后由于幸运或环境的因素，正确的机制才得以创建，并由正确的人来统领。

1939年成立的战争委员会是一个"蓝带委员会"，一批著名的民间人士接受任命来起草战争动员计划。该委员会只存在了几个月的时间，而且未发表任何报告。它的替代者是国防顾问委员会，也是一个蓝带委员会。尽管从法律意义上说它并没有什么权力，但表现出具有可以批准国防合同和建议战争部如何订购武器的权力的样子。该委员会提供了一些好的建议，但这些自以为是的权力被证明还不足以引起军队的充分重视。持续一年后，罗斯福又成立了生产管理办公室取代国防顾问委员会。生产管理办公室被赋予了权力，但这些权力也是不充足的。特别是考虑到这样一个事实，即总统常常创建与之竞争的机构并向表达不满的下属妥协，这样无疑会削弱生产管理办公室的权力。几个月之后，生产管理办公室就消失了，替代者是优先供给和分配委员会。这个委员会的创立明显是一个倒退，因为它的组成人员都是内阁成员和人事管理局续聘的官员。总统几乎没有授予它什么权力。结果，不足为奇，该委员会没能设定什么优先供给计划，更别提去分配什么补给了。下一个替代者是战争生产委员会，于 1942 年被创建，由唐纳德·纳尔逊（Donald Nelson）任主席。纳尔逊是一个谦恭有礼的人，罗斯福总统（在参议院盛怒的刺激下）给了他广泛的实权。委员会取得了一些成功，但随后一些机构视其为对手，更糟糕的是它慢慢淡出了视线——纳尔逊拥有权力但不知道如何使用。他任用一些"独裁者"来对人力和橡胶项目进行专制管理，最后发展到自己都控制不住局面。每每委员会和军事部门出现纠纷，纳尔逊只能到白宫寻求帮助。第二年，罗斯福创建了战争动员办公室（OWM），取代了战争生产委员会。这一次，他做对了。

战争动员办公室是一个设在白宫的小型仲裁机构，主管吉米·伯恩斯（Jimmy Byrnes）凭借经验和名望取得了总统助理的职务，具有实权。伯恩斯是来自南卡罗来纳州的众议员、高级行政官和最高法院法官。他在国会很受欢迎，对总统也忠诚。不过最重要的是，他深谙协调机构的创建之道。

战争动员办公室只把自己定位为一个政策制定者，这样做就是为了避免各委员会的弱点。为了免遭战争生产委员会曾经引起的嫉妒和敌视，战争动员办公室不做任何的规划设置，不任命一个"独裁专制者"，不做任何大的预算。为了避免它的权威受到挑战，国会给予战争动员办公室广泛的法律授权；并且其办公地点就在白宫，这样就保证不会有人向总统告它的状。为了免遭插手其他部门工作的指责，战争动员办公室把自己保持在一个很小的规模（只有 10 个职员，其中 5 个是普通职员）；为了免遭会重新设定其他机构任务的指责，战争动员办公室不制订任何计划，调节部门间的纠纷是其唯一的工作。伯恩斯是一个仲裁者，不是一个管理者；战争动员办公室就是一个法庭，不是一个行政部门。它成功了。

战争动员办公室或者经济政策委员会的教训经常会被重提，但很少有人能真正吸取。在任何时候，一场政治危机都会让我们意识到，一旦政府的权力被广泛分享，要求树立"专制独裁者"的呼声就会不绝于耳，由他们大权独揽，领导解决艾滋病、吸毒、环境污染和国防采购等问题。[1] 我们的政府形式不

272

---

[1] 最近的一个事例是由桑德拉·帕纳姆（Sandra Panem）提出的建议："威胁健康的异常突发情况"（她指的是艾滋病）的管理应该集中在一个联邦官员的手中。参见 *The AIDS Bureaucracy*（Cambridge, Mass.：Harvard University Press, 1988），137。（这个建议有一个明显的漏洞，即没有一个人能够单独完成复杂的研究、治疗和各级政府的服务供给体系，除此之外）这一建议本身也有问题：创建一个新的机构来应对艾滋病危机怎么可能成功地解决下一个"威胁健康的异常突发情况"呢？因为新的疾病和前一种疾病会完全不同，即不同的疾病来源、不同的传播渠道以及涉及不同的治疗手段。从这一点上来讲，将来就会有人出来写本书斥责"带队解决艾滋病的专制独裁者"对新的疾病毫无应对办法。

会产生独裁者，我们的政治文化更不会允许。即使是吉米·伯恩斯所设计的异常精巧的组织策略，也只有在战时才能奏效。

除非自身给予特别的关照，否则总统也会意识到委员会的协调很少有成效。近些年，有一种趋势是依靠中央管理来进行协调。当协调的任务与中央一致，同时政治成本可控的时候，这种调节模式就会奏效。卡特和里根创立了中央机制来审查有关部门提交的政府业务法规草案，这些机制也得到了一些国会议员的支持，因为他们本身就期望看到更多法规的出现。但是，总体而言，在中央机制下，决策是很难制定的。[26]很大一部分原因在于所提交的法规的内容本来就是可讨价还价的。一个机构的法律人士提出 X 方案，总统的法律人士又针锋相对提出了 Y 方案，最终达成的却是 Z 方案。法规审查既艰难又耗时，但是此举规避了对各部门正在进行的工作进行集权管理这种无法实现的方式。

许多重组之后产生的失望情绪和协调委员会的固有难题最终让总统决定扩张白宫人员的权力，让他们去做决定甚至是制订计划。这种方式所导致的后果在处理"伊朗门"事件时表现得最为突出，当时一些人认为国家安全委员会应该设计和管理此计划。

国家安全委员会是依照《1947 年国家安全法》的要求创立的，旨在"为总统提出协调涉及国家安全的国内、国外和军事政策的谏言"。[27]它的常务委员包括总统、副总统、国务卿、国防部长和一些次要的行政官员，总统还可以另外增加人手。国家安全委员会由国家安全事务顾问来领导。在艾森豪威尔当政期间，国家安全委员会的成员还是按照创建之初的意图开展工作的，即为总统提供建议并尽力协调总统审批过的政策在实施过程中出现的问题。

　　然而，在肯尼迪和约翰逊当政期间，国家安全委员会转而开始制定政策，脱离了提供政策建议的初衷。到尼克松当政期间，国家安全委员会的员工已经扩展到 50 个专业人员（和很多低级别的职员），并统一接受亨利·基辛格的领导。基辛格是一个有实力的政策鼓吹者和分析家。国家安全委员会又创建了很多的委员会和小组委员会，用来协调政策实施过程中出现的问题。

　　里根总统最初想把国家安全顾问及其员工降格，但他随后认同了其前任的想法，发现要将总统的观点贯彻到外交和国防政策中是一件很难的事情，要想有效地完成这一任务需要一个强有力的国家安全委员会。让国防部、国务院、中央情报局和军队朝着总统的目标并融洽地展开工作着实不易，其难度不亚于"戈尔迪之结"（Gordian Knot），即使有国家安全委员会的帮助也是困难重重，有时甚至是不可能完成的。尽管国家安全委员会创立的目的是"协调"，但在总统看来，它必须承担更多的任务，尤其是它必须帮助总统制定外交和军事战略。总统拥有独特的责任和独特的视野，总统视野的广度是任何一个机构都不可能拥有的。

　　到目前为止，一切还好。但这样一个看上去不错的结论和结局凶险的结论其实近在咫尺，那个凶险的结论是最容易的事情——并不是解开"戈尔迪之结"而是斩断它。国家安全委员会的人员不仅要制定战略，还要将战略转化为具体计划并予以实施。所以，国家安全委员会的人员获得权力不仅仅是制定政策和实施政策，简而言之，国家安全委员会转变为一个执行机构。连该委员会的成员自己都没有充分理解怎么就发生了这一转变。

总统特别审查委员会（由于其主席是托尔，所以它也被称为"托尔委员会"）的报告披露：从 1985 年到 1986 年，国家安全委员会的人考虑向伊朗出售武器，他们的目的是希望利用伊朗对恐怖主义组织的控制力来谋求让美国在中东的人质得以释放，然后，再用出售武器的资金来支持尼加拉瓜的反对派以对抗该国的马克思主义政权。[28]

当所有真相公之于众时，等待总统的将是一场政治灾难。托尔委员会的报告已经将错误讲得一清二楚：当国家安全委员会成为一个执行机构时，它就不再是一个政策评估机构，因此白宫就丧失了对政策提案的系统性审查。国家安全委员会成员——按照程序来讲，是政策提案进入总统办公室前的最后一个环节——变成了政策鼓吹者而不是仲裁者。结果，存在风险和有争议的提案就被草草审查了事，其中一些（如向反对派提供资金）根本无人审核，包括总统本人在内。[29]更为要命的是，国家安全委员会的工作人员是一群没有经验的业余人员，他们要去操作的业务即使对中央情报局的老手来说都是很有挑战性的。总之，白宫试图绕过官僚机构（和国会）来单干，结局无疑是搬起石头砸自己的脚。

在我们的政府体制之下进行协调无疑是一个难题。但是，和大多数其他政府难题一样，如果忽视政府体制，就很难找到解决的途径。实际上，关于重复和重叠要说几句（马丁·兰道已经说过了）。政府体制和商业体制一样，冗余是有用的。就像航天飞机上备用的计算机，重叠的机构可以发现错误；重复的功能并不总是无用的，它可以带来更多灵活的反应并且能产生替代选择。当然，关键问题是要从好的和坏的冗余中做出有利的选择。对这一问题的探求进展甚微。[30]

官僚机构的回应

官僚机构并不是一个懦弱无助的小卒，任由总统摆布。基于这个原因，它反倒喜欢有两个主人的事实，因为它也许畅想过只拥有一个仁慈和会帮忙的主人，那是最好；但如果唯一的主人变成一个充满恶意、又经常干涉自己行动的人的话，它宁愿有两个主人。理查德·派尔斯（Richard Pious）把官僚机构对总统的期望做了精彩的描述：

> 公务员希望获得总统的支持。他们对总统在竞选时对"官僚机构"的诋毁耿耿于怀……他们希望总统提议加薪并维护功绩制。他们希望能将专业官员提升到政治官员的级别，特别是助理部长级……总之，官僚机构的人员希望总统批准他们的预算要求，给予他们最大的操作自主权，并且保护他们部门的任务。但是，这些期望经常是竹篮打水一场空。[31]

如果公务员感到失望会做什么呢？抵抗？如何抵抗？他们可以通过向国会求助给予他们资金、自主权和部门任务的方式来抵抗，这些方式正是总统曾经要挟他们的地方。

派尔斯提到了几个策略，受到总统威胁的机构可以运用这些策略来阻止所谓的总统过分控制，这个受胁迫的机构就可以获得一种正式的自主权。经济机会办公室下辖的法律服务处就是这样一个例子。法律服务处由自由派律师组成，他们致力于通过法律诉讼来提升贫困阶层在社会中的地位。因为该处隶属于总统控制之下的一个机构，它经常会受到总统的威胁。于是，该处求助国会把自己转变为一个法律服务公司，由一个委员会来领导，并确保该委员会不受总统的直接控制。① 当尼克松总统执政时，他决定取消法律服务处，但发现国会是不会同意的；当他转而试图控制该处的时候，他发现很多他提名的要进入委员会的候选人都没有得到参议院的批准。

官僚机构也能够尝试说服国会在授权法案的条款中加入一些规定，要求高级职位需要达到某些专业或职业资格（这样就会大大限制总统在一些重要职位上安插自己人的运作能力），或者说服国会在拨款法案中加入一些条款，为特殊项目分配拨款（这样就削弱了总统在不同项目间调配资金的权力）。[32] 当然，官僚们能够将总统的一些提议透露给和自己关系不错的记者并且力劝与之意气相投的利益集团在法庭上对他们提出诉讼，"迫使"行政机构按照他们的意图行事。

官僚们对总统不时的公然反抗并不令人惊奇，倒是他们尽心尽力地支持总统的计划让人感到诧异。原因很简单，就是官僚们的确想做正确的事情——那些冷酷无情的愤世嫉俗者也许对此感到难以置信。里根任命的保守派人士深谙韬略，他们向我们证实：尽管大多数官僚比他们的政治监督者更具有自由主义倾向，尽管抵触会弥漫在很多行政机构，如行政管理和预算局、教育部、司法部、联邦贸易委员会中，但这些职业官僚还是会为那些与自身意识形态相去甚远的上司效劳。

不同机构对总统控制的回应程度存在差异。和业绩不容易被知晓的部门——程序型组织和解决型组织——相比，业绩比

---

① 1971 年，尼克松总统否决了国会的提案。但到了 1974 年，由于受到"水门事件"的严重打击，同时面临弹劾的威胁，尼克松在辞职的两周前签署了影响这次变动的新法案。

较容易评估的部门——生产型机构和工艺型机构——更容易对外部控制屈服。当然，使行政机构更容易受到总统影响的因素也会使行政机构更容易受到国会的控制。

生产型机构或工艺型机构的工作究竟是受到国会还是总统的控制，很大程度上取决于它们所从事项目的种类。如果这个项目对全国各地的影响方式是一样的，那么国会对这个项目的兴趣就不浓；相反，如果这个项目对全国不同地区的影响方式是不同的，那么国会对这个项目的兴趣就比较浓厚。当财政部试图在国际市场中管理美元货币的时候，它的行为就很少会产生"分配效应"，国会（通常）对此项目的内部事务兴趣不大。但是，当住房和城市发展部为城市住房工程注入资金的时候，国会对该部的决策就会十分敏感，因为它的行为会给不同区域带来不同的利益影响。于是，财政部（以及不会产生业绩"分配效应"的其他机构）会成为"总统的"机构；住房和城市发展部（以及存在业绩"分配效应"的其他机构）就会成为"国会"的机构。①

想让官僚机构完全地或长期地对总统唯命是从是不可能的。但是，在一些案例中，我们可以看到当总统任命一些忠实能干的下属管理总统机构时，官僚机构时刻注意着总统的偏好是有可能的。不是每一个总统对这些差别都十分了解，因此，有的总统碌碌无为（没有重视他任命官员的素养且没能让那些官员为他们自己的决策负责），有些总统出类拔萃（尽力管理那些复杂的和不被理解的任务）。

---

① 道格拉斯·耶兹曾经提出一个与此略有差异的方法来区分总统机构（他称作"A型"）和国会机构（他称作"B型"）。我们的观点有所重叠，但又不完全一样。[33]

如果总统只是做了他们理论上可以做的事情，他们的作为就可能会达不到公众的期望。但是，满足公众期望又是总统竞选连任的核心任务，所以总统们有足够的动力去做超出自身能力的尝试。白宫对这样一种倾向的态度是推崇有加。用玛莎·德斯克的话来说就是："横亘在白宫和实际任务执行者之间的官僚机构星罗棋布，（总统的）计划的实现却最终还要仰仗这些政策执行者。"所以，总统的计划常常"缺乏务实精神，缺少缜密安排，不够具体和巧妙。这些计划充满了虚假的单纯。这些虚假的单纯，是基于中央视角的，对实际任务的错误理解以及刻意追求秩序和统一的结果"。[34]

中央在所有重要的方面对官僚体制进行管理是不现实的。作为 20 世纪最具有智慧的政治官员之一，迪安·艾奇逊（Dean Acheson）做出了这样的阐释："有一个事实……这是任何曾在政府中工作的人都知道的，即政策的泉水是从地下冒泡冒出来的（bubble up），并不是从上面滴水滴下去的（trickle down）。"[35]

第十五章　法院

　　　　1837 年 11 月 25 日，苏姗·德卡特（Susan Decatur）——已故美国海军英雄史蒂芬·德卡特（Steven Decatur）准将的遗孀——起诉海军部部长詹姆斯·K. 鲍尔丁（James K. Paulding），指控他未能向她支付应得的抚恤金。这一年早些时候，国会通过了一项法律，规定为在服役中死去的海军军官的遗孀提供抚恤金。同一天还通过了一项决议，特别授予德卡特夫人 5 年抚恤金。鲍尔丁给德卡特夫人支付了法律规定的那份抚恤金，但并未兑现决议规定的抚恤金。而德卡特夫人坚持认为，她理应得到全部。法院驳回了她的指控，于是德卡特夫人又向联邦最高法院提起上诉。

　　联邦最高法院驳回其上诉，甚至拒绝考虑其申诉书中的合理成分。理由是，这样一来便意味着法院对政府行政官员的工作指手画脚。首席大法官罗杰·托尼（Roger Taney）在法庭上的发言更加明确，他认为联邦法院不能"指导或控制"政府官员在履行职责时所做的"判断或抉择"。法院可强迫官员执行"行政性的"法令，即法律所明确规定的命令；但不能告诉他们如何去执行"行政"法令，因为此举涉及判断和自主权。尽管国会通过的法律和决议从表面上要求给予苏姗·德卡特两份抚恤金，但最高法院坚持认为，海军部部长有资格选择给予两种还是一种抚恤金，毕竟海军抚恤金由他负责管理。因此，决定权亦在部长手中，法院也无权告诉他应如何使用抚恤金。"法院干涉政府行政部门履行日常职能，只能产生不良后果。"[1]

大约 130 年之后，一群市民状告交通部部长约翰·沃尔普（John Volpe），要求阻止修建一条穿过田纳西州孟菲斯市公共公园的高速公路。沃尔普部长则认为，他有权批准这条公路的修建。依据 1968 年《联邦援助高速公路法案》规定，如果没有其他"可行而且经济的"替代线路，且部长已"尽可能设法使对公园的损害降至最低限度"，则该法令允许穿过公园修建高速公路。就像前面提到的，关于联邦最高法院对"行政性的"法令与"自行抉择"的职能所做的区分，人们也许会得出一个结论：沃尔普是正确的。显然，诸如"可行而且经济的""尽可能""最低限度"等词语的含义是模糊的，它为行政官员的判断留有很大余地，实际上这也是十分必要的。按照这种观点，问题的实质不在于穿过欧弗顿公园建造高速公路是不是个好主意，而在于法院是否有权指导行政官员进行决策。不过，联邦最高法院并不是这样想的。它驳回了沃尔普部长的主张，即根据法律规定的自主决定权可以自行决策，并命令下级联邦法院对沃尔普所做决定的合法性进行听证。其含义很明显，即如果他不能证明自己使用的权力是正当和合法的，高速公路就不能修建。[2]

在欧弗顿公园案的同时，密西西比州的黑人学生肯尼斯·亚当斯（Kenneth Adams）控告卫生、教育和福利部部长埃利奥特·理查森及其下属民权办公室主任，指控他们未能执行 1964 年的《民权法》。亚当斯声称，该法第 6 条规定，禁止向实行种族隔离的公立学校提供联邦政府资助；民权办公室有义务"颁布有广泛适用性的规章、准则或通令"以"执行《民权法》的条款"，并且它"可以"终止向这些学校发放联邦资助金或使

278

用"法律允许的其他手段"。在给予这些学校在听证会上进行自我辩护的机会之后，如果民权办公室已经确认违法的学校仍不能心甘情愿地服从处罚，最后可诉诸的"武器"就是切断该学校的资金来源。民权办公室颁布命令并力促违法机构自行改过，如果未见成效，法律并未说明需等待多久才会真正切断该学校的资金来源。简而言之，对该法的一种解读方式是它赋予了民权办公室一定的义务，但由该机构自行决定履行义务所采取的方式和时机。然而联邦法院并不这样看问题，它做出了对亚当斯有利的判决，并着手建立一项新的诉讼程序，对民权办公室方方面面的工作进行检查与监控。该案直至 1989 年仍未结案。[3]在审理过程中，法院并没有只将其注意力局限在亚当斯一案上，它对墨西哥裔美国人法律保护和教育基金会、妇女平等行动联盟、全国盲人协会等提交的诉状也并入此案中处理。实际上，联邦机构倒像是一个破产的公司，处于破产管理之中。[4]

279　　很明显，事情已经发生了变化。法院曾对苏姗·德卡特的申诉充耳不闻，但对欧弗顿公园、肯尼斯·亚当斯以及其他许多有关人士的声音给予了足够的倾听。

1923 年，马萨诸塞州公民哈里特·弗罗辛海姆（Harriet Frothingham）女士对财政部部长安德鲁·梅隆（Andrew Mellon）提出起诉，以阻止《母婴法案》（Maternity Act）的实施。该法规定，联邦基金将分配给那些采取措施改善母婴健康状况的州。弗罗辛海姆女士指出《母婴法案》违宪，联邦政府没有权利用她所缴税款给一个未被宪法认可的项目提供资金。联邦最高法院驳回了她的诉状，原因不是它认为《母婴法案》符合宪法，而是认为哈里特·弗罗辛海姆诉讼的理由不充分。

仅仅作为一个纳税人的理由是不够的；她必须拿出该法的实施对她造成"某些直接伤害"的例证。仅仅作为千百万纳税人中的一员，其做出的最大贡献是"微乎其微和难以确定的"。《母婴法案》引发的开支对她未来缴税额度的影响是"遥远的、波动的和不确定的"，不能构成她寻求法院帮助的依据。[5]

50 年以后，居住在首都华盛顿的 5 位法律专业的学生起诉州际商业委员会，原因是州际商业委员会允许铁路公司将货运费增加 25%。这几个学生认为，他们喜爱徒步旅行和野营，而货运费的提高将会减少徒步旅行与野营的吸引力。他们的推理是这样的：提高货运费用后，人们便不会再愿意运输可回收的纸屑和金属；可回收再生的废旧物运输量的减少，会使公园中的垃圾增多，并导致砍伐更多的树木去造纸，开采更多的矿山去制造金属；如果这样的情况发生了，那么徒步旅行野营的吸引力就会大打折扣。人们可能会想，既然法院不希望看到弗罗辛海姆夫人控告政府，当然就不应该允许徒步旅行者指控政府。如果一个纳税人所产生的利害关系是"微乎其微""难以确定"的，是"细微"和"不稳定"的，那么也可以断定，一个担心运费上涨会对环境造成影响的徒步旅行者所产生的利害关系至少和弗罗辛海姆夫人是一样的，都微不足道并难以确定。但实际情况并不是这样。法院承认学生的推理是薄弱的，但最终认定他们有资格起诉州际商业委员会。[6]

显然，事情已经发生了变化。

发生变化的是联邦法院。曾几何时，通过法院去改变行政机关的自行决定难乎其难，现在则变得容易多了。曾几何时，很难证明人们直接受到联邦政府决定的影响，现在要说明此点

280 相对容易了。以下变化大大增加了对政府官僚机构的约束：担心媒体攻击、总统和国会的紧张关系、选民要求的压力，以及法院的深入监督。

上述例子所表明的两种变化与"政策"的含义和"举证"的性质有关。当苏姗·德卡特努力争取第二份抚恤金时，法院在"权利"和"政策"之间划了一条泾渭分明的界线。尽管"权利"的重要性被提升到宪法的高度，但相对说来所涉及的"权利"却为数不多，包括生命权、自由权和财产权。法院所能裁决的正是这些权利。而另一方面，"政策"则是政府的"政治"机构、总统及国会确定的行动方针。只要不侵犯个人拥有的宪法或法律所明确规定的权利，政策几乎可以按照总统和国会的意愿来制定。政策必须包含自主权，即在众多行动路线中进行选择的权利。即便是鲍尔丁部长宣称拥有的那一点点自主权（决定国会付给德卡特夫人的抚恤金是一份还是两份的权利），也足以将来自法院的任何干涉拒之门外。[7]如果这扇大门敞开的话，法院就会认为，所有人都要为政策的每一处细节到法官面前大吵大闹；任何一个在国会中论争失败的人都会跑到最近的联邦法院去再次争取胜利。何况如果法院插手过多，许多法官也担心他们自己会被指责是在违背民主的原则。

到了沃尔普部长打算在孟菲斯建造高速公路时，法院已消除了法律与政策间的明显差别。部长只能以某些特定方式行使自主权。当然，法院无权明确指示他是否可以建造这条高速公路，但有权要求他去搜集资料，进行一些研究和论证，并写出一份详细的报告来表明他的自主权是"正当的"。

"诉官权"（standing）指的是联邦法院的规定，它要求出庭人首先要证明他在所争议的问题中有切身的利益，而且这利益正在受到政府行为的威胁。长期以来，仅仅作为一个纳税人的身份还不够提起诉讼，因为纳税行为并不产生在某一案子中的直接的或个人的利益，这一利益与其他任何一个纳税人的利益并无任何不同。但在今天，如果纳税人能够证明政府的行为违反了宪法，法院则给予其诉官权。例如在1968年，一些纳税人指控联邦教育资助项目违反了宪法有关政教分离的规定，[8]随后联邦最高法院给了了诉官权。仅隔5年之后，法院又判定那5名法律系学生有"诉官权"；显然，环境质量（不论对其构成的威胁有多遥远或无法测定）的重要性不仅对法官们，而且对《权利法案》也并无二致。

这5位法律专业学生起诉的案件后来被叫作"碎纸案件"（SCRAP case），在宽泛意义上，这个案件标志着诉讼权的使用达到了顶点。从那以后，联邦最高法院变得有些保守了。它拒绝给予一个声称作为纳税人有权了解中央情报局预算的人诉官权。[9]对于一群抱怨城市区域划分条例有排斥低收入阶层倾向的人，[10]对于一个支持政教分离因而反对将政府财产转给教会学校的人，法院也采取了同样的做法。[11]

尽管道路崎岖，但总的趋势日益明朗：今天的法院与以往相比更大程度地允许人们挑战政府的决定，甚至是那些在很大程度上属于政府自行做出的行政管理决定。国会通过立法，对此变化也起了促进作用。当通过《清洁空气法》时，国会特别赋予公民如下权利：如果环境保护局"不能履行某项法律或该法律所规定的不属自主权范畴的职责"，公民就可以对它提出控告。20世纪70年代通过的其他一些法律文件中也包含了类似条款。[12]

这些法律文件保留了古老判例的形式。它们仍规定了"非自主权范畴"的职责。但是，法院重新界定了"非自主权范畴"的定义，希望扩展这一概念，这意味着新的法律已具有了一种新的含义，它与海军部部长鲍尔丁所知的任何含义都大不相同。例如，某联邦法院允许马鲛鱼俱乐部控告环境保护局，此事几乎没有先例，如按照旧有的有关"诉官权"的规定，马鲛鱼俱乐部很难证明它直接受到环保局所做决策的直接和负面的影响。不过，法院走得更远；尽管《清洁空气法》规定允许对不执行"非自主权范畴"职责提起诉讼，但法院还决定让环保局从事某些"自主权范畴"的工作——制订计划以防止在已符合法定空气净化标准的地方的大气质量出现明显恶化。[13]理查德·斯图尔特总结过美国行政法所发生的变化，他得出结论：是法院，而非国会对这些变化起到了决定性作用——将关于政策和自主决定权的政治性讨论变成了关于权利和程序的法律性讨论。[14]

联邦机构与法院的关系发生了变化，州及地方与法院的关系也同样出现了这些变化。警察和消防队人员的录用及晋升原则在法院遇到了挑战；至少 30 个州（到 1986 年时）收到了法院的命令，要求减少监狱犯人、改善条件、改革程序。几十个州的公立学校已经或正在接受法院的监督以增进种族间的融合，但法院对学校管理的干预不仅局限于使宪法规定的种族隔离禁令生效。1858~1980 年，加利福尼亚州有 811 起诉讼针对的是学校，其中仅有 9 起涉及种族隔离政策，其余基本上都与学校的管理、教师的录用、课本的选择以及其他教学活动有关。200 起以上这类案子是在 1969~1979 年的 10 年间立案的。[15]

法院加强对地方和联邦官僚机构控制的原因不尽相同，但作用或效果并无区别：它使行政官员对选民关怀备至，工作中必须遵守的限制增多。20 世纪 70 年代，当罗伯特·C. 伍德（Robert C. Wood）在波士顿担任学监时，他所在部门必须遵守的法院命令竟有 200 多项，包括"从主要工作计划到教室的修缮与维护"的一系列内容。伍德曾问他的法律顾问他们自己是否遵行这些法令时，律师们耸耸肩答道："谁知道呢——数清这些法令已非易事，更别说通读一遍了。"[16]

对政府机构管理的影响

"法院的干预对政府机构的管理有何影响？""谁知道呢？"这倒也算是对此问题的一个不错的回答。的确，已有无数文章在论证法院是否应进行此种干预，然而针对这种干预使得官僚体制中产生了何种系统而非个别的变化，则鲜有专文探讨。

成本

所有人都承认的一种影响就是成本：法院的密集干预导致部门决策所消耗的时间与经费出现难以估量的上涨。经常受到法院挑战的部门领导人变得比原来更谨慎。如此一来，政府机构规章制定程序的繁复程度便远远超过了《行政管理程序法》的要求。该法允许法院推翻政府做出的任何"武断的、反复无常的、滥用职权的或与法律不符的"决定。[17]在实践中，法院坚持要求政府的决定不应只做到客观和前后一贯，而且必须要有书面形式提供的"切实依据"来支撑。例如，交通部部长沃尔普在孟菲斯筑路之前，联邦最高法院要求部长提供一份详尽的记录，他在决策过程中的所有依据和涉及因素的完整记录。

到 1985 年为止，职业安全与健康管理局颁布的 24 项健康标准中，只有 1 项未遭到法庭反对。[18]和我们中的任何人一样，职业安全与健康管理局的官员们也认为确保安全比事后抱歉要 283

好，因此在正式发布规定之前，该局举行了类似法庭调查的听证会，会上允许特派调查员在场并进行质询。整个听证会过程被完整地记录在案。由于企业通常想回避新的规章，职业安全与健康管理局就不得不尽可能地拉长听证过程。法院干涉行政部门和选民利益的整体效果能够用时间长短和卷宗数量来衡量。职业安全与健康管理局平均花费 4 年时间去制订一项新的健康标准，文字记录材料自然也相应的冗长可观。例如，一项新的棉尘标准的提出，除了数不清的文件资料外，还包括 105000 页的论证材料。[19]

机构程序合法化不仅需要时间和经费，而且通常会使得机构领导人不情愿进行变革。杰里米·拉布金写道："当代的行政管理迫使……行政人员趋于懒惰和被动。"[20]解释与辩护越多，想做的就会越少。发布一项规章的成本越高，发布规章的数量就越少，那些体现新思想与新方法的规定尤其如此。

拖延也许会带来一些好处。由于必须要建立一份详尽的记录，所以职业安全与健康管理局经常对拟议中的规章进行更好的或至少是更彻底的分析。[21]这是一个颇有趣的权衡取舍过程：程序上的拖延会促成更深入的分析，当然所制定的标准也更趋完善；但进程的缓慢同样会迫使所制定的标准在数量上大打折扣。质量有多大程度的提高才能弥补数量上的损失？人们对此可能看法不一，可法院并没有义务讨论这个问题。也许这样的权衡，在法院反对职业安全与健康管理局没有在记录上说明为什么它会给"关于每一百名工人应该配备多少个马桶"选择了这样一个标准的问题上并不重要，因为由此产生的拖延肯定不会给任何工人的健康带来危害。不过，当法院因记录不详尽而宣布一项有关使用干洗剂的紧急规定无效时，则要另当别论了。

法院没有义务反躬自问，干洗厂工人的健康状况是否会因拖延发布这项规定而受到损害。[22]

政府机构自主决定权的法律化所付出的代价并不局限于机构内部的管理。当两个团体了解到拥有对它们之间争执的最终决定权的是法院而不是政府机构时，这两个组织便不会有兴趣同政府机构去协商解决方案。因此，环境保护局的领导通常不大可能使企业和环保主义者就某项空气质量的标准达成协议。争执双方非常乐于利用环保局的听证会来提出相对立的立场，旨在建立并留下一份档案记录。当任何一个在第一次较量中败诉的组织控告政府机构时，这份档案记录便可派上用场。（在环保局每年发布的大约 300 项规定中，80% 以上最终是在法庭上决定的。[23]）因此在行政部门面前更容易看到的是斗争而不是合作，这种倾向由于环保主义团体的筹资方式而进一步强化，这种方式就是将与工业界的戏剧性冲突公开化。[①]

权力

如同政治安排一样，法庭程序也常常给予一些人更多的权力，而另一些人从它那里只能获得较少的权力。打官司不但费用高昂而且需要法律技术，因此随着法院对官僚机构作用日见加强，律师在官僚机构中的分量也变得更重了。因为环保局的重要规则是在政治环境下出台的，这使得经受住法律上的推敲

---

① 20 世纪 80 年代，环保局试图鼓励公司和环保主义者进行谈判来协商双方都能接受的法规。这种谈判取得了一定的成功，例如，三方都接受一项燃柴火炉标准的建议。但这种协商的推动力并不强，原因除了上面提到的之外，一次成功的协商需要的参与者要少，而且建议涉及的问题也不能太多。这种情况并不多见。参见 Rochelle L. Stanfield, "Resolving Disputes," *National Journal*（Nov. 15, 1986）：2764 - 68；也可以参考 Philip J. Harter, "Negotiating Regulations," *Georgetown Law Journal* 71（1982）：2。

比科学上的检验更为重要，于是环保局的管理基本上由律师支配着，许多工程师和科学家对此十分反感。[24]在环保局中，律师的盟友是公共卫生专家，他们深信人类健康是至关重要的大事，经济成本或工程的可行性都不能与之相提并论。[25]

在环保局中并非全由律师说了算，某种程度上他们还必须依赖科学家和其他专业人员的协助。但是，并不是所有官僚机构都有各方面的专家来平衡有关公共事业的不同看法。1971年法院做出判决，宾夕法尼亚州的学校有义务向弱智儿童提供特殊教育。[26]做出判决三年之后，一部联邦法律确认并将之扩展到全国。据戴维·柯普（David Kirp）和唐纳德·詹森（Donald Jensen）分析，其结果是增强了律师的权力而非儿童的权力。尽管新的计划开始实施，一些孩子也得到了帮助，但公立学校的中心任务并没有改变，学校只是参与了一种"正当程序"制度，在这一制度下，家长可以运用正式的听证会来提出孩子们的需求。家长雇用律师为孩子辩护，学校当局也请来律师为自己辩护。双方的争辩如同法庭上的对质，而且一律正式记录在案，并履行完整的申诉程序。从中得到好处的是中产阶级，他们愿意并且能够花费时间与精力利用这一程序。大部分父母是为了让孩子由此从公立学校转出来，并获得公共开支来支付在私立学校的费用。下层阶级的家庭则不大可能利用这一令人生畏的制度。[27]

当城市公共交通管理局探讨如何在受到联邦资助的项目（如城市公共运输）中贯彻禁止歧视残疾人的新法律时，事情的决定权本应落在工程师和规划人员手中——对于能够方便残疾人出入的新设施，如地铁车站，理应由这些专业人员来设计并指导建设。然而情况并非如此，城市公共交通管理局将这一事宜交给了律师，让律师们拟订了一系列宽泛原则，要求对现有车站进行改造以适合残疾人使用。有两个原因让律师而非工程师来决定这一重大事情。第一，城市公共交通管理局的律师曾与其他有关方面的律师共同敦促参议院残疾人小组委员会，要求联邦政府颁布更加彻底的规定（所有这一切是在相关部长不知情的情况下进行的）。律师说服了其他律师来加强自己的权力。第二，政府不断面临残疾人组织的法律诉讼，因而，制定的书面规定必须使众多选民满意，只有律师才能解决律师提出的要求。城市公共交通管理局的首席律师对自己的动机毫不隐瞒，说："规则的制定是为了打官司或出于政治原因，因此必须满足利益相关者的要求。"[28]

法院干预有时也会使律师以外的专业人员获得权力。对程序的要求越复杂，律师的所得就会越多；法院越支持某项实质性结论，其他专业人员所得就会越多。20 世纪 80 年代，经济学家在联邦贸易委员会中的力量得到了加强，这不仅是因为有像詹姆斯·米勒这样的经济学家牵头领导，还由于一些联邦法官认为，对反垄断案件的判决的基础应该是垄断对经济效益和消费者利益可能造成的影响。（这些法官中有几位是由里根总统任命的，他们都是熟练掌握经济理论的法学院教授。）在指控违反《罗宾森－帕特曼法案》（Robinson-Patman Act）的案件中，法院不再情愿支持联邦贸易委员会时，该委员会根据该法案做出的检举也变少了。当法院开始怀疑大公司比小公司更具有内在缺陷这一论点时，联邦贸易委员会就不大可能提起拥护大公司就是坏的这一立场的案子。

当联邦法官弗兰克·约翰逊（Frank Johnson）裁定大规模整修亚拉巴马州的精神病医院时，他的裁决令对于坚决抵抗的官僚机构来说还不是完全受欢迎的。正如菲利普·J.库珀 (Phillip J. Cooper) 在对此案进行细致分析时指出的那样，亚拉巴马州的一些精神健康专家希望对医院进行改造并且得到联邦法官的支持。一些关注医疗事业的高级行政官员也希望看到该州精神病医院的状况获得较大改进。但是，那些终日忙于应付各类行政管理事务的院长则对改革敷衍了事。约翰逊决定给该州充分的时间来提出并自觉执行改革方案；但几年过去了，成效甚微。因此，法官只好将精神病医院的治理交给法院任命的接管者。[29]

某一专业群体的权力由什么来决定呢？答案在于法官的偏好，而法官往往倾向于专业人员，而非专业人员的对手——管理者。内森·格莱泽 (Nathan Glazer) 曾发表对法院干预学校、监狱、医院事务这一问题的看法，他指出："这一类诉讼偏重于理论知识，轻视实际或临床知识。（出庭作证的专家）一般从未教过学生、看管过犯人，也未照顾过智障人士和福利院中的病人。"[30]当法官察看学校、监狱和医院的状况时，他们看到的往往是处于艰难环境中的弱者。由于无人能了解这些困境造成的确切影响，他们只能请专家根据理论知识来进行预测，而理论知识常常不是完全正确的。一旦影响被明确，对弱者的保护就以权利的形式出现，接着由律师来将这些权利具体化。

法院的偏好导致了权力的分化，这一点想想就会明白——如果你对事实的阐释不同，你就会接受不同的解决方案。例如，如果一个人认为学校是一个努力教育儿童的组织，就会得出结论，即教育者需要更多的权力，学生们则只需很少的一点。假如你是法官，打算选择何种判决有赖于你所认为的这个世界运转的逻辑，以及部分地有赖于你打算去相信谁的观点。

诉官权的新定义清楚地体现了法院的偏好。如果一个人担忧高额税收的话，一般来说他就没有资格获得控告政府的诉讼权，但如果一个纳税者对宪法第一修正案有关禁止"确立国教"的条款感到忧虑不安，他可以拥有这一权利。因此，正如杰里米·拉布金指出的那样，美国公民自由联盟可以上法庭去起诉宪法第一修正案所规定的政府开支，但全国纳税者联盟却不可以上法庭去起诉非第一修正案规定的政府开支。[31]

政策

显然，法院的干预常常会决定政府要采取的政策。人们打官司，法官裁定，都是为了改变政策。但是人们往往不了解，在法院干预后采取的政策并不是最好的，甚至连起诉人也这样认为。所有的政治行为都会出现违背初衷的结果，法官的裁决亦不例外。

以大气质量标准的施行为例。美国 50 个州中，有成千上万个工厂和电站向大气排放污染物。当国会于 1970 年通过《清洁空气法》时，它要求环境保护局制定一套大气质量标准来保护大众健康，并要求各州设计"本州实施计划"，以实现大气质量标准所规定的各项指标。如果环保局认为州的计划不够充分，它可以按照授权为州政府重新拟定一个计划。"本州实施计划"中的规定具有法律约束力。这种做法——国家制定目标，各州落实——正是美国联邦制度的一个普遍特点。

几乎所有州的计划中都包含这样一个条款，即如果强制施行排污标准会导致"困难重重"，以致足以抵消所将产生的公共利益时，各州则允许污染源免受计划的控制。[32]这种豁免后来被称为"特例"。一个叫作"全国资源保护委员会"的院外游说集团对这种"特例"进行了初步分析，证明这是一个巨大的漏洞，商人可以据此继续污染空气。为了堵住这一漏洞，该委员会对环保局发起诉讼，要求六个巡回区的联邦法官下令环保局不得批准任何含有"特例"的州计划。[33]全国资源保护委员会和审理此案的大多数法官都曾抱有这样的观点：各州计划中的排污限制是合理的；但是，如果污染厂家以为它们可以轻易获得特殊许可的话，就不会遵守这些限制。不过，R. 谢普·梅尔尼克在分析此案以及其他几个有关法院对环保局进行控制的案例时却指出，法官的两个论点都是错的。[34]

各州计划中所包含的排污限制通常是不现实的、欠考虑的，或者可以说是无法实现的。而且，当许多污染厂家都达不到最起码的标准时，竟然能轻而易举地逃避惩罚，甚至无须借助什么特例即可战胜那些规模可怜、人手不足的州计划执行机构。为了有效减少污染，必须引导工业界遵守一些切实可行的规定。这就要求进行旷日持久的逐案谈判，在谈判中，州政府应当修改那些含混不清或不切实际的限制，给予那些需要长时间达标的工厂享受特例的资格。在谈判中，州政府一手持有大棒，另一手则拿着胡萝卜，因此占据优势：大棒指的是严格的规定，胡萝卜指的则是豁免权——如果污染厂家真心实意地做出减少污染的努力，便有可能获得这一权利。此外，一些不可预知的事件也有必要使用特例权，例如 1973 年对阿拉伯石油的禁运：当含污染物质（如硫）较低的石油供给减少且价格昂贵时，允许工厂使用含硫较高但价格便宜并且充足的燃料，便显得合乎情理了。

《清洁空气法》的执法环境异常复杂，头绪零乱且变化多端，当法院卷入其中时，就像一头两吨重的犀牛在做针线活。第1、第2和第8巡回区法庭下令环保局不得允许各州给予特殊许可，否则会导致企业拖延遵守大气质量标准。（而第9巡回区法院却同意使用特殊许可，从而使问题复杂化了。）[35]法院和全国资源保护委员会认为它们已经堵住了漏洞，可缺口实际上却挫伤了积极性。各州被环保局根据法院裁决下达的指令激怒了，因而放松了执法的力度，以非正常的程序代替正常程序，并拒绝执行环保局方案的大部分内容。对各州来说，联邦政府对地方环境问题茫然不知，还从州政府手中夺走了一个至关重要的激励手段——这一激励手段本可以用来吸引工厂执行大气净化方案。总之，法院的一系列决定原本是为了加强反污染法的贯彻执行，但事实上适得其反。[36]1975年，联邦最高法院废除了巡回区法庭的裁决，允许在特定情况下使用特殊许可，但时至此刻，损失已经造成了。[37]

特殊许可的案子表明，法院常常并不擅长评价和控制政府的管理工作，这种管理工作依靠积极性而不靠规定，依靠非正规程序而不靠正规程序。其他案子反映了另一个问题：当法院要求采取某项受欢迎的政策时，它时常忽略了执行这项政策的过程中所要付出的意外代价。简单地说，如果一个机构必须不惜任何代价地执行甲政策（因为不这样做就会被视为藐视法庭），那么它就必须放松执行乙、丙、丁等政策。每当法院要求某一政府机构执行某项政策的时候，假如国会能相应地增加对该机构的预算，那么优先权问题就可以最大限度地减小，然而国会很少这样做——即便是通过了一项新的政策。

针对在大气质量好于联邦标准的地方，如何防止大气明显恶化，《清洁空气法》并没有具体规定。该法确立了国家大气净化标准，但对于污染控制已达标的地方该怎么办，却未做任何说明。环保局第一任局长威廉·拉克尔肖斯认为，他的部门的首要任务是净化大城市内和周围污染最严重地区的空气。农业州的空气一般都符合大气净化标准，将有限的时间和钱财花费在已属洁净的农业州对他说来是个糟糕的想法。用他的话来说，环保局的工作是保护"人而不是草原上的土拨鼠"。[38]华盛顿哥伦比亚特区的联邦地区法院法官约翰·H. 普拉特（John H. Pratt）持有不同看法。在1972年，他命令环保局否决了任何可能引起州内任何地方空气质量"严重恶化"的计划。[39]这项决定有一定道理。例如，环保主义者担心，某些电力企业为了避免在城市建厂所会遇到的财政和政策上的麻烦，会选择在沙漠或乡村地区建立新的发电厂。州政府对此亦存在着观点上的分歧：一部分人希望保持大气的洁净，另一部分人却宁愿以受污染的大气来换取经济的增长。但无论有怎样的理由支持或反对这一新的方案，他们实际上都同样缺乏法律上的依据。《清洁空气法》出现了空白，该法的立法过程也无据可寻。于是普拉特法官认定《清洁空气法》前言中的一句话可以证明新政策的合法性，该政策以此形式颁发下去。

许多人认为这一新政策颇为明智，此种想法也许是正确的，但这一新政策的颁布却使环保局陷入混乱。环保局不得不在没有大量新资源投入的情况下，制订并实施一项全新的计划。它首先要决定"严重恶化"的含义（普拉特法官没有为这一概念下定义），然后还需决定如何达到这一目的（普拉特法官对此也没有予以说明）。要解决这些问题就意味着环保局不得不减少一些经费和精力，而这些减少的经费和精力本来是用在敦促大气严重污染地区的污染厂家治污的。这一新政策为那些拥有众多大型污染厂家的城市提供了一个契机，凭借这一契机，它们得以保留那些工厂以及由此而来的就业机会和税收。它们可以说："留下来继续在这里经营，因为环保局防止大气质量严重恶化的政策意味着你们不能搬到其他地区。"[40]

职业安全与健康管理局给我们提供了另一个例子，来说明一个本意良好的法院判决是如何产生违背初衷和意想不到的后果的。有些利益集团利用法庭来控制职业安全与健康管理局制定规则，并怀有一个可以谅解的偏见：它们希望看到的是严格而非宽泛的标准；它们更担心的是新发现的危险品，而不是过去的老危险品。这两种倾向很容易得到解释：公益组织为了调动支持者和筹集资金，必须向人们表明它们正在要求制订更严格的规定以控制那些正被大肆宣传的新危险品。但是，如果法院接受了这一观点并将之转化为政策，便会导致职业安全与健康管理局停止制定有关老危险品的限制标准；这些标准较为审慎，如果将其付诸实施的话，较之有关新危险品的严格规定而言，却能够挽救更多的生命，尤其是在新的标准很可能会流产或至少是因法律纠纷而被推迟的情况下。

杰里米·拉布金指出，以上情况不只是假说。1983 年，一个名叫"公民"（Public Citizen）的"拉尔夫·内德组织"向法院提出起诉，要求职业安全与健康管理局制定有关氧化乙烷的新的严格标准。[41]法官下令采取迅速行动——（按官僚机构的标准来说）行动的确颇为迅速，一年之内，新的氧化乙烷的标准产生了。但与此同时，一项新的有关石棉的标准却被推迟了。拉布金引用有关人士的话指出，氧化乙烷标准一年内可以挽救 3～5 人的生命，而（延误了的）石棉标准一年则可能挽救 75 人的生命。而且，（截至 1987 年底）许多老危险品仍还没有确定标准，尽管有事实表明它们每年引发数百例癌症。[42]管理需要做出选择，而强迫做出新选择就会影响其他的选择。

本章前面提的肯尼斯·亚当斯的例子便说明了这一点。法院的命令迫使民权办公室采取行动，处理南方学校多起种族歧视案件，这项法令亦使民权办公室对种族歧视投诉更加敏感。这没有错。但当民权办公室处理个人诉状时，它本身需要进行调查的可用资源就少了。个人诉状一般只牵涉到小部分人，而民权办公室的调查往往影响到成百上千人。遵从法院的要求对个人诉状做出回答，与进行范围广泛的调查相比，前者带来的收益远不及后者。况且，前者的好处也许只属于那些有钱请得起律师的人，如中等收入阶层的女权主义者；而为此付出代价的一方则是无力雇用律师之人，如贫穷的移民。[43]

我们讨论了法院对行政管理进行干预所产生的事与愿违的政策效果。它给人的印象是：所有这类干预都是不好的。不过，我不希望读者得出这样的结论。法院是一个重要场所，个人能够维护其基本权利和获得合法的司法救济，即使（特别是）起诉的对象是政府机构。法院发起了消除学校种族隔离体制的运动，制止了监狱和精神病医院中的非人道行为，使成千上万人得到了他们应得的权益并免除了疾苦。如果没有法院及精通法律的律师，上述情况也许至今依旧会存在或者已经泛滥成灾。但如同所有人类机构一样，法院并非无所不能，它无法排除一切困难，解决全部问题，有些事情它擅长，有些则不那么专业。上面几个段落中讨论的例子便说明了后者。现在，我们想更一般性地探讨一下法院不太擅长什么。

法官与行政官僚

法官和行政官僚对世界看法各异，部分是因为他们的背景不同，但是，更主要的还是因为他们各自执行的任务和所掌管的机构存在差异。

　　法官面对的是，两个或更多的当事人依据法律原则为自己 291
的权利辩护。虽然法官阅读有关资料、与同事交谈以及参照他
们自己的人生哲学从法庭以外的渠道了解情况，但主要还是从
法庭上的证词中获取事实——这些事实应是那些已被认为可作
为证据的事实。法官判定谁是谁非之后，就会制定救济方案、
司法裁定或判决，以维护一项权利或纠正一项错判。如若某一
判令是发给政府机构的，它就会特别指明政府机构必须达到的
目标及其行为所依据的标准，从而使补救办法奏效。

　　行政官僚们则用全然不同的眼光看待世界。他们面对的是
组织松散的人群，这些人在一系列复杂的制约条件和不同的政
治支持下履行着各自不同的责任。政府机构的领导往往很难确
切掌握这些人的所作所为，并经常用模糊、多变的标准去评估
他们能够观察的行为。政府机构的管理人员清楚地意识到，他
们自己花在决策的时间少之又少，相当多的时间消耗在收集信
息、参加会议、说服同事、回应批评以及总是要努力推动一个
复杂的系统运转起来之中。他们也非常明白，指望下级遵守那
些难以把握、复杂异常的法令法规是不现实的；在通常情况下，
"管理"至多不过是试图灌输给人们某种总体上的使命感，并
且还会加上众多制约政府机构运作的详细规章制度。

　　当法官强制某政府机构执行法令的时候，如果该机构所执
行的是一项较为简单、结果显而易见的任务，法令的效果是最
易于预测的，任务的结果也是很容易观察到的，那些我所称的
生产型机构遇到的大多数情况就是这样。其次，在工艺型机构
中，情况也大致相同。而在程序型或解决型机构里，很少会出
现这种情况。

法院的裁定和判令都是书面形式的；在发出裁决之前，法官都应该反躬自问，是否有证据表明书面裁决在过去能够有效地管理被审查的机构。警察部门、公立学校以及管理社会事务的部门的一些方面可以由书面裁决来规范；但在其他方面——通常是这些机构的核心职责——却不能以这种方式界定。如果一个警官、一名教师或一名企业经理的所作所为未曾被书面法规明确地加以限定，那么新的成文法规也同样不可能按照制定者的意志去改变他们的行为。

总之，法院同总统一样，如果所颁布的是一项明确的行为准则，而且该准则的执行情况能较容易地进行监督，那就最易达到预期的效果。要求一所学校停止排斥黑人学生要比教给它怎样提高黑人学习成绩容易。要求监狱停止虐待犯人较之向其指明如何改造犯人容易。要求环保局制定一套大气质量标准比要求它怎样达到这项标准容易。然而，法官们却是越来越多地反其道而行之；用杰里·马修的话来说就是，他们发明了一套"干预而不裁决的技巧"。[44]

马克·吐温中学坐落在布鲁克林康妮岛区，当杰克·温斯顿（Jack Weinstein）法官试图寻求一种途径以消除该校的种族隔离现象时，他面临着一个选择：是督促那一地区致力于取消种族隔离的各种机构采取行动，还是命令学校执行一项对当地居民有吸引力的具体而明确的规定。如选择前者，则需制订公共住房计划吸引白人和黑人房客，引导警察加强保卫对搬入该区的白人的安全，制订校车计划运送白人孩子上学。如选择后者，则意味着需要建立一个"磁石学校"，吸引白人和黑人孩子自愿到这个学校来。温斯顿法官不顾众多起诉人的反对而选择了后者。根据罗伯特·卡茨曼对法官这一决定的分析，后一方案之所以奏效是因为它考虑到了机构的组织现实。它基本上不需要对众多机构的活动加以协调，也不用改变这些机构自行确定的使命或帮助其寻找新的解决问题的办法。这一方案只要求一个机构，即地方学校董事会来完成这项它自己提出的任务，这项任务将会强化学校的使命感，而且所取得的成果也较容易衡量：要么是各种族的学生申请入学，要么就不是。[45]这一方案的结果证明其十分有效；报名入学者挤满了学校。

法官经常被指责由于体制欠缺，致使他不能在政策制定上发挥有效作用。[46]这些批评既有真实的也有被夸大了的。R. 谢普·梅尔尼克在论及法官在制定大气净化政策中所起的作用时，并不支持所谓法官没有能力得到并掌握复杂的技术信息这一观点——法官对大气质量标准、烟囱除污技术以及东西部煤炭含硫量都了如指掌。并非所有法官都对各项政策的经济意义漠不关心，他们没有意识到的不是技术情况，而是有关组织机构的知识。[47]

法官在远处通过传统思维定式的镜片观看政府官员——远远望去，政府机构只是一台为达到某一目标而设计的机器。法官的工作便是发动这台机器，改变它的目标，或者兼而有之。但读者早就知道官僚机构在大多时候并不是机器，况且即便真是一台机器时，它们的运转亦是出于组织惯性和为达目标的意识。有些法官认识到这种观点的错误，试图通过佩戴其他两种镜片的眼镜观察政府机构以"纠正"这一倾向。透过其中一块镜片看到的是，政府机构成为利益的"俘虏"；而在另一块镜片里，政府机构则变成了一头被误入歧途的狂热者驱使的"野象"。[48]法官的任务要么是将政府机构从捕捉者手中"解放"出来，要么就是"勒住"这些狂热者。

293

一些政府部门确实可以说是某种利益的俘虏，或应更准确地称之为代理人（见第五章），但并非所有政府机构都是这样的，甚至可以说，大部分机构并不这样。某些机构的确反映了成员的热情或大部分成员的专业（见第四章和第六章），但这种情况并不多见，实际上只有少数部门是这样。

政府机构错综复杂和难以理解，人们对它的认识如同一位旅行者首次踏入未曾涉足的遥远的异域文化。如果法官真的想认认真真地对它们进行引导，就必须首先认认真真地去理解政府部门的文化。因为在大多数情况下，问题的关键不在于法官要达到何种目标，而在于他们追求目标时所处的环境及所采取的态度。

当你回顾一位法官试图"改革"得克萨斯监狱体制的经历时，这一点就显得格外清楚了。约翰·迪伊乌里奥曾用充满同情的笔调叙及此事。具体而言，这一目标就是要结束得克萨斯州监狱的一种管理方式，即将一部分犯人的管理权交给被称为"囚犯管理员"的可信赖犯人。尽管这种管理方法在小范围内使用时的确能发挥一些作用，然而由于行政管理上的疏忽，它已经成为整个监狱管理体系中一个巨大而危险的环节。那些蛮横的犯人借此采取武力威胁以牟取特权。经过 9 年的调查和审理，威廉·韦恩·贾斯蒂斯法官颁布了一份长达 248 页的法令，要求得克萨斯州监狱体系的几乎所有方面进行数十项改革。[49]尽管经上诉后其中有些法令事实上被撤销，有些则被要求暂缓执行，但贾斯蒂斯法官控制该州监狱系统的决心仍没有改变。当然，监狱管理者对此抵制得很厉害。在这场斗争中，得克萨斯州整个监狱管理系统差一点就被摧毁，宛如倒洗澡水的时候把婴儿一同倒掉，原来很多好的做法也被取消了。[50]

　　这位法官不满足于仅仅消除种种可辨认的明显的弊端（"做出选择"），他裁定对监狱的管理系统进行大规模改革（"管理一个过程"）。这些程序在本书第二章及迪伊乌里奥的著作中有详细论述。[51]在法官插手此案之前，尽管存在一些虐待犯人的情况，但监狱系统的机制事实上是安全、合理、守法的。监狱长正在下属身上培养起一种使命感、责任感和对工作认真负责的态度。犯人既不会被看守虐待也难以被其他犯人欺凌（在牢房监管人制度被滥用之前）。如果法官对监狱工作有很好的理解，真正需要改革什么其实是很清楚的。

　　但是，很少有法官具有对监狱的这种理解，法官对学校、警察部门、福利院或其他受规定制约的机构了解得就更少了。在历史上，当法官理解尊重管理者、在政策与法律之间划出明确的界线，并拒绝给予那些与政府决策没有多少利害关系的人以诉官权时，这种无知还不是个问题。然而，新的行政管理法则使之变成一个大问题。如果法官想帮助管理机构，他们就必须了解它以及它的管理体系。从远处旁观或只从书本（包括本书）中学习是达不到这样的目标的。

294

第十六章　国家的差别

　　当健康与安全检查员进入瑞典和美国的工厂时，他们依循的是差不多同样的法规。他们会检查是否有不安全的梯子、滑脚的地面、缺损的护栏以及有毒的气体。在这两个国家，管理这些事务时所制定的许多标准不只是相似，而是相同。[1]

　　但检查员在这些工厂里的做法却大相径庭了。美国检查员全是职业安全与健康管理局的职员，倾向于照章办事，如果发现有违犯规章的情况，就会正式记录下来。如违章情况严重，检查员会毫不犹豫地处以罚金。即使违章并不严重，也可能要罚款。如果雇主没能在规定天数内纠正违规行为，就会受到进一步的处罚。职业安全与健康管理局的检查员认为这种办法是必要的。当史蒂文·凯尔曼采访他们时，他们说大多数雇主就该受罚，否则会对违章事例置若罔闻。一位检查员说："强制执行（或惩罚）是加强管理的唯一方式。"另一位检查员说，如果没有行使处罚的权力，"当你走进工厂时，雇主就会嘲笑你"。[2]多数美国检查员不考虑公司的经济处境，不关心公司能否负担得起纠正违规行为的费用。[3]职业安全与健康管理局的主管人员被要求依据一本冗长的现场手册进行车间检查，该手册详细规定了每个步骤，把检查各个方面获得的数据汇编起来，并且以这些数字来评定检查员的工作量（"多产"是指进行大量检查并公布大量违规行为），检查员敏锐地觉察到他们的上司正在监视着他们。[4]

　　在瑞典，工人保护委员会要求他们的检查员自主判断而不是照章办事。他们所遵循的检查程序是一本用平实语言写成的 6 页小册子，他们几乎没有章程可以遵循。他们通常是提前通知雇主，之后才到工厂去；在那里，他们花大部分时间劝说雇主如何改善条件。如发现有违章事例，检查员一般是做口头劝告，只在个别情况下才发出书面警告。他们不是机械地罚款，只是在屡禁不止时才予以罚款。[5]如果公司申诉其无力改变现状——相比美国人——瑞典检查员更倾向于给公司更长的纠正时间。此外，瑞典人对雇主的行为持乐观态度；当凯尔曼同他们谈话时，他们认为多数雇主是遵纪守法的，因此惩罚就不十分重要了。[6]工人保护委员会主管人员所收集的有关检查员的统计材料比职业安全与健康管理局同行要少得多，而且收集到的为数不多的材料也很少派上用场。在这方面，美国职业安全与健康管理局的长官则要多得多。[7]

凯尔曼对上述两个目标基本相同的机构的比较研究做了如下概括：

> 美国的检查工作更多被设计为正式地查询违反规定的行为；瑞典的检查工作更多被设计为非正式的个人交往，主要是给予劝告和信息，在检查者与被检查者之间建立友好关系，从而促进当地的劳资合作。[8]

按照凯尔曼的说法，在遵守安全与健康规章制度方面，瑞典那非正式的、合作的制度所达到的水平不亚于美国正式的惩罚制度，甚至更胜一筹。[9]

这种在官僚行为方面的惊人差异并不限于美国和瑞典，也不限于工业安全方面。格雷厄姆·威尔逊已经表明，与瑞典和美国相比，英国企业的车间条例与美国有更多的共同点：职业安全与健康管理局愿意并希望提出起诉和课以罚金，而它的英国同行工厂检查局，则反对起诉，它像瑞典的工人保护委员会那样倾向于给予帮助，而不是强制执行规定。[10]戴维·沃格尔（David Vogel）发现，减少空气与水污染的条例，在英国比在美国以更加灵活、非正式和合作的态度来执行。[11]对四个国家如何管理农药、食物添加剂和工业用化学物品的一项研究的结论是，英国、法国和联邦德国的行政体制使官员们享有比美国同行更大的自主权，并鼓励他们采用非正式程序来制定和执行规章制度。[12]在日本，环境保护法是靠"行政指导"而不是靠法律强制来执行的，在适应特殊的工业与地区性需要方面表现出很大的灵活性。[13]

每个国家管理操作过程的方式与其执行的法律或规则以及取得的效果之间并没有明显的关系；力争取得协调一致的欧式行政管理做法同美式制裁做法实质上服务于同一目的，而且取得了同样的效果。为什么具有相同目标的同类官僚机构在不同国家的做法有如此之大的差别？我们又怎样来解释呢？有两种可能的原因：政治和文化。

政治

以双方同意的（即灵活的、非惩罚的或妥协的）方式来执行管理政策的国家是议会制政体；而以对抗性的（即严格的、惩罚的或墨守成规的）① 方式来执行政策的是总统制政体。考

---

① 美国具有对抗性执政体制，我并非想指它像特别赞成这种政策的人所主张的那样以严峻或不可妥协的方式来执行管理政策，也不是说它全然没有害怕或徇私。我的意思只是，与议会制相比，它更可能依靠法律惩处，而较少授予执法人员以广泛的自主决定权。

虑到一个被广泛接受的观点，疑惑就产生了。人们普遍认为，美国企业具有特权和影响力，而在诸如瑞典那样的国家，有更多的公共部门、更多的国有化工业企业，以及更为平等的收入分配原则，政府是不会给企业特权和影响力的。[14]

但当我们认识到政治动机取决于政治权力的组织方式，那么迷惑也就消失了。议会制国家把几乎所有的政治权力都集中到内阁，内阁由立法机构中的多数党选出。几乎可以说，玛格丽特·撒切尔首相想要什么就有什么——这算不上太大的夸张。只要她在议会下院保持多数，她的提案就会成为法律；如果失去了下院多数，下院就会被解散，并举行新的选举。在换届选举之间，议会只有冒政治自杀的危险，即听取选民的意见，才能反对她的领导。议会没有权力去干预内阁各部的工作；议员们可以向这些机构的政治长官提出问题，但通常得不到这些机构有意隐瞒的信息，或在他们反对的情况下指导他们做出决定，也不能够不顾首相的反对去调查他们的处理方式。法院对官僚机构的自主决策问题上，并无多大制约作用——尽管英国法院近年来变得更为活跃了一些，但仍然保持这种情况。让法官告诉政府官员采取什么政策，遵守什么程序，没有一个公民对此抱很大希望。除非官僚机构直接侵犯英国国民的传统自由权，否则其并不担心法院的干涉。尽管美国联邦法院法官定期给环保部门发出命令，但几乎难以想象一位英国法官会给英国的大气质量控制人员发号施令。

其他欧洲民主国家的情况更为复杂。像意大利或联邦德国，那里总理所属的执政党在议会中并非占绝对多数，他只能依靠数党联盟的支持来管理国家。这些联盟往往是不稳定的，特别是在意大利。如果有一个党脱离联盟，即使不举行新的选举，现任总理也会辞职。在法国，直接选举总统同传统的议会制度并存，结果可能导致总统和总理来自不同政党，就像20世纪80年代初期出现的那样。此外，法国有一个特殊法庭，听取公民对官僚机构的起诉，在英国就没有。在瑞典，有特殊的护宪官——监察员，或人民代表，他们像法国的行政法庭一样，为那些认为受到官僚机构不正当对待的公民服务。

但是，这些复杂性并不会从根本上改变议会制民主的核心特质，即制定政策和执行政策的政治权力集中在一系列行政主管手里。无论法国的行政法庭还是瑞典的人民代表都不允许公民影响政策形成，他们最多只替那些受到明显超越合法权限的官僚侵害的人申冤。然而，由于职权常常被大量授予官僚机构，官僚机构权力界限也就不复存在了。

如果权力是集中的，建立政治组织以挑战政府的动力（除竞选以外）就减弱了。假若一个集团不能说服议会多数党支持它的纲领，除了等待下一届选举，指望由另一个多数党执政以外，他们得不到任何资源。它不能期望让一个立法委员会非正式地（通过调查、委员会的"指导"，或"澄清事实"）去影响首相的决定，这连作为一个整体的议会都做不到。负责某项目的主管官员不能是被某一集团批准的人或是选调的人；执掌该项目的人应该是职业官僚，这些官僚很少或者几乎不受外部利益制约。很难期望友好的法官会通过审查一个机构的决定来保证（如果法律条文用词含糊，像某些国会委员会工作人员所写的不明确的报告那样）他们会遵循立法的"意向"；在议会制国家中，法官一般不会用自己的观点来取代经过正式任命的官员的观点。无法想象媒体会刁难那些因行为失职而损害该集团利益的官僚，因为在议会制国家中，官僚们比较容易对新闻界保守秘密。

假如一个潜在的集团并不怀有上述期望或不能提出这些要求，就说明它缺乏去组建组织和表达意见的兴趣。当然，像美国一样，欧洲有着组织完善的利益集团，但这些欧洲国家的利益集团一般采取最高的组织形式——工人、雇主或专业人员的庞大的全国性组织。它们规模庞大并且是全国性的，因为它们必须集中资源来影响少数国家领袖的关键决策。[15]那种只拥有少数积极分子、一笔捐献的基金和一个动听名称的小团体，在欧洲比在美国更难出现（即使出现也很难取得成功），因为它们在欧洲政治体制中发挥影响力的空间小得可怜。

美国的制度安排导致了美国官僚体制的对抗性。一切政策都在不断地受到挑战。制定新方案的国会联盟很快就会被影响执行该政策的另一个联盟所取代。当初，参议员休伯特·汉弗莱刚刚对国会做出许诺，说1964年的《民权法案》并不打算把削减联邦援助作为主要执行措施，民权团体就向联邦法官施压，迫使其裁定民权办公室将取消联邦援助作为主要执行措施。[16]国会刚刚通过《职业安全与健康法》，授权职业安全与健康管理局可以采取强制措施，企业界就游说国会议员保证职业安全与健康管理局遵守一项妥协性战略；而这一游说刚刚开始，工会就要求法院确认职业安全与健康管理局严格执行强制政策的规定。[17]

在欧洲，制定政策就像一场职业拳击比赛：获得进入拳台权利的两名对手，在规定数目的回合之内一争高低；当一名拳击手将对方淘汰出局时，他会被宣布为胜利者，比赛就结束了。在美国，制定政策更像拳击训练场里的殴斗：任何人都可以参加，打斗者要对付一切来犯者并不时地交换位置，没有裁判员，没有固定的几轮时间，而是无休止地打到人人精疲力竭为止。按前国务卿乔治·舒尔茨的说法是"斗争从未止息"。

在这种情况下，一个谨慎的官僚会认识到，任何使机构活动保持秘密、非正式化和灵活多变的努力都将付出重大的政治代价。只有在少数几个主要参与者（如一个全国性的工商集团或工会）懂得自身的决定没有地方可以上诉而必须与官僚机构合作的情况下，官僚机构才能保得住秘密。如果参与者很多而且上诉很容易，还企图保密，就会被说成是在"掩盖真相"。只有在有关的利益集团打算接受官僚机构的做法时，他们才能采取非正式和灵活的办事方式；也只有当他们认为没有更好的地方——法院、媒体、国会或街头——可以得到更好结果的情况下，他们才会有动力。没有一个机构的领导人愿意被新闻媒体称为某些特殊利益集团的"奴仆"并被传到法庭去解释为什么不遵守规定程序的细节，或者被国会的某个委员会质询为什么用有利于"特殊利益"而不利于"公众利益"的方式去解释含糊的法律条文，或者被质询为什么给甲公司而不给乙公司更长的执行命令的时间。

美国行政部门的政治基础经常是不稳定的，支持它的联盟的力量往往薄弱、短命或充满内部矛盾。在这种情况下，一位可能愿意采用非正式和灵活方式的官员首先必须树立权威，这样他的灵活性才不会被看作柔弱的表现或出卖原则的证据。罗纳德·布里克曼（Ronald Brickman）及其同事撰写的有关化学品管理的重要跨国性研究报告，得出了同样的结论：

> 政治权力的分散使美国行政管理者处于异常脆弱的境地。他们面临相互矛盾的法令……这些法令往往需要在其

他政府机构的批判眼光下和持对抗态度的私人利益集团的
严密监视下去执行。……由于不能私下做交易，美国管理
机构只能被迫在"客观性"的理由下寻求庇护，采取正式
方法来使它们的每个行为合理化。[18]

因此，官僚机构严格照章办事是有道理的：坚持每件事都
做公开记录，每件事都"照章办事"，每个人都受到同等对待，
每个违章者都必须绳之以法。

如此规避风险的做法并不意味着每个机构都会这样做。有
些机构的政治环境为客户政治，即私人利益集团与跟其志同道
合的政府机构之间保持一种亲密和保密的关系。或许一个强有
力（而且异常幸运）的总统能够成功地让一个机构的领导人
不按眼前的政治利益需要行动。但是，在处理政府机构和利益
集团间关系上采用形式主义和对抗模式的动力非常强大（而且
正在变得更强大，这一点下一节会指出），因此我们发现美国
管理机构整体上的行为与欧洲同行大不相同，也就不足为
奇了。

格雷厄姆·威尔逊曾把行政机构和学校课堂做比较，"相
比威信比较低的老师，一个树立牢固权威的老师能够更容易采
用友好和宽容的教学方法"。[19]欧洲的管理人员比美国的管理人
员有更稳固的权力基础。于是，欧洲"反工商界"的左派政权
比美国"亲工商界"的保守政权能与企业保持更友好、更融洽
的关系。

文化

然而，政治并不代表一切。美国政治制度立足于分权，今

天的状况同三四十年前相比基本上没有变化；然而，那时的管理机构比今天拥有更大的自主权。英国政治制度建基于首相制，今天同一个世纪以前也没有太大差别；而那时，在实行工厂检查制度的最初几年中，雇主不仅强烈地控诉检查员的敌对行为，而且当检查员来检查时还经常攻击他们。[20]

秘密的行政管理所付出的政治代价（过高）使得保密状态很难维持；正如爱德华·希尔斯（Edward Shils）在好多年前所指出的，美国国民性格中有一种民粹主义倾向，为任何一个政客攻击"掩盖真相"的行为提供了充足的弹药。[21]几十年以来，英国人悄悄地接受了一定程度的政府保密，这种秘密在美国会引起反抗。英国早就颁布了《官方保密法》（Official Secrets Act），而在美国，则无法实施一部在适用范围和严厉程度上与之相当的法律。

法院干预美国行政当局的能力来源于司法审查权（即有权宣布行政和立法行为违宪的权力）以及诸如《行政程序法》之类的法律，但如今，司法主动性的程度不能光从了解它的宪法或法律依据来预测。正如在第十五章中了解到的，多年来，联邦法院支持诉官权的相关条款，并遵从行政机构的自主决定权，导致法官对联邦行政机构日趋温和且约束力度有限。如今，这些惯例和遵从已成为过眼云烟；法官通过他们所做出的裁决，成了官僚体制的主要参与者。

最后，在美国，有许多政府官僚机构在日常例行公事时显示出一定程度的非正式性和灵活性，这似乎与我们对美国管理机构研究的结果相矛盾。当你在典型的法国和美国课堂里待几小时，就会观察到美国公立学校的风气更为宽松、更少训导且更为个性化。美国军队的纪律比许多欧洲国家军队的更松。① 在海军舰船上，英国的水兵比美国水兵更听从他们的军官。[22] 人们经常用日本经理们的集体决策方式与美国经理们的个人领导方式做对比，以至于成为著名的经典故事，但这确实是事实。[23]

米歇尔·克罗泽（Michel Crozer）深入考察了两个法国政府机构的情况，这两个机构负责日常事务与生产任务。虽然他没有跟同类的美国机构做明确比较，但他所描绘的法国机构的管理氛围毫无疑问与在美国看到的迥然不同。在法国，组织文化是刻板正式的，几乎没有非正式交往，没有以工作为基础的自愿团体，十分信赖书面的规则与程序，以及以貌取人地奉迎权贵和高官。在多数美国官僚机构的日常生活中，不同等级的工作人员之间可以自然合作，而这在法国官僚体制中难得一见。[24]

简而言之，官僚体制的运作方式不能简单地依据机构所执行的任务和具备的经济、政治动力来解释。不同的文化也会发挥作用。

第六章讨论了组织文化，这里所讨论的则是国家文化。在这两种情况下，文化都被定义为模式和持久的行为方式，代代相传。一国的文化包含着代表一个社会或该社会主要部分特征的行为方式，固定而持久。一个群体的文化相当于一个人的个性，即能导致人们对相同刺激做出不同反应的个性。虽然每个旅游者能够很快觉察到英国人、日本人或瑞典人之间的差别——因为他们在遇见陌生人、同秘书谈话或参加团体时做出

303

---

① 甚至海军也是这样的，丹尼尔·达克鲁兹曾对美国海军陆战队和欧洲各精锐部队的训练与纪律进行比较，参见 Daniel da Cruz, *Boot*（New York：St. Martin's Press, 1987），282ff。

的反应是不同的——但对这些差别还没有做过系统的、能为公众接受的解释。正像生活中的许多事情一样，我们能够觉察，但不能解释。然而，从已有的研究结果中摘出一些主要文化因素是可以做到的，这些因素可以影响人们在正式机构中的行为。[①]

服从与自作主张

在有些社会中，政府官员做决定的权利被认为是理所当然的。人们可能不同意决定的实际内容，但他们不会对做出该决定的部门的权威提出质疑。其结果是，他们服从代表政府的官员。警察因为有警徽就有了权威，教师因为他所担任的职务而有了权威，官僚们则因为授予他们职位的法律而有了权威。在另一些社会中，政府官员做决定的权利经常受到挑战。人们通常倾向于接受政府决定，但他们会随时质疑警察阻拦他们的权利，一位教师有没有控制他们的权利，或一位官员有没有权利决定一件对他们有重大影响的事情。权威在形式上的标志——徽章、制服、法律、条例——并不能让公民产生一种对拥有那些标志的人们服从的习惯。

史蒂文·凯尔曼比较了瑞典的遵从性政治文化与美国的自作主张或对抗性政治文化，解释了瑞典工人保护委员会为什么能够依靠非正式的协调一致的方法，执行甚至制定卫生

---

① 分析政府人员的观念在文化差别的系统和定量的研究很少，对那些不同的观念如何影响行为的探讨则几乎没有。吉尔特·霍夫斯塔德（Geert Hofstede）在《文化的影响》［*Culture's Consequences* (Beverly Hills, Calif. : Sage Publications, 1980)］一书中，针对有关工作价值标准的国际差异，曾对一个庞大的跨国公司的数千名职员做了有趣的比较研究。霍夫斯塔德描述的"权力距离"、"不确定性的避免"和"个人主义"同我们所讨论的服从、形式主义和个人主义之间有某些相同之处。

与安全规章制度。[25]现代瑞典像许多北欧国家一样拥有悠久的历史，在历史上权力集中于国王或贵族手中。很多个世纪以来，统治者与被统治者之间存在着不可逾越的鸿沟。对权威的遵从是强制与敬畏相结合的结果：国王的权力靠他的高贵得以加强。当瑞典人用议会替代国王，用官僚机构替代贵族之后，他们并没有用自作主张替代服从。民主制度下的瑞典是个名副其实的"国家"，这被认为是应该统治并精于统治的最高权力机构。从前是对专制君王的服从，现在转移到选举出来的和被任命的官员身上。议会制民主出现以后，瑞典就被社会民主党统治将近半个世纪，社会民主党采取了改革瑞典的各种政策，使得人民很容易就将他们服从习惯的对象转向新的国家。

304

　　对瑞典这种政治文化的解释并不只有凯尔曼一人；托马斯·安东（Thomas Anton）、唐纳德·汉考克（Donald Hancock）和斯坦·约翰逊（Sten Johansson）的研究也得出了同样的结论。[26]这种文化对瑞典政治的影响是明显的：瑞典人给予政府官员崇高地位，不得参加（除投票外）各种政治团体，并相信专家和专业人员最有资格做出政府决定。考虑到这种态度，就不奇怪企业安全和健康条例不是由立法机关产生和确定的，更未经相互竞争的利益集团的长期艰苦斗争，而是由政府、企业和劳工界专家组成的一系列小型委员会私下开会，通过讨论解决分歧，并且不需要面对立法机关的挑战；也不奇怪在执行这些法规时，工人保护委员会十分依赖政府人员、指定的公司及有关工会来交换意见。专家——经过专业训练的人——是影响美国官僚机构的一股重要力量，而对瑞典官僚机构来说，其影响则具有决定意义。

　　美国的政治文化很难被描述为是服从性的。美国人重视专家的意见，但他们并不对专家言听计从；那些立场不受欢迎或行动上违反某一个人或一个群体之利益的专家，常被视为敌对者并受到粗暴对待。美国人尊重他们的政府形式，但并不尊重或承认官员们工作上的崇高地位，①美国人老是怀着疑虑，认为政府背着他们干坏事，任何排斥有关利益集团而做出重要决定的行为都会激怒他们——不管决定多么细小。美国人在与政府的关系中看重自身的权利和诉求，只要有一丝迹象表明其权利受到侵犯或要求被忽视，就会准备雇用律师或向新闻界申诉。

　　服从文化不只在瑞典有，在斯堪的纳维亚国家、德国和英国都能找到这种东西。史蒂文·埃尔金（Steven L. Elkin）发现，在美国，城市发展的决定是激烈政治斗争的产物，总会有觉醒的公众与力量薄弱的城市规划者参与其中。而他在研究伦敦城市发展问题时就没有遇到这种情况，那里的公众很少知道着手实施的新的重要计划，这令他茫然不解。在伦敦郡议会雇用的规划者那不容挑战的权威下，大片土地被清理出来，新的开发开始了。原因很明显：这些决定虽然影响到成千上万人的生活、财产和收入，但它们是伦敦那些能有效排除社会压力的官员做出的。人们似乎一致认为，政府的职责就是管理；他们毫不怀疑应该由谁（任命的官员）来做决定，决定应该怎样（"合理地"）做出，甚至做出什么决定。假如美国城市规划者来到伦敦，可能会想，在同样情况下他们早就丢掉脑袋进入天

---

①　更确切地说，他们看重的是总统的职权而不是总统本人；他们不喜欢国会和"官僚机构"，然而他们通常对自己的代表有好评，并说他们对与某个官僚打交道是满意的。

堂了。[27]

对抗性政治文化不局限于美国，但美国的政治体制——分权制、司法审查制和联邦制——允许它充分发挥并加强了自身的特色。当然，在任何地方，政治体制及其产生的动因是同文化以及这种文化所养成的习惯分不开的。然而，美国的政治文化与政治体制是如此显著的一致，以至于很难想象把议会体制移植到美国。

形式化与灵活性

在法国，毫无疑问也在别的许多国家，一个组织中的成员之间将以正式的（形式上）方式打交道。也就是说，以非人性化的、有距离感的、对级别和头衔敏感的方式打交道。尽管两个工作人员可以交朋友，但并不会形成打破等级界限或发展成工作场所以外的生活小圈子或自愿组织的团体。

克罗泽把这种情况归因于受法国文化特性的影响——十分强调个人在形式上的平等，从而产生了期待依据正式规章制度的强烈愿望，而不是依据协商或机构的制衡来约束行使权力。[28]在官僚等级制度的每个等级上，权威是绝对的；对行使这种绝对权威的约束是书面的规章和规定的程序，这些是拥有权威的人必须遵守的。美国工作场所的非正式交往在法国是不常见的；与此类似，法国公民很少像美国人那样参加自愿组织的团体或在其中积极活动。他所研究的两个机构的雇员都愿意遵守规章但并不屈从于统治者；屈从、合作或灵活性会威胁每个人的自主权。

克罗泽沿袭了阿历克西·德·托克维尔的思想，将这些态度的来源归为古老君主时代法国农民的经验。法国过去是由历代国王从中央——巴黎——加以统治的，这些国王热衷于巩固

306　他们的权力并向人民收税来资助法国发动无休止的战争。收税
的方式强烈地刺激每个纳税人去刺探邻居，只要发现邻居财富
有所增加就向收税官通报。[29]地方自治名存实亡，除非得到在巴
黎的国王大臣的同意或指导，否则什么事情都做不成。[30]在真正
意义上的地方政府并不存在的地方，人们不会有动力或机会去
组建地方团体来表达他们的不满或争取他们的权利；当地没有
一个人会倾听他们的不满或给予他们应有的权利。让农民学习
同别人一道工作或熟悉官员和贵族的集会是不存在的。法国的
政治制度把法国社会分裂为诸多"弱小的、孤立的、只顾自己
的群体"。[31]

　　当法国革命扫除了君主政体，不再信任贵族，革命后的群
众依靠法律与宪法来保证一切公民在形式上的平等，谋求使用
他们新获得的权力。法国制宪议会替代了国王，然后拿破仑替
代了议会；再往后，一连串皇帝和议会的更迭令人眼花缭乱。
然而，巴黎自始至终都没有丧失对农村的控制，也没有丧失它
对税款贪得无厌的胃口，这些税款是用来给军队和官僚机构提
供资金的。在这种情况下，法国人民无法互相信任——更不要
说相信他们的政府——也就不足为奇了。权力是存在的，这是
事实。权力是集中的，这已经被历史所决定。现在必须制衡权
力，但法国唯一的制衡只体现在法律和规章中。克罗泽指出，
这种墨守成规和形式主义的遗产塑造了法国政府机构的行为方
式，直到现在。

　　美国走的是另一条道路。在独立战争以前、独立战争期间
和独立战争以后的很长时间里，几乎没有什么中央政府；生存
不是依靠某些地主的恩惠，而是依靠个体农民的劳动与合作的
能力。合作不仅因征服荒野的需要而受到鼓励，也是建立在以

新教教会为基础上的自治政府的政策。这种政治与宗教自治政府的传统是如此深厚，以致几乎阻碍了宪法的批准——尽管宪法也只是规定建立一个权力受限制的政府。国父们非常了解公民的意见，从未考虑依赖法律上的规定和形式上的权利作为个人自由的主要保证；用詹姆斯·麦迪逊的话来说，这些不过是"文本保障"，[32]没有"辅助的预防措施"[33]就不能阻挡绝对权力的滥用。当然，增加的预防措施就是分权和制衡制度。这些措施保证官员互相协商，因为未经协商就不会有政策的产生。磋商、参与和非正式的安排，这一切都是政府总方案的组成部分，而且早在政府成立之前就已经是城市与乡村中美国人日常生活的组成部分。自然，它们成为这个由政府建立的机构目前管理方式的一部分，也就不足为奇了。

307

不管是形式主义的文化，还是服从性的文化，行政机构都保留了它们的影响。美国人的不拘形式是他们日常生活的现实（每个人，包括侍者和空中乘务员，都如此坚持直接称呼别人的名字，这种情况还能在其他国家存在吗？），这种不拘形式的做法给统治体制带来活力，而这种体制反过来又使不拘形式充满生机。

群体与个人

协商对美国官员来说是十分重要的，但与日本官员生活中协商的地位相比，就变得黯然失色了。这是令人迷惑不解的，因为日本行政管理的等级制度远比美国严格。在美国，不同级别的官员经常相遇，互相称呼名字而不用官衔。这种不拘礼节会使日本人大吃一惊；用社会平等方式处理上下级关系，这种情况在日本根本就不会发生。"每个成员正式的——与社会等级体制中的其他成员相比的社会地位，是由最细致和特殊的方式定义的。"[34]

但是，在某一特定的等级内，日本经理采取集体决策的方式，在此方式中，个人之间的分歧被最小化，个人对领导地位的争取和对信誉的要求是不受鼓励的。正如格雷戈里·诺布尔（Gregory Noble）注意到的，对集体的强调很明显，我们甚至会看到有形的差异。在美国的行政机构中，机构领导人通常有一间大办公室，每个下属分别有一间沿着走廊的办公室；而在相同的日本机构中，领导人同他的下属同坐一间办公室，办公桌排成半圆形。[35]美国的机构组织结构图上往往标有官员的姓名；日本的组织结构图上许多方框里没有名字。美国警察的徽章带有个人号码，有时还有个人姓名牌；而日本警察不带徽章、号码或姓名牌。[36]美国人完成自己的工作任务后就离开办公室回家；日本人则留在办公室里，等到本部门全体人员完成任务后再离开，下班后往往会到酒吧一起放松，一起饮酒。

新雇员融入工作环境的方式加强了集体的重要性。个人之间的界限是模糊的，甚至是不存在的。培训强调品质培养和对集体的忠诚，不亚于技术知识。[37]当集体必须做出决定时，为了避免对个别问题的争论和个人之间的冲突，尽量采取委婉建议和继续研究的方式。[38]关键是协调与共识，甚至进展缓慢和影响决断也在所不惜。

刘易斯·奥斯汀（Lewis Austin）在对日本和美国精英们做试探性采访时，探讨了这些价值观。虽然例子很少，但差别还是明显的。美国人认为最重要的是个人主义、平等和竞争，而日本人更重视等级制度、集体团结与和谐。美国人认为好的领袖要果断、了解情况并愿意代表人民的利益，日本人则认为要诚实、热情并愿意倾听别人的意见。[39]

　　当以集体为主的决策同严格的等级制度放在一起的时候，协调问题就变得十分尖锐。对本人所在工作集体的忠诚会妨碍同其他集体的交流；而一个部门在行动之前要达成全体一致，这会阻碍其与另一部门谈判以达成协议。具有洞察力的日本政治问题专家查默斯·约翰逊（Chalmes Johnson）对这个问题是这样描述的："在日本，政策制定过程中最困难的协调工作是在各部、各机构之间；一旦部门间达成了协议，使提案或议案在政党、内阁和议会中获得通过的纷扰就会少很多。"[40]

　　与党派政客打交道比协调官僚同事更容易。原因是，在日本，官僚机构就是政府。官僚机构起草法律，决定预算，招录最有才华的大学毕业生，几乎垄断了有关信息，享有很高声望，而且一个世纪以来几乎没有发生什么变动（虽然经过战争、军事占领和宪法的改变）。[41]自1955年以来，只有一个党派统治日本；这个党派的领袖的观点同官僚机构的观点差不多。此外，像瑞典一样，日本统治国家的原则是：国家至高无上，专家的知识具有决定性作用。官僚机构体现了传统概念上统治的全部内涵，因此它是政权的核心组成部分。而不像在美国，官僚机构是必要的但不受欢迎的工具，它的存在是为了执行其他机构的决定。

　　可以从结构上或政治上解释官僚机构，但它的运作方式显然有文化根源。集体的重要性不是一种管理上的发明，更不是可以从外面输入的；它是渗透在日本人生活中的集体主义机制的体现，这种集体主义可以在家庭、学校和邻里之间发现。[42]

法治与人治

　　拉丁美洲大多数国家政府的官僚机构庞大而复杂，其程度绝不亚于在瑞典或法国所能见到的那样；多数还通过管制、发放许可证和政府补贴干预本国经济。至少像英国在重商主义时代的作为，但与欧洲国家的行政管理制度不同的是，多数拉丁美洲国家的官僚机构并没有法治的传统，不会把一般规则熟练地应用于特定案例，也未能采取法治的方式解决公共事务。

几乎每一个撰写有关拉丁美洲政府的著作的学者都强调，它们的行政管理中存在对旧规章的沿袭。西班牙在新大陆的殖民地被当作君主的私有财产；独立以后，本地的总统替代了遥远的国王，但许多总统保留着封建思想，即他们是宗主（庇护人），人民是臣仆（受保护者）。[43]"不仅政权集中在总统身上，而且只有得到总统的赞成与支持，财富、特权和社会地位才能进行分配，总统是国家的保护者，替代从前的地主和马背上的骑士"，[44]低级别官员根据他们对领导或领导的政治派系的忠心程度得到选拔。虽然裙带关系并不像有时传说的那样普遍，但根据私人友谊和政治情感来选人是普遍存在的。[45]

这种行政管理制度是集中式的，也是家长式的。虽然少数拉美国家，诸如阿根廷、巴西、墨西哥和委内瑞拉，在理论上是联邦体制，重要的权力掌握在地方政府手里，但实际上中央政府拥有全部统治权，或在任何时候都保留（和行使）着干预地方事务的权力。[46]

中央集权国家所体现的旧时代统治或人治统治至少产生了三个方面的影响。第一，一切权力掌握在最高层，因此，即使是最平常的决定和小事件的备忘录也要得到部门领导的批准。结果，交流缓慢而困难，延误决策的时间，而且消息常常滞后。[47]第二，当权力集中于领导人手中，他们想怎么用就怎么用时，腐败的动力就很大。能够采取的腐败形式是：低级别官员可能接受那些想绕过正规程序走后门的人的贿赂，高级别官员则可能利用手中大权中饱私囊。[48]第三，拉美政府依靠正式的规章制度和日益复杂的法律与程序，以便加强对规模迅速扩大的官僚机构的控制并减轻腐败程度。每个官员都深陷在规章条例之中不能自拔，而且许多规章条例是模棱两可或互相矛盾的，这种教条主义达到了某位学者所说的"迷信法典"的程度。[49]

美国官僚应付一大堆程序深感疲惫，但想到拉丁美洲同行面临更大的程序麻烦时，大概会精神为之一振（即使没有减轻他的负担），因为这些程序使事情更难办，无助其达到目的。繁复的规章制度既不能加强中央控制，也不能消除腐败。一些趣闻逸事揭示了大量增加规则所产生的结果："巴西一个富有耐心的公民等了10年才还清税款，还清的时候考虑到通货膨胀，实际上所交的税款也没有了意义。当他把没有什么价值的税款交给政府时，一位官员恳求他把钱留着，以避免另一个冗长的程序。"[50]危地马拉官僚机构的"领导人坐在一大堆请愿书、备忘录和请求裁决的文件后面，被请求给予帮助或指示的当事人、朋友和下属包围着，偶尔仓促地对一份报告掠过一眼，不过这份报告还可能虚报情况，而且几乎可以肯定这些报告缺乏关键性的分析"。[51]

为了解决累赘的、为规章所束缚的和过于集中的政府官僚体制，许多拉美国家已经建立了自主的国营公司和独立机构来担负已被证明中央官僚机构无法胜任的任务。在这些机构中，有的生产钢铁和石油，有的管理物价和工资，还有的分配用水、管理学校，或管理社会保障事业；有的成为效率与廉政的样板，有的则增加了政府已经深深陷入的行政管理上的混乱。不过，所有这一切要归咎于国家的庞大权力。我们能想到的是，在古巴或尼加拉瓜，政府统管经济，其实在巴西、哥伦比亚或墨西哥，政府差不多也有这样大的作用。例如，据霍华德·瓦达（Howard Wiarda）和哈维·克兰（Harvey Kline）估计，巴西政府本身或通过国营公司创造了国民生产总值的 55% ~ 60%。[52]

美国也在城市政治机器中出现过世袭制、腐败的县地方法院以及过于集权的华盛顿官僚机构。对这些问题，美国曾企图运用正式程序和法律约束，以法治的规则来改变世袭规则，从而解决以上问题。所不同的是，在美国，国家的权力是有限的（它的产值只占国民生产总值的 11%），而且是分散的（州政府和地方政府发挥着重要作用并行使着实质性权力）。

国家主义和非国家主义体制

美国政府的最大特色是有限的管辖范围和受制约的权力。按照欧洲标准，美国算不上真正的"国家"——一个主权实体，其权力可以渗透到国家的各个方面，并把国家的各组成部分置于它管辖之下的主权国家。[53]在美国，主权在理论上属于人民，但实际上不属于任何人；如果说主权存在的话，它也是由联邦政府和州政府分享的。如果有人说英国下院除了不能把男人变成女人以外什么都能做的话，那么美国的机构就差得太多了。

以国家为中心的政权是以行政机关为中心的，而以行政机关为中心的政权是由官僚机构支配的。不管法国、日本、瑞典、巴西和墨西哥的政府之间有多大差别，有一点是相同的，即行政管理机构是官方活动的中心。这些国家的官僚机构可以相对不受立法部门或司法部门制约而起草法律、颁布条例、分配资金和指导政策制定。因为任何一个机构都不能孤立无援地处理事务，所以官僚机构要争取或获得私人利益集团——公司、工会和行业团体的帮助。这些利益集团很舒服地或有意识地联合在一起，提出政策和执行法律。在公共和私人部门之间交换意见和人员是很容易的，以至于很难分清两者间的界线。政府高级别官员不仅经常私下与公司管理人员打交道，而且在辞去政府职务（日本人称之为"下凡"）以后便进入公司当高级经理人员。

政治学家已开始把这样的国家称为社团主义国家，也就是说，这些国家中的主要社会团体（特别是企业与工会）直接成为国家组织的一部分，有资格参与制定和实施法律。[54]在美国，社会团体中的企业与工会形成利益集团或游说集团，向政府施加压力以接受它的要求；在社团主义国家，这些利益集团不需要施加任何压力，因为它们即使算不上政府的正式组成部分，也算得上非正式组成部分。本章开头谈到的瑞典企业安全政策的制定与执行就是实践中的社团主义的一个例子。

由于文化因素与法制因素，以国家为中心的各种政权以及它们的官僚机构的运作也有国别上的差异。日本与北欧国家的中央集权政府可以称为理性主义的政府：它们体现了遵从、法治以及行政管理自主权的价值标准。在拉美中央集权政权中，政府反映了敌对文化、人治以及程序上的形式主义。

在前一种情况下，官僚机构倾向于按普遍原则运作（熟练应用公平规则），依成就（通过教育与训练获得技术）来选用人员，并为集体利益（国家、社会以及执政党）服务。在后一种情况下，官僚机构倾向于按特殊原则运作（给每个人应得的东西），依关系来选用人员（雇用有"正确的"社会关系、家庭关系和政治关系的人），并为个人利益（总统、军政府或部长的利益）服务。

312

当然，这些截然的区别把现实情况简单化了，忽视了重要的例外情况（甚至在瑞典也有腐败），忽略了曾经不同的国家呈现的趋同现象。公正地对待这些问题需要写一本书来比较不同的政府。但是，简单的叙述也能揭示出美国官僚机构的特点。它是为权力较弱的国家（虽然正在增强）服务的；它要面对敌对的而不是服从的文化传统；它已经发现行使自主权总会受到怀疑，因此把自主权限定在正式程序与详细规则范围之内；它的职员充满个人意识而缺乏集体主义；它已经采取步骤削弱人治和世袭制，以加强法治和理性的标准。

在这么做的过程当中，美国官僚体制产生了很多问题。一些是所有官僚体制共有的问题，一些则是美国独有的。我们接下来将对这些问题进行分析。

第六部分　变化

第十七章　官僚体制的问题

　　1986 年 5 月 22 日早晨，纽约市房地产商唐纳德·特朗普
（Donald Trump）打电话给他手下的一个经理安东尼·格利德曼
（Anthony Gliedman），让其到办公室来。二人仔细研究了中央公
园滑冰场的重建项目，纽约市花了 6 年时间并投资了约 1300 万
美元仍没能完成。5 月 28 日，特朗普主动请求接管此项目，并
保证在 6 个月之内完工。1 周后，市长爱德华·科克（Edward
Koch）同意了他的请求。不久后，市里拨出了 300 万美元作为
施工费用，如有超支，特朗普将自行解决。10 月 28 日，重建
工程结束，比原计划提前 1 个多月完工，并且比预算少花了 75
万美元。两周之后滑冰场正式对外开放。[1]

　　许多读者认为，私营企业的工作效率明显高于官僚机构，
上述事例再次印证了这一观点。但是，另外一些读者却不这么
肯定。他们认为企业是贪婪的，稍不留神就会卖给政府 435 美
元一把的锤子和 3000 美元一个的咖啡壶，通过贩卖假货或虚高
定价来欺骗美国大众。照此观点来看，特朗普还算诚实，但也
许这项工程背后没有这么简单，或者市政府给了特朗普极大的
好处。不管怎样，对此事做进一步分析并不容易。

　　然而，如果仔细分析特朗普及公园和娱乐局（Department
of Parks and Recreation）二者面对的激励约束机制，我们仍能从
中看出一些端倪。很显然，"官僚体制问题"不止一个，而且
解决每个问题的办法在某种程度上各不相同。[2]第一是责任问

316 题——要让各机构为各自的目标负责。第二是公平问题——通常指依据明文规定公平地对待每一位公民。第三是回应性问题——对公众提出的某些要求适时做出回应。第四是效率问题——努力使现有资源发挥最大效用。最后是财务诚信问题——确保建设公共项目时把公共基金用在刀刃上。唐纳德·特朗普和科克市长在以上大多数问题上都处于不同的立场。

责任问题

市长想重建滑冰场，但也想尽量减少经营滑冰场所需油料的费用（第一次重建时阿拉伯石油禁运导致能源价格上涨）。为了达到这两个目的，市政府必须购买一套新的制冷系统，但事实证明此制冷系统无法很好地运转。当重建滑冰场成为唯一的任务时，特朗普接手了。他可以不必过于担心能源费用问题，能自由选择性能最佳的制冷系统。

公平问题

依据法律要求，公园和娱乐局应为承包商提供均等的竞标机会。这就是说，工程的每个项目都必须公开招标，而且接受最低报价时，不应过多考虑其信誉和往期工程。此外，州法律禁止市政府雇用的总承包商将工程转包给分承包商；事实上，该法律甚至禁止市政府预先与潜在投标人讨论工程的相关内容，否则将被视为互相勾结。相反，特朗普可以任意选择信誉最好的承包商来承建滑冰场。

财务诚信问题

为了减少贪污和私下交易，法律规定公园和娱乐局应向每一个投标人提供完整详尽的计划；此后，合约内容发生任何变化都要重新协商。特朗普不受此类法律的约束，他可以把尚不完善的计划交给他选好的承包人，让其负责重建一个符合要求的滑冰场，并可以在重建的同时制订详细计划。

效率问题

公园和娱乐局用了 6 年时间花费 1300 万美元仍然失败了，尽管政府受到了公众批评，但官员们没有任何经济损失。特朗普承建工程时所签订的合同则是，因超支和延误所造成的损失 317 都由他自己承担，节余则算作他的收益（在这项工程上，特朗普同意不从中获利）。

格利德曼精准地总结了这种差别反映出的问题："政府的问题在于它不能轻易说'同意'二字……政府中谁也无权这样做。做一个决定要 15 或 20 个人同意才行。因为要遵循这些烦琐的程序，工作效率不得不降下来。"[3]

低效

政府不能轻易做决定，也就是说，政府的行为受到制约。受谁制约呢？是我们大家。

赫伯特·考夫曼认为，这些烦琐的程序是我们自己设计的，"每一条限制和要求的存在都源于需求"。[4]我们以此来分析滑冰场工程：在改革文官制度时，改革者禁止政府官员从工程建设中获益；所有承包商应享有均等的机会来竞标工程；财政监察人员要求所有的计划书都要尽量详细。烦琐的程序正是为了满足这些要求，从局外人看来，那些程序就是官样文章。为实施每一道程序而指派的管理人员被称作官僚。然而，没有哪个利益集团要求政府尽快完成滑冰场重建工程，所以缺少相关的监督程序，也就没有委派任何管理人员监督此事。政策的实施过程要比实现确定的目标更容易遵守规则的制约。

我们总是谴责官僚体制效率低下，我们只是说对了一半。

效率是使用资源和产出之间的比率，比率越小效率越高。假如将重建一个滑冰场看作产出，那么，无论程序有哪些，只要花最少的钱或最少的时间能建造出一个令人满意的滑冰场，它就是效率最高的程序。从滑冰场这项工程可以看出，特朗普比公园和娱乐局的工作效率高。

但是，从这个角度解释问题并不全面。根据效率的经济学解释（从狭义上来讲），效率仅关注一种重要产出，即滑冰场。但对政府来说，关注之处还有很多，如政府的信誉、人们的信心和重要利益团体的支持。当我们抱怨滑冰场没有按期完工时，我们的关注点全放在了滑冰场这项工程本身。一旦我们抱怨没经过招标就签订合同，或指责官僚们中饱私囊时，我们就会意识到，除了滑冰场工程进度之外还有其他方面值得关注；我们不仅希望政府能完成工程，也希望政府能对过程进行监督制约。如果一个政府迟迟不能建成滑冰场，但工作态度诚实，对所做的事情负责，并能够适当考虑可敬的选民们所提出的要求，那么这个政府就是一个讲效率的政府。但前提是我们衡量工作效率时，会把所有产出价值都考虑在内。

如果一个政府工作拖拉、任务繁重、开销大，我们仍认为其工作效率高的话，那就荒谬了。但这些错误认识只是因为我们缺少客观的衡量方法，无法估量政府需要花费多少资金或时间才能维护其在大众中的信誉，合理分配福利，得到大众的支持，并实现工程的目标。如果我们具有衡量以上因素的尺度，并且对其价值表示认同，那么我们就有资格判断一个政府是否有效率，然后判断什么时候它为达到我们期望的目标而花费了过多的时间和财力。但是，我们并没有一定的尺度来衡量这些因素，对不同因素的重要性的看法也不一致，因此与那些工作目标较少的组织相比，政府总是显得工作效率低下。

　　简单来说，判定一个机构工作效率是否低下的唯一办法，就是判断可以被忽视或轻视限制其行动的那些因素。事实上，大部分有关政府机构的争论的焦点就在于此。警察在打击犯罪活动的过程中受到限制了吗？教师在教育儿童时受到法规约束了吗？发射航天飞机时，我们是否过于担心安全问题？建造大坝时，我们是否过于担忧受到威胁的濒危物种呢？在管理邮政业务方面，是否有必要把大多数邮局设在离居民区较近的地方？在滑冰场这件事上，要求所有竞标的合同中都提供详细的说明书，这样做合理吗？可能并不合理。但是，如果不这样做，取得的收益（以较快的速度建成滑冰场）必然会与代价（失去商机的承包商的抱怨，以及今后一些项目中可能出现的勾结和腐败现象）持平。

　　即使把所有这些制约因素都考虑进去，政府机构的工作效率可能仍然不高。的确，考虑到官僚们既然不能（一般来说）通过完成工程获得利益，那么，他们的工作效率如果不低才会令人惊讶。高效率不会带来收益，无论多少。

　　但是，一些批评政府的人士坚持认为效率低下是显而易见且普遍存在的现象。许多人都记得 1984 年格雷斯委员会（官方名称为总统直辖经费管理调查委员会）发布的调查报告。该报告称，如果对联邦政府进行适当的管理，可以节约 4000 多亿美元。尽管委员会没有明说，人们也可以由此推断出玩忽职守的官僚主义者们正在浪费这 4000 亿美元。[5]但很少有人能记得，在格雷斯委员会向总统提交报告一个月后，总审计局和国会预算办公室所发布的联合调查结果。[6]总审计局和国会预算办公室核查了格雷斯委员会提出的节省款项，这些款项是 4000 亿美元的

319

90%。排除重复计算和根本不可能节省的数额及其他有关款项，可以得出：真正能够节省的数额少于所估算额的1/3。[7]

当然，1000亿美元仍是一个不小的数目。但是，我们先不要急着得出结论。这笔钱中的60%需要通过改变政策而非改善管理来节省，如征收福利金税，取消某些直接贷款项目，采取新的制度来提高获得医疗保险的门槛，限制联邦政府文员和军人退休的资格，将政府运营的水力发电厂产出的能源以市场最高价格出售。

通过改善管理仍可节约400亿美元，但是这个数额大部分要靠国会制定新的政策才能实现（如雇用更多的国内收入署职员去征收拖欠的税款），同时依赖一些含义不明的"工人劳动生产率"的提高，或从私营机构处购得服务。除提高生产率这一目标（这一目标没有可以遵循的程序）值得期待外，几乎所有的节约计划都要求国会对政府机构的工作目标和诸多限制做些改动。如果浪费的金额很大（而且不清楚为什么不能征收福利金税，同时雇用更多的国内收入署职员也被看作浪费），那便是由国会造成的。

当然，在军用品采购这一环节上，浪费、欺骗和管理不善事件流传最广。本书的读者不可能不知道海军花435美元买一把锤子、空军花3000美元买一个咖啡壶的故事，另外，我猜测没人相信国防部会对一架新型飞机或一枚新型导弹的费用做预算。如果有人需要证据来证明官僚机构工作效率低的话，五角大楼就是例子。

如果官僚机构工作效率确实低下，那么到底体现在哪些方面？为什么会出现这种情况？要回答这两个问题，我们只有用分析纽约滑冰场重建问题的方法：我们想弄明白，为什么在那些政府官员非常理性，且大多数都想干好工作的情况下，他们还会这样办事。

　　在开始分析这两个问题之前，我们暂且忘记 435 美元的锤子，因为这件事是虚构的。其实是一个国会议员不了解（也许是不想了解）政府会计制度才造成了这一轰动社会的事件。虽然 3000 美元购买一个咖啡壶确有其事，但人们并不清楚这是因为咖啡壶被估价过高。① 这并不是说不存在问题，事实上，真正的问题要比锤子和咖啡壶的问题更难处理。比如，新型武器的造价长期悬而未决；政府始终醉心于获得更加优良的武器，但不去劝说承包商让他们提高生产效率。下面的例子并不能全面地解释军需品采购问题，它们仅仅分析了官僚体制是如何造成这些问题的。

　　当军方购买新型武器系统，如轰炸机、潜艇或坦克时，就会启动并运行一个负责采购的官僚系统。系统由两个主要人物组成，一个是军方项目管理员，另一个是负责承包合同的文职人员，他们必须与承包商、五角大楼和国会相互配合。要理解他们是怎样工作的，我们必须先弄清楚他们的工作任务是如何确定的，又面对哪些激励因素和受到哪些制约。

320

---

① 事情是这样的：海军订了一批维修设备，包括一个便宜的锤子，其他都是非常昂贵的测试设备。根据当时实行的会计规则，供应商可以把成本平均分配到每个设备上去。与计算每个设备各花多少钱相比，这样做更简单。结果，账单上锤子的价格就高达 435 美元。当海员打开包裹后，他看到账单，又不太明白平均分配，就打电话给国会议员，震惊世人的事件就是这样发生的。参见 James Fairhall，"The Case for the ＄435 Hammer，" *Washington Monthly*（January 1987）：47 - 52。咖啡壶也不是 3000 美元，花这些钱是为了雇人给 300 多名士兵在 C - 5A 上煮咖啡。商用飞机通常也付这么多钱给在大型喷气式飞机上供应咖啡的人。参见 J. Ronald Fox，*The Defense Management Challenge*（Boston：Harvard Business School Press，1988），31。

任务

从名义上讲，负责购买重要新型武器的人是项目管理员，一般由陆军、空军或海军上校担任。按照官方解释，他的工作是确定武器的规格和生产进度表，发现问题并协调生产过程以制定和监督采购方案。而私下里，他的任务就有些不同了。首先，他没有权力做一些重要的决定；这些重要问题要提交上级军官、国防部的文职官员以及国会，由他们来处理和决定。其次，他们必须把自己掌管的项目持续不断地推销给那些控制资源的人（大多是起关键作用的国会委员会）。最后，他被一群监察员和审计员包围着，审查是否存在浪费、欺骗或滥用权力的现象，还要应付形形色色的特殊利益集团的游说者（承包商的代理人、小型和少数族裔企业的支持者，等等）。正如帕卡德委员会所评论的一样，项目管理员"远不是该项目的管理者……而仅仅是能够影响该项目的参与者之一"。[8]

这样说来，项目管理员的实际工作只是推销项目和解决麻烦。哈佛商学院教授 J. 罗纳德·福克斯几乎把毕生的精力都献给了武器采购的研究和实践工作。他发现，一个项目管理员必须花费 30%～50% 的时间向国防部或国会汇报项目情况。[9]这样做绝对有必要，因为总审计局的研究表明，一些武器生产项目是因为背后有强有力的支持者（包括一些本应终止的项目）才得以保留，而如果没有这种支持者，项目很可能会被叫停（甚至包括那些应该完成的项目）。[10]就像纽约滑冰场工程的情况一样，五角大楼里没有哪一个人可以单独做决定并坚决付诸行动。为争取大多数人的支持并让他们一直支持下去，只能尽己所能加快工程进度，同时砸下重金以保证工程不花落别家。[11]

项目管理员的个人背景决定了他在工作中的倾向。如果他是一名军官，这就意味着他最关心的是得到最好的飞机、坦克或潜艇。因此，在权衡成本和武器性能时，他自然倾向于考虑武器性能而非节约成本。毕竟未来的某一天，他很有可能会驾驶着自己购买的飞机或战舰。这种情况导致"镀金"现象（人们通常这样命名）经常出现：为购买质量最佳、最尖端的武器，使武器具备更多新性能，合同说明书的内容经常变更。项目管理员当然不能做这方面的决定，但他在做决定的过程中也扮演着重要角色。

项目管理员的工作伙伴是合同管理员（由文职人员担任）。大家都知道这个文职人员是法律上唯一授权可以签订合同的人，而不是项目管理员。另外，合同管理员负责管理合同，并撰写报告汇报承包商执行合同的情况。他在其他方面的工作就比较灵活了，原则上，合同管理员应该参与采购阶段的每一个步骤，从公开招标到工程完工为止。实际上，如 J. 罗纳德·福克斯所说的，合同管理员在制定采购方案或更改合同（通常由项目管理员负责）方面没有太大作用，而且他必须与为数不多的审计员和支持者共同行使权力。[12]

合同管理员在执行任务时受到许多规章的制约，比如 1200 多页的《联邦采购条例》和《国防采购管理条例》，以及无数页的国防部指示和国会授权法中的繁杂规定。此外还有每次官员们到国防武器的生产工厂（合同管理员在这里工作）视察时，领导们下达的口头"指示"。近年来，合同管理员所负责遵循的制约条件在急剧增加。

激励因素

理论上说，如果项目管理员出色地完成了监督武器采购的工作，他们就应该得到提拔。但事实上，军官晋升为上将，根 322

据的通常是他们作为战斗指挥员的声誉和作为军事领导者的经验。如福克斯所说，如果你想有机会晋升为军衔最高的将领，那么做管理员并非上佳选择。[13]例如1985年时，在军队中担任过营职军官的中校有94%被提升为上校，而没担任过该职务的中校提升机会最多只有前者的一半。[14]目前，武装部队声称，它们一定会按适当的比例提升一些项目管理人员，但福克斯和许多军官对这种说法颇感怀疑。[15]这些事实向我们传达了一个清楚的信息，即军事专才比有经验的项目管理人员更有把握晋升到更高职位。

人们之所以对采购武器的军官持有偏见，是源于这样一种社会认知——大家认为武装部队的军官应该是无所不能的，优秀的军官能胜任各种工作，面面俱到的他们对各方面的工作都已驾轻就熟。这导致负责武器采购的专职项目管理员任期都很短。1986年，总审计局的调查结果表明，平均每个项目管理员的工作时间仅为27个月，很多人甚至还不足2年。[16]而购买一个重要的新型武器系统，从设计到部署，却需要11年到20年的时间。[17]也就是说，一架新型飞机或一枚导弹从研制到投入使用，整个过程中的项目方案要调整5次到10次。

1987年，在国会的敦促下，后勤部为负责武器采购的军官开辟了一条自我发展道路，他们不仅能继续承担武器采购任务以不断丰富经验，还可以拥有晋升的机会。但这项措施的效果如何尚不清楚。若此举能鼓励有才能的军官花10年甚至20年的时间来精通采购政策，那将会是极大的成功，它也会使国防部的项目管理者能够与经验丰富的行业高管处理好关系，同时鼓励军官们在遇到问题时果断决策，而不只是保证项目不致崩溃。

由文职人员担任的合同管理员与军官们的职业发展道路截然不同，但到目前为止，他们当中尚未有人表现出明显的专业自豪感或对本职工作的热情。在2万多名合同管理员中，有大学学位的不到一半，而且大多数职位较低（GS－5级到GS－12级）。[18]即使最高级别的合同管理员年薪（1985年）也很少超过5万美元，他们的工资不及工厂同行的一半，有的甚至是1/3。而且他们也都知道，所在部门的最高职务通常会由军官担任；用行政机构里的行话说，"当头儿"的机会寥寥无几。

当然，低薪并没有阻碍政府其他机构的工作责任感（见第六章）。在那些机构中，培训和思想教育是非常深入细致的，可是国防合同勤务部门的情况却并非如此。1984年，国防部监察主任报告称，有2/3的高级合同管理员尚未得到规定的训练。[19]

文职官员缺少激励因素的最有力例证是高人员流动率。福克斯引用原武器采购项目的指挥官的话说："有能力的人正成群结队地离开"，因为"与低薪相比，他们的精神收益也少之又少"。[20]帕卡德委员会对文职采购人员的情况进行了调查，发现如果他们能在联邦政府的其他部门或私营企业里找到类似的工作，大多都会选择辞去现在的工作。[21]

总之，在为激励武器采购官员而出台的措施中，并没有规定如果他们最大限度地提高了生产效率就应得到奖赏。与此相比，军官们却因为保证生产的正常进行而得到奖励，并被鼓励调往其他工作岗位；文职官员缺少动力监督合同的执行情况，更别说还要用一系列复杂的、自相矛盾的制约条件来限制合同的执行了。

制约

规定制约条件并不是为了提高效率，而是为了压缩成本，避免浪费、欺骗和滥用职权的行为，成功达成各种社会目标，同时还要照顾重要承包商的生产能力。

降低成本与提高效率不是一回事。花钱少，生产率可能会很低，而且在应对紧急情况时，可能会缺少必要的管理灵活性。国会的典型做法是每年拨款一次。如果国会想削减费用，或下令让国防部减少预算申请，最简单的办法就是减少当年飞机、战舰或者导弹的购买数量，而不减少武器购买的总量。这种措施的结果是，由于制造厂放弃大规模生产带来的经济效益，单件武器的费用反而增加了。① 正如福克斯所说（这也正是许多批评家不能理解的地方），每年，典型武器的采购面临的问题一般不是预算超支，而是拨款不足。[22] 认识到这一点以后，帕卡德委员会提倡以两年为预算周期。

缩减费用和杜绝欺骗行为并不等同于提高效率。毫无疑问，在武器采购过程中，会出现费用过高或欺骗行为，但只有消灭浪费和欺骗行为的花费大于由此产生的节余时，生产效率才能提高。据我所知，没有人系统计算过监察人员、规章制度和审计人员的监督能为项目造成多少节余，然后审慎考虑这些检查和复审是否值当。一些迹象表明检查大多是得不偿失的。例如，某部队按不得不花费 5400 美元为价值为 1.1 万美元的备件举行公开竞标。竞标花费了 5400 美元和 160 天，而部队换来的只是

① 这种少花钱多办事的做法会提高单位成本，证据其实很明显。兰德公司的一项研究表明，购置率降低其实会增加单位成本。同时，CSIS 的研究也发现，武器系统数量的变化很大程度上会提高成本。参见：Michael Rich and Edmund Dews, *Improving the Military Acquisition Process*, Report R‑3373‑AF/RC (Santa Monica, Calif.：Rand, 1986)，28；Center for International and Strategic Studies, *U. S. Defense Acquisition：A Process in Trouble* (Washington, D. C.：Georgetown University Press, 1987)，35。

节约了100美元。总之，在任何部门，无论是政府的还是私营的，都有一个可以接受的浪费标准，低于这个标准，节余价值少于创造节余的花费。[①]

武器采购制度必须服务于国会定下的一些"社会"目标。它必须支持小企业，为它们提供机会，尽可能地购买美国产品，改造囚犯，为残疾人提供就业机会，同时保护环境，维持"适当的"工资水平（见第七章）。如此看来，可以减少采购过程中所必须承担的部分或全部社会义务来缩减费用；狭义地说，这将提高效率。但哪一个利益集团会因为效率而牺牲其最热衷的公共事业呢？如果没有人自愿做出牺牲，那么谁能让国会以多数票决议迫使人们做出牺牲呢？

在计划购买武器时，还应照顾到主要武器制造商的生产能力。实际上，导弹、军用飞机和军舰并不存在买方市场，因为一般只有一个买主（政府），所以专门为政府而设立的生产线除此之外别无用处。[②] 像诺斯罗普、洛克希德、格鲁曼、麦道、巴思钢铁、马丁·玛丽埃塔这些公司和其他类似的厂家，如果没有连续不断的军火合同，它们就不可能维持下去，或者不会以现在的方式维持下去。为维持运营，这些公司的经理们会拼命争取每一个新的武器系统。即使五角大楼对这些企业的经济利益漠不关心，也不得不对它们的生产能力多加注意。因为如果这些公司的生产能力不复存在或被极大地削弱，一旦对新式飞机和军舰的需求增加，武装部队将不知所措。即使五角大楼

---

① 这里有一个标准：为了阻止可能有欺诈行为的犯罪者，你也许希望花费比结余更多的钱来阻止潜在的欺诈犯罪者。好比一个保险公司宁愿花5万美元调查一宗涉及2.5万美元的欺诈性索赔——其实就是为了向投保人发出一个信号，即不要提交带有欺诈性的索赔。

② 当然也有售卖给外国政府的机会，但美国政府对此管控十分严格。

不愿对这些公司负责，国会也会承担起这个责任；因为没有哪个国会议员会相信他被选为国会议员是来监督一个重要的武器制造厂破产的。

上述情况导致了学者所提出的"连续的必要"的出现：在旧合同将要完成时，政府会与每个主要武器供应商签订新合同。[24] 如果大家都相信这一规则，就没有必要想象存在一个邪恶的"军事工业复合体"，在不断图谋生产新型武器了。武装部队需要新型武器是因为他们相信自己的任务是保卫国家不受威胁（尽管很难确定是什么样的威胁），这是理所应当的；承包商需要他们是因为相信国家需要他们维持生产能力，这无可厚非；国会需要他们是因为议员们相信，他们担任议员是为了维护所在州和地区的繁荣昌盛，这也同样正确。

而当这些信念面对的现实是财力有限、预算需要被缩减时，几乎每个人都企图夸大收益，而有意对武器系统的成本轻描淡写。如果有人提出建议，要细致地规划每件武器的性能，并实事求是地计算成本，这种建议必然遭到否决。在整个过程中，没有哪位关键人物会认为他能够承担得了被否决的后果。

底线

面对这些激励因素和制约条件，武器采购部门的应对方法就是夸大益处，少报成本，经常更改计划书内容，并且制定一系列规章制度，旨在让人摸不着头脑以躲避批评和麻烦。官员们需要把具体的生产工作交给生产厂家，或授权给工作能力强的项目管理者（是否能以适当的成本生产出最好的武器决定了项目管理者的前途），而这个过程中也缺乏对官员们的激励措施。

即使有这么多问题存在，官僚体制竟还能发挥作用，实在令人吃惊。事实上，情况比人们想象的还要好。兰德公司 30 多年来一直在研究武器采购的问题，其调查报告提供了一些鼓舞人心的消息（报告跳过了大多数有关锤子和咖啡壶的新闻）——体制在运作过程中不断完善。从 20 世纪 60 年代初期到 80 年代中期，费用超支、进度拖沓、工作缺陷这些现象都有所减少。[25]武器生产的费用超支平均少于民用工程（如高速公路、供水工程和公共建筑）的费用超支。尽管美国官僚体制存在弊端，但依然奏效，且情况很显然好于许多欧洲国家。[26]

体制需要改进，但并不需要过多好的新点子、规章或部门改组。改进建议有不少，也尝试过自上而下的机构改革，但都没有多大成效，且体制已经被复杂的规章包围了。现在亟须改进的是对主要人员的奖励机制，但通常的做法还是"管理和改组"，我们下一章将会谈到这个。

专断统治

326

效率低下不是官僚机构存在的唯一问题，也不是其中最重要的问题。一个效率非常高的机构可能会非常可怕，动辄限制我们的自由，造成经济上的不公平，并有权剥夺我们的财富。但是，人们却经常抱怨官僚机构，说它办事不公、工作效率低下。

专断统治是指政府官员不经法律授权而行动，或是执法办事破坏正义。正义是指，第一，政府应该依据明文规定平等执法：在每小时 30 英里的限速区内，如果贝姬和鲍勃都以每小时 60 英里的速度超速行驶，警察给了贝姬一张罚单，那么我们认为鲍勃也应该收到一张罚单。第二，正义要求政府在执法时特殊对待一些特殊需要和个别情境：如果贝姬超速行驶是因为她正在去医院分娩的路上，而鲍勃仅仅是为了取乐，我们认为警察应该处罚鲍勃而不应该处罚贝姬。正义，第一是指公正，第二是指对具体问题要具体分析。显然，两种意义之间常常发生冲突。

我们希望减少政府官员在管理工作中的专断行为，美国宪法中的制衡设计就反映了这种希望。该希望基于这样一种认识——为保证社会自由和活力，效率低下只是一个小代价。国会监督、司法检查、利益集团的参与、媒体的调查、正规的程序，这些都用于监督行政部门的自由裁量权。对政府"工作效率低下"的希望为宪法条款赋予了生命力，这种说法并不夸张。

由此产生了两种重要的平衡。第一种平衡是由加强制约带来的，加强制约降低了一个机构的工作效率，但同时也减少了专断执法的现象。效率高的警察在逮捕罪犯时，可能不会向罪犯宣读有关他们的权利的条文，不允许他们请律师，或不按法院签发的保释令释放他们。效率高的建筑管理部门会根据需要签发建筑许可证，而不会坚持要求申请者先证明拟建的工程符合消防、安全、卫生、地质和防震标准。

第二种是两种管理方法之间的平衡，不那么专断的平等执法，以及具体情况具体分析的灵活执法。我们希望政府既能做到公正又能做到灵活。但是，我们越强化管理来保证公正（即对所有人都一视同仁），就使政府越难以做到灵活管理（即考虑特殊事件的特殊性）。

政府维持这些平衡反映了政治文化和管理机构之间的相互抗衡。最终两者会走向同一个结果：我们界定权利，按规章办事以保证对所有人一视同仁，若因此而降低工作效率，我们会存有遗憾，但也无计可施。为改善墨守成规的执法情况，我们应用新的管理方法——特殊情况特殊对待（对于要求平等和灵活执法两种法规相一致的问题，则暂时搁置一旁）。我们这样做是出于一种美好的愿望：做到公正同时又能体恤民情。公正要求我们一视同仁，体恤民情又使我们不得不区别对待；尽管现实中只能做到公正，但在法规中这两种情况都有所体现。对所有可能遇到的情况都制定法规，这样做是徒劳的。对此，赫伯特·考夫曼阐释为"同情是怎样造就繁文缛节的"。[27]

基层的办事自主权

我们最担心的是官僚机构在基层办事时的专断。在基层，官僚机构把我们作为个人而不是有组织的团体对待，它涉及与我们生活密切相关的方方面面：警察、学校、房屋检查员、精神病医院、福利事务所等。有这种担心很自然，因为在这种情况下我们会感到孤立无援，而政府似乎有无限的权力。我们希望官僚机构能平等地对待我们，并关心我们的特殊需求。为了妥善调和这些看起来互相矛盾的愿望，我们需要认真了解这些机构的工作任务。

首先，我们至少得回答下面两个问题：是什么原因促使一些特殊部门办事专断或不公正？在什么情况下法规的设计能够在付出合理代价的条件下减少执法不公正的现象？警察拘捕嫌疑人而没有任何理由就是执法不公正。"法律面前人人平等"是刑事司法体系的基本原则，但它尚不完善。因此，我们制定法律以规定在什么情况下才可以拘捕嫌疑人。

巡警与联邦调查局的拘捕方式不同。前者来到斗殴现场时，他们先要维持秩序并查明是谁引起的事端，谁先使用刀子。如果需要拘捕的话，则要进行长时间的、细致的但效果不明显的一系列调查——拜访受害者，调查目击者群众，询问涉嫌者。

而这些调查都是在监督人不在场的情况下于大街上进行的，还要根据不完整又存在争议的陈述做出判断。其调查就是为了判断谁的行为、态度和表现使他们看起来做出了犯罪行为。在判断过程中，我们要求警察不应"一视同仁"，而是对不同的人区别对待。比如，年轻人、男人和熟人比之老年人、女人和陌生人更可能打架斗殴，如果他们连这一点都无法判断，工作就很难进行下去。这些虽出于经验，却很重要。因为要想根据法规来预先规定应该阻止谁、询问谁和调查谁，无疑会困难重重。如果法规设定一些标准，比如，告诉警官们在何种情况下可以阻止事态的发展，询问有关人员、调查群众，很显然法规就会异常烦琐、永远不完善甚至前后矛盾。想认真办案的警官会无视这些法规，想避免麻烦的警官会把这些法规当作偷懒的借口，还有一些警官试图在领会这些法规的过程中发泄他们遭受挫折后的情绪。其他许多民主国家所制定的有关依法拘捕的法律与美国法律相比区别不大，但它们中几乎没有法规规定了警官除拘捕以外（或准备拘捕时）具体应该怎样做。与其他国家的同僚相比，在根据推断和自主权扩充法规内容这一方面，我们做得更多。

联邦调查局特工的处境则完全不同。他们是侦探，不是巡警；他们的工作是"解决犯罪问题"而不是"控制局势"或"维持秩序"。除非在特殊情况下，否则他们不会介入酒吧或家庭纠纷。他们通常在罪案发生后到达现场，在准备拘捕时几乎都已得到逮捕令，这种授权意味着第三诉讼当事人——法官——认为已经具备法律规定的逮捕条件。因为任务与巡警不同，联邦调查局特工很少抱怨这些法规的限制，而且公众通常不会指责他们实施拘捕时有专断或不公正的行为。[28]

监狱管理人员对专断统治有自己的理解。得克萨斯州惩教署在过去 20 年里，向每个狱警和犯人发放一本法律册子，虽然这本册子很薄且内容简单，但仍必须不折不扣地按照上面的条文来管理犯人。[29] 相比之下，密歇根州惩教署制定了 3 卷厚厚的法律条文，囊括了监狱生活的方方面面，从个人财物（达 6 页之长）到犯人的各种组织活动。但是，这些法规始终得不到贯彻执行，而狱警也不必彻底执行：因为法规让他们"不要对每一项法规的违反行为"都给予处罚。[30]

约翰·迪伊乌里奥解释了这些不同现象的原因。得克萨斯州的官员认为，对犯人的生活进行严格限制是为了维持监狱的秩序和保障安全；为了达到这一目的，法规必须对犯人的行为做出明确的规定，简明扼要（否则这些法规很难得到贯彻落实），而且要严格执行（否则犯人就会认为可以藐视这些法规）。如果监狱里的秩序得到了保证，执行计划和提供服务也就有了可能。而密歇根州的官员认为，对犯人的生活进行严格限制是为了督促犯人对自己的行为负责；为达到这一目的，法规必须对犯人的权利做出明确的规定，这些规定的内容要详细全面（因为权利很难被简单概括），而且要灵活地执行（因为规定产生的结果不应与预想的背道而驰）。若如此能让犯人进行自我管理，自然就会秩序井然。在得克萨斯，"专断统治"是指前后不一致地、不公正地执法；在密歇根，则是指不能督促犯人进行自我管理。迪伊乌里奥认为得克萨斯官员的做法是正确的，密歇根官员的做法是错误的。直到得克萨斯的监狱管理体系衰败之前，该地的囚犯一直被公正地对待（也就是说，他们没有受到看守或其他囚犯的凌辱），而密歇根的囚犯则受到了不公正对待（即使没有受到看守的凌辱，也会受到其他囚

329

犯的凌辱）。

巡警属于解决型组织，他们的自由裁量权不易受到强制性规章的限制，因为过于依赖规章会造成消极怠工或阳奉阴违。[31]要解决专断的问题，必须依靠有效的管理，尤其是士官和低级军官这些身居一线的主管。联邦调查局的特工属于工艺型组织，其工作成果相对而言易于评估，因此，即使他们的日常工作难以被观察和控制，他们仍可以对工作结果负责。如果规章能对令人满意的工作结果进行定义，那么就可以用规章来限制自主权。监狱看守则属于程序型组织，其日常工作很容易被观察到，但其工作成果（起码就囚犯的长期行为而言）则很难被观察到。因此，管理人员非常想制定出一种反映人类行为理论的程序（规章），但他们只遵从那些看似符合长远利益的理论，却忽视了（和密歇根一样的例子）这种未经检验的理论会造成的明显的短期损失。

领导层的自主权

一些利益集团也抱怨专断，尤其是当他们与管理机构打交道的时候。这些机构要么没有明确的规章（今天实行的政策不知道明天是否仍然有效），要么就是规章太明确苛求，以至于利益集团没有自由的空间去做些调整以适应经济或技术上的需要。

管理机构不行使自主权，并不是因为其工作不易被观察到或其委托人分量不够，而是因为这些机构及其立法支持者对什么是好的政策有自己的看法。在管理机构成立数十年以后，进步人士认为，好的决策源自对中立的专家进行授权，让他们根据科学认定的事实和广泛接受的准则做出决定。[32]这些"原则"通常表意不清，但没有人会因认为它们没有意义而认为它

们是错的。为了"公众利益、便利和需要",联邦通信委员会
受命颁发广播许可证。民用航空局（现已不存在）向航空公司
颁发许可证时也使用了类似的"标准"。司法部的反垄断司负
责实施《谢尔曼法》，该法宣布"联合限制贸易"行为非法。

330

有些法规条文含义模糊不清，将由"专家"为其补充具体
内容。但是，专家的观点并非一成不变，而且有些专家实际上
是屈从于利益集团势力的政客，或有极强党派倾向的理论家。
在没有建立统一标准的情况下，这就为各种利益集团追逐自己
的利益创造了机会。

人们可以假定，管理机构注意到了解决棘手问题时由标准
的空洞所导致的混乱。于是就会试图制订并颁布清晰的政策，
来给他们的委托人那些立法机构不能给予的保证。但事实并非
如此，大部分模棱两可的监管机构并没有阐明它们的政策。我
推测这是因为这些机构同意米歇尔·克罗泽的观点：不确定性
就是权力。[33]如果甲方需要得到乙方的某种东西，但无法预测乙
方的行为，那么乙方就对甲方拥有控制权。在极端情况下，我
们会千方百计地去讨好一个握有对我们的生杀大权的疯子，因
为我们无法预料自己的行为会造成什么样的结果。

联邦通信委员会不是疯子，但是它知道，因为不确定委员
会会怎样处置一次有争议的广播，广播电台通常会将其取消，
而不愿触怒它并承担未知的风险。尽管明文禁止委员会控制节
目内容，但上述事情仍会发生。[34]因为联邦通信委员会每隔几年
都要决定是否更换广播许可证，它对广播电台有着生死攸关的
控制权。如果委员会搞得广播电台迷惑不解，让它们弄不清什
么因素会影响更换许可证（也就是说，委员会不把明确全面的
政策落实到书面），那么广播电台就只能提心吊胆，小心翼翼

地看委员会或其工作人员的脸色行事。

不要以为管理机构没有察觉到模棱两可的政策会带来权力。后来成为联邦最高法院法官的阿贝·福塔斯（Abe Fortas）于1937年就"证券交易委员会应该如何行事"写道：

> 除非委员会主席拥有有效的可与人讨价还价的权力，否则他什么也做不了。他可以通过批准一些要求或帮别人的忙来改变别人的行为……例如，别人可能会请他利用职权使（一种新证券）注册日期尽快生效。如果注册人非常急迫，那么就很可能达成一项交易。为了回报这位官员，注册人就会以这位主席的标准来调整自己的做法。[35]

331

如果你不觉得上述双方的谈判有什么不对，就重新读一遍这段话，并把"主席"换成"警官"，"注册人"换成"公民"，"注册日期的生效"换成"抗议集会的权利"。

我们将在下一章中探讨管理机构和国会是如何改变对行政自主权价值的看法的，就像立法机关和法院改变了对警察自主权价值的看法一样。两者都担心专断和规章的平衡开始让位于自主权。但警察和监狱的案例告诉我们，要预知规章在什么情况下才会有效，或者什么样的规章会产生什么样的结果并非易事。在第十六章及其他章节中出现的现象将会在第十八章中找到证据：在这个国家，我们存在一种根深蒂固的偏执——依靠规则解决问题。

小结

我们很难定义低效和专断，或对二者进行衡量。狭义的低效（即一个机构为达到其主要工作目标而过度使用资源）可能非常普遍，但是广义的低效（即从完成全部目标的角度出发，看待过度使用资源，包括制约因素）可能并不常见。为了评估一个政府机构的效率，人们必须先判断它在工作中所受制约因素的价值；为了提高效率，人们必须决定愿意牺牲哪种制约因素。回答这个问题的最好办法就是问自己：我们愿不愿意提供与私有企业相同的产品和服务。我们将在第十九章中探讨这个问题。

如果我们决定保留一些重要的制约因素，那么就应该清楚保留它们的代价。大多数官僚受制约因素的影响比受目标的影响更大，代价主要来源于此。制约因素在初期就开始起作用：从第一天开始，你就知道什么会使你陷入困境。而目标则是在后期才起作用（如果目标有影响的话）：假设（一个大胆的设想）你能阐明目标，或进一步证实其成就，你必须等着看目标是否能够实现。制约可以通过利益集团及其在国会、白宫、法院和新闻界的盟友得到强化，然而实现目标的想法却没有进一步强化，因为领导人总能找出一些理由来解释失败，这些理由通常是主观控制不了的因素。制约会消解管理权力；每一项制约都是由组织机构中那些有权说"不"的人代表的。而目标，如果它们存在而且可能达到，则是巩固管理权的基础；一个明确且可以达到的目标为一个人提供了说"同意"的机会。

机构在完成目标与遵守制约之间进行妥协时，会存在一些软肋；机构不同，软肋也有所不同。目标明确且可实现的生产型机构更容易从经济效益的角度进行评估，因而为任意制约因素付出的代价也更容易估算。解决型和程序型机构则不可能按经济效益来衡量其价值，因此也很难估算制约因素的代价。工

332

艺型机构的情况比较复杂，因为我们可以轻易地看到它们的工作结果，所以其目标的完成情况也一目了然。但我们难以观察它们的工作过程，也正因如此，我们会误以为可以随意修改工作程序而不必付出任何代价。

用效率来评估社会保障总署和邮政总局的价值并不困难，尽管邮政总局要更难判断一些，因为我们希望邮政总局提供一系列局部矛盾的服务。国务院和公立学校则不可能用效率来衡量其价值，因此我们常常设立了更多的制约因素，而没有意识到将会为此付出代价。警察或陆军工程兵团的价值可以被衡量，但仅仅是在窃贼被抓到，大桥完工之后。但如果修改程序，我们并不能预知修改会对结果产生什么影响。对监狱的评估可以基于其消耗的资源和收到的投诉。但一般说来，资源或投诉的变化是否会影响安全保障、罪犯改造或监狱威慑力，我们无法确定。

专断是指办事没有合法授权，或有授权，但用不同方式处理同样的问题，和以相同的方式处理不同问题。判定何为"同类案件"是问题的核心。监狱需要规章，但规章应该为什么服务呢？——监禁？安全？自治？改造？管理机构制订规则，但在什么情况下，管理机构制定的规章应该明确且全面，而不是含糊而又不完整呢？下一章的内容虽然不能回答所有这些问题，但它将展示美国人是如何尽力使用这些规章的，并将讨论以规章为导向的官僚机构存在的问题。

第十八章　规章制度

　1967 年 2 月 8 日，住房和城市发展部部长罗伯特·H. 韦弗（Robert H. Weaver）宣布，今后凡申请联邦资助建设的公共住房，都秉持先到先得的原则。身为黑人的韦弗颁布这样的规定，是为了回应民权组织（包括他领导过的一个组织）的指责，它们批评上述住宅区的管理人员实行或容忍种族隔离。

根据原来的规定，由运行住宅项目的城市机构授权，各住宅区的管理人员有极大的自主权来挑选房客。这种挑选自由再加上房客们的偏好，导致住宅区住的几乎全是白人或全是黑人。例如在波士顿，有 25 个为低收入人群建造的公共住宅区，其中 13 个住宅区的白人占 96% 以上，2 个住宅区全是黑人，其余住宅区要么这个，要么那个族群占据主导地位。邻里关系并不能完全解释这种现象。米欣山住宅区的住户全是白人，而一街之隔的米欣山扩充区则有 80% 的住户是黑人。[1]

韦弗的先到先得原则以"1 - 2 - 3 规则"而闻名。它是这样运作的：按住房申请日期、对住房的需求程度及家庭的大小对申请家庭进行排列。一旦有了空房，就给名单上的第一个家庭。如果空房不止一套，就先拿出最好的一套供排名第一的家庭选择，如该家庭不愿意住这套，可再提供另一套，然后是第三套。如果三套住房都被拒绝，这个家庭就会被排到名单末尾，顺次向下一个家庭提供住房。[2]韦弗的原则以规则代替了自主权，是政府防止自主权滥用的典型做法。

八年后，一批房客起诉波士顿住房管理局。房屋法庭的法官认为，住房的分配方式延续了种族隔离的传统，这一裁决在住房和城市发展部 1976 年的一份报告中得到了证实。[3]哪里出了问题？在波士顿执行了（尽管不情不愿）联邦法规明确规定的禁止在分配住房时掺杂种族因素这一政策以后，歧视性分配为什么还能持续这么长时间？

乔恩·派努斯（Jon Pynoos）[4]和杰弗里·M. 普罗塔斯[5]对此情况做了研究，其结果指向规章制度作为制约官僚自主权手段的局限性。首先"1 – 2 – 3 规则"考虑了三个标准：日期、需求及家庭的大小。要根据这些标准对申请家庭进行排序，就要决定如何衡量"需求"，然后决定需求与另外两个因素相比该占多大比重。对需求的评估必然是主观的。此外，最需要住房的家庭几乎都刚刚登上待分配名单。例如，一些家庭因住房在头天晚上被烧毁而住到了街上，一些家庭有住房但已在名单上等待数月，前者显然比后者更需要住房。其次，规定通常并不能帮申请者拿到最想要的住房。申请者想住"最好的"住宅区，但这些住宅区一般很少有空房。而那些犯罪率最高、街面最脏、涂鸦最多、最差的住宅区空房最多，申请者宁可被排到分配名单的末尾也不愿意住进去。环境差的住宅区里面住的通常全是黑人，几乎没有哪个家庭愿意入住，尤其是白人家庭，所以这些住宅区依旧保持全黑人化的趋向。第三，规定与激励管理人员的因素相矛盾。管辖区内的房客也向房管部门施加压力：将吸毒者、妓女、带着吵闹孩子的家庭等"坏分子"排除在外，并吸收"好分子"——如退休夫妇和老人。管理人员以各种方式屈从于这些压力，如向主管机构隐瞒现有空房，或设法拒绝某些房客的申请。[6]

规章制度与自主权

马克斯·韦伯说过，官僚机构最大的长处（也许是它固有的特征）就是形成制度化的方法将一般性的规定应用于具体事例，使政府的行为公平且可预测。[7]韦伯认为这种基于规定的管理极具优势，对此充满信心。西奥多·J. 洛伊（Theodore J. Lowi）也这样认为，他批评现代美国州级行政体系中的行政自主权，它导致利益集团支配州政府，削弱了公众的控制力量，从而产生新的特权组织。[8]为恢复民主责任制，他呼吁以他提出的"司法民主"取代行政自主权：官僚机构根据明确的法律进行管理；如无法实现，则根据机构自己制定的明确规定进行管理。[9]规定明确，管理就有条不紊。劳伦斯·弗里德曼（Lawrence Friedman）论述道，对福利与公共住房计划来说，尤其应该严格按规定管理，因为它涉及在公平的基础上对资源进行简单的分配。[10]

规章能防止并纠正政府的失误，这一观念出现已久且根深蒂固。亚里士多德说："寻求公正就是寻求中立的权力；法律就是中立的权力。"[11]伊丽莎白时代的法官爱德华·科克爵士（Sir Edward Coke）采纳了这一观点，保护议会权力免受国王侵犯。[12]约翰·洛克认为，在一个政治社会中，自由的本质在于要有"长期实施的规则，生活中可以遵循，对每个人有同样的约束力……并且不受任何人易变的、模糊的、武断的意志影响"。[13]在美利坚合众国宪法中，"法律平等地保护每一个人"的思想体现了这种洛克式的观点。

相比之下，欧洲大陆并不那么赞同这一观点。与美国革命不同，法国大革命是为了建立主权在民的政府，而不是为了限制政

335

府权力。美国人不信任当权者，为防止权力滥用，他们用宪法制衡和法律条款来限制当权者。法国革命者及其后继者则不惧怕权力，他们只是不信任当时行使权力的人——国王和他的部下。法国或后来的瑞典几乎没有人想限制政府的权力，他们想要属于人民的政府。人民应全面统治，所以，一度为君主所拥有的统治权应完整地转移到他们手中。正如第十六章所说，这些仍在发挥作用的观点解释了为什么规章制度对欧洲政府的限制比对美国小。

美国人有时会暂时放下对行政自主权的恐惧和对规章的执着。在新政时期，几个管理部门，如证券交易委员会、全国劳资关系委员会和联邦通信委员会，被赋予了极大的权力，并可以灵活掌握规则。但过了这段时间我们就回到了天生的状态，我们坚持用法律约束每个新建机构的权力（如环境保护局）。对于现有机构来说，如果不能明确界定它们的权力，起码可对其进行司法审查。对规则的偏爱模糊了使规则奏效的环境的问题，很明显，貌似简单的规则没有解决波士顿房管局的问题。

可以看出，先到先得的规则存在缺陷，这些缺陷提醒我们公正可行的规则应当具有一些特性。第一，它应秉持公正原则办事，而房管局对不同申请人进行有区别的分配。所有的公寓都有所不同，比如面积、舒适度，最重要的还有位置。所有申请者也品性不一：有的遵纪守法，有的无法无天；有的循规蹈矩，有的桀骜不驯。第二，规则要做到有效，就应明确申请标准之间的权重。房管局没有做到这一点，实际上也不可能做到。在待分配的名单上，需求与时间之间常常相互矛盾，按照条文处理这一问题几乎不可能。第三，规则不能与激励管理者和至少部分申请人的因素相矛盾。无论是房管局的管理者还是住房申请人，都没有动力遵守规则。申请人宁愿牺牲舒适度，住进

"好"住宅区，很少有人想取消住宅区的种族隔离。房管局想得到"好"住户，而不是麻烦多多的家庭。我们想切实地明确规则，但房管局的规则只是虚有其表。

规章制度与任务

若政府机构的工作和成果清晰可查，它就具备了按规则进行管理的部分条件，但不是全部条件。我已将此类机构称为生产型机构（见第九章）。社会保障总署负责老人和困难户的救济申请，其管理规定就非常详尽。这些规定似乎很有效，因为它的工作（处理救济申请）和成果（谁得到多少钱）显而易见，而且这些规定与救济申请的审核条件相一致，或者至少不相矛盾。规定和审核条件包括的参考因素是可比较的（特定年龄段和婚姻状况），而且无须涉及令人为难的折中（只要符合某些审核条件就能拿到钱，除非社会保障信托基金花光了）。同时，规则与工作人员固有的激励体制相一致（社会保障总署的服务精神就是鼓励雇员将钱交给每个符合条件的人）。

社会保障总署还管理着伤残保险项目。这方面规定的实施要复杂一些，因为伤残人士的定义比对老人或退休者的定义更加模糊。杰里·马修写了一本关于社会保障总署伤残项目管理的书，他在这部非常精彩的书中总结认为，尽管项目中的有些规定不甚明确，但执行得相当好。其中一个原因是，不论他们的经济状况如何，每个伤残人士都有权得到津贴；所以"伤残"的定义虽然模糊，却不必考虑更模糊不清的"需求"因素。此外，申请批复的工作流程也弥补了伤残的模糊规定。审核申请的工作人员在同事和上司的眼皮底下办公；申请全是书面的，无须仓促做出判断；审核决定可由质量监督人员复查；

337

未通过审核的申请人可向行政法官提出申诉。[14]这种审慎的程序形成了基于共同的经验和共享的判断的伤残人士习惯法。[①]

各地方福利机构规定的实施过程更为困难，这些机构管理着针对抚养子女有困难的家庭的联邦援助计划。直到 1988 年被修改为止，这项计划授权各州补贴那些没有丈夫且带着孩子的贫穷妇女及健康但失业的父母。就这些标准制定详细规则非常困难。如何定义"健康"或"可以就业"的父母？如何衡量贫穷妇女"需要"多少钱？有些国家，如英国，并不按规定处理，而是授权福利工作者对申请人进行分析，自行批准补贴。[15]

在美国，我们不完全按照规定办事。有些规定中的模糊是不可避免的，所以负责实施的福利工作者就有相当大的自主权，他们可以凭借自主权以是否健康或可否就业为由，拒绝给予妇女救济。实际上，这种情况很少出现。20 世纪 60 年代，在威斯康星研究福利管理的乔尔·汉德勒（Joel Handler），描述过福利工作者是如何使用规定的：他们主要考虑一些可以衡量的因素。汉德勒调查了 6 个县，问题主要涉及申请妇女的经济来源。[16]以调查收入的方式来落实规章制度："你的经济来源匮乏到足以证明你有资格享受补贴吗？"如申请人通过了收入状况调查，剩下的审查与她的预算有关——她需要多少钱？用于何处？工作人员很少问及就业能力、婚姻计划或照看孩子等方面。虽然根据一项于 1962 年通过的法律，联邦政府试图让福利工作者向申请人提供"社会服务"，但他们并未提供。

---

① 马修或许言之过早。里根总统认为社会保障总署对伤残人士的补贴申请过于慷慨，其对"伤残人士"定义模糊的问题就暴露出来了，并打击了机构的士气和工作效率。社会保障总署关于伤残补贴申请的"习惯法"被推翻，在努力适应更强硬的新政策中，该机构冲突与混乱不断。（*New York Times*, January 8, 1989.）

如果福利工作者把补贴给了不合格的申请人，他们就会遇到麻烦。而只有经济上的不合格容易确定，所以工作人员执行的都是有关钱的规定，他们没什么兴趣弄清楚申请人如何生活，更不用说教申请人应该如何生活了。

如果福利和房管机构（弗里德曼认为两者执行规定应该清楚干脆）的规定都不能全面地指导工作人员，那就不难想象，在解决型、程序型或工艺型机构中全面实施规定有多困难了。比如警察，我们期待他们打击和消灭违反秩序的行为，但实际上不可能为违反秩序（或遵守秩序）的行为下定义。[17]警察吓到老妇人或为难钻石工匠的行为对少年儿童是有趣的，但对清洁工则是必需的。我们不可能制定明确规定指导警察打击和控制违法行为，这并不是说警察可以对违法行为不闻不问，但他们应该怎么做却永远存在争议。

再来看国会 1975 年通过的《全国残疾儿童教育法案》中的"规定"。它要求各州在一个指定的日期以前，对所有 3～21 岁的残疾少年儿童进行适当的免费教育。这一规定值得称道，可它使各州教育系统容纳学生的能力产生了问题。假如问题仅仅在于日程紧迫和财源匮乏，重大的管理问题是不会出现的。糟糕的是，这项法律未给各州政府在实施方法上的选择权；相反，它要求学校为每个合格的儿童制订"个人教育计划"，该计划规定了短期和年度教学目标，以及为此所要提供的服务。每个"个人教育计划"由孩子的老师、家长、残疾人教育方面的专家及其他"必要的"人员组成的小组共同制订。如果哪位家长不同意执行该计划，就为他召开一次法庭听证会。[18]公立学校的工作及成果都很难被观察到（更不用说测量了），它被迫遵守规定，对每个残疾儿童（并非正常儿童）实行以个人计划为基础的教育，这个个人计划可以通过法院得到修正和实行。

规章制度，如同思想，会产生行为结果。当法规与官僚机构的现实不符时，规则就会被破坏。在这种情况下，破坏的形式有两种。第一，一些连日常工作都没有时间和精力去完成的老师不会将可能合格的儿童纳入特殊教育计划。即便老师的确把他们纳入了计划，教师做选择根据的不是哪个儿童最需要特殊教育，而且哪个儿童在教室里给教师制造的麻烦最多。第二，有些（并非所有）家长利用了他们参加法庭听证会的权利。大多数观察家认为，有能力的中产阶级父母比能力不足的低收入父母更能有效地利用法律制度。[19]

由于有了法律，今天我们为残疾儿童做的比以前更多，但并不能轻易地从个人教育计划的规定中推断出是怎样做到的。如果某些批评家的话是正确的，坚持用正式的、有法律效力的规则来规定教学工作已经导致公文和程序取代了服务及其效果。[20]我们不应吃惊，规则是指导行为过程的一般性陈述，而运用一般性陈述指导产生个性化的结果在表述上几乎是相互矛盾的。当个体情况不适于规则中的分类时，我们才按照个体情况改变行为。

规章最容易确定的官僚行为大都是常规行为，即那些经常性的、类似的、有固定模式的行为。在预付退休津贴时，社会保障总署按规定办事很容易，但在着手为伤残申请制订规定时，它则遇到了困难。相比之下，全国劳资关系委员会的规定就少了很多。马修写道："无论是评论家的尖锐批评，还是法庭的敦促，都未使其相信它的每条含糊的、判决式的指导原则都能用规则详细列举或具体说明。"[21]联邦通信委员会曾长期抵制明确规定广播许可证的使用标准。全国劳资关系委员会和联邦通信委员会认为自己是半司法机构，裁决案件应当基于案件本身不同的特性。事实上，这两个机构的许多政策也许是可以成为规定的。联邦通信委员会做到了这一点，它最终对一个长期实行的惯例做出了规定：若无特殊原因，就按常规延续使用广播许可证。委员会像法庭一样抵制常规化，也许是因为它们对所面对的问题钻研至深，看到了别人看不到的方面。

规章制度与不被允许的后果

即便在官僚作风不那么常见以至于规则可以灵活变通的地方，一旦出现明显的可能导致不被允许的后果的风险时，我们则会坚持照章办事。原则上，没有理由阻止我们废除惩处杀人犯的法律，而建立一个接受杀人犯申诉的生命保护与改善委员会（Commission on Life Enhancement and Preservation，CLEP）。该委员会要考虑被害人的性格：他是懒散或尽职？正派或无法无天？可爱或可憎？以这种对被害人的评估为基础，加上成员的专业判断，生命保护与改善委员会裁定被害人是否应该送命；如不应该，那么就是裁定杀人者的做法是否合理。通过这样的程序赦免杀人者，我们将会看到官方发布的凶杀事件数量在减少，因为生命保护与改善委员会无疑会断定被害人中有许多人完全是罪有应得。

大多数人不赞同这样一项计划，生命如此宝贵，我们不愿将其托付给任何人，特别是让生命保护与改善委员会雇用的官员来决定生死。尽管我们相信，这个世界上少了一些人（也许很多）会更好。简而言之，犯错误的危险——在此例中，将可贵的生命裁决至一文不值——是如此之大，以至于我们不允许政府有任何自由裁量权。如果一个人杀了人要逃避惩罚，就一定要有特别的、可饶恕的理由（如自卫），而不能依据政府对死者生命价值的评估。

340

这个国家的法律造成的严重后果正成倍增长，数量之大无法计算。1938～1958 年，食品和药物管理局有权禁止任何药物的销售或散发，除非"通过足够的检验"证明它是安全的。1958 年通过的一项法律规定，如果任何食品添加剂、食用色素或动物用药"检验后发现被人或动物摄取后会诱发癌症"，[22]就禁止销售或散发它们。这项法律被称为《德莱尼修正案》，因其发起人——来自纽约州的众议员德莱尼而得名。

《德莱尼修正案》暗示，除特殊情况外，我们不应吃任何试验动物在摄取后诱发了其癌症的东西。实质上，这意味着食品和药物管理局被化学研究的进步绑架了：科学家检验致癌化学物质的能力每每增强，食品和药物管理局就得将这些化学物（及包含它们的食物）从超级市场的货架上取下来。癌症是一个风险，食品和药物管理局被告知，不论花费多大代价冒这样的风险都是不允许的。

1979 年，食品和药物管理局按此规定禁止在"低糖"产品中添加糖精一类的人工甜味剂，但它突然发现国会未兑现它所说的话——至少在这件事上。一位众议员回忆当时的场景道："一片喧闹。"[23]即使科学家已发现在试验动物身上因大量使用糖精诱发了膀胱癌，消费者仍愿用它来减轻体重。面对公众的反抗，国会迅速通过一项法律，推迟（最后禁止了）食品和药物管理局糖精禁令的执行。[24]但国会没有修改《德莱尼修正案》：作为规定，它（除某些微不足道的例外）不能被其他规则所替代。①

————————

① 讽刺的是，后来的测试始终表明，另一种人工甜味剂环乙基氨基磺酸钠（甜蜜素）不会导致癌症，但食品和药物管理局先前对它的禁令依然有效。参见 Linda C. Cummings, "The Political Reality of Artificial Sweeteners," in Harvey M. Sapolsky, ed., *Consuming Fears: The Politics of Product Risks* (New York: Basic Books, 1986), 128。

　　食品和药物管理局自始至终都认为它无法保证食物完全没有致癌因素。有位科学家发现食品添加剂使人在一生中患癌症的概率仅增加了大约十亿分之一。食品和药物管理局寻找政治上可行且明智的规定来平衡风险与收益，但未取得多大成功。该机构一度提议，如果化学家在食品中发现的某物质的残留物不会以高于百万分之一的概率增加人们患癌的风险，那么就可以批准在动物身上使用这种物质。[25]但这项提议一直未核定。20世纪七八十年代，食品和药物管理局被夹在消费者保护组织与工业集团之间，前者坚持除非能证明添加剂毫无危险，否则禁止使用，后者则提出如果添加剂的危险处于最低限度，就可以使用。卡特总统时期倾向于前者的观点，里根总统时期倾向于后者，但不论在哪个时期，食品和药物管理局都处在国会要其绝对执行《德莱尼修正案》的压力之下。癌症是公众恐惧的一个根源，因此也是政治压力的来源。它是除肥胖问题外，比其他更有效的压力。

　　哈维·萨波尔斯基将这一问题推广到健康议题上。不论是现实的还是想象中出现的新灾难，我们的政治制度对其都十分敏感。传媒靠报道死亡和灾害的故事而逐渐繁荣起来，它们游说各大组织，努力吸收成员击败对手，极尽夸张渲染之事。结果，政府机构会定期收到"绝对不能被破坏的规则"。1983年，卫生和公众服务部部长宣布，艾滋病现在是联邦政府"最优先考虑的健康问题"。萨波尔斯基注意到她的声明里忽略了"前不久，该部门还在强调控制吸烟、酒后驾车、吸毒及少女怀孕是最优先考虑的问题"。[26]当然，这些都是重要问题，但如果同时将每个问题都当成最重要的问题，政府机构会在汹涌而来的问题中步履蹒跚。

342 　　原本要保证效果的规章制度事实上保证了失败，这在环境保护法律条款中不乏其例。1972 年的《水污染控制法》宣称要在 1985 年前治理好所有进入美国河道的污水。《清洁空气法》规定在 1970～1975 年减少 90% 一氧化碳和碳氢化物的排放量。但如 R. 谢普·梅尔尼克指出的，这些规定没有允许环境保护局将成本与可行性纳入考虑范围，进而导致工业界要求国会放宽限制，这反过来又导致环境主义者指责国会和环保局"倒向"了工业界。[27]我们怎样才能最好地保护环境这一核心问题，淹没在对"过分热心"或"怯懦的"政府的指责与反指责中。

　　美国比其他任何工业化民主国家都更依赖通过规则来对公权力的运用加以控制。我想原因不在于我们的政府官僚的类型，而在于官僚们工作的政治环境。我们不该抱怨政府机构有多墨守成规，而应责怪国会、法院及有效利用了二者的利益集团。

规章制度：得与失

　　在规章制度与自主权之间达到理想的平衡是一个长期性难题，这个问题如同其他人类价值观之间的矛盾一样，如自由与秩序、仁爱与纪律、变化与稳定，没有"客观的"解决方法。我们最多能使自己对按规定而非自主权进行管理的得失变得更加敏感。

　　如果规定明确清晰，政府机构能由此产生可见的成果：疗养医院必须装有灭火装置，旅馆必须安装烟雾报警器，奶制品不得含有多氯二苯，汽车必须安装防撞保险杠和方向盘。但是，规定不易使组织改进几乎观察不到的办事程序。疗养医院可能因安装了某种设备而更安全，但若没有称职的护士长，设备也不会正常运行。[28]尤金·巴达奇（Eugene Bardach）和罗伯特·

卡根（Robert Kagan）通过对国营和私营工厂检查的比较说明了这一点。职业安全与健康管理局派来的检查员会按规定评估工厂的各个方面：通风设施、护栏及安全装置。与之相比，保险公司派来的负责评估企业的可保险性的检查员，还会评估企业管理的态度和方法：它的安全意识。[29]检查方式之间的区别是很重要的，正如约翰·门德洛夫所说的："大部分工伤不是由违反标准（如规章制度）引起的，由检查员能检查出的违章引起的就更少了。"[30]

对于一个推崇谨慎的组织，规定可以促使它建立新部门、新程序及新标准。汽车公司必须遵守职业安全与健康管理局的规定，假如此规定的唯一效果只是让公司惧怕检查人员，那么它就不会起什么作用。但为了应付检查人员，公司要雇用自己的工业安全专家，专家又会建立相关程序，对公司产生压力。这样一来，即使公司未被检查，其行为也会改变。[31]同时，规定也会增加书面工作量，改变人际关系，降低组织完成目标的能力及与检查人员合作的积极性。为检查军用飞机的制造是否符合政府规定，要填写数百磅重的表格来记录每架飞机的每一项工作性能——每一架飞机都有一套这种表格，而且必须保存20年。护士必须记录治疗过程中的每一个细节，人事官员必须记录每个录用或晋升决定的理由，教师必须填写签到表、请假条、出勤记录、课本要求、备课方案、学生评语、试题单、种族和语言调查、免费午餐申请表、工作时间卡、郊游要求、特别需求评估和家长会报告等。[32]很少有人会看这些表格，它们无非就是巴达奇和卡根所说的"无罪宣言"。没有哪个飞机公司、值班护士、人事官员或教师会用这些表格承认他们的错误行为，所以政府检查人员也不会读它们。规定与表格之间的对立关系，常常刻画出管理者与被管理者之间的关系。[33]

规定细化了必须满足的最低标准。当公共或私人组织的行为高于最低标准，这显然是有益的。但最低标准常常成为最高标准，阿尔文·古尔德纳在研究一家伪称为"通用石膏公司"的私营企业时首先注意到了这一点。假定公司要求工人们"完成一天的工作"，有些工人工作少于 8 小时，有些则长很多。现在如果公布了一条规定——"每人都要工作 8 小时"，并安装了设备（时钟）来监督执行。懒人现在也要干 8 小时了，但有工作热情的人可能不会再工作超过 8 小时。[34]巴达奇和卡根在职业安全与健康管理局规定的实施中也观察到了这个问题：当工人或工会领导抱怨通风或照明系统时，公司会做出改善；此后，除非职业安全与健康管理局的规定另有要求，公司不会再进行任何改进。[35]

要判断一项规则的实施是否收益大于代价，必须谨慎判断每个组织的特殊情况。换句话说，我们无法确定何时颁布一项规定才是最合适的时机。但本节所强调的矛盾至少让你意识到规则有其危险性，并对美国的政治体制保持警觉——它偏重于通过发布规则来解决官僚主义问题。在这样的偏见下，那些担心规则施行成本的人的声音，通常会淹没在关于未满足需求和官僚机构失效的争吵声中。

那些有才能的、富有进取心的人通常能找到办法使系统（哪怕充满规则）运转。尤其是在遵守规定仅仅被看作履行手续的时候：比如填写一张表格，检查一个箱子，或保存一份文件。教师、护士、警察和房管人员都能找到完成任务的方法，如果他们想这么做的话。

出现管理问题有两方面的原因。第一，聪明且富有进取心的工作人员在任何组织中都是少数，躲在规则背后的人多于能驾驭规则的人。对43个市政管理机构的58名执法人员的调查研究发现，训练最少、天赋最差的工作人员最有可能拘泥于规定，他们只会机械地执行规定而无视最重要的目标。[36]威廉·K.缪尔对一个大城市的警察局巡警进行研究，结果发现情况也大致如此。"好警察"是"街头政治家"，他们会根据大部分人的利益有选择地执行规定。对于同样的行为，他们有时不追究责任，有时却会逮捕嫌犯。不那么优秀的警察要么躲避街头骚乱与危险，要么机械地执行每条法律规定。[37]没人知道警察中善于驾驭规章制度的人与滥用或躲在其背后的人的比例，但这一比例恐怕不高。

第二，不论什么行为，只要它给机构领导人带来麻烦，就会给部门负责人带来麻烦；只要给部门负责人带来麻烦，就会给部门工作人员带来麻烦。如此一来，机构领导人强烈希望下属严格执行规定，因为违反规定会使他们陷入外部的政治困境。这意味着，就连那些聪明且富有进取心的工作人员也不会任意违反那些威胁到他们机构的规定，即使规定本身是愚蠢的。许多机构领导人不理解这一点。他们渴望转移或平息机构受到的批评，并认为所设计的任何用心阻止可能招致批评的行为发生的规章制度都是可行的。那些远离实际执行压力（或许也想讨好领导人）的直接下属向上司保证新规定会解决问题。但除非规章制度以一种有意义且可行的方式重新确定工作人员的核心任务，否则，它不过是又一条对完成任务的约束。（或者更生动的说法是："又一块绊脚……石。"）

第十九章　市场

　　试着想出一个政府性行为现在或曾经没有被私营企业染指，或多或少地参与市场竞争的例子。这并不容易。我们都知道，私人企业与政府一样收集过垃圾，清扫过街道，经营过公共交通，管理过医院及开办过学校。甚至，私人保安机构的雇员比政府警察局的雇员还要多。到过国外的美国人都知道，许多国家的航空公司、电话系统、电力设施、电视台及各种服务业都归政府所有并由政府负责经营，而这些在美国大部分属于私营企业。不易发现的是，在一些州，连监狱都由私人经营。在历史上，私人银行曾经发行货币，战争中的国家甚至还雇用私人军队。

　　但是，也有许多例子不那么容易被看见。在美国，消防行业曾经全部由私人经营；丹麦的许多地方到今天也是这样。（私营的消防部门在美国正在恢复：一个公司在5个州里经营50个消防处。[1]）私人气象预报台也在与国家气象局竞争。私营企业被政府雇来管理医疗救济保险机构，培训失业者，为海军船只配备船员，并为国家机构提供监察员去核实苏联是否遵守中程核武器的限制条约。过去邮包几乎全是由美国邮政总局送到人们家里，而现在，大部分工作由UPS这样的私营邮递公司承担了。我们有由林务局和园林局管理的国家森林及公园，但我们也有由私人拥有并管理的公园。而且，一些环境专家认为，这些地方归私人所有会使环境变得更好。[2]在一些州里，人们正在通过立法让本质上是私立性质的法院运转起来，换言之就是法官和仲裁人可以被雇来处理案件。

关于私有化的争论越来越激烈，上述事例就产生于这一过程中。争论的焦点是：由私人组织来提供政府服务是否会比公共机构做得更好，这与政府在人民生活中应该充当角色的大小或征税多少的争论是不一样的。我们可以建立一个这样的政府，它小而精，正合严格自由主义者之意，却完全通过公共机构办事；反过来说，我们也可以建立另一种形式的政府，它规模大、权力大、年收入可观，而且花钱雇用私人组织来办事。虽然许多私有化拥护者都是保守派，但也不总是这样。许多左翼政权，正在尝试让私人供应厂商代替国营供应厂商。原因很明显：它们在寻找克服官僚主义的办法。

E. S. 萨瓦斯（E. S. Savas）极力提倡私有制，他这样描述集体行为："集体行为的精髓……包含决策和筹资。"[3]当然，决策和花钱并非集体行为才能完成。对于什么样的决策必须由政府来做，经济理论已经阐述得非常清楚了。例如，很显然，强权政府必须迫使百姓为国防开支或净化大气的开支买单，市场是做不到这一点的。道理很简单，每个人都从国防或清洁空气中受益，而单个的受益者不会自觉地支付这些开支，我们大家都在搭便车，即使个别人拒绝付钱，他们也不能被排除在这收益之外。[①]

然而，对于政府应该如何履行它的责任，经济理论（或任

---

① 要更详细了解这些事情，请见 Vincent Ostrom and Elinor Ostrom, "Public Goods and Public Choices," in E. S. Savas, ed., *Alternatives for Delivering Public Services* (Boulder, Colo.: Westview Press, 1977), 7–49, 尤其是第 12 页的类型学。

何其他理论）却没给我们太多指导。在做出有关防务或大气净化方面的决定后，什么样的组织机构最适合来完成它们？军火应该由政府直接生产还是由私人承包生产？大气净化标准是由政府发布指令强制执行，还是由私人机构相互起诉来完成？

如何定义"最优选择"无疑难上加难。经济学家评估企业时都使用效率指标，即在给定的资源条件下获得最大的产出——不管是公有制还是私有制企业。但是，正如第十七章所说，政府的工作成果非常复杂且存在争议。当目标很多又不明确的时候，我们很难说能否有效完成或全部完成这些目标。而且，政府的项目往往会对不同人产生不同的影响，可能部分人的收益或损失会大于另一些人。企业的决策也会产生同样的结果，但经济学家们认为这是由消费倾向决定的。比如，某些人购买大一点的轿车或更精美的食品，只是因为他们愿意花更多的钱。而政府项目的花费来源于强制性的税收，所以人们期望项目所惠及的人能平等公正地受益（虽然人们对平等和公正看法不一）。通过给予一人一张选票，每个选区一名议员这样的政治体系来强化对"平等"和"公平"的需求，进而当政府分配某种利益时，它就会引导每个人都问："为什么没有我的份？"市场里流通的是财富，却是不均匀分配的财富，而政治领域的通货是选票，是平均分配的选票。

我们期望政府机构负起责任，当然这责任和私人组织的不同。我们把孩子送到私立学校读书，如果学校在某些方面不如人意，我们也许会抱怨校长，也许会参与学校的一些计划，但肯定别指望有权雇用和开除校长，也别指望通过投票来决定课程安排。如果我们的投诉没有得到妥善解决，就会把孩子送到其他学校。然而，如果我们的孩子在公立学校就读，尤其是在美国，我们希望有权参与学校的活动，如落实政策、选举管理人员、分配预算以及制定规章（这是最重要的一点）等，而不管我们的参与和意见是多么无足轻重。我们坚持自己的公民权利，部分原因在于公共机构所花的钱取自我们，另一部分原因则在于这些机构往往是垄断性的，我们找不到与之抗衡的竞争者。有些人担心，私人机构执行公众认可的服务项目将会缩小政府对人民的责任范围，而不仅仅是会降低我们作为消费者的地位，以及我们作为公民的地位。

总之，人们认为一些政府工作由私人组织来承担是行不通的，有些指令只应由国家发布。人们这样认为的原因也许在于，大家都觉得"以人民的名义"所做的任何事都应当按照反映人民核心价值观的方式去做。例如，有谋杀案发生时，我们可以雇用私人机构来担任检察官、法官和死刑执行人。政府先制定了针对谋杀的法律和提供证据的规则，并支付审判和处罚的花费，而就案件进行的辩论、裁决以及裁决的实施可交由环球执法公司。许多人对此感到忧虑，觉得像宣判有罪或强制进行一项重大判决这样庄严的事情，应该由人民的直接代表或宣过誓的代表去做。

概括来说，至少有四项标准可以用来衡量私人组织承担公共事业的效果，分别是效率、公平、责任和权限。假定政府决定做某件事，那么承办的公共或私人机构是否会用代价最小、最公正和最负责的方法完成这件事？而且，承办方直接分享国家的权力，这样做的意义在哪里？

这四项标准并不是完全独立的。就效率一项来说，在政府部门就业会比在私营机构就业更有满足感（在政府办公的身份感或服务于政府的崇高感），所以他们的薪水有可能少于私营机构的工作人员。反过来，私营机构的管理者为了平衡自己缺失的身份感，可能要求获得比公共部门管理者更高的工资。同样的道理，许多警察认为，私人的保安警卫（他们被警察称为"出租警察"）不如宣过誓的警察，他们不愿意严厉地打击犯罪行为和承担风险，因为这些"出租警察"没有宣誓在任何危险情况下都要维护法律。如果这些假设成立，那么组织的"公共性"（即拥有的国家权力）与其效率之间就会相互影响。这些假设的真实性有待考察，它们可能会证明金钱比服务于政府的崇高感更能激励人们投入工作。

效率

前面几章至少阐明了一个问题，比起私营机构，政府部门更有可能工作效率低下，至少就完成主要目标而言是这样。这有三方面的原因：第一，在制定有效的行动方针上，政府官员比不上私营机构管理人员。政府官员既要完成中心或现行目标，还要兼顾一系列相关目标。如何权衡取舍，他们几乎无据可依。第二，在寻求有效的行动方案上，政府官员的驱动力不如私营机构的管理人员强。前者在工作的机构里没有所有权，用经济学家的话说，他们不是"剩余权益者"，不能将提高效率所获得的收益装进自己腰包。[4]第三，政府官员没有私营机构的管理人员那么大的权力，不可以按自己的意志高效地采取行动。立法机构一般不会把聘请解雇或筹集分配资金的权力交给政府部门的管理者。因此，即便当行政人员有能力、权力和驱动力去高效工作时，政府部门也不会表现得像私营机构那样好。

这种判断得到了事实的充分支持。1982 年，经济学家托马斯·博查丁（Thomas Borcherding）与同事们对比了国家政府部门和私营机构的各类服务项目，并对这 50 个研究项目进行了总结。他们发现，50 个案例中有 40 个表明私营机构比政府部门更有效率；有 3 个案例表明政府机构的项目成本小于私营机构；剩下的案例要么显示两者没有区别，要么结果模棱两可。[5]1987 年，E. S. 萨瓦斯在此基础上进行了新的研究，结论还是如此。[6] 例如，他们对比研究了美国、加拿大、瑞士及日本的公私垃圾收集业务，研究项目至少有 14 项，其中 11 项的结论表明私人收集垃圾比让政府来做更有效率；仅有 1 项的结论显示政府收集垃圾比私人来收成本更低（另外 2 项的结论是没有区别）。[7]研究还表明，在供水[8]、街道清扫[9]、船只保养[10]、房屋建造[11]、校车运营[12]以及铁轨维修[13]等方面，由私人经营比由政府经营成本要低得多。

　　私营机构的优势不仅仅体现在看得见摸得着的服务项目上。兰迪·罗斯（Randy Ross）仔细回顾了公立与私立精神病院的几项对比研究，其中大部分研究都没能把病人的特征和医院的服务质量作为控制变量，但有一项研究[14]发现，在威斯康星州，病人住在公立医院的每日花费远远高于住在该州类似的私立医院。[15]一份由美国总审计长递交给参议院财政委员会的报告指出，在孩子的看护成本方面，非营利机构（包括政府主办的在内）高于营利性日托中心。[16]

　　大卫·G. 戴维斯（David G. Davies）对澳大利亚两家航空公司的经营效率进行了对比，这两家公司分别是——国有的跨澳航空公司（Trans Australian Airlines，TAA）和私营的澳大利亚安塞特航空公司（Ansett Australian Airlines）。他发现，尽管两家公司都受政府的严格管制、收费相同、员工工资大体一致，而且只能在一些无关大局的服务细节上进行竞争，但安塞特公司的效率（也就是说，使用更少的雇员完成给定数量的货物和旅客运送服务）远远高于跨澳航空公司。[17]

在丹麦，将近一半人享受福尔克私立消防公司的服务。丹麦政治学研究所的欧勒·P. 克里斯汀森（Ole P. Kristensen）比较研究了公私两类消防部门，他发现政府消防队的人均成本几乎比福尔克高 3 倍。[18]

私营机构服务效率更高，但也存在例外，那就是医院和电力设施这两个重要领域。至少有两项研究发现，控股医院（即投资者所有）的收费和后续花费（指入院费或每天的费用）高于慈善（指私有但非营利）医院和公立医院。[19]这样的对比其实很困难，不同医院接收的病人不同，提供的服务质量也不同，迄今为止，大多数研究都无法彻底分析这些因素。为了排除服务质量不同带来的误差，有人比较了那些专门提供核医疗的医院——它们利用放射性同位素来诊治疾病。比较这种提供特定（假定它们属于同一类）医疗服务的医院时，人们发现控股医院的经营效率高于慈善医院和公立医院。[20]

而许多研究发现，同样生产 1 度电，国营电力公司的花费比私营公司的要少。[21]如果真是如此，我们想不通这是为什么。要对比研究的话很困难，因为大多数国营电力公司规模较小，①不用纳税，使用的大部分能源从私营机构中批发。而且，在节能和开发替代能源方面的投资上，国营电力公司都低于为类似社区服务的私营电力公司。[22]国营电力公司的经营有许多特殊之处，但其收费仍然较低，可能是因为政府（如市议会）对其提出了收费要求，并且参照周围私营电力公司的经营来衡量其

---

① 政府建设的公共设施平均为 1.5 万人服务，而私人建设的公共设施平均为 100 万人服务。

业绩。

　　在大多数公共服务领域，私营机构的经营效率更高，这主要是三个因素造成的，分别是较低的劳动力成本、更有效的管理及更强的竞争能力。人们对固体废弃物回收业做了最广泛、详尽的比较研究，其中，E. S. 萨瓦斯对纽约市的研究是一个很好的例子。在那里，政府机构（环卫局）收集居民区的垃圾，几家私营的货运公司收集商业区的垃圾。它们的服务对象虽然不一样，但各种差别带来的影响大抵相互抵消了。每个居民区的垃圾量平均起来少于商业区的（所以货运公司通常会在每个站点收到更多的垃圾），但是，居民区的垃圾堆放在路旁，而商业区的垃圾堆放在建筑物里（所以环卫局在每个站点花的时间较少）。而不管是直接的还是间接的劳动力成本，私营公司都远远低于政府机构。[23]

　　巴巴拉·史蒂文斯（Barbara Stevens）研究了八类政府服务项目，其研究结论虽与上面不一致但很相似。她发现，私营企业的雇主们付给工人的工资不比政府雇员的工资低，但能更合理地利用这些工人的劳动。为了缩短工人的假期、支付更少的养老金，私营企业更愿意雇用兼职工而非专职工。另外，她还发现，与政府机构相比，私营企业更可能建立激励制度以奖励管理人员的绩效提高，也更可能给予管理人员解雇下属的权力。[24]

　　私营企业的高效率来源于竞争。如果政府机构只与一家私企签订了某类长期的服务合同，造成了垄断，那么就别指望这家企业的效率能比政府机构更高。政府必须让企业警觉自己有被竞争对手取代的风险，认识不清这一点，就会干出把唯一提供公共交通服务的长效合同交给汽车公司的蠢事。[25]重要武器系统的采购效率难以提高，障碍之一就是武器设计的竞争虽然激烈，但生产上几乎不存在竞争。许多国防承包商所活动的市场并不存在真正的竞争。[26]

在特定情况下，即使是政府机构也可能在竞争中提高服务质量。在加利福尼亚，莱克伍德计划允许市政局自己选择——是自己来完成政府服务项目，还是从县级机构购买。例如，洛杉矶县警长就为县域内过半的城市提供执法服务。[27]这样一来，警长会积极地为自己提供的服务制定有竞争性的价格，并且高效地组织开展工作。不然的话，他服务的城市可能会选择自己组建警察局。斯蒂芬·梅海（Stephen Mehay）和劳多尔福·冈萨雷斯（Rodolfo Gonzalez）调查了加利福尼亚州各县的执法费用，其中有广泛使用莱克伍德计划的县和没有广泛使用的县，两人分析了这种准市场对执法费用的影响。把人口数量、犯罪率和其他社会因素的差别考虑在内，他们发现人均支出较低的是那些普遍签订服务合同的县警察局。[28]

签约使执法效果变得更好还是更糟，这一点还不清楚。梅海[29]对莱克伍德计划改善了执法服务这一观点持怀疑态度，分析的难点在于如何评价县警长的工作产出。巡逻是我提过的解决型组织的工作，在这样的组织里，成员的工作和成绩都难以被观察和评估。正因为如此，加州城市和县警长签的合同中只签订了投入（城市能分派到多少警官和巡逻车），而没有规定成果（控制犯罪及维持秩序的具体效果）。然而，难以界定产出并非就意味着契约制度毫无用处，那些签约城市评价它们得到的服务就和学生评价老师的方式一样：形成印象、做出判断并期望得到最好的服务。对于用契约外包公共服务的计划来说，关键不在于评估服务时提出的问题更容易解决了，而在于不管

评估是靠主观或印象做出的，只要做出评估，签订合同的政府
部门都可以自由选择承包商。

总之，只要有可相互替代的服务提供者供人民及政府选择，
即使服务不可度量，这种竞争也可以提高服务满意度。私营机
构也是如此，虽然私立中学和大学的教育质量不易评估，更无
法测量，但我们能以任何理由（通过支付学费和提供资金）奖
励那些看起来更为出色的学校。然而，政府机构力图获得自主
权并将其维持下去（见第十章）的做法限制了这种选择机会。

公平

这与关于效率的讨论不同，我们没有明确的理论来预判政
府和私营机构谁能更合理地分配产出和获得投入。我们这么说
并不过分，但某些读者可能会很惊讶，他们认为政府比私人企
业更公正是毫无疑问的，而他们为什么持这种观点我们无从知
晓。私人企业追求利润，如果因为管理上的误判，它没把服务
提供给愿意购买的人，或者拒绝雇用有能力的人，那么利润就
会下降。种族主义并不是没有代价的。[30]过去的一个时期，美国
许多州的道德甚至法律引导企业实行种族歧视，区别对待消费
者和雇员，这些道德和法律使政府机构也实行歧视政策。直到
第二次世界大战，美国军队才开始吸收黑人，即便到后来，消
除歧视的进程也很缓慢。如果黑人、妇女及其他群体不得不通
过起诉和抗议的手段才能进入私营企业的话，那么他们必须使
用同样的手段才能进入公立学校、警察局和消防队。而且，正
如下一部分中我们将会看到的那样，事实表明，政府不难引导
（通过法律和条例）私营企业在聘用雇员时平等对待应聘者，
但自己要做到却不容易。同样的情况应同样对待——政府对诸

354

如此类的政治要求极度敏感，可这种要求根据的正是对平等的政治定义。美国政府曾经规定黑人的地位低于白人，而今天，其他许多国家规定某一种族、部落、宗教群体比别人更"平等"，进而获得更多的职位和利益。

政府虽然不再明确推行种族歧视政策，但公平一词的含义仍一度受政治左右。在第七章中我们看到，美国政府的采购规定要求特殊照顾小型企业、少数族裔开办的企业和国民开办的企业（这超出了公平对待，可以说是特殊对待）。被照顾的人群可能觉得很公平，可那些得不到照顾的企业会认为此举极不公平。

兰德公司的小查尔斯·沃尔夫对平等问题的看法很有见地，他提醒我们，政府赋予一些人替其他人做决定的权力，而权力可以用来做好事也可以做坏事，这取决于拥有权力的人。[31]在经济市场中，我们靠购买意愿分配物品和劳务；政治市场中的分配依靠法律和权势，而哪种模式的结果最公平并不是清晰可辨的。

以汽油的分配为例，按市场价格出售的汽油如果价格突然上涨，穷人（对他们来说汽油太贵了）就会减少开车的次数，而富人（他们不太在意涨价）不会。你也许觉得不公平，但比之什么显得不公平呢？还有一种办法，我们以低于市场价的价格定量配给汽油，给每个人发放等量配给券购买（第二次世界大战中的做法），或者限制油价，结果人们在为数不多的有油的加油站前排起了长队（20世纪70年代初石油禁运时期的做法）。这两种办法总会让一些人的受益大于其他人。定量配给有益于汽油需求量不大的人，却不利于需求量大的人，而且政治上有权势的人能得到（通过行贿受贿）额外的配给券。排队这种方式有利于那些时间充裕、通过小道消息知道哪些加油站有油的人，还有那些蛮横插队的人。金钱的分配可以是不平等的，而需求、影响、权势、时间以及侵犯行为又何尝不是因人而异呢？

如果按收费来享受一项重要服务，而享受服务的人群收入水平不相同，这就会产生是否平等的问题。但因此赞成由政府提供服务的话，理由并不充分，它充其量能说服政府对不平等的收入水平采取措施——办法就是通过税收体系进行收入再分配，或者通过发放收入补贴（以抵用券的形式）让穷人比没有补贴时负担得起更多的服务。

各种抵用券被广泛地用来加强人们获得公共服务的能力。每12个美国人中就有1个使用食品券（一种抵用券）来购买食物，每年全国这项开支总额接近110亿美元。[32] 在《美国退伍军人权利法案》的保护下，数百万经历了第二次世界大战和朝鲜战争的退伍军人获得了接受高等教育的凭证。从理论上说，政府可以自己建立并管理食品商店和大学来推行这些计划。而实际的做法是，政府让私营超级市场来分配食品，让私立与公立大学提供教育服务。

有些人可能认为医疗服务和医疗补助也属于抵用券手段。的确，受益者可以自由选择医生或医院，他们不必只到政府管理的医疗机构里获得医疗服务。但是，加里·布里奇（Gary Bridge）和其他一些人指出，这些医疗计划并不是真正的凭证手段，它们不能强烈刺激受益者到周围去购物。医生和医院的收费是固定的，病人找不到最便宜的医疗服务来让自己觉得省下了一笔钱。相反，食品券则可以刺激消费：如果你在某个商店里花1.5美元买了一种食品，而在其他店里要花2美元才能买到，那么你就省下了 50 美分，可以用来购买其他东西。[33]

总之，如果存在真正的市场，人们又比较了解提供服务的几个竞争者，抵用券制度就能够解决公共利益分配中的平等问题。

抵用券制度能够在多大程度上以平等的方式实现公共目标，"试验性住房补贴计划"是检验这个问题的重要途径。该计划开始于 20 世纪 70 年代初，目的是寻找更好的方法解决穷人住房问题。传统的做法是建造由政府所有并管理的公共住房，穷人可以搬进去住。另一种做法则是政府资助私人承包商为穷人建造低成本住房。两种做法都要求政府设计住房或对设计进行监督，且不能让受益者自由选择住址。政府承建的话，建造同样质量的房屋要比私人建筑商多花 25% 的钱，[34]而且一些政府机构不得不充当房东的角色去管理挤满穷人的住宅，还得承担"穷人工程"的骂名。上一章我们已经讲了一些由此引发的问题。若选择政府资助的话，它同样会陷进一场政治拉锯战之中，在哪个开发商应得到资助和资助的条件等问题上纠缠不休。一些愿意忍受复杂规章和苛刻条件而为政府主导的项目服务的开发商，结果被证明是投机分子——工程质量差，要价高。提供抵押贷款的人根本没有动力去监督工程的质量，因为是政府担保归还贷款，所以不存在风险。[35]

试验性住房补贴计划采取了不同的办法，它直接支付现金给贫困家庭，支付额度的计算方法是：房屋（足够居住）租金与 1/4 家庭总收入的差额。结果表明，平均支付给每个家庭的补贴大约为每月 75 美元。贫困家庭可以自由选择愿意居住的地方（条件是住在符合最低标准的单元住房里），并且可以把多于或少于家庭收入 25% 的钱花在房租上。如果花多了，差额自付；少花了，差额自留。美国各地有 12 个住宅区推行了这项计划（各自有一些细微变化）。

从大多数标准来看，这个计划是成功的。[36]住房补贴计划真正帮到了贫困家庭，比起传统的政府住房计划，他们更迅速地加入了该计划；虽然如此，加入计划的家庭不到符合条件的一半。虽然在某些社区中少数族裔很难找到住房，但总体上该计划代表了这些人的利益。与怀疑者的预测相反，这一计划并没有引起住房价格的上涨。出租的房屋应符合最低的居住标准———一般而言，这些标准是根据当地建筑与居住标准制定的———达不到这些标准的住房，房东务必要把它们装修完备。最重要的是，房租在每个家庭收入中的比重明显下降了。实行该计划之前，收入水平居中的家庭在房租上要花总收入的 1/3 到 1/2；而实行该计划之后，只需不到 1/4，有时甚至更少。参加这项计划的大多数家庭都没有换住宅区，即使换了，也是由次换好。

那么，为什么有些观察员，尤其是住房和城市发展部的观察员，仍然不满意这个计划的结果呢？原因在于，住房补贴计划没有带来"城市一举振兴"，[37]也没有大幅度提高穷人的住房质量。住房和城市发展部希望穷人住进更好的房屋，而穷人希望在住房上少花钱。实行补贴计划，穷人们满意了，而住房和城市发展部却没有达到目的。穷人的主要问题是缺钱，他们拿到住房补贴后，就不打算把收入过多地花在住房上；住房和城市发展部的主要问题则是人们的住房条件"不够好"，它希望那些领取住房补贴的人把全部补贴甚至更多的钱花在住房上。

本书读者不会惊讶于伯纳德·J. 弗里登对此做出的总结，357他说：

如果换个问题，寻找解决办法时就用不着屈从住房和城市发展部的传统使命了。住房和城市发展部有责任解决住房的一系列问题，并运用正确的手段来达到目的。……穷人并不优先考虑居住质量，而负责住房补贴计划的官员却很重视这一点。[38]

住房补贴计划表明，在由私人提供公共消费品的问题上，如何做到公平是模棱两可的。我们不仅想让每一个人都公平参与，而且想让他们用"正确的方式"去参与，这种"正确的方式"就是做那些我们认为对他们最有利的事情。我们想让穷人租住更好的房子，但只有钱没处花时，他们才会这么做。如果给他们可以租更好房子的钱，他们更愿意花在其他方面。当政府计划向家长们发放凭证（或对学费减税免税）来资助他们的孩子接受教育时，也会产生同样的问题。许多人担心家长们会把钱花在"不适当"的教育，比如教区学校、原教旨主义者办的学校、"新时代"学校或诸如此类的学校提供的教育上。私人提供公共服务，虽然可以通过很多方法做到平等，但几乎都要求我们遵从消费者的意愿，这是我们中的许多人不情愿做的。

责任

责任问题是消费者偏好的反映。政府有权同意、反对或取消与私人企业签订合同，但如果我们想获得更多控制权，就会产生责任问题。这一点在签订防务合同上最明显：我们刚交代洛克希德公司或诺斯罗普公司造一种特用的飞机，就开始告诉它们怎么去造。这种情况不仅存在于武器系统的生产方面，几乎所有与政府打交道的大企业都抱怨合同中规定的细节太多，政府的审计也侵入了企业内部。政府是以规章导向办事的，总是通过各种规章来管理自己的部门，所以，它经常用同样的办法来指点私人企业就不足为怪了。

这听起来像是对政府政策的一种变相指责，但我们不必将问题归咎于此。政府与企业的关系类似于企业与市场的关系。 **358** 奥利弗·威廉姆森（Oliver Williamson）指出，通过市场交换的成本大于管理协调的成本时，就会有企业诞生。[39]他把这些成本称为交易成本，就是生产某种东西时，花在计划、协商、指导以及评估上的费用，是实际生产和劳务成本之外的成本。经济学中的交易成本类似于物理学中的摩擦力。[40]通用汽车公司可以通过签约让其他企业生产各种必需的零部件并装配汽车，也可以购买原材料和劳动力在自己的工厂里装配汽车，到底如何装配取决于每种方案的交易成本的大小。很显然，通用汽车公司认为，在自己的工厂里监督汽车装配要比监督其他企业和工人装配更省钱。大多数国内建筑商的观点正好相反，他们认为在建房时，根据具体需要来雇用木工和管道工并购买木料和管子，和专门组建一个公司并全程只用自己的雇员，前者更经济。

就我所知，交易成本的思想还没有被应用到政府活动中，但没有理由不应用它。一旦运用，我们会注意到一些有趣的问题，而通常它们可能被忽视了。例如，本章中有许多论据说服我们，政府最好雇用私人企业来管理街道清扫、日托服务、航空运输、船只维修、垃圾收集及公共汽车等行业，并允许私人企业提供住房给享受收入补贴（即凭证）的穷人。但是，同样的道理，为什么政府不向私人企业雇用外交代表或购买军事计划呢？我认为原因在于，政府人员内部完成这些工作要比从私人机构中购买更合算。有些政府行动是在不断变化的，这些变化通常很微妙且难以预测，它们由国家安全委员会和国务院掌管（不同程度）。外交是对某个提议及其对立面进行建议、检验、推敲和再推敲的过程。我们在签订一份合同时，要事先安排好企业（外交公司）在各种情况下应该怎么做几乎不可能，就算有可能，操作起来也非常困难，因为连政府事先也不知道该做什么，政府的选择是在谈判过程中慢慢形成的。

对国务院和卫生部而言，一些工作若由政府完成，成本会超过直接购买，所以从市场购买服务是明智的。市政部门更是如此。加利福尼亚的拉米拉达市有 4 万多名居民，市政府的雇员却不足 60 名。政府的大部分活动是通过合同来管理的，其中有些是与县级机构签订的，但大多数是与私人企业签订的，这些私人企业提供的服务无所不包，从收集垃圾、管理公园、咨询到发展就业，甚至还有监察。[41]

为确保提供服务的市场供给者对政府买主负责，需要付出努力，而确保政府供给者对政府买主负责也需要付出努力，但前者可能要比后者付出的少一些。对于政府来说，管理私人企业要比管理公共部门更容易些。比如，美国政府决定增加船厂女性职员的比例，签了约的私营船厂要比海军部管理的船厂更服从决定。[42]政府管理机构敦促电力部门倡导用电者节约用电，并希望电力部门发展替代能源，在市场条件可以进行比较的情况下，私营电力机构比政府电力机构会做得更多。[43]多年来，对环境保护局来说，让私营能源生产者服从减少环境污染的指令，比让田纳西河流域管理局服从容易得多。[44]正如在第十章看到的，政府机构享受的政治保护是大多数私营公司望尘莫及的。

部分来自没有考虑到这种交易成本的原因，人们希望通过政府管理、制订法规和公众参与的方式保证所有公共服务提供者尽职尽责。人们对把界线划在什么地方看法不一，但一旦要在某处划定了界线，就应当明确划定。

权威

然而，仅仅考虑交易成本还不能决定应该在哪里划定界线。正如本章开头提到的，对于一些特定工作，我们还是希望由政府来完成，这并非因为让政府来做比较经济有效，而是它本身彰显公共权力。有些工作属于主权性任务。

最近关于惩教机构的私营管理问题流行起来，热议虽是最近开始的，但观点存在已久。从前，私营监狱公司很常见，但因为腐败问题变得声名狼藉。狱卒们把为犯人提供衣食的资金揣进自己的腰包，并在应该约束和矫正的方面玩忽职守滥用权力。但是，公共看守主要取代的是成人监狱，私营的少管所仍然存在，甚至有所增加。不管是营利的还是非营利的私营组织，管理着众多重返社会训练中心、青年收容所和（理论上应该有的）治疗项目。据我所知，这些私营组织至少与公办同行们做得一样好。

最近，诸如美国惩教公司（Corrections Corporation of America, CCA）之类的私人惩教公司再次经营起成人监狱来。该公司曾试图管理整个田纳西州的监狱系统，但没能成功。我们对这些公司的效率还没有做过独立严谨的研究。不过，初步的资料显示，比起政府机构，这些公司能更合理节约地管理对安全措施要求较低的监狱。而且，在维持监狱的环境和形象上，它们并不逊色于大多数州立机构，甚至做得更好。[45]

假设私人管理监狱比政府来管理更有效，提供的条件也更好，那私人警卫在什么情况下才能使用武力（甚至是致命的）制服不守规矩的犯人呢？为了维持秩序，私人看守有没有权力像公立监狱看守那样，将犯人单独禁闭或控制犯人的释放日期作为维持这高墙内秩序的一种手段呢？假如一名犯人被判处死刑，对于让谁来行刑的问题，是政府官员（州政府指定的看守），还是被雇用的私人公司（管理高度警戒下的设有死囚牢房的监狱），我们在乎吗？不管做这些决策的人想得多么周到，我都怀疑他们会从经济角度考虑然后做出决定。

公立学校的例子

将市场化的管理引入公立学校这一建议产生了特殊的促进作用，导致私有化观念的产生，并引发了一系列问题。

人们态度明确地赞成建立教育市场。根据宪法，父母有为其子女选择学校的权利，可以选择送子女去私立学校而非公立学校，也有权根据公立学校的教学质量决定是否转校。但是，对于贫穷的父母来说，为选择付出的代价是很大的，他们没钱支付私立学校的学费，也没钱购买附近高档住宅区的房屋，但通常只有这些地区才有好的公立学校（一些贫困家庭愿意做出巨大且必要的牺牲来抓住这些机会）。结果，这些地区的公立学校所提供的服务呈现出垄断性的特质。

任何组织，不管是政府的还是私人的，一旦具有垄断性，就会缺乏为客户提供他们期望得到的服务的动力。公立学校想克服这一点，其对策是让客户投票选举（在实行选举制的地方）学校董事会成员，并鼓励他们加入家长－教师协会或其他咨询团体，以此参与学校政策的制定。这种方法在小型组织中也许作用良好，因为在小型系统中，少数几个人表决或稍微讨论一下就能有很好的效果。但是，对于人口稠密的地区，这种方法没有太大价值。如果学校董事会成员是被指派而非经由选举产生的，且许多地方学校由一个庞大的中央官僚机构所管辖时，这种方法就价值不大了。小切斯特·E. 芬恩（Chester E. Finn, Jr.）是美国教育部负责调研与改善事务的前助理部长，他这样描述大城市存在的问题：

> 今天，我们的教育体系无法做到激发或奖励学生，让他们拥抱企业精神、冒险精神、创新意识和反传统观念。责任与权力的分离导致做出关键决策的地方远离执行决策的地方。不论教学质量好坏，教师们的待遇都一样；无论情况如何，即使直接上司就在眼前，雇主也永远是"学校系统"所处的城市。成功不会受到奖励，失败也没有惩罚，除了天高皇帝远的全国委员会发出一些时断时续的警告，那些不好不坏的行为根本没有人在意。[47]

越来越多的观察员提议建立更广泛的教育市场，让家长们在教育上有更多的选择，并激励学校自我完善。方法之一就是像现在允许家长们任意选择私立学校（如果他们有钱）一样，允许他们任意选择公立学校，即所谓的开放注册。另外一种方法是，向家长们发放凭证，这种凭证与他们送子女进重点公立学校所需的费用等值，他们可以把凭证"花"在任何一所选好的学校上，不管是公立的还是私立的（假设合适的学校都满足州立的最低标准）。凭证制度的一种变体是学费税收抵扣，如果家长选择私立学校，那么可以通过这种方式返还他们曾为公立教育支付的税款。在这两种方法中，家长们都可以掏钱来解决凭证限额或贷款不足的问题。

对一些人来说，这种提议太过激进，许多教育机构甚至将其视为异端邪说。其实，我们已经在实行了，开放注册制度就是一例。在缅因州和佛蒙特州的许多镇上，家长们可以把子女送到任何经核定合格的公立或私立学校读书，镇政府会支付这个学校一笔学费，其数额是州内所有校区学费的平均值。[48] 一些城市利用开放注册制度来平衡不同种族的学生。在马萨诸塞州的坎布里奇，学校对所有孩子开放，只要最终结果符合州的种族平衡目标。[49] 其他城市如波士顿，允许黑人家长把子女送到他们选好的郊区学校就读。

362 在荷兰和丹麦，想法相同的家长可以联合开办学校，而且只要达到最低教育标准，政府就会为其支付费用。在澳大利亚，如果送子女到私立学校，家长们可以凭借在私立学校的花费减免一笔学费税（也就是减少一定的联邦所得税）。[50]

加利福尼亚圣何塞市的阿拉姆洛克校区试行了凭证制度。他们本想检验一下这种凭证制度（给家长们分发凭证让他们自由选择送子女进任何学校）是否有效，但结果与最初的期望相去甚远。一开始，私立学校不被允许参加这项试验，即使后来可以参与但约束条件也非常严苛。由于家长有评价学校的权利，阿拉姆洛克校区的学校表现都不错，因此家长们转校的要求就不那么强烈，选择转学的学生很少，几乎没有人转去私立学校或其他公立学校。这次试验表明，转校生在学业上的表现并不比没有转学的学生好多少。[51] 然而，尽管学生没发生变化，学校却变化了。权力分散了，教师的自主权更大了，一些教师在公立学校中建立了自己的"微型学校"。[52]

不管教育市场会对学生的阅读成绩造成什么影响，许多人都担心这样的教育是否能做到公平和负责任。

公平

"开放注册制度或凭证计划可能会加重种族隔离现象。"的确，在送子女到私立学校的家长中，富人多于穷人，我们不知道如果穷人通过凭证计划提升了购买力，分布情况会是怎样。我们已经知道，比起公立高中，私立高中的种族隔离现象要少得多。[53]而且，黑人比白人更支持凭证计划这一制度。[54]

责任

"即便私立学校符合最低教育标准，但仍会教授一些错误理念。"对何为错误理念虽见仁见智，但它可能包括宗教教育、世俗主义、政治自由主义、政治保守主义、社会一体主义以及反主流文化价值观。简言之，我们与父母的意见产生分歧，并且不信任他们的选择。或者，一方可以利用政府将自己的选择强加于另一方。从某种程度来讲这是正确的（尽管少数人认为父母应该有决定子女是否上学的自由，但拥有政治主导权的大多数人强制规定孩子应该接受教育）。除这个最低要求之外，我们还不清楚许多家长是否应该珍视目前公立学校里所教授的价值观（很少是中立的）。

在教育市场化的背景下，家长有强烈的动力做出选择，并且学校也有强烈的动力去适应这些选择，因此我们并不清楚让教育进入市场会对价值观、教育成果以及运转效率产生怎样的影响。有一点可以肯定的是，许多为公立学校教师和管理者发声的组织对此持消极态度。[55]正如其他领域市场化代替官僚管理的经验告诉我们的，只有进行仔细的实验才能揭示我们所需要知道的东西。

小结

有两种不同的方法可以提高公共服务的质量：规章与合同承包。司法机构、立法机构和行政机构为其下属单位制定了很多规章，因为它们认为制定和推行规章更有成效。制定一项规章似乎能快速回应并解决人们的不满情绪。各种规章经常不需要彼此一致，这样，利用这些规章的国家机构也就不必在各种相互冲突的目标下做痛苦的抉择。执法部门不用墨守成规地监视政府机构以及承担起管理需强力约束的组织的任何成本，所以，也不必解决可操作性问题。规章的推行旨在加强行政及管理人员的权威（正式的权威），其结果是，颇得这些人的人心。

合同是一种交换协定，政府对其不感兴趣。合同不会像规章一样指定每一个步骤，只需说明想得到的东西（如购买桌子或卡车等），把如何去做的步骤留给承包商酌情决定，或者只就需要提供什么服务达成协议（如巡街、提供指导等），先不规定服务效果。政界人士希望所有利益受到全面保护，因此对合同中固有的不确定性不感兴趣。承包合同，作为交换协定，至少必须调和好某些主要权衡的因素，如成本和质量、时间和资金。合同双方必须承担全部支出，买方必须支付商品或劳务的费用，供货人则必须支付商品或劳务的成本。合同常常把实质性的选择权留给订货方或水平较低的合同操作方。

虽然我所做的这些对比中存在许多例外和限制，但总体上说明了政府为什么更愿意用规章而不是合同来解决问题，对存在争议的服务来说情况尤其如此。政府需要表现得能同时满足所有人的偏好，而不是根据个人的偏好程度让市场来分配商品。结果，证明合同优点的论据也就无人理睬。

也许有人会认为，订立合同可能对被我称为生产型和工艺型机构的组织最为行之有效，也就是说那些产出可以看见，且可以被测量的部门。在这些事例中，合同很容易制定和执行，且效率的增加也很好计算。但是，效率的增加可能不是最重要的收益，尽量节省资金当然好，但满足人们的需求才是更重要的。人类的那些重大需求往往是由程序型和解决型机构来处理的，学校和住房这两个管理项目就是很好的例子。如果在这些领域充分利用市场安排，我们可能会发现难以确定项目是否变得更有效率；想评估效率，必须先具备评估目标实现程度的能力。可是，怎样才算一个孩子受了教育或一套住房怎样才算舒适呢？对此，我们只有一些模糊的概念。然而，判断人们是否得到了满足很容易，因为市场的精髓就在于它给了顾客用脚投票的机会。

第二十章　官僚体制与公众利益

　　1940 年，德国军队打败了法国军队；多年来，得克萨斯州的监狱曾有许多年比密歇根州的监狱管理得好；亚特兰大的卡弗高中在诺里斯·霍根斯的管理下越来越井井有条。这都是深谙管理之道的行政人员的功劳，他们牢牢把握住核心任务，根据任务恰如其分地分配权力，让他们的下属充满使命感，同时在工作上享有足够的行动自由。上述三个组织的核心任务各有不同，因此在组织文化和权力架构上也有差异，但有一点是相通的：它们灵活地结合激励、组织文化和权力架构三种因素，以便贴合任务要求。

　　从初次提到上述这些观点，到这里已经过去了 19 章，读者们也许会认为这些观点极其显而易见。如果读者都这样想，那么政府官员也肯定对此了然于胸。也许他们理智上是这样的。但是，不管前文费了多少口舌阐述从这些机构中总结出的教训，政治世界中运行着的日常激励因素引导出了一条非常不同的行动路线。

军队

　　尽管前线将士的指挥权和主动性最为重要，但五角大楼里却满是些企图从司令部或者直升机上指挥战斗的将军，他们通过无线电收集情报，然后靠计算机来处理情报。尽管步兵的技战术水平几乎是军事取胜的关键，但美国军队却习惯于把最优秀的人才安置在专业部队（情报、工程、通信），剩下的才留给步兵。尽管自 1945 年以来，除欧洲之外，我们与其他所有地方都打过仗，但陆军却继续把其大部分作战计划致力于对付西德平原上的坦克大战。

监狱

乔治·贝托在得克萨斯州惩教署的成就是有目共睹的，可是，很多观察家却对另一类监狱管理人员投去赞许的目光，这些管理人员追求的似乎是呼喊伟大的目标（改造囚犯和加强囚犯的自我管理），而不是最好的成就（安全、适宜的设施）。

学校

许多行政人员削弱校长的权力，并逼迫教师忙于填写各种报告，还要把家长、旁听者、利益集团和报界的抱怨降到最少，在大城市，这种情况尤为突出。老师们个个牢骚满腹，说自己被当成了机器人而不是专业人员，但他们又不约而同地反对事实上能给自己更大发言权的措施（在安排课程、管理课堂方面）——凭证制、奖励绩优生、开放式注册、加强校长权威等。诺里斯·霍根斯没能从亚特兰大的教育系统得到多少帮助，因为从政治上考虑，额外的资助必须"平等地"分给所有的学校，而不能重点投给那些表现最突出的。

上述这些人，将军、典狱长、行政人员以及教师并没有因为这种境遇而意气用事，正相反，他们在日常工作中正常应对这些激励因素和压力。这些激励因素包括掌控困难局势的要求，由于使命感不明确，或是根本没有，这使得局势难以控制。同时在面对有增无减的外部压力时，也需要绝不能退缩的态度。当选官员、利益集团、众多同行、传播媒介——这些外部集团要求参与并指导机构的运作，还通过制定规章并强迫机构时刻遵循这些规章使自己的要求得以实现。除此以外，经验、关于过去斗争的记忆、同事的期望等习惯性行为模式也限制了新行动的选择范围。

官僚们常常抱怨的"立法机关的微观管理"确实存在。在第十三章中，我们讨论武装部队时知道，五角大楼必须面对一系列急剧增加的程序，如听证会、报告、调查、法令修正、预算调整等。[2]但是，总统的微观管理也出现了惊人增长。赫伯特·考夫曼注意到，半个世纪甚至更早以来，比起机构瘫痪，白宫更害怕机构独立，因此成倍增加了总统顾问机构和中央管理机构的数目，实行更高级别的审查。一旦你踏上国会或者白宫的控制轨道，接下来它就自己运行了。"不断出现的限制条件使机构做事更加墨守成规，抱怨也随之增加，于是更进一步的控制、检查和清理又开始了。"[3]当论及法院越来越多地处理行政事务时，还能找到更多案例。

除去一些显著的例外，这一过程将行政管理人员的注意力，从如何界定他们所在机构的任务，以及无论任务是什么，他们必须遵守什么约束等问题上转移开来。那么，谁来决定机构任务呢？如果是生产型机构，有直观的产品和固定的工作程序，回答这个问题就比较简单：创建此类机构的法律和规章，同时也界定了它的工作任务。但对于程序型、解决型以及工艺型机构来说，答案似乎是没有专人决定，但又好像人人都可以决定。具体执行人员可界定任务是什么；偶尔也通过有意的设计来界定，在这种情况下，操作人员的观念会起作用。但通常任务是在无意间被界定的，于是，以往的经验、专业规范、形势和技术上的压力以及同伴的期望，一起塑造了他们的工作性质。

在政治环境条件良好的情况下，有才干的机构领导人会不时地出现，并扭转局面。这种领导人创设的新机构，能力独到、有强烈的使命感并能实现广为社会所看重的目标。陆军工程兵团、社会保障总署、海军陆战队、林务局、联邦调查局，以及别的几个值得一提的机构，在建立后的许多年里乃至今天，都称得上是公务部门的精华。这些部门的存在，是驳斥"所有官僚都才智平庸，只会收发文件"这一观点的活生生的例子。这还只是联邦政府的例子，再来看地方政府，在学校系统和警察系统里也有许多值得赞赏的组织特征。

但有人也许要问：现今，是否有人可以从零开始，重新创建海军陆战队、联邦调查局或林务局？有可能，但希望不大。谁有勇气建议创建这样一个机构？这个机构拥有自己的人事系统（减少了公务员获得终身职位的机会），有唯一的中心任务（不必屈从于外部集团的诸多要求），有严格的旨在灌输团队精神的培训制度（忽略了久坐办公室的人重视的细节和便利）。或者，我们得有多乐观，才会期望今天我们能以这样的方式建立一种社会保障机构，吸引才智非凡的人都到华盛顿来？难道其中不会有相当一部分人，不愿冒险纠缠于利益相互冲突的法律，不愿忍受媒体和国会的密切调查，不愿接受联邦政府的薪金水平与国会议员工资相关联，但又不敢提高自己的津贴？

认为这些优秀的机构都创建于一去不复返的黄金时代的想法，是历史浪漫主义式的愚蠢，但是同样短视的是我们否认曾因过于强调规章和外来压力，而为此付出了忽略机构本身的任务和使命的代价。玛莎·德斯克仔细研究了社会保障总署在管理残疾人保险金和救济金收入上出现的问题，最后她得出的观点也与上面一致："如果有些机构表现得总不尽如人意，那是不是该考虑存在这种可能性，即要求机构做的和其所能做的事存在系统性不协调。"[4] 近年来，国会不断制订新计划并改造旧方案，速度之快让人应接不暇，为此而召开的听证会也都草草了事（参议院讨论 1988 年毒品法案时根本没开听证会）。要想适应没有止境的变化，政府机构必须随机应变并无所不能，"能快速地对方法更新换代"。这些素质，她总结道："正是正规的大型组织很少具备的。"[5] 我想再加一句，政府机构通常要比正规组织更缺乏灵活性。

情况并没有因为我们全国上下抨击官僚习气的潮流而有所改善。在这个问题上，人们应该要有所认识，确实，官僚机构看重的是眼前而不是将来，是已知而不是未知，是核心任务而不是其他任务，许多机构实际上对"NIH"（其意为此处尚未涉足，没有先例）疑虑重重。任何一种社会团体，不论是住宅区、国家或其他组织，都存在着文化氛围，改变这种氛围就像迁移公墓那样艰难，有时还不免被人指责为是亵渎神灵的行为。很多保守派人士所说的确实是实情：政府企图做好实际上它没法做好的事。也正因如此，正如自由派人士所宣称的那样，政府的确也干了不少好事。如小查尔斯·沃尔夫曾说的，市场和政府都有缺陷；也许有许多事情我们希望集中解决，这就要求我们必须在不甚满意的方案中选择一个。[6]

369　几个可能起作用的小建议

要改善现状，我们就必须减少对政府的管制。[①] 既然减少

---

① 我第一次读到这个概念是在时任联邦人事管理办公室主任康斯坦斯·霍纳（Constance Horner）写的一篇文章里："Beyond Mr. Gradgrind: The Case for Deregulating the Public Sector," *Policy Review* 44 (Spring 1988): 34 – 38。它同样出现在：Gary C. Bryner, *Bureaucratic Discretion* (New York: Pergamon Press, 1987), 215。

市场制约能增加参与者的创业激情并创造效益，那么减少对公共部门的制约也应该能激发它的活力。当然，两者间存在不同，价格体系和逐利动机给市场设立了规则，而市场之外的领域就不存在这种规则。尽管不确定是否能为公共部门找到替代规则，我还是要提几个建议。对于这两类机构，减少制约所导致的结果并不相同，但至少我们应该承认，即便对公务员而言，事无巨细的规章也不会让他在工作上更有干劲、更有自豪感或更好地发挥创造力。如果需要证明的话，最好的例子就是绝大多数人都讨厌在这种环境里工作：一举一动都会被人事后批评，任何开创性的建议都会被猜疑，任何一项决定只要存在争议就会被斥为不正当行为。

詹姆斯·科尔瓦德（James Colvard）在海军当了多年的高级文职管理人员，他认为政府有必要好好学一学私营部门的杰出方法："侧重于行动，减少人员编制，在信任的基础上高度授权。"[7]全国公共行政学会的一个专家小组（包含有 16 名担任助理部长的政府机构高级官员）发表了一份报告，提出了同样的看法：

> 多年来，政府被缠绕在费心设计的管理体系和越来越烦琐的管理程序之中。这样的发展并没有产生更好的管理，反而导致管理上的超负荷……程序盖过目标，组织丧失信誉，雇员也受到了牵连……在管理上，由于沉醉于工作过程，对领导力的关键因素的重视有所减弱。我们永远在完善工具，而使用工具的管理者则感到自己被忽视了……管理体系并不是真正的管理……那些负责设计和实施制度的人的态度……要从"控制思维"转为考虑"我该如何帮助

370

机构完成其使命"。[8]

可是怎么能做到既对政府"信任"和"放权",又保证其负责任呢?如果说鼓励官僚都"照章办事"的社会观念是错误的,那么,放任充满热情的人陷入"使命狂热"之中,让他们按自己的理解去实现一些模糊的公共目标,问题不也很严重吗?(斯蒂芬·埃默森写过一篇精彩的报道,提醒人们在某些高度保密的军事情报部门和秘密行动组织中存在使命狂热。[9])细数我们所知的官僚对自主权和制订规章的政治回报的欲望,可能会为他们找到一个理由,支撑他们自愿放弃"控制思维",转而采纳"履行职责"思维吗?

恐怕不会。但值得思考的是,一个适度摆脱了束缚的政府会是什么样子。可能看起来就像它们刚成立时的样子。当年陆军工程兵团、林务局以及联邦调查局等优秀的联邦机构刚创立时,联邦政府正充斥着政治庇护、集团阴谋以及层出不穷的贪污腐败。那时,创立一个精英机构也许比今天容易,因为现在的问题是虽然在庇护和腐败方面问题有所减少,但形式上更加不正式、更复杂。当然,建立优秀机构的关键因素一直没变:机构得由强有力的领导开创,要有能力让下属对其忠诚,熟知职责,同时让大家充满明确且强有力的使命感,吸引有才干的工作人员,使他们相信自己正投身于与众不同的事业中,并不断地对下属提出苛刻的要求。

如今,成立新机构的机会不多了,人们能想出来的机构差不多都有了。尽管如此,机构变革的教训仍然佐证了研究其创立时所得出的结论。

第一,领导人必须了解自己所在机构的文化以及它的力量和局限，也就是说，下属的理念构成了机构的中心任务。如果一个组织的成员普遍接受并非常赞同这一文化，则该组织就有了使命感，这使得领导人可以节约使用稀缺的激励手段（有些事，即便没有丰厚回报，人们也愿意去做），充满信心地公布总体目标，因为心里确信下属知道如何实现它，并有勇气承担责任，因为知道下级的决定会符合高层的期望。

优秀的领导人明白，普通工作人员也能做出敏锐精准又切合实际的判断，但前提是行动要彼此相关、联系紧密。人们天生不易记住很多彼此没有关联的事，对相互冲突的任务也不能做到合理平衡。人们希望知道对自己的要求是什么，在回答这一问题时而不愿意被告知说"一方面要这样，另一方面要那样"。

官员们必须明白，在界定核心使命和列举任务目标时（无论这样的目标是否符合核心使命），有许多竞争者在角逐这个界定权。专业出身的具体工作者为机构贡献了技能，但也带来了他们的个人偏向，比如律师、经济学家和工程师观察世界的方式完全不同。你没法把他们当工具使用，并要他们在你的使唤下恰如其分地完成任务。布莱克与德克公司（Black and Decker）可能会生产这样的工具，但哈佛大学和麻省理工学院可不培养这样的人。同事之间也会设定执行人员应该遵从的期望，特别当后者在危险、无法预测或可能产生冲突的环境里工作的时候。你可以把巡警或学校教师的形象描绘得非常完美，但除非你了解街头和课堂对职业者的要求，你的构想将始终是一种艺术创作，只能陈列在某种"组织博物馆"里。

向机构灌输使命意识有好处也有代价，具有强烈使命感的机构很少将精力放在那些与核心使命关系不大的目标上。国务院的外交官不会对使馆的安全问题有多大兴趣；中央情报局的情报人员对反间谍工作的关注也远远不够；缉毒局的麻醉品专家也不够重视医生处方不当的问题；田纳西河流域管理局的动力工程师主要考虑提高发电机的效率而不是环境保护；美国空军的战斗机飞行员把航空运输看作家里的继子；在航空母舰上坐镇指挥的海军将领对提高扫雷艇地位这件事丝毫不感兴趣。

如果一个组织必须承担多种任务，那些并非核心使命的任务就有必要得到特殊呵护。这要求给予下级任务单元自主权（比如为他们提供一套特殊的组织职务），还要设计晋升路径，让承担非主要任务的具有天赋的工作人员有机会凭能力晋升到该机构的高级职位。不过，没有哪一个组织能把庞杂的工作做到尽善尽美，总有一些事情做不到位。碰到这种情况，明智的领导人会将一部分不重要的工作交给别的机构，或为此项任务设立的全新的机构。无论在公立机构还是私营机构，管理有多项使命的庞然大物都有风险，因为领导者的精力是有限的。此外，臃肿的机构很难培育出使命意识，无所不为的代价是结果乏善可陈。控制欲强的官员拒绝把任何工作移交给别人，即使自己丝毫不重视这项工作。这种做法会让他陷入困境，很快，工作败绩就会引发政治或者组织危机。国务院早就应该摆脱建造使馆的杂务，外交官在许多方面是好手，但并不包括监督木工和管道工，应该让建筑部门（陆军工程兵团或海军修建大队）来负责。

第二，与政治监督者协商，并就哪些是机构必须遵守的核心约束，哪些是可以灵活应对的次要约束达成一致。但老实说，做到这一点几乎不可能。国会（还有一些州的立法机关）中权力的分散，总统和州长的言而无信，这些即使不从别人那听说，自己也会有所体会，最后都使我们发现在绝大多数情况下，任何约束在任何时候都是不可违反的。不过，经过努力，我们或许能争取到一点回旋余地。中国湖试验尝试了一些不那么呆板的人事制度，此后，有些机构获准实行这种制度，并且国会可以扩大实行范围。开明的国会议员也许能为与中国湖试验相似的计划，如采购规章争取到法律肯定，机构领导人很有必要花时间向议员展示具体该怎么做。

第三，权力分配和资源控制应与承担的任务相匹配。一般来说，权力下放的最低层级应该是那些所有重要信息都可得到的地方。随着所处层级的不同，官僚体制也会产生巨大的差异。一个极端的例子是国内收入署和监狱这样的机构，统一标准和精确控制对其非常重要。大多数情况下，它们遵循由中央制定的严格制度。另一个极端例子是公立学校、警察部门、军队等组织，因其工作在具体操作上存在的不确定性太大，基层人员必须有（其实如果没有，他们也会自行行使）办事自主权。

一个很好的例子便是军火采购工作，它可以用来分析上述情况。在有关武器采购的诸多批评中，所有评论者都认为，将控制权设计得过于集中是一个问题。购买新式飞机就像重新装修：不完工不知道要花多少钱。而且很快就会发现，中途改变主意的开销极大，至于拿主意只能交给现场与管道、电线、搁板打交道的人了。五角大楼负责买飞机的人就像从来没造过或装修过房子的住户，之所以会这样，是因为五角大楼及其法律上的监管者拒绝把权力下放到能做出合理决定的人手中。

同样的分析也适用于公立学校。正如约翰·查布和特里·莫所说，公立和私立学校的区别在于有效控制源不同。[10]私立学校是校长，教会学校是小规模的教区负责人，而在公立学校就得由规模庞大、臃肿不堪的校董事会的官僚来做决定，至少在大城市里是这样。当然，这种区别有政治原因，我们完全可以理解，但除此以外就找不到能说得过去的理由了。许多对公立学校抱有同情心的评论家想改善公立学校的情况，他们相信唯一有效可行的变革就是把教学管理，包括人事、计划和教学的决策权交给学校。[11]

第四，用成果来评判组织。本书先前已经阐明，对于什么是构成政府中有价值的结果的因素，是一个有争议的问题。不过，即便有了明确的行动标准，立法人和执法人也置之不顾，结果就往往不尽人意。威廉·E. 特科特（William E. Turcotte）对两个州政府进行了比较，观察它们各自是怎样监督酒类行业的，其中一个州为管理人员制定了明确标准，另一个州的标准含混不清甚至自相矛盾，结果前者明显比后者获利丰厚，而且管理费用也低。[12]

虽说成果难以评估，但是除了像往常一样，还是有很多事可以做的。评估私立学校、医院或安保机构的效益，并不比评估公立学校、医院或者警察部门更容易。政府绝不是唯一难以评估成果的组织。

解决政府的这个问题有两种办法。一种（上一章讲过）是把工作或者成果放到市场式的环境中，由顾客和消费者而非专业评估人员来承担评估工作效果的责任，并赋予他们用脚投票的机会。这里所说的"顾客"，可以是一个市民，也可以是政府机构，重要的是顾客能自由挑选相互竞争的供应者。

不过，有些公共服务是市场没法提供的，确切地说，是永远不能提供的。我们可以想象允许父母来挑选学校，但没法想象让他们挑选（大多数情况下）警察部门或军队。这种情况下，就得采用第二种办法来评估公共部门：搞一个示范工程或者做一个试验。（我将交叉使用这两个概念，尽管有些学者明确区分了它们。[13]）所谓试验，就是有意识地调整一些状态，来评估这种干预的作用。其涉及的问题是："如果事先安排别的状态都维持原状，一旦改变甲，乙会发生什么变化呢？"这事听起来简单，做起来则不然。

好的试验（坏试验比不做还糟）要求如下：第一，确定被测试的行动，把它称作药方，"药方"可以是某项治安策略、学校课程安排或一个福利计划。第二，设定治疗的预期影响，称之为效果。"效果"可以是犯罪率、成绩单、工作成效、居住条件或收入水平。第三，对某一组（试验组）开出"药方"，保持另一组（控制组）不受影响。"组"可以是一个警察辖区、一班学生、一栋住宅的住户或符合某些条件（比如低收入）的人。确定组内成员的方式十分重要，它必须是随机的，也就是说，所有合格的警察辖区、学校、住户还有其他人应该随机分入试验组或对照组，这意味着两组人的所有特征都可能相同。第四，评估各组实施"治疗"前后的状况。第一个评估描述的是初始状态，第二个则是效果。在"治疗"结束后，对效果的评估还应持续一段时间，因为有试验表明，不少"治疗"有短期效应并消失极快。第五，确保评估是由提供"治疗"以外的人做的。当事人往往相信自己的工作是有意义的，所以他们会不自觉地按照使"药方"看起来有效的方式去搜集数据，即便实际情况并非如此。①

①　当然，事情要比这里总结的稍微复杂一些。有几本研究评估工作的书论述比较详细：Richard P. Nathan, *Social Science in Government* (New York：Basic Books, 1988)。关于政治方面的评估，参见 Henry J. Aron, *Politics and the Professors* (Washington, D. C.：The Brookings Institution, 1978)。有关技术方面的评估，参见 Thomas D. Cook and Donald T. Campbell, *Quasi-Experimentation* (Chicago：Rand McNally, 1979)。还有一本专门讨论这些问题的期刊：《评估论丛》(*Evaluation Review*)。

这些步骤就是为了找出到底是什么在起作用。通过运用这种方法我们发现，在某一条巡逻线上，即便把警车数量增加 2 倍也不能降低犯罪率；徒步巡逻可以降低人们对犯罪的恐惧，但无法（一般而言）减少犯罪发生率；扣留虐待配偶者比劝解更能减少（在一定时间内）未来发生家庭暴力的行为。[14]我们发现提供收入补贴（相当于反向所得税）会降低人们的工作热情，有时还会使家庭解体。[15]我们发现提供专门的就业培训和帮助，能明显改善享受福利的母亲的就业状况，但对有犯罪前科的人和被学校开除的人无法奏效。[16]我们也发现住房补贴计划虽然没有改变住房的库存状况，但提高了贫困家庭的福利待遇。[17]此外，我们还发现灵活的工资和分级制度使海军研究中心的管理者们获益匪浅，并且改善了工作氛围。[18]

375　　　失败的或有缺陷的管理试验也不少。20 世纪 30 年代，为了找到改善加利福尼亚州救济局福利工作效果的办法，赫伯特·西蒙进行了一次试验，这大概是这一领域内史上第一次认真严肃的试验。尽管设计精巧，但试验组的变化显示出相矛盾的结果，救济局的政治环境非常不稳定，以至于不能确定到底能不能得出任何有用的结论。[19]在阿拉姆洛克（Alum Rock），由于政治上的需求，限制了私立学校参与，评估教育券制度的努力成效甚微（参见第十九章）。无数的"研究成果"徒有评估之名，其实只是项目人自以为是的谎话。管理学是政治领域而非科学实验室，管理部门的评估人员必须遵从这一事实。人们很难找到兼顾二者的解决办法，不过只要找到了，它就比单纯的经验更能反映作用因素。

　　　枯燥琐碎的研究工作大概难以满足一些人的胃口，这些人想为大问题找到圆满的答案，大问题指的是"我们怎样才能控制住猖獗的官僚主义？"或者"我们怎样才能释放出那些矢志奉献的公务员的创造才能？"但公共管理并非寻求"圆满答案"的地方，它只是一个由各种机构组成的世界。这些机构被设计出来的目的，就是让那些不完美的人通过不尽如人意的程序对付着难以解决的问题。

第五，也是最后一点建议，它源于用成果来评判组织的局限性。所有的组织都追求根据标准作业程序行事带来的稳定的安逸。当改变结果不可知或模棱两可时，官僚们不会为了更好地达成目标而积极改变这些标准作业程序，他们至多只会小修小补以适应外界的压力。标准作业程序代表的是一种由圈内人自行把握的平衡，它兼顾着环境要求、专业规范、官僚思维、同伴期望以及领导层对该机构的特别要求。人受制于组织，组织由标准作业程序所驱动，标准作业程序则自成一体不受干预。要想把程序压制人的反作用降到最低，唯一的办法是把组织的数目、规模和权力压缩得尽可能小。如果前面四个建议都不起作用，读者就只能正视现实了，如果无法解决官僚体制问题同样也无法"解决"政府问题。更准确一点来说：所有复杂组织都沾染着诸如杂乱无章、官样文章、怕负责任等官僚主义习气，这些问题在政府机构中更突出，因为政府本身就是杂乱无章的制度化（基于缓和各种互相冲突的要求）、官样文章的制度化（基于满足那些无法缓和的要求）和逃避责任的制度化（基于减少批评以维持权力的愿望）的体现。

简言之，只有政府规模小些，官僚主义才会少。在跟政府机构打交道时，我们碰到的许多困难——即便不是绝大多数——都源于这些机构隶属于一个支离破碎的开放性政治体系。如果机构有了使命感，诸多约束得以放松，分散权力，同时以

376

政绩而非获得的资源来评判官员，那时，立法者、法官以及游说者就不得不损失自己的利益：他们必须对有影响力的选举人说"不"，放弃扩大自身影响力的机会；他们必须慎重对待自己的工作，认真评判每一个新计划在组织上的可行性和在政治上的受欢迎程度。这很难想象，一方面因为政治家和法官们没有促成其事的愿望，另一方面民主国家的政府虽然办事效率不高但也有不少事情要做。老百姓在抱怨"官僚机构"时，最有可能错以为问题源于管理。事实并非如此，问题其实源于统治。

官僚体制与美国政体

美国宪政体制最主要的特征是分权，这加重了前述的许多问题。合众国的各级政府并没有被设计成高效率或强有力的政府，而是强调它的包容性和可塑性。这样安排的人总是设想联邦政府应该是职权少且权力有限，只要这个设想正确（在一个半世纪的时间里是这样的），公共行政的质量就不会是一个严重的问题，只有那些想通过整治政府来整治社会的改革家（伍德罗·威尔逊大概可算第一位）才不这么认为。开国元勋们知道，分权会给实施新计划或者建立新机构造成困难，以至于根本没有必要考虑它们的管理问题。结果，对于我们应该如何进行行政管理，宪法并没有做出明确指导。至少在内战将这个问题摆在我们面前之前，当你谈及"行政问题"时，没有人知道你在说什么。

在欧洲，情况完全不同。国王和君主长期进行统治，当他们的权力被议会夺走时，统治的传统已经牢牢扎根了。议会制度下，部长们从一开始就考虑行政问题，因为这些国家的确有事可管。行政权集中于首相（总理）之手，议会对行政事务没有多少发言权（总体而言），这有利于控制行政机构，使之服从中央的意志。许多欧洲国家的宪法可能是由管理学院撰写的。

今天，美国在每一级别上都有规模大而活跃的政府。有人担心这些精心设计——以小型政府来保障自由——的宪政体制，在政府规模太大时会显得捉襟见肘。对比美国和西欧国家在环境与工业立法（第十六章讨论过）时的做法就很能说明问题：这边，分权制袒护（如果不是导致的话）了呆板而相互矛盾的立法；那边，权力的统一保证了平稳和协调的法令。

然而，我不相信选择这么简单。评判分权的利弊足可以再写一本书，它们所牵扯到的远比评价公共行政涉及的多。不过，即便只谈行政，我们对美国的体制仍然有许多话可说，而且远不止于其批评者说的那些。

美国的官僚体制几乎有别于所有其他发达国家，它充满矛盾，同一套制度里包含着两种相反的特性：规则重重而又有各种机会。我们的规章制度严苛，要在别的国家这无疑表明官僚体制脱离民众，不关心百姓的疾苦，醉心于权力和特权，像一架复杂而精巧的折磨人的机器，能够摧毁任何反对者的意志。我们的制度又允许参与：顾问团、市民小组、社区理事会、国会调查团、热心维护正义的记者以及捍卫法令的律师。要在别处，这些会被当作行政管理体系不成系统的证据，是拙劣的荒唐玩意儿，效率低下，还充满腐败和偏见。

上述两种特性，即规则与开放可以同时存在的事实，肯定会把马克斯·韦伯吓一跳，而且会震惊（或者难倒）很多正在研究这个主题的学生。这个国家公共行政上的官僚主义既不像韦伯所希望的那样合乎理性，且有预见性，又不像他所担心的那样机械呆板。它受制于法律，却没有过于强权；它保证了参与性，却没有滋生腐败。这种奇怪的局面之所以能存在，部分是因为美国人民的特点和道德观；他们太随便、冲动，容易受别人影响，根本没法做中立的旁观者，或者像葛擂梗（Gradgrind）那样，追求利益且感情冷漠。另一部分源于体制的性质：我们宪法体系中最重要的立法部门享有非同寻常的权力，使专家构成的政府一无所有，但借此公民可抵御权力滥用。若想做些改变就必须建立一整套完全不同的体制，但为了革除官僚体制的弊端似乎并不值得这么大动干戈。议会体制越能一贯支持官僚机构，给公众带来的官僚主义习气也就越多。各自为政的美国体制可能使政府混乱，但联系紧密的欧洲体制却使政府庞大臃肿。

378

与此同时，我们的国家尽管法令戒律多得令人眼花缭乱，尽管有人锲而不舍地想用政府来整治社会，结果是，我们仍然能够随时喝到饮用水，可以几秒钟打通电话，信件可以在一天之内寄达，护照可以在一周之内办好，社会救济金支票总能按时收到。部分州立监狱和大多数联邦监狱都体面且人道。大多数美国人一边咒骂着，一边仍然缴纳各种税款。人们真应该到夜航的航空母舰甲板上，亲眼看一下 2000 名 19 岁的小伙子是如何准确无误地操作有史以来人类创造的最复杂的系统。上述事情不会在世界其他很多地方发生。能把这些都做到，就足以令人惊奇万分了。

注　释

1. See the opinion surveys summarized in Charles T. Goodsell, *The Case for Bureaucracy*, 2nd ed. (Chatham, N.J.: Chatham House, 1985), chap. 2; and Daniel Katz, Barbara A. Gutek, Robert L. Kahn, and Eugenia Barton, *Bureaucratic Encounters* (Ann Arbor, Mich.: Institute for Social Research of the University of Michigan, 1975).

2. James G. March and Herbert A. Simon, *Organizations* (New York: John Wiley & Sons, 1958), 5.

第一章　军队、监狱和学校

1. Alistair Horne, *To Lose a Battle: France 1940* (New York: Penguin Books, 1979), 233.

2. Martin van Creveld, *Fighting Power: German and U.S. Army Performance, 1939-1945* (Westport, Conn.: Greenwood Press, 1982), 5; Barry R. Posen, *The Sources of Military Doctrine: France, Britain, and Germany Between the World Wars* (Ithaca, N.Y.: Cornell University Press, 1984), 82-83, and sources cited therein.

3. Len Deighton, *Blitzkrieg: From the Rise of Hitler to the Fall of Dunkirk* (New York: Alfred A. Knopf, 1980), 172-73.

4. Ibid., 164-65; Posen, *Sources*, 84.

5. Deighton, *Blitzkrieg*, 175.

6. Horne, *To Lose*, 126.

7. For evidence discounting the importance of ideology see Edward A. Shils and Morris Janowitz, "Cohesion and Disintegration in the Wehrmacht in World War II," *Public Opinion Quarterly* 12 (1948): 280-315; Daniel Lerner, *Psychological Warfare Against Nazi Germany* (Cambridge, Mass.: MIT Press, 1971); Creveld, *Fighting Power*, 87. For a contrary argument, see Jürgen E. Förster, "The Dynamics of *Volksgemeinschaft*: The Effectiveness of the German Military Establishment in the Second World War," in Allan R. Millett and Williamson Murray, eds., *The Second World War*, vol. 3, *Military Effectiveness* (Boston: Allen & Unwin, 1988), 204-8.

8. Deighton, *Blitzkrieg*, 154.

9. Quoted in Horne, *To Lose*, 197.

10. Vivian Rowe, *The Great Wall of France* (London: Putnam, 1959).

11. John J. DiIulio, Jr., *Governing Prisons: A Comparative Study of Correctional Management* (New York: Free Press, 1987).

12. Calculated from ibid., tables 2.1-2.3, 54-56.

13. Bruce Jackson, *Law and Disorder: Criminal Justice in America* (Urbana, Ill.: University of Illinois Press, 1984), 240.

14. Joan Petersilia et al., *The Prison Experience of Career Criminals* (Santa Monica, Calif.: Rand, 1980), 16.

15. Ibid., xiv, 67.

16. Compare DiIulio, *Governing Prisons*, tables 2.2 and 2.3, 55-56.

17. Ibid., table 2.8, 60.

380

18. James W. Marquart and Ben M. Crouch, "Judicial Reform and Prisoner Control: The Impact of Estelle v. Ruiz on a Texas Penitentiary," paper delivered at the 1985 meeting of the Southern Sociological Society (cited in DiIulio, *Governing Prisons*, 62).

19. Jan M. Chaiken and Marcia R. Chaiken, *Varieties of Criminal Behavior* (Santa Monica, Calif.: Rand, 1982), 31.

20. DiIulio, *Governing Prisons*, 60–62, 157–79, and DiIulio, "True Penal Reform Can Save Money," *Wall Street Journal* (September 28, 1987).

21. Sara Lawrence Lightfoot, *The Good High School* (New York: Basic Books, 1983), chap. 1.

22. James S. Coleman et al., *Equality of Educational Opportunity*, 2 vols. (Washington, D.C.: United States Office of Education, 1966).

23. Eric A. Hanushek, "Throwing Money at Schools," *Journal of Policy Analysis and Management* 1 (1981): 19–41.

24. Michael Rutter et al., *Fifteen Thousand Hours: Secondary Schools and Their Effects on Children* (Cambridge, Mass.: Harvard University Press, 1979), chap. 6.

25. Frederick C. Mosher, *Governmental Reorganizations* (Indianapolis, Ind.: Bobbs-Merrill, 1967); Rufus E. Miles, "Considerations for a President Bent on Reorganization," *Public Administration Review* 37 (March-April 1977): 160; David S. Brown, "Reforming the Bureaucracy: Some Suggestions for the New President," *Public Administration Review* 37 (March-April 1977): 163–70; George D. Greenberg, "Reorganization Reconsidered: The U.S. Public Health Service," *Public Policy* 23 (1975): 483–86; Harold Seidman and Robert Gilmour, *Politics, Position, and Power: From the Positive to the Regulatory State*, 4th ed. (New York: Oxford University Press, 1986), 12–36.

26. Patricia Rachal, *Federal Narcotics Enforcement: Reorganization and Reform* (Boston, Mass.: Auburn House, 1982); and James Q. Wilson, *The Investigators: Managing FBI and Narcotic Agents* (New York: Basic Books, 1978), esp. chap. 1 and 183–91.

第二章　组织机构的重要性

1. John E. English, *A Perspective on Infantry* (New York: Praeger, 1981), 67–70.

2. B. H. Liddell Hart, *The Future of Infantry* (London: Faber and Faber, 1933), 27.

3. Alistair Horne, *The Price of Glory* (New York: Penguin, 1964), 337, 342–44; English, *Perspective*, 24.

4. English, *Perspective*, 26.

5. Barry R. Posen, *The Sources of Military Doctrine* (Ithaca, N.Y.: Cornell University Press, 1984), 182–88.

6. English, *Perspective*, 24, 64; Len Deighton, *Blitzkrieg* (New York: Alfred A. Knopf, 1980), 143.

7. Martin van Creveld, *Fighting Power* (Westport, Conn.: Greenwood Press, 1982), 36.

8. General von Lossow, quoted in Creveld, *Fighting Power*, 36.

9. Creveld, *Fighting Power*, 62.

10. Ibid., 132, 137.

11. Quoted in ibid., 28–29 (emphasis in the original).

12. Ibid., 114.

13. Ibid., 115.

14. Edward A. Shils and Morris Janowitz, "Cohesion and Disintegration in the Wehrmacht in World War II," *Public Opinion Quarterly* 12 (1948): 280–315.

15. Creveld, *Fighting Power*, 45.

16. Ibid., 75–76.

17. Ibid., 163–64.

18. John J. DiIulio, Jr., *Governing Prisons* (New York: Free Press, 1987), 162.

19. Quoted in ibid., 162.

20. Quoted in ibid., 162–63.

21. Ibid., 169–70.

22. Quoted in ibid., 254.

23. Ibid., figure 3.1.

24. Ibid., 140.

25. Ruiz v. Estelle, 503 F. Supp. 1265 (1980).

26. Dilulio, *Governing Prisons*, 322-27.

27. Sara Lawrence Lightfoot, *The Good High School* (New York: Basic Books, 1983), chap. 1.

28. Gwendolyn J. Cooke, "Striving for Excellence Against the Odds: A Principal's Story," *Journal of Negro Education* 54 (1985): 366.

29. Kenneth Tewel, "The Best Child I Ever Had: An Examination of Sources of Influence on the Decision-Making of the Principals of Three Urban High Schools in Crisis," Ph.D. diss., Union for Experimenting Colleges and Universities, Cincinnati, Ohio (1985).

30. Robert E. Klitgaard, "Going Beyond the Mean in Educational Evaluation," *Public Policy* 23 (1975): 59-79.

31. James S. Coleman et al., *Equality of Educational Opportunity*, 2 vols. (Washington, D.C.: United States Office of Education, 1966); Christopher S. Jencks et al., *Inequality* (New York: Harper & Row, 1972).

32. J. S. Coleman, T. Hoffer, and S. Kilgore, *High School Achievement* (New York: Basic Books, 1982).

33. Ibid., chap. 6, esp 176-77.

34. Ibid., 178.

35. Michael Rutter et al., *Fifteen Thousand Hours* (Cambridge, Mass.: Harvard University Press, 1979).

36. Lawrence C. Stedman, "A New Look at the Effective Schools Literature," *Urban Education* 20 (1985): 305; S. C. Purkey and M. S. Smith, "Effective Schools: A Review," *Elementary School Journal* 83 (1983): 427-52.

37. Stedman, "New Look."

38. Herbert A. Simon, *Administrative Behavior*, 3d ed. (New York: Free Press, 1976), xvi.

39. Ibid.

40. Chester I. Barnard, *The Functions of the Executive* (Cambridge, Mass.: Harvard University Press, 1968), 72 (first published in 1938).

41. Edward C. Banfield, "Ends and Means in Planning," in E. Banfield, *Here the People Rule* (New York: Plenum Press, 1985), 171-81.

42. Posen, *Sources*, 208-13.

第三章 环境

1. James Q. Wilson, *The Investigators* (New York: Basic Books, 1978), 180.

2. Carl Brauer, "Tenure, Turnover, and Post-Government Employment Trends of Presidential Appointees," Kennedy School of Government, Harvard University (November 1985).

3. Paul Light, *Artful Work* (New York: Random House, 1985), 36.

4. Martha Derthick, *Agency Under Stress* (Washington, D.C.: Brookings Institution, forthcoming).

5. General Accounting Office, "Social Security Administration: Stable Leadership and Better Management Needed to Improve Effectiveness," report to Congress GAO-HRD-87-39, March 1987, chap. 2.

6. John T. Tierney, *Postal Reorganization* (Boston: Auburn House, 1981), esp. chaps, 3, 4, and 5.

7. James Q. Wilson, *Varieties of Police Behavior* (Cambridge, Mass.: Harvard University Press, 1968), 30. See also Michael Banton, *The Policeman in the Community* (London: Tavistock, 1964), 168.

8. Wilson, *Varieties*, 18-19. See also Elaine Cumming, Ian Cumming, and Laura Edell, "Policeman as Philosopher, Guide and Friend," *Social Problems* 12 (1965): 276-86.

9. Vera Institute of Justice, *Felony Arrests: Their Prosecution in New York City's Courts* (New York: Vera Institute of Justice, 1977); Wilson, *Varieties of Police Behavior*, 24-25.

10. Jerome H. Skolnick, *Justice Without Trial* (New York: John Wiley & Sons, 1966), 42-48.

11. William K. Muir, *Police: Streetcorner Politicians* (Chicago: University of Chicago Press, 1977).

382

12. Gresham M. Sykes, *The Society of Captives* (Princeton, N.J.: Princeton University Press, 1958).

13. Ivan Belknap, *Human Problems of a State Mental Hospital* (New York: McGraw-Hill, 1956).

14. Willard Waller, *The Sociology of Teaching* (New York: John Wiley & Sons, 1932).

15. Charles Bidwell summarizes these studies in "The School as a Formal Organization," in James G. March, ed., *Handbook of Organizations* (Chicago: Rand McNally & Co., 1965), 972–1022.

16. Michael Lipsky, *Street-Level Bureaucracy* (New York: Russell Sage Foundation, 1980), esp. chap. 2.

17. Donald P. Warwick, *A Theory of Public Bureaucracy: Politics, Personality, and Organization in the State Department* (Cambridge, Mass.: Harvard University Press, 1975), 85.

18. Warwick, *Theory*, 85. See also John Franklin Campbell, *The Foreign Affairs Fudge Factory* (New York: Basic Books, 1971), esp. chaps. 1, 2, 5.

19. Warwick, *Theory*, 86.

20. U.S. Department of State, *Diplomacy for the 70s* (Washington, D.C.: U.S. Department of State, 1970), quoted in Warwick, *Theory*, 86.

21. Wilson, *Varieties*, 49.

22. John Mendeloff, *Regulating Safety: An Economic and Political Analysis of Occupational Safety and Health Policy* (Cambridge, Mass.: MIT Press, 1979), 41.

23. Cf. David P. McCaffrey, *OSHA and the Politics of Health Regulation* (New York: Plenum Press, 1982).

24. Steven Kelman, "Occupational Safety and Health Administration," in James Q. Wilson, ed., *The Politics of Regulation* (New York: Basic Books, 1980), 236–66; Kelman, *Regulating America, Regulating Sweden* (Cambridge, Mass.: MIT Press, 1981).

25. Martin van Creveld, *Command in War* (Cambridge, Mass.: Harvard University Press, 1985), chap. 7; Richard A. Gabriel and Paul L. Savage, *Crisis in Command* (New York: Hill and Wang, 1978).

26. Andrew F. Krepinevich, Jr., *The Army in Vietnam* (Baltimore, Md.: Johns Hopkins University Press, 1986), 174.

27. John Keegan, *The Face of Battle* (New York: Random House/Vintage, 1976), 173.

28. Ibid., 181–82, 241, 326.

29. Samuel A. Stouffer, *Communism, Conformity, and Civil Liberties* (Garden City, N.Y.: Doubleday, 1955).

30. Keegan, *Face of Battle*, 179–83.

31. Ibid., 189.

32. Ibid., 272–79.

33. William Darryl Henderson, *Cohesion: The Human Element in Combat* (Washington, D.C.: National Defense University Press, 1985); Gabriel and Savage, *Crisis in Command*, chap. 2.

34. Guenter Lewy, *America in Vietnam* (New York: Oxford University Press, 1978), 153–61.

35. Ibid., 159; Charles C. Moskos, Jr., "The American Combat Soldier in Vietnam," *Journal of Social Issues* 31 (1975): 32.

36. Lewy, *America in Vietnam*, 156.

37. Alvin W. Gouldner, *Patterns of Industrial Bureaucracy* (New York: Free Press, 1954), 113–16, 134–36, 146–54. Quote on p. 147.

38. James Q. Wilson, *The Investigators* (New York: Basic Books, 1978), 152.

39. F. J. Roethlisberger and William J. Dickson, *Management and the Worker* (New York: John Wiley & Sons, 1964), chap. 18 (first published in 1939).

第四章　理念

1. Richard Nathan, *The Plot That Failed* (New York: John Wiley & Sons, 1975), chaps. 3, 4.

2. J. Donald Kingsley, *Representative Bureaucracy* (Yellow Springs, Ohio: Antioch Press, 1944).

3. Icek Ajzen and Martin Fishbein, "Attitude-Behavior Relations: A Theoretical Analysis and Review of Empirical Research," *Psychological Bulletin* 84 (1977): 888.

4. Allan W. Wicker, "Attitudes versus Actions: The Relationship of Verbal and Overt Behavioral Responses to Attitude Objects," *Journal of Social Issues* 25 (1969): 75.

5. Jeffrey Manditch Prottas, *People-Processing* (Lexington, Mass.: D. C. Heath/Lexington Books, 1979), 24.

6. Tana Pesso, "Local Welfare Offices: Managing the Intake Process," *Public Policy* 26 (1978): 305-30, esp. 324.

7. Ibid.

8. Prottas, *People-Processing*, 38-41.

9. Donald J. Black and Albert J. Reiss, Jr., "Police Control of Juveniles," *American Sociological Review* 35 (1970): 63-77.

10. James J. Fyfe, "Geographic Correlates of Police Shootings: A Microanalysis," *Journal of Research in Crime and Delinquency* 17 (1980): 101-13; Fyfe, "Officer Race and Police Shooting," paper delivered at the annual meeting of The American Society of Criminology (November 1979).

11. Catherine H. Milton et al., *Police Use of Deadly Force* (Washington, D.C.: Police Foundation, 1977).

12. Victor H. Vroom, *Work and Motivation* (New York: John Wiley & Sons, 1964); A. H. Brayfield and W. H. Crockett, "Employee Attitudes and Employee Performance," *Psychological Bulletin* 52 (1955): 396-424; L. W. Porter and R. M. Steers, "Organizational, Work, and Personal Factors in Employee Turnover and Absenteeism," *Psychological Bulletin* 80 (1973): 151-76; Wicker, "Attitudes versus Actions"; Ajzen and Fishbein, "Attitude-Behavior Relations."

13. Herbert A. Simon, "The Birth of an Organization," in Simon, ed., *Administrative Behavior*, 3d ed. (New York: Free Press, 1976), 318 (first published in *Public Administration Review* 13 [1953]: 227-36).

14. Ibid., 317-18.

15. Ibid., 322.

16. U.S. Senate, Select Committee to Study Governmental Operations with Respect to Intelligence Activities (hereinafter cited as "Church Committee Report"), *Final Report*, vol. 4, "History of the Central Intelligence Agency" (Washington, D.C.: Government Printing Office, 1976), 8-9; see also R. Harris Smith, *OSS* (Berkeley, Calif.: University of California Press, 1972), chap. 11.

17. Church Committee Report, 28.

18. Ibid., 4.

19. Ibid., 92.

20. John Ranelagh quotes Frank Wisner, an early leader of covert operations, as describing the CIA analysts as "a bunch of old washerwomen exchanging gossip while they rinse through the dirty linen." *The Agency: The Rise and Decline of the CIA* (New York: Simon & Schuster, 1986), 135. Richard Helms, who knew Wisner well, doubts he ever said such a thing. (Private communication.) Since Wisner is dead, the matter cannot be resolved. But on the general pecking order, see Robin W. Winks, *Cloak and Gown* (New York: William Morrow & Co., 1987), 383-88.

21. Ranelagh, *The Agency*, 116-21, 218-19; Church Committee Report, 92; Rhodri Jeffreys-Jones, *The CIA and American Democracy* (New Haven, Conn.: Yale University Press, 1989), 68; Thomas Troy, *Donovan and the CIA* (Frederick, Md.: University Publications of America, 1981), 8.

22. Arthur T. Hadley, *The Straw Giant* (New York: Random House, 1986), 67-73.

23. Robert A. Katzmann, *Regulatory Bureaucracy: The Federal Trade Commission and Antitrust Policy* (Cambridge, Mass.: MIT Press, 1980), chaps. 1, 2.

24. Ibid., chaps. 4, 5. A comparable analysis of the differing perspectives and roles on lawyers and economists in the FTC can be found in Kenneth W. Clarkson and Timothy J. Muris, *The Federal Trade Commission since 1970* (Cambridge: Cambridge University Press, 1981), 293-94, 298-303; and in Robert A. Rogowsky, "The Pyrrhic Victories of Section 7: A Political Economy Approach," in R. J. Mackay, J. C. Miller III, and B. Yandle, eds., *Public Choice and Regulation: A View from Inside the Federal Trade Commission* (Stanford, Calif.: Hoover Institution Press, 1987), 220-39.

384
25. Katzmann, *Regulatory Bureaucracy*, 40, 50.

26. Arthur Maass, "U. S. Prosecution of State and Local Officials for Political Corruption," *Publius* 17 (1987): 195-230, esp. 223-25.

27. Charles Pruitt, "People Doing What They Do Best: The Professional Engineers and NHTSA," *Public Administration Review* 39 (July-August 1979): 363-71.

28. Malcolm McConnell, *A Major Malfunction* (Garden City, N.Y.: Doubleday, 1987), 187.

29. Prottas, *People-Processing*, 39.

30. Herbert Kaufman, *The Forest Ranger* (Baltimore, Md.: Johns Hopkins University Press, 1981), 68.

31. Paul J. Culhane, *Public Lands Politics* (Baltimore, Md.: Johns Hopkins University Press, 1981), 326.

32. Ronald A. Foresta, *America's National Parks and Their Keepers* (Washington, D.C.: Resources for the Future, 1984), 16-18, 27-29.

33. Alston Chase, *Playing God in Yellowstone* (San Diego, Calif.: Harcourt Brace Jovanovich, 1987), 235, 243-44.

34. Ibid., 250-56, 382.

35. Ibid., 382.

36. Craig W. Allin, "Park Service v. Forest Service: Exploring the Differences in Wilderness Management," *Policy Studies Review* 7 (1987): 385-94.

37. *New York Times*, 22 September 1988, p. 1.

38. For a description and criticism of this planning, see Randall O'Toole, *Reforming the Forest Service* (Washington, D.C.: Island Press, 1988), chap. 11.

39. John Mendeloff, *Regulating Safety* (Cambridge, Mass.: MIT Press, 1979), 32-33; David P. McCaffrey, *OSHA and the Politics of Health Regulation* (New York: Plenum, 1982), 53-56.

40. Serge Taylor, *Making Bureaucracies Think* (Stanford, Calif.: Stanford University Press, 1984), 125.

41. Christopher K. Leman, *Managing the National Forests*, paper prepared for Resources for the Future (Washington, D.C., 1986), chap. 8.

42. Stanley Rothman and S. Robert Lichter, "How Liberal Are Bureaucrats?" *Regulation* (November-December 1983): 18.

43. Ibid.

44. Joel D. Aberbach and Bert A. Rockman, "Clashing Beliefs Within the Executive Branch: The Nixon Administration," *American Political Science Review* 70 (1976): 446-68.

45. Jeremy Rabkin, "Office for Civil Rights," in James Q. Wilson, ed., *The Politics of Regulation* (New York: Basic Books, 1980), 304-53.

46. Ibid., 333.

47. Terry Moe, "Interests, Institutions, and Positive Theory: The Politics of the NLRB," *Studies in American Political Development* 2 (1987): 236-99; and Moe, "Control and Feedback in Economic Regulation: The Case of the NLRB," *American Political Science Review* 79 (1985): 1094-116.

48. Richard Harris, *Coal Firms Under the New Social Regulation* (Durham, N.C.: Duke University Press, 1985), 37, 154-55.

49. Kenneth J. Meier, "Representative Bureaucracy: An Empirical Analysis," *American Political Science Review* 69 (1975): 526-42; K. Meier and Lloyd G. Nigro, "Representative Bureaucracy and Policy Preferences: A Study in the Attitudes of Federal Executives," *Public Administration Review* 36 (1976): 466-67.

50. Bernard Mennis, *American Foreign Policy Officials* (Columbus, Ohio: Ohio State University Press, 1971), chap. 5.

51. Charles T. Goodsell, *The Case for Bureaucracy*, 2nd ed. (Chatham, N.J.: Chatham House, 1985), 86.

52. Robert K. Merton, "Bureaucratic Structure and Personality," *Social Forces* 17 (1940): 560-68, reprinted in Merton, ed., *Reader in Bureaucracy* (New York: Free Press, 1952), 361-71.

53. W. Lloyd Warner et al., *The American Federal Executive* (New Haven, Conn.: Yale University Press, 1963), chap. 12.

54. Melvin J. Kohn, "Bureaucratic Man: A Portrait and an Interpretation," *American Sociological Review* 36 (1971): 461-74.

55. Goodsell, *Case for Bureaucracy*, 88-95.

56. Julius S. Brown, "Risk Propensity in Decision Making: A Comparison of Business and Public School Administrators," *Administrative Science Quarterly* 15 (1970): 473-81.

第五章　利益

1. Quoted in Paul K. Conkin, "Intellectual and Political Roots," in E. C. Hargrove and P. K. Conkin, eds., *TVA: Fifty Years of Grass-Roots Democracy* (Urbana, Ill.: University of Illinois Press, 1983), 28.

2. David E. Lilienthal, *TVA: Democracy on the March*, 2d ed. (New York: Harper, 1953).

3. John Ed Pearce, quoted in Dewey W. Grantham, "TVA and the Ambiguity of American Reform," in Hargrove and Conkin, eds., *TVA*, 327.

4. Rexford G. Tugwell and Edward C. Banfield, "Grass Roots Democracy—Myth or Reality?" *Public Administration Review* 10 (1950): 47-55.

5. Philip Selznick, *TVA and the Grass Roots* (Berkeley, Calif.: University of California Press, 1949).

6. Philip Selznick, *Leadership in Administration* (Evanston, Ill.: Row, Peterson, 1957), 42-45.

7. Avery Leiserson, "Administrative Management and Political Accountability," in Hargrove and Conkin, eds., *TVA*, 139; Conkin, "Intellectual and Political Roots," 30.

8. Richard Lowitt, "The TVA, 1933-45," in Hargrove and Conkin, eds., *TVA*, 41; William H. Droze, "The TVA, 1945-80: The Power Company," in Hargrove and Conkin, eds., *TVA*, 67-68.

9. William B. Wheeler and Michael J. McDonald, "The 'New Mission' and the Tellico Project, 1945-70," in Hargrove and Conkin, eds., *TVA*, 169.

10. Lynn Seeber, quoted in Droze, "The TVA," 80.

11. Marc J. Roberts and Jeremy S. Bluhm, *The Choices of Power* (Cambridge, Mass.: Harvard University Press, 1981), chap. 4.

12. Edward Mansfield, "Federal Maritime Commission," in James Q. Wilson, ed., *The Politics of Regulation* (New York: Basic Books, 1980), 49. The congressional view was expressed by the Antitrust Subcommittee of the House Judiciary Committee in its 1960 report, *The Ocean Freight Industry*, 87th Cong., 2d sess., 359.

13. Mansfield, "Federal Maritime Commission," 50.

14. Ibid., 64.

15. Quoted in ibid., 65.

16. Ibid., 65-68.

17. Paul J. Halpern, "Consumer Politics and Corporate Behavior: The Case of Automobile Safety," Ph.D. diss., Department of Government, Harvard University (1972).

18. Paul J. Quirk, "Food and Drug Administration," and Alfred Marcus, "Environmental Protection Agency," in Wilson, ed., *Politics of Regulation*, chaps. 6, 8.

19. Frank W. McCulloch and Tim Bornstein, *The National Labor Relations Board* (New York: Praeger, 1974); Seymour Scher, "Congressional Committee Members as Independent Agency Overseers," *American Political Science Review* 54 (1960): 911-20.

20. John A. Garraty, *The New Commonwealth, 1877-1890* (New York: Harper & Row, 1968); Edward A. Purcell, Jr., "Ideas and Interests: Businessmen and the Interstate Commerce Act," *Journal of American History* 54 (1967): 561-78; Robert W. Harbeson, "Railroads and Regulation, 1877-1916: Conspiracy or Public Interest?" *Journal of Economic History* 27 (1967): 230-42. These findings in my opinion demolish the argument that Congress gave to the railroads the state-supported cartel they sought, a view advanced in Gabriel Kolko, *Railroads and Regulation, 1877-1916* (Princeton, N.J.: Princeton University Press, 1965).

21. Suzanne Weaver, "Antitrust Division," in Wilson, ed., *Politics of Regulation*, 125; and Weaver, *Decision to Prosecute: Organization and Public Policy in the Antitrust Division* (Cambridge, Mass.: MIT Press, 1977). See also William Letwin, "Congress and the Sherman Antitrust Act," *University of Chicago Law Review* 23 (1955): 221-56; Hans B. Thorelli, *The Federal Antitrust Policy* (Baltimore, Md.: Johns Hopkins University Press, 1954); and Robert H. Bork, *The Antitrust Paradox* (New York: Basic Books, 1978), chap. 1.

386   22. Richard E. Caves, *Air Transport and Its Regulators* (Cambridge, Mass.: Harvard University Press, 1962), 433–49.
23. Quirk, "Food and Drug Administration," 207.
24. Ibid., 211–18.
25. Ibid., 217.
26. Graham K. Wilson, *The Politics of Safety and Health* (Oxford: Clarendon Press, 1985), 59–69; David P. McCaffrey, *OSHA and the Politics of Health Regulation* (New York: Plenum Press, 1982), 137–38, 160–61, 173–74.
27. John T. Scholz and Feng Heng Wei, "Regulatory Enforcement in a Federalist System," *American Political Science Review* 80 (1986): 1261.
28. McCaffrey, *OSHA*, 101–2.
29. Steven Kelman, "Occupational Safety and Health Administration," in James Q. Wilson, ed., *Politics of Regulation*, 250.
30. Weaver, "Antitrust Division," 134–40.
31. Ibid., 149. See also Robert M. Goolrick, *Public Policy Toward Corporate Growth: The ITT Merger Cases* (Port Washington, N.Y.: Kennikat Press, 1978). .
32. Kenneth W. Clarkson and Timothy J. Muris, eds., *The Federal Trade Commission Since 1970* (Cambridge: Cambridge University Press, 1981), 169–73.
33. Jeffrey M. Berry, *The Interest Group Society* (Boston: Little, Brown, 1984), 88; and Berry, *Lobbying for the People* (Princeton, N.J.: Princeton University Press, 1977).
34. Mansfield, "Federal Maritime Commission," 60–61.
35. Stephen Breyer, *Regulation and Its Reform* (Cambridge, Mass.: Harvard University Press, 1982), 320, 328.
36. Martha Derthick and Paul J. Quirk, *The Politics of Deregulation* (Washington, D.C.: The Brookings Institution, 1985), chap. 7.
37. Marcus, "Environmental Protection Agency," 267; Graham Wilson, *Politics of Safety*, 56–57.
38. Quoted in Quirk, "Food and Drug Administration," 216.
39. R. Shep Melnick provides a book-length account of the many ways in which almost every conceivable interest gets represented in environmental policy: *Regulation and the Courts* (Washington, D.C.: The Brookings Institution, 1983), 40.
40. Weaver, *Decision to Prosecute*, chap. 3; Robert A. Katzmann, *Regulatory Bureaucracy: The Federal Trade Commission* (Cambridge, Mass.: MIT Press, 1980), chap. 6.
41. Paul J. Quirk, *Industry Influence in Federal Regulatory Agencies* (Princeton, N.J.: Princeton University Press, 1981), 170. See also William D. Berry, "An Alternative to the Capture Theory of Regulation: The Case of State Public Utility Commissions," *American Journal of Political Science* 28 (1984): 524–58; and William T. Gormley, "A Test of the Revolving Door Hypothesis at the FCC," *American Journal of Political Science* 23 (1979): 665–83.
42. Quoted in Bradley Behrman, "Civil Aeronautics Board," in James Q. Wilson, ed., *Politics of Regulation*, 106.
43. Derthick and Quirk, *Deregulation*; and Derthick and Quirk, "Why the Regulators Chose to Deregulate," in R. G. Noll, ed., *Regulatory Policy and the Social Sciences* (Berkeley, Calif.: University of California Press, 1985), 214–44; Breyer, *Regulation and Its Reform*, 318–19.
44. Derthick and Quirk, *The Politics of Deregulation*, 74–85.
45. Derthick and Quirk, "Why the Regulators Chose to Deregulate," 221, 223.

第六章   文化

1. *Meeting the Espionage Challenge: A Review of United States Counterintelligence and Security Programs*, a report of the Select Committee on Intelligence, United States Senate, 99th Cong., 2d sess. (October 3, 1986), 34–35; *New York Times*, 3 April 1987, p. 1. A good journalistic account is Ronald Kessler, *Moscow Station* (New York: Charles Scribner's Sons, 1989).
2. Report from the General Accounting Office, Office of Special Investigations, to the Subcommittee on International Affairs, Committee on Foreign Affairs, U.S. House of Representatives, dated July 28, 1988.

3. Thomas J. Peters and Robert H. Waterman, Jr., *In Search of Excellence: Lessons from America's Best-Run Companies* (New York: Harper & Row, 1982).

4. For example, Yvan Allaire and Mihaela E. Firsirotu, "Theories of Organizational Culture," *Organization Studies* 5 (1984): 193-226; G. Hofstede, "Culture and Organization—A Literature Review Study," *Journal of Enterprise Management* 1 (1987): 127-35; Lynne G. Zucker, "Organizations as Institutions," *Research in the Sociology of Organizations* 2 (1983): 1-47; Edgar H. Schein, *Organizational Culture and Leadership* (San Francisco: Jossey-Bass, 1985); Linda Smircich, "Concepts of Culture and Organizational Analysis," *Administrative Science Quarterly* 28 (1983): 339-58; Vijay Sathe, *Culture and Related Corporate Realities* (Homewood, Ill.: Richard D. Irwin, 1985); William Ouchi and Alan L. Wilkins, "Organizational Culture," *Annual Review of Sociology* 11 (1985): 457-83.

5. Chester I. Barnard, *The Functions of the Executive* (Cambridge, Mass.: Harvard University Press, 1938), 279.

6. Philip Selznick, *Leadership in Administration* (Evanston, Ill.: Row, Peterson & Co., 1957), chap. 2, esp. 38, 40, 42.

7. The Hawthorne findings are summarized in F. J. Roethlisberger and William J. Dickson, *Management and the Worker* (Cambridge, Mass.: Harvard University Press, 1939). Among the critiques are Alex Carey, "The Hawthorne Studies: A Radical Critique," *American Sociological Review* 32 (1967): 403-16; Richard Herbert Franke and James D. Kaul, "The Hawthorne Experiments: First Statistical Interpretation," *American Sociological Review* 43 (1978): 623-43. Rejoinders can be found in Robert Schlaifer, "The Relay Assembly Test Room: An Alternative Statistical Interpretation," *American Sociological Review* 45 (1980): 995-1005; and Jeffrey A. Sonnenfeld, "Clarifying Critical Confusion in the Hawthorne Hysteria," *American Psychologist* 37 (1982): 1397-99.

8. For example, Richard M. Weiss and Lynn E. Miller, "The Rediscovery of Organizational Culture," Working Paper MG85-02, University of Delaware.

9. Roger Brown and Richard J. Herrnstein, *Psychology* (Boston: Little, Brown, 1975), 529.

10. Secretary of State's Advisory Panel on Overseas Security, *Report* (June 1985), esp. 18-20.

11. Donald P. Warwick, *A Theory of Public Bureaucracy* (Cambridge, Mass.: Harvard University Press, 1975), 29; Gordon Tullock, *The Politics of Bureaucracy* (Washington, D.C.: Public Affairs Press, 1965), 40-43, 168-69.

12. John Ensor Haar, *The Professional Diplomat* (Princeton, N.J.: Princeton University Press, 1969), 141-45; Andrew M. Scott, "Environmental Change and Organizational Adaptation: The Problem of the State Department," *International Studies Quarterly* 14 (1970): 85-94; and Scott, "The Department of State: Formal Organization and Informal Culture," *International Studies Quarterly* 13 (1969): 1-18.

13. Warwick, *Theory*, 30-31.

14. Chris Argyris, *Some Causes of Organizational Ineffectiveness Within the Department of State* (Washington, D.C.: Center for International Systems Research, Department of State, 1967), 37-38, cited in Warwick, *Theory*, 31.

15. Selznick, *Leadership*, 42, 62.

16. Morton H. Halperin, *Bureaucratic Politics and Foreign Policy* (Washington, D.C.: Brookings Institution, 1974), 28.

17. Jonathan B. Bendor, *Parallel Systems: Redundancy in Government* (Berkeley, Calif.: University of California Press, 1985), 254-55.

18. Jerry L. Mashaw, *Bureaucratic Justice* (New Haven, Conn.: Yale University Press, 1983), 216.

19. Robert F. Durant, *When Government Regulates Itself* (Knoxville, Tenn.: University of Tennessee Press, 1985).

20. Martha Derthick, *Policymaking for Social Security* (Washington, D.C.: Brookings Institution, 1979), 27-32.

21. Arthur L. Stinchcombe, "Social Structure and Organizations," in James G. March, ed., *Handbook of Organizations* (Chicago: Rand McNally, 1965), 142-93.

22. James Q. Wilson, *Political Organizations* (New York: Basic Books, 1973), chaps. 4, 5.

23. John R. Kimberly, "Environmental Constraints and Organizational Structure," *Administrative Science Quarterly* 20 (1975): 1-9. See also Kimberly and Robert H. Miles, eds., *The Organizational Life Cycle* (San Francisco, Calif.: Jossey-Bass, 1980).

387

388   24. Herbert Kaufman, *The Forest Ranger* (Baltimore, Md.: Johns Hopkins University Press, 1960).

25. Ibid., chap. 6.

26. Ibid., 168–69.

27. Ibid., 145.

28. Paul J. Culhane, *Public Lands Politics* (Baltimore, Md.: Johns Hopkins University Press, 1981), 232.

29. Thomas Gid Powers, *Secrecy and Power: The Life of J. Edgar Hoover* (New York: Free Press, 1987), chaps. 3, 4.

30. Sanford J. Ungar, *FBI* (Boston: Little, Brown, 1975), 59.

31. James Q. Wilson, *The Investigators* (New York: Basic Books, 1978), chap. 5.

32. Ibid., 23–39.

33. Mohammad Al-Saud, "The Field Representatives: A Case Study of Administrative Control in the U.S. Army Corps of Engineers," Ph.D. diss., Department of Government, Harvard University (1987).

34. Ibid., chap. 4.

35. Ibid., chap. 5 and 136–37, 191–216.

36. Derthick, *Policymaking*, 21.

37. A paraphrase of Eveline M. Burns, quoted in Derthick, *Policymaking*, 23.

38. Derthick, *Policymaking*, 31, and Mashaw, *Bureaucratic Justice*, 216.

39. Derthick, *Policymaking*, 30.

40. Martha Derthick, *Agency Under Stress: The Social Security Administration and American Government* (Washington, D.C.: Brookings Institution, forthcoming), chap. 2.

41. Robert M. Gates, "The CIA and Foreign Policy," *Foreign Affairs* 66 (1987): 223.

42. John Walcott, "War of the Spies," *Wall Street Journal*, 27 November 1987, pp. 1ff; George Kalaris and Leonard McCoy, "Counterintelligence," in Roy Godson, ed., *Intelligence Requirements for the 1990s* (Lexington, Mass.: D. C. Heath/Lexington Books, 1989), 127–45.

43. Robin W. Winks, *Cloak & Gown: Scholars in the Secret War, 1939–1961* (New York: William Morrow, 1987), 430–31. See also John Ranelagh, *The Agency: The Rise and Decline of the CIA* (New York: Simon & Schuster, 1986), chap. 16. For a defense of Angleton, see Edward Jay Epstein, *Deception: The Invisible War Between the KGB and the CIA* (New York: Simon & Schuster, 1989).

44. The Colby instruction was found in the U.S. embassy files in Teheran that were seized by the Khomeini radicals; it is reported in Edward Jay Epstein, "Secrets from the CIA Archive in Teheran," *Orbis* 31 (1987): 36.

45. *Washington Post*, 27 July 1987; *Foreign Report*, 20 August 1987; Jack Anderson and Dale Van Atta columns in *Washington Post*, 21 March and 23 March 1988; Walcott, "War of the Spies."

46. Bendor, *Parallel Systems*, chap. 5, esp. 186, 189, 193, 205.

47. Presidential Commission on the Space Shuttle Challenger Accident, *Report to the President* (Washington, D.C., 1986), 171. (Hereinafter, "Rogers Commission Report.")

48. Ibid., 172.

49. Quoted in Malcolm McConnell, *Challenger: A Major Malfunction* (Garden City, N.Y.: Doubleday, 1987), 187.

50. Rogers Commission Report, chaps. 5–8.

51. Washington, D.C.: Brookings Institution, 1974.

52. Arthur T. Hadley, *The Straw Giant* (New York: Random House, 1986), 35.

53. Halperin, *Bureaucratic Politics*, 41.

54. Christopher K. Leman, "Managing the National Forests: The Forest Service, a Bureaucracy that Still Works," unpub. manuscript, Resources for the Future, Washington, D.C. (1986), chap. 8.

55. Ibid.

56. Ibid., citing U.S. Forest Service, *Employee Survey, Region 6* (1984), 12, 14–15, and Forest Service, *Report on Mineral Careers in the Forest Service* (September 1981).

57. Wilson, *The Investigators*, chap. 2.

58. Marc Tipermas, "Jurisdictionalism: The Politics of Executive Reorganization," Ph.D. diss., Department of Government, Harvard University (1976), 205.

59. Ibid., 158.

第七章　制约因素

1. "The Registry of Motor Vehicles: Watertown Branch," Case number C16-84-580, prepared at the John F. Kennedy School of Government, Harvard University, 1984.

2. John F. Love, *McDonald's: Behind the Arches* (New York: Bantam Books, 1986), 140ff.

3. Max Weber, *Economy and Society*, ed. Guenther Roth and Claus Wittich (New York: Bedminster Press, 1968), vol. 3, chaps. 11 and 12.

4. William A. Niskanen, Jr., *Bureaucracy and Representative Government* (Chicago: Aldine-Atherton, 1971), chaps. 2-4.

5. James S. Coleman, Thomas Hoffer, and Sally Kilgore, *High School Achievement* (New York: Basic Books, 1982).

6. John E. Chubb and Terry M. Moe, "No School Is an Island: Politics, Markets, and Education," *The Brookings Review* (Fall 1986): 21-28.

7. Steven Kelman, *Procurement and Public Management* (forthcoming).

8. John T. Tierney, *The U.S. Postal Service* (Dover, Mass.: Auburn House, 1988), 101-2.

9. National Association of Greeting Card Publishers v. USPS, 103 U.S. 2727 (1983).

10. Tierney, *U.S. Postal Service*, 94-97.

11. John T. Tierney, *Postal Reorganization: Managing the Public's Business* (Boston: Auburn House, 1981), 67.

12. Ibid., 68-73.

13. Ibid., 72.

14. 18 *U.S. Code* 1696.

15. General Accounting Office, *Progress and Challenges at the Defense Logistics Agency*. GAO report NSIAD-86-64, Washington, D.C., 1986, p. 2.

16. Wendy T. Kirby, "Expanding the Use of Commercial Products and 'Commercial-Style' Acquisition Techniques in Defense Procurement: A Proposed Legal Framework." Appendix H in President's Blue Ribbon Commission on Defense Management (the "Packard Commission"), *A Quest for Excellence: Final Report*, June 1986.

17. I discuss these matters in chap. 17.

18. Kirby, "Expanding the Use," 106-7.

19. 41 *U.S. Code* 10(a).

20. Kirby, "Expanding the Use," 82-83, 91.

21. 10 *U.S. Code* 2305(a)(4)(6).

22. Kirby, "Expanding the Use," 92.

23. General Accounting Office, *Progress and Challenges*, 34.

24. 5 *U.S. Code* 552.

25. 5 *U.S. Code* 552a.

26. 5 *U.S. Code* 552(b).

27. 42 *U.S. Code* 4332(2)(c).

28. Steven Kelman, *Making Public Policy* (New York: Basic Books, 1987), 97.

29. Cf. Daniel A. Mazmanian and Jeanne Nienaber, *Can Organizations Change?* (Washington, D.C.: The Brookings Institution, 1979).

30. Robert A. Carp and Ronald Stidham, *The Federal Courts* (Washington, D.C.: CQ Press, 1985), 42.

31. David Street, Robert Vinter, and Charles Perrow, *Organization for Treatment* (New York: Free Press, 1966).

32. James Q. Wilson, *Varieties of Police Behavior* (Cambridge, Mass.: Harvard University Press, 1968), 70-71.

33. Mark A. Emmert and Michael M. Crow, "Public, Private and Hybrid Organizations," *Administration and Society* 20 (1988): 227. This finding calls into question the claim that there are no significant differences between public and private organizations in Barry Bozeman, *All Organizations Are Public* (San Francisco, Calif.: Jossey-Bass, 1987). Some findings similar to those of Emmert and Crow are in Hal G. Rainey, "Public Agencies and Private Firms," *Administration and Society* 15 (1983): 207-42.

34. Tierney, *U.S. Postal Service*, 52-57.

35. Quoted in Graham T. Allison, Jr., "Public and Private Management: Are They Fundamentally Alike in All Unimportant Respects?" in Frederick S. Lane, ed., *Current Issues in Public Administration*, 2d ed. (New York: St. Martin's Press, 1982), 13-33. The academic literature on public-private differences is summarized in Hal G. Rainey, Robert W. Backoff,

390

and Charles H. Levine, "Comparing Public and Private Organizations," *Public Administration Review* 36 (1976): 233–44.

36. John Kenneth Galbraith, *The New Industrial State*, 2d ed. (New York: New American Library, 1971), chaps. 7, 16–18. A more sophisticated version of the thesis that "all organizations are public" is Bozeman, *All Organizations Are Public*. Bozeman rightly calls attention to the many governmental and political constraints on firms without, I think, refuting the view that governmental agencies have some distinctive properties. Bozeman might prefer to say that the differences between firms and agencies are matters of degree, but in my view some degrees are so great as to constitute differences in kind.

37. Galbraith, *New Industrial State*, 46.

第八章　人员

1. Quoted in Larry J. Wilson, "The Navy's Experiment With Pay, Performance, and Appraisal," *Defense Management Journal* (Third Quarter, 1985): 30.

2. Quoted in ibid, 32.

3. The leading works are the meta-analyses by Hunter and Schmidt. See in particular J. E. Hunter and R. F. Hunter, "Validity and Utility of Alternate Predictors of Job Performance," *Psychological Bulletin* 96 (1984): 72–98; F. L. Schmidt and J. E. Hunter, "Development of a General Solution to the Problem of Validity Generalization," *Journal of Applied Psychology* 62 (1977): 529–40; J. E. Hunter, "Cognitive Ability, Cognitive Aptitudes, Job Knowledge, and Job Performance," *Journal of Vocational Behavior* 29 (1986): 340–62; J. E. Hunter, *Test Validation for 12,000 Jobs: An Application of Synthetic Validity and Validity Generalization to the General Aptitude Test Battery*, report prepared for the U.S. Employment Service of the U.S. Department of Labor (1980). The ability of cognitive tests to predict job performance is reviewed in a special issue of the *Journal of Vocational Behavior*; see especially the summary essay by Linda Gottfredson, "Societal Consequences of the g Factor in Employment," *Journal of Vocational Behavior* 29 (1986): 379–410.

4. Angel G. Luevano et al. v. Alan Campbell et al., Civil Action No. 79-0271, "Order Granting Final Approval to the Consent Decree," United States District Court for the District of Columbia (1979), p. 6. Hereinafter cited as "Decree."

5. Decree: 16.

6. General Accounting Office, *Federal Workforce: A Framework for Studying Its Quality Over Time*, report GAO/PEMD-88-27 (Washington, D.C.: GAO, August 1988). See also Carolyn Ban and Patricia W. Ingraham, "Retaining Quality Federal Employees: Life After PACE," *Public Administration Review* 48 (1988): 708–18.

7. U.S. Merit Systems Protection Board, *Federal Personnel Policies and Practices: Perspectives from the Workplace*, report to the President and the Congress, 1987, p. 17.

8. Career Entry Group, U.S. Office of Personnel Management, "Hiring Professionals for Federal Careers: An Historical Perspective and a Plan to Meet Future Staffing Needs," paper (February 1988): 10–11.

9. Patricia A. Harris, *The Effectiveness of Grade Point Average and Level of Education in Predicting Performance in the Workplace: A Lay Summary of Findings*, report OPRD-88-1 (Washington, D.C.: Office of Personnel Management, August 1988).

10. U.S. Civil Service Commission, Bureau of Policies and Standards, *Position Classification Standard for Electronics Engineering Series GS855* (February 1971): 15, 20, 25.

11. General Accounting Office, *Testimony of the Comptroller General on the Impact of the Senior Executive Service* (Washington, D.C.: Government Printing Office, 1983): 2.

12. *Organizational Assessments of the Effects of Civil Service Reform*, Third Year Report for Fiscal Year 1982, submitted to the U.S. Office of Personnel Management by the Department of Organizational Behavior, Weatherhead School for Management, Case Western Reserve University (Contract OPM-23-80): 170–74.

13. *Organizational Assessments of the Effects of Civil Service Reform*, Third Year Report for Fiscal Year 1982, submitted to the U.S. Office of Personnel Management by the Institute for Social Research, University of Michigan (Contract OPM-22-80): 240–58.

14. U.S. Merit Systems Protection Board, *A Study of Cases Decided by the U.S. Merit Systems Protection Board in Fiscal Year 1987*, a report to the president and Congress, n.d.

15. Ibid.

16. Data supplied by the Office of Personnel Management.

17. Office of Personnel Management, "Proposed Demonstration Project: An Integrated Approach to Pay, Performance Appraisal, and Position Classification for More Effective Operation of Government Organizations," *Federal Register* 45 (April 18, 1980): 26504-44.

18. Wilson, "The Navy's Experiment."

19. Brigitte W. Schay, "Effects of Performance-Contingent Pay on Employee Attitudes," *Public Personnel Management* 17 (1988): 244, 248; Office of Personnel Management (OPM), "A Summary Assessment of the Navy Demonstration Project," Management Report 9 (unpub. report of the Research and Demonstration Staff, Office of Personnel Management, February 1986), 41; OPM, "Turnover in the Navy Demonstration Laboratories, 1980-1985," Management Report 11 (December 1988); OPM, "Effects of Performance-Based Pay on Employees in the Navy Demonstration Project," Management Report 12 (December 1988).

20. Ibid., 41-42.

21. Office of Personnel Management, "Salary Costs and Performance-Based Pay Under the Navy Personnel Management Demonstration Project: 1986 Update," Management Report 10 (unpub. report of the Research and Demonstration Staff, Personnel Systems and Oversight Group), chap. 1.

22. Susan Kellam, "Remaking the Grade," *Government Executive* (November-December 1987): 14.

23. Quoted in ibid., 18.

24. Lawrence A. Cremin, *The Genius of American Education* (New York: Vintage Books, 1965), 104.

25. Richard F. Elmore and Milbrey Wallin McLaughlin, *Steady Work: Policy, Practice, and the Reform of American Education*, R-3574-NIE/RC (Santa Monica, Calif.: Rand, 1988), 34.

26. Ibid.

27. Linda Darling-Hammond and Barnett Berry, *The Evolution of Teacher Policy*, JRE-01 (Santa Monica, Calif.: Rand, 1988), 2.

28. Ibid., 4, 11, 15.

29. Ibid., 18.

30. Ibid., 23-30.

31. Ibid., 31-36.

32. Among these reports were: *A Nation Prepared: Teachers for the 21st Century* (New York: Carnegie Forum on Education and the Economy, 1986); *Tomorrow's Teachers* (East Lansing, Mich.: The Holmes Group, 1986); and *A Survey of State School Improvement Efforts* (Denver, Colo.: Education Commission of the States, 1983).

33. Darling-Hammond and Berry, *Evolution of Teacher Policy*, 5.

34. Elmore and McLaughlin, *Steady Work*, 41.

35. Arthur E. Wise et al., *Teacher Evaluation: A Study of Effective Practices*, R-3139-NIE (Santa Monica, Calif.: Rand, 1984), vi, 22-23.

36. Ibid., 66-80.

37. Timothy B. Clark and Marjorie Wachtel, "The Quiet Crisis Goes Public," *Government Executive* (June 1988): 14ff; and U.S. Merit Systems Protection Board, *Working for the Federal Government: Job Satisfaction and Federal Employees*, report to the president and Congress (October 21, 1987).

第九章　遵从

1. The path-breaking writings include Armen A. Alchian and Harold Demsetz, "Production, Information Costs, and Economic Organization," *American Economic Review* 62 (1972): 777-95; and Stephen A. Ross, "The Economic Theory of Agency: The Principal's Problem," *American Economic Review* 63 (1973): 134-39. Good overviews of the subject include Terry M. Moe, "The New Economics of Organization," *American Journal of Political Science* 28 (1984): 739-77; and John W. Pratt and Richard J. Zeckhauser, "Principals and Agents: An Overview," in Pratt and Zeckhauser, eds., *Principals and Agents: The Structure of Business* (Boston, Mass.: Harvard Business School Press, 1985), 1-35.

392

2. Jonathan Bendor, "Review Article: Formal Models of Bureaucracy," *British Journal of Political Science* 18 (1988): 353-95.

3. Hugh Heclo, *A Government of Strangers: Executive Politics in Washington* (Washington, D.C.: The Brookings Institution, 1977), chap. 4.

4. Gerald F. Linderman, *Embattled Courage: The Experience of Combat in the American Civil War* (New York: Free Press, 1987), esp. chap. 3.

5. Milton D. Morris, *Immigration: The Beleaguered Bureaucracy* (Washington, D.C.: The Brookings Institution, 1985), chap. 4. See also Thomas E. Ricks, "Tough Mandate," *Wall Street Journal*, 8 July 1987, p. 1.

6. Morris, *Immigration*, 131-32.

7. John T. Tierney, *The U.S. Postal Service* (Dover, Mass.: Auburn House, 1988), 68.

8. Tana Pesso, "Local Welfare Offices: Managing the Intake Process," *Public Policy* 26 (1978): 305-30.

9. Peter M. Blau, *The Dynamics of Bureaucracy* (Chicago: University of Chicago Press, 1955), 42-43, 50-51, 78-79.

10. Tierney, *U.S. Postal Service*, 68-70.

11. James Q. Wilson, *The Investigators: Managing FBI and Narcotics Agents* (New York: Basic Books, 1978), 98.

12. Ibid., 128-29.

13. Ibid., 128-32.

14. Steven Kelman, *Regulating America, Regulating Sweden* (Cambridge, Mass.: MIT Press, 1981), 1-5, 176-83.

15. Andrew Krepinevich, Jr., *The Army in Vietnam* (Baltimore, Md.: Johns Hopkins University Press, 1986), esp. chap. 10.

16. Carl von Clausewitz, *On War*, ed. and trans. by Michael Howard and Peter Paret (Princeton, N. J.: Princeton University Press, 1976), book I, chap. 7. (First published in 1832.)

17. Blau, *Dynamics*, 101-5. Blau's observations were confirmed and updated in John T. Tierney, "The Wage and Hour Division, U.S. Department of Labor," Department of Politics, Boston College (1975).

18. Suzanne Weaver, *Decision to Prosecute* (Cambridge, Mass.: MIT Press, 1977), chap. 5.

19. Mohammad Al-Saud, "The Field Representatives: A Case Study of Administrative Control in the U.S. Army Corps of Engineers," Ph.D. diss., Department of Government, Harvard University (1987), 3.

20. Herbert Kaufman, *The Forest Ranger* (Baltimore, Md.: Johns Hopkins University Press, 1960).

21. Arthur L. Stinchcombe, "Bureaucratic and Craft Administration of Production: A Comparative Study," *Administrative Science Quarterly* 4 (1959): 170.

22. Blau, *Dynamics*, 148-53.

23. Eric A. Hanushek, "Throwing Money at Schools," *Journal of Policy Analysis and Management* 1 (1981): 19-41.

24. Michael Lipsky, *Street-Level Bureaucracy* (New York: Russell Sage Foundation, 1980), chap. 2; Charles E. Bidwell, "The School as a Formal Organization," in James G. March, ed., *Handbook of Organizations* (Chicago: Rand McNally, 1965), 978-82, 986-88; James Q. Wilson, *Varieties of Police Behavior* (Cambridge, Mass.: Harvard University Press, 1968), 70-75.

25. James Q. Wilson and George L. Kelling, "Broken Windows: The Police and Neighborhood Safety," *Atlantic Monthly* (March 1982): 29-38 (reprinted in Wilson, *Thinking About Crime*, rev. ed. [New York: Basic Books, 1983], chap. 5); Mark H. Moore and George L. Kelling, "'To Serve and Protect': Learning From Police History," *Public Interest* (Winter 1983): 49-65.

26. James Q. Wilson and George L. Kelling, "Making Neighborhoods Safe," *Atlantic Monthly* (February 1989): 46-52.

27. Anthony Downs, *Inside Bureaucracy* (Boston: Little, Brown, 1967), 88.

28. Heclo, *Government of Strangers*, 148-53.

29. James Q. Wilson, "The Politics of Regulation," in Wilson, ed., *The Politics of Regulation* (New York: Basic Books, 1980), 374-82.

30. William G. Ouchi, "Markets, Bureaucracies, and Clans," *Administrative Science Quar-*

terly 25 (1980): 129–41. Ouchi borrows the concept of clan from Emile Durkheim, *The Division of Labor in Society*, trans. G. Simpson (New York: Free Press, 1933). Similar views are offered by Chester I. Barnard, *The Functions of the Executive* (Cambridge, Mass.: Harvard University Press, 1938), 148.

第十章 势力范围

1. Richard A. Stubbing, *The Defense Game* (New York: Harper & Row, 1986), 272.
2. Ibid., 293.
3. Morton H. Halperin, *Bureaucratic Politics and Foreign Policy* (Washington, D.C.: The Brookings Institution, 1974), 51.
4. Stubbing, *Defense Game*, chaps. 15, 16.
5. Sanford J. Ungar, *FBI* (Boston: Little, Brown, 1976), 421–25.
6. Ibid., 392–405.
7. Halperin, *Bureaucratic Power*, 37.
8. Ibid., 43. The emergence of a separate air force is described in Perry McCoy Smith, *The Air Force Plans for Peace, 1943–1945* (Baltimore, Md.: Johns Hopkins University Press, 1970).
9. Marc Tipermas, "Jurisdictionalism: The Politics of Executive Reorganization," Ph.D. diss., Department of Government, Harvard University (1976), 35, 76–81.
10. Ibid., 39–46, 67–76.
11. Ibid., 91.
12. Gordon Tullock, *The Politics of Bureaucracy* (Washington, D.C.: Public Affairs Press, 1965), 134–36; William A. Niskanen, Jr., *Bureaucracy and Representative Government* (Chicago: Aldine-Atherton, 1971), 42.
13. Chester I. Barnard, *The Functions of the Executive* (Cambridge, Mass.: Harvard University Press, 1938), 215.
14. Philip Selznick, *Leadership in Administration* (Evanston, Ill.: Row, Peterson & Co., 1957), 121.
15. Tipermas, "Jurisdictionalism," 159.
16. John Milton Cooper, Jr., "Gifford Pinchot Creates a Forest Service," in Jameson W. Doig and Erwin C. Hargrove, eds., *Leadership and Innovation* (Baltimore, Md.: Johns Hopkins University Press, 1987), 72–73.
17. Erwin C. Hargrove, "David Lilienthal and the Tennessee Valley Authority," in Doig and Hargrove, eds., *Leadership*, 47–54.
18. Eugene Lewis, "Admiral Hyman Rickover: Technological Entrepreneurship in the U.S. Navy," in Doig and Hargrove, eds., *Leadership*, 108–11.
19. My account here follows Cecilia Stiles Cornell and Melvyn P. Leffler, "James Forrestal: The Tragic End of a Successful Entrepreneur," in Doig and Hargrove, eds., *Leadership*, chap. 12, esp. pp. 386–94.
20. Smith, *Air Force*, chap. 2, esp. p. 19.
21. Stubbing, *Defense Game*, 139.
22. Ibid., 142.
23. Wesley Frank Crave and James Lea Cate, *The Army Air Forces in World War II*, vol. 1: *Plans and Early Operations: January 1939 to August 1942* (Chicago: University of Chicago Press, 1948), 514–33.
24. Eliot A. Cohen, "Learning from Failure: American Antisubmarine Warfare in 1942," U.S. Naval War College (January 1987), 50.
25. William E. Burrows, *Deep Black: Space Espionage and National Security* (New York: Random House, 1986), 202–13.
26. Ungar, *FBI*, 107.
27. Ibid., chap. 10, esp. pp. 224–26.
28. Arthur Maass and Myron B. Fiering, "Civil Works Externalities Assessment," paper prepared for the U.S. Army Corps of Engineers (DACW31-86-M-1111), April 1987.
29. Ungar, *FBI*, 398.
30. Mohammad Al-Saud, "The Field Representatives: A Case Study of Administrative

394 Control in the U.S. Army Corps of Engineers," Ph.D. diss., Department of Government, Harvard University (October 1987), 142.

31. Ibid., 145–46.

32. Thomas Hilton Hammond, "Jurisdictional Preferences and the Choice of Tasks: Political Adaptation by Two State Wildlife Departments," Ph.D. diss., Department of Political Science, University of California at Berkeley (1979), esp. 324–26.

33. U.S. Senate, Committee on Armed Services, *Defense Organization: The Need for Change.* Staff report to the committee, 99th Cong., 1st sess. (October 16, 1985), 173–74. A defense of the role of the Joint Chiefs of Staff prior to the 1986 reorganization can be found in the papers gathered in *JCS Reform: Proceedings of the Conference* (Newport, R.I.: U.S. Naval War College, 1985).

34. Arthur T. Hadley, *The Straw Giant* (New York: Random House, 1986), 129.

35. James Q. Wilson and Patricia Rachal, "Can the Government Regulate Itself?" *Public Interest* (Winter 1977): 7–8.

36. Pietro S. Nivola, *The Urban Service Problem* (Lexington, Mass.: D. C. Heath/Lexington Books, 1979), 142–44.

37. James Q. Wilson and Louise Richardson, "Public Ownership vs. Energy Conservation: A Paradox of Utility Regulation," *Regulation* (September-October, 1985), 13ff.

38. Marc J. Roberts and Jeremy S. Bluhm, *The Choices of Power: Utilities Face the Environmental Challenge* (Cambridge, Mass.: Harvard University Press, 1981), chaps. 4, 5 and p. 325; and Robert F. Durant, *When Government Regulates Itself: EPA, TVA, and Pollution Control in the 1970s* (Knoxville, Tenn.: University of Tennessee Press, 1985), 28, 36–44.

39. Durant, *When Government Regulates*, 69–72, 80–88.

40. Rochelle L. Stanfield, "Government Polluters," *National Journal* (March 28, 1987): 762–66.

41. John Anthony Wanat, "Patterns of Growth and Their Correlates in Selected Federal Agencies," Ph.D. diss., Department of Political Science, University of Illinois (1972), 239–40.

第十一章　策略

1. Michael Blumenthal, "Candid Reflections of a Businessman in Washington," *Fortune* (January 29, 1979): 39.

2. U.S. Bureau of the Census, *Statistical Abstract of the United States, 1987*, 510.

3. Herbert Kaufman, *Are Government Organizations Immortal?* (Washington, D.C.: The Brookings Institution, 1976), 34.

4. Blumenthal, "Candid Reflections," 36–37.

5. Hugh Heclo, *A Government of Strangers: Executive Politics in Washington* (Washington, D.C.: Brookings Institution, 1977), 36–41.

6. Ibid., 104.

7. Ibid., 99.

8. Graham K. Wilson, *The Politics of Safety and Health: Occupational Safety and Health in the United States and Britain* (Oxford: Clarendon Press, 1985), 61–62.

9. Jameson W. Doig and Erwin C. Hargrove, *Leadership and Innovation: A Biographical Perspective on Entrepreneurs in Government* (Baltimore, Md.: Johns Hopkins University Press, 1987).

10. Jameson W. Doig and Erwin C. Hargrove, "'Leadership' and Political Analysis," in Doig and Hargrove, eds., *Leadership*, 14–17.

11. James E. Webb, *Space Age Management: The Large-Scale Approach* (New York: Columbia University Press, 1969), 73–74, quoted in W. Henry Lambright, "James Webb and the Uses of Administrative Power," in Doig and Hargrove, eds., *Leadership*, 183.

12. Lambright, "James Webb," 194–200.

13. Malcolm McConnell, *Challenger: A Major Malfunction* (Garden City, N.Y.: Doubleday & Co., 1987), chap. 3; Joseph Trento, *Prescription for Disaster* (New York: Crown, 1987); Walter A. McDougall, . . . *the Heavens and the Earth: A Political History of the Space Age* (New York: Basic Books, 1985).

14. My account follows Cecilia Stiles Cornell and Melvyn P. Leffler, "James Forrestal: The Tragic End of a Successful Entrepreneur," in Doig and Hargrove, eds., *Leadership*, chap. 12.

15. Norton E. Long, "Power and Administration," *Public Administration Review* 2 (1949): 257–64.

16. Graham Allison, *Essence of Decision* (Boston: Little, Brown, 1971), 176–78. People I call executives and operators Allison calls chiefs and Indians.

17. Blumenthal, "Candid Reflections," 37.

18. The classic account of reputation as both a reward and a resource of political executives is Richard E. Neustadt, *Presidential Power* (New York: John Wiley, 1960), chap. 4.

19. Martha Derthick, *Agency Under Stress: The Social Security Administration and American Government* (Washington, D.C.: Brookings Institution, forthcoming), chap. 5.

20. Wilson, *Politics of Safety*, 66–69.

21. Philip B. Heymann, *The Politics of Public Management* (New Haven, Conn.: Yale University Press, 1987), 15–41.

22. Quoted in Richard A. Stubbing, *The Defense Game* (New York: Harper & Row, 1986), 371.

23. Nicholas Lemann, "The Peacetime War," *Atlantic Monthly* (October 1984): 82, quoted in Stubbing, *Defense Game*, 370.

24. Stubbing, *Defense Game*, chap. 19.

25. Ibid., chap. 17.

26. George D. Greenberg, "Governing HEW: Problems of Management and Control at the Department of Health, Education and Welfare," Ph.D. diss., Department of Government, Harvard University (June 1972). See also Greenberg, "Constraints on Management & Secretarial Behavior at HEW," *Polity* 13 (1980): 57–79.

27. Quoted in Stubbing, *Defense Game*, 265.

28. Ibid., chap. 15.

29. *Washington Post*, 14 June 1970, p. A9, quoted in Greenberg, "Governing HEW," 173.

30. Greenberg, "Governing HEW," 200.

31. John Gardner, *Excellent: Can We Be Equal and Excellent Too?* (New York: Harper & Row, 1961).

32. Greenberg, "Governing HEW," 184, 195, 204–16.

33. *Wall Street Journal*, 25 October 1977; Joseph A. Califano, Jr., *Governing America* (New York: Simon & Schuster, 1981).

34. William Kristol, "Can-Do Government: Three Reagan Appointees Who Made a Difference," *Policy Review* 31 (1985): 62–66.

35. Stubbing, *Defense Game*, 291.

36. Ibid., 309.

37. Irene S. Rubin, *Shrinking the Federal Government* (New York: Longman, 1985).

38. Ibid., 196.

39. Ibid., 198.

40. Blumenthal, "Candid Reflections," 40.

41. Eugene Lewis, *Public Entrepreneurship: Toward a Theory of Bureaucratic Political Power* (Bloomington, Ind.: Indiana University Press, 1980).

42. Ibid., 230.

第十二章　改革

1. Russell F. Weigley, *History of the United States Army*, rev. ed. (Bloomington, Ind.: Indiana University Press, 1984), see, for example, 461–64.

2. Kevin Patrick Sheehan, "Preparing for an Imaginary War? Examining Peacetime Functions and Changes of Army Doctrine," Ph.D. diss., Department of Government, Harvard University (April 1988), 352–53, 371–77, 395–96.

3. Ibid., 368.

396

4. Quoted in Stephen Rosen, "New Ways of War: Understanding Military Innovation," *International Security* 13 (1988): 159.

5. Rosen, "New Ways of War," 158–66. See also Jeter A. Isely and Philip A. Crowl, *The U.S. Marines and Amphibious War* (Princeton, N.J.: Princeton University Press, 1951), chaps. 1, 2.

6. Ibid.

7. Graham T. Allison, *Essence of Decision* (Boston: Little, Brown, 1971), 83.

8. G. F. R. Henderson, *The Science of War* (New York: Longmans, Green & Co., 1910), 403–4; David A. Armstrong, *Bullets and Bureaucrats: The Machine Gun and the United States Army, 1861–1916* (Westport, Conn.: Greenwood Press, 1982).

9. Harvey M. Sapolsky, "Organizational Structure and Innovation," *Journal of Business* 40 (1967): 497–510.

10. James Fallows, *National Defense* (New York: Random House, 1981), chap. 3, esp. 62–63; Ralph Lapp, *Arms Beyond Doubt: The Tyranny of Weapons Technology* (New York: Cowles Book Co., 1970), 31.

11. Charles Wolf, Jr., *Markets or Governments* (Cambridge, Mass.: MIT Press, 1988), 72–73.

12. Paul Noble Stockton, "Services and Civilians: Problems in the American Way of Developing Strategic Weapons," Ph.D. diss., Department of Government, Harvard University (July 1986), chap. 1.

13. Michael W. Kirst and Gail R. Meister, "Turbulence in American Secondary Schools: What Reforms Last?" *Curriculum Inquiry* 15 (1985): 169–86.

14. Ibid., 176–78.

15. James Q. Wilson, *The Investigators: Managing FBI and Narcotics Agents* (New York: Basic Books, 1978), 121, 195.

16. Edmund Beard, *Developing the ICBM* (New York: Columbia University Press, 1976), 61–62, 72–73, 97, 105, 153, 222.

17. Harvey M. Sapolsky, *The Polaris System Development* (Cambridge, Mass.: Harvard University Press, 1972), 15–18.

18. Rosen, "New Ways of War," 152. See also Clark G. Reynolds, *The Fast Carriers: The Forging of an Air Navy* (New York: McGraw-Hill, 1968), 14–21.

19. Rosen, "New Ways of War," 157.

20. Louis Morton, *War in the Pacific: Strategy and Command: The First Two Years* (Washington, D.C.: U.S. Army Office of the Chief of Military History, 1962), chap. 6.

21. For example, Lawrence B. Mohr, "Determinants of Innovation in Organizations," *American Political Science Review* 20 (1969): 111–26; George W. Downs, Jr., *Bureaucracy, Innovation, and Public Policy* (Lexington, Mass.: D. C. Heath, 1976), 117.

22. Jerald Hage and Robert Dewar, "Elite Values Versus Organizational Structure in Predicting Innovation," *Administrative Science Quarterly* 18 (1973): 279–90. For a review of the shortcomings of theories of innovation, see George W. Downs, Jr., and Lawrence B. Mohr, "Conceptual Issues in the Study of Innovation," *Administrative Science Quarterly* 21 (1976): 700–14.

23. Creveld, *Command in War*, 270.

24. Jonathan B. Bendor, *Parallel Systems: Redundancy in Government* (Berkeley, Calif.: University of California Press, 1985), 67.

25. Creveld, *Command in War*, 105–9.

26. Quoted in ibid., 108.

27. R. O. Carlson, "Succession and Performance Among School Superintendents," *Administrative Science Quarterly* 6 (1961): 210–27.

28. Donald B. Rosenthal and Robert L. Crain, "Structure and Values in Local Political Systems: The Case of Fluoridation Decisions," in James Q. Wilson, ed., *City Politics and Public Policy* (New York: John Wiley & Sons, 1968), 217–42.

29. James Q. Wilson, *Varieties of Police Behavior* (Cambridge, Mass.: Harvard University Press, 1968), 271–77.

30. Downs, *Bureaucracy*.

31. Wilson, *The Investigators*, 128–33, 221 n.1.

32. Philip B. Heymann, *The Politics of Public Management* (New Haven, Conn.: Yale University Press, 1987), 25.

33. Jerry L. Mashaw and David L. Harfst, "Regulation and Legal Culture: The Case of Motor Vehicle Safety," *Yale Journal on Regulation* 4 (1987): 272.

397

第十三章　国会

1. Herbert Kaufman, *The Administrative Behavior of Federal Bureau Chiefs* (Washington, D.C.: Brookings Institution, 1981), 164.

2. Ibid., 47.

3. Matthew McCubbins and Thomas Schwartz, "Congressional Oversight Overlooked: Police Patrols Versus Fire Alarms," *American Journal of Political Science* 28 (1984): 164-79.

4. Martha Derthick, *Policymaking for Social Security* (Washington, D.C.: Brookings Institution, 1979), 349-68.

5. Murray J. Horn, "The Political Economy of Public Administration: Organization, Control and Performance of the Public Sector," Ph.D. diss., Kennedy School of Government, Harvard University (1988), 199 and chap. 15.

6. Carl R. Fish, *The Civil Service and Patronage* (Cambridge, Mass.: Harvard University Press, 1920), 217-18.

7. S. M. Milkis, "The New Deal, Administrative Reform, and the Transcendence of Partisan Politics," *Administration and Society* 18 (1987): 433-72.

8. Joel D. Aberbach and Bert A. Rockman, "From Nixon's Problem to Reagan's Achievement: The Federal Executive Reexamined," paper presented at the Hofstra Conference on the Presidency of Richard Nixon (November 1987).

9. Derthick, *Policymaking*, 348-49; R. Kent Weaver, *Automatic Government: The Politics of Indexation* (Washington, D.C.: Brookings Institution, 1988).

10. Woodrow Wilson, *Congressional Government* (New York: Meridian Books, 1956), 127 (first published in 1885).

11. Terry M. Moe, "The Politics of Bureaucratic Structure," in John E. Chubb and Paul E. Peterson, eds., *Can the Government Govern?* (Washington, D.C.: Brookings Institution, 1989), 276. See also Matthew D. McCubbins, Roger G. Noll, and Barry R. Weingast, "Administrative Procedures as Instruments of Political Control," *Journal of Law, Economics, and Organization* 3 (1987): 243-77.

12. James C. Miller III, when head of the Office of Management and Budget in the Reagan administration, ordered agency heads not to be guided by these nonstatutory documents emanating from committee staffs, but he was forced to back down by congressional pressure. *Washington Post*, 12 July 1988.

13. Joel D. Aberbach, "The Congressional Committee Intelligence System: Information, Oversight, and Change," *Congress and the Presidency* 14 (1987): 51-76.

14. Arthur Maass, *Congress and the Common Good* (New York: Basic Books, 1983), 121-23. See also Robert J. Art, "Congress and the Defense Budget: Enhancing Policy Oversight," *Political Science Quarterly* 100 (1985): 227-48.

15. *National Journal* (May 14, 1986): 1282. See also David C. Morrison, "Chaos on Capitol Hill," *National Journal* (September 27, 1986): 2302-7.

16. U.S. Senate Committee on Armed Services Staff, *Report to the Senate Committee on Armed Services* (October 16, 1985), 589, as reported and updated in *U.S. Defense Acquisition: A Process in Trouble* (Washington, D.C.: Center for Strategic and International Studies, March 1987), 15.

17. Ibid., 16.

18. Jeremy Rabkin, *Judicial Compulsions: How Public Law Distorts Public Policy* (New York: Basic Books, 1989), 250-55.

19. Graham K. Wilson, *The Politics of Safety and Health* (Oxford: Oxford University Press, 1985), 46.

20. Quoted in ibid., 39.

21. Ibid., 40.

22. Rep. James Florio (D., N.J.), quoted in Bruce Yandle, "Regulatory Reform and the Rent Seekers," in R. J. Mackay, J. C. Miller III, and B. Yandle, eds., *Public Choice & Regulation: A View from Inside the Federal Trade Commission* (Stanford, Calif.: Hoover Institution, 1987), 134.

398

23. Graham Wilson, *Politics of Safety*, 52.

24. James Q. Wilson, "The Politics of Regulation," in Wilson, ed., *The Politics of Regulation* (New York: Basic Books, 1980), 370-71.

25. R. Douglas Arnold, *Congress and the Bureaucracy* (New Haven, Conn.: Yale University Press, 1979), esp. at 214.

26. A useful review of pork barrel politics can be found in *National Journal* (October 24, 1987): 2581ff.

27. Maass, *Congress and the Common Good*, 69.

28. Richard F. Fenno, Jr., *The Power of the Purse: Appropriations Politics in Congress* (Boston: Little, Brown, 1966), 340.

29. Jonathan Bendor, Serge Taylor, and Roland Van Galen, "Bureaucratic Expertise versus Legislative Authority: A Model of Deception and Monitoring in Budgeting," *American Political Science Review* 79 (1985): 1041-60.

30. Barry R. Weingast and Mark J. Moran, "Bureaucratic Discretion or Congressional Control? Regulatory Policymaking by the Federal Trade Commission," *Journal of Political Economy* 91 (1983): 765-800; and Randall L. Calvert, Mark J. Moran, and Barry Weingast, "Congressional Influence Over Policy Making: The Case of the FTC," in M. McCubbins and T. Sullivan, eds., *Congress: Structure and Policy* (Cambridge: Cambridge University Press, 1987). Weingast also applied this perspective to the Securities and Exchange Commission in "The Congressional-Bureaucratic System: A Principal-Agent Perspective (With Applications to the SEC)," *Public Choice* 44 (1984): 147-91.

31. Timothy J. Muris, "Regulatory Policymaking at the Federal Trade Commission: The Extent of Congressional Control," *Journal of Political Economy* 94 (1986): 884-89.

32. I am indebted to the research of Robert Katzmann for these observations.

33. Terry M. Moe, "Congressional Control of the Bureaucracy: An Assessment of the Positive Theory of 'Congressional Dominance,'" paper presented to the annual meeting of the American Political Science Association (1985).

34. Moe, "Congressional Control of the Bureaucracy," 15.

35. Steven S. Smith and Christopher J. Deering, *Committees in Congress* (Washington, D.C.: Congressional Quarterly Press, 1984), 93-95, 99-100; and Richard F. Fenno, Jr., *Congressmen in Committees* (Boston: Little, Brown, 1973), 47-51.

第十四章　总统

1. President's Committee on Administrative Management, *Report* (Washington, D.C.: U.S. Government Printing Office, 1937), 5.

2. Daniel Patrick Moynihan, *Counting Our Blessings* (Boston: Atlantic/Little, Brown, 1980), 117-18.

3. Norman J. Ornstein et al., *Vital Statistics on Congress, 1984-1985 Edition* (Washington, D.C.: American Enterprise Institute, 1984), tables 5.2 and 5.5.

4. Quoted in Moynihan, *Counting Our Blessings*, 126.

5. The effort is described in Richard P. Nathan, *The Plot That Failed: Nixon and the Administrative Presidency* (New York: John Wiley, 1975).

6. William M. Lunch, *The Nationalization of American Politics* (Berkeley, Calif.: University of California Press, 1987), 88.

7. Terry M. Moe, "The Politicized Presidency," in John E. Chubb and Paul E. Peterson, eds., *The New Direction in American Politics* (Washington, D.C.: The Brookings Institution, 1985), 260; and Chester A. Newland, "Executive Office Policy Apparatus: Enforcing the Reagan Agenda," in L. M. Salamon and M. S. Lund, eds., *The Reagan Presidency and the Governing of America* (Washington, D.C.: Urban Institute Press, 1984).

8. Peter M. Benda and Charles H. Levine, "Reagan and the Bureaucracy," in Charles O. Jones, ed., *The Reagan Legacy: Promise and Performance* (Chatham, N.J.: Chatham House, 1988), 107-8.

9. Dom Bonafede, "A White House Tilt," *National Journal* (September 26, 1981): 1735, quoted in Lunch, *Nationalization*, 89.

10. Lunch, *Nationalization*, 88.

11. Laurence H. Silberman, "Toward Presidential Control of the State Department," *Foreign Affairs* (Spring 1979): 888-89.

12. Hoover Commission, *Report on Organization of the Executive Branch of Government* (New York: McGraw-Hill, 1949), 1-30.

399

13. Charles A. Bowsher, "Building Effective Public Management," *Bureaucrat* 13 (Winter, 1984-85): 26; and National Academy of Public Administration, *Revitalizing Federal Management: Managers and Their Overburdened Systems* (Washington, D.C.: NAPA, 1983).

14. Quoted in Nathan, *The Plot That Failed*, 52.

15. Frederick C. Mosher, "Analytical Commentary," in F. Mosher, ed., *Governmental Reorganizations: Cases and Commentary* (Indianapolis, Ind.: Bobbs-Merrill, 1967), 514. Another good analysis of reorganization efforts is Peter Szanton, *Federal Reorganization: What Have We Learned?* (Chatham, N.J.: Chatham House, 1981).

16. Patricia Rachal, *Federal Narcotics Enforcement: Reorganization and Reform* (Boston: Auburn House, 1982), 55. See also James Q. Wilson, *The Investigators: Managing FBI and Narcotics Agents* (New York: Basic Books, 1978), 183-89.

17. Perry McCoy Smith, *The Air Force Plans for Peace, 1943-1945* (Baltimore, Md.: Johns Hopkins University Press, 1970), esp. chap. 9.

18. I am grateful to Christopher Foreman for his careful analysis of the FAA issue in an unpublished memorandum. See also Emmette S. Redford, *Congress Passes the Federal Aviation Act of 1958* (Indianapolis, Ind.: Bobbs-Merrill [for the Inter-University Case Program], 1961); and *Congressional Quarterly Weekly Report* (April 23, 1988): 1104-5.

19. Harold Seidman and Robert Gilmour, *Politics, Position, and Power*, 4th ed. (New York: Oxford University Press, 1986), 219. I attribute the quotation to Seidman alone because it appeared in earlier editions of this fine book of which Seidman was sole author.

20. Basil J. F. Mott, *Anatomy of a Coordinating Council: Implications for Planning* (Pittsburgh: University of Pittsburgh Press, 1968).

21. Ibid., 189.

22. Ibid., 107-14.

23. Roger B. Porter, *Presidential Decision Making: The Economic Policy Board* (Cambridge, Mass.: Cambridge University Press, 1980).

24. Seidman and Gilmour, *Politics, Position, and Power*, 226.

25. Herman Miles Somers, *Presidential Agency: The Office of War Mobilization and Reconversion* (Cambridge, Mass.: Harvard University Press, 1950).

26. Benda and Levine, "Reagan and the Bureaucracy," 114-20.

27. National Security Act of 1947, as amended (50 U.S. Code 401), sec. 101.

28. President's Special Review Board, *Report* (Washington, D.C., February 26, 1987).

29. Ibid., pp. IV-1-IV-6.

30. Martin Landau, "Redundancy, Rationality, and the Problem of Duplication and Overlap," *Public Administration Review* 29 (1969): 346-58. One of Landau's students has taken an important step in trying to identify empirically the uses and limits of redundancy in government: Jonathan Bendor, *Parallel Systems: Redundancy in Government* (Berkeley: University of California Press, 1985). Another student has shown how independent agencies may coordinate their activities by informal arrangements rather than formal machinery: Donald Chisholm, *Coordination Without Hierarchy: Informal Structures in Multiorganizational Systems* (Berkeley: University of California Press, 1989).

31. Richard M. Pious, *The American Presidency* (New York: Basic Books, 1979), 232.

32. These and other strategies are discussed in ibid., 232-35.

33. Douglas Yates, *Bureaucratic Democracy* (Cambridge, Mass.: Harvard University Press, 1982), 139-43.

34. Martha Derthick, *Agency Under Stress: The Social Security Administration and American Government* (Washington, D.C.: Brookings Institution, forthcoming), chap. 3.

35. Dean Acheson, "Thoughts About Thought in High Places," *New York Times Magazine*, 11 October 1959, reprinted in Committee on Government Operations, U.S. Senate, *Organizing for National Security: Selected Materials*, 86th Cong., 2d sess. (1960), 174.

第十五章　法院

1. Decatur v. Paulding, 39 U.S. 497 (1840), at 515-16.

2. Citizens to Preserve Overton Park v. Volpe, 401 U.S. 402 (1971).

400

3. Adams v. Richardson, 480 F.2d 1159 (1973).

4. Cf. Jeremy Rabkin, *Judicial Compulsions: How Public Law Distorts Public Policy* (New York: Basic Books, 1989), chap. 5, and Rabkin, "Office for Civil Rights," in James Q. Wilson, ed., *The Politics of Regulation* (New York: Basic Books, 1980), 304–53.

5. Frothingham v. Mellon, 262 U.S. 447 (1923).

6. United States v. SCRAP, 412 U.S. 669 (1973); note the dissent of Justice White at 723.

7. At the turn of the century, a standard text on administrative law put it this way: "The rule ... is that in all matters that involve the exercise of discretion by a public officer no process of the court will go to control the exercise of that discretion." Bruce Wyman, *Principles of the Administrative Law Governing the Relations of Public Officers* (St. Paul, Minn.: Keefe-Davidson Co., 1903), 139, as quoted in Rabkin, *Judicial Compulsions*, 121.

8. Flast v. Cohen, 392 U.S. 83 (1968).

9. United States v. Richardson, 418 U.S. 166 (1974).

10. Warth v. Seldin, 422 U.S. 490 (1975).

11. Valley Forge Christian College v. Americans United for Separation of Church and State, 454 U.S. 464 (1982).

12. R. Shep Melnick, *Regulation and the Courts* (Washington, D.C.: Brookings Institution, 1983), 8.

13. Sierra Club v. Ruckelshaus, 344 F. Supp. 253 (1972); Melnick, *Regulation*, chap. 4.

14. Richard B. Stewart, "The Reformation of American Administrative Law," *Harvard Law Review* 88 (1975): 1667.

15. Donald N. Jensen and Thomas M. Griffin, "The Legalization of State Educational Policymaking in California," *Journal of Law and Education* 13 (1984): 32.

16. Robert C. Wood, quoted in Harold Seidman and Robert Gilmour, *Politics, Position, and Power*, 4th ed. (New York: Oxford University Press, 1986), 160–61.

17. 60 *U.S. Statutes* 243. See also Graham K. Wilson, *The Politics of Safety and Health* (Oxford: Clarendon Press of the Oxford University Press, 1985), 86.

18. Ibid., 105.

19. Ibid., 106.

20. Rabkin, *Judicial Compulsions*, 26.

21. Graham Wilson, *Politics of Safety*, 108.

22. Dry Color Manufacturers Association v. Department of Labor, 486 F.2d 98 (1973); Associated Industries of New York State v. U.S. Department of Labor, 487 F.2d 342 (1973); Graham Wilson, *Politics of Safety*, 107.

23. Rochelle L. Stanfield, "Resolving Disputes," *National Journal* (November 15, 1986): 2764.

24. Alfred Marcus, "Environmental Protection Agency," in James Q. Wilson, ed., *Politics of Regulation*, 288–94; Melnick, *Regulation*, 259–60, 380.

25. Melnick, *Regulation*, 280.

26. Pennsylvania Association for Retarded Children v. Commonwealth of Pennsylvania, 334 F. Supp. 1257 (1971).

27. David L. Kirp and Donald N. Jensen, "What Does Due Process Do?" *Public Interest* 73 (Fall 1983): 87–88.

28. Robert A. Katzmann, *Institutional Disability* (Washington, D.C.: Brookings Institution, 1986), 91–93, 98–100; quotation on 92.

29. Phillip J. Cooper, *Hard Judicial Choices* (New York: Oxford University Press, 1988), chap. 7.

30. Nathan Glazer, "Should Judges Administer Social Services?" *Public Interest* 50 (1978): 78.

31. Rabkin, *Judicial Compulsions*, 63.

32. Melnick, *Regulation*, 157.

33. For example, National Resources Defense Council v. Environmental Protection Agency, 478 F.2d 875 (1st Cir. 1973).

34. Melnick, *Regulation*, 162.

35. Ibid., 156.

36. Ibid., 190–92, 351–53.

37. Train v. National Resources Defense Council, 421 U.S. 60 (1975).

38. Quoted in Melnick, *Regulation*, 346.

39. Sierra Club v. Ruckelshaus, 344 F. Supp. 253 (1972).
40. Melnick, *Regulation*, 347-48.
41. Public Citizen Health Research Group v. Auchter, 554 F. Supp. 242 (1983).
42. Rabkin, *Judicial Compulsions*, 227-28.
43. Rabkin, "Office for Civil Rights," 349-51.
44. Jerry Mashaw, *Due Process in the Administrative State* (New Haven, Conn.: Yale University Press, 1985), 26.
45. Robert A. Katzmann, "Judicial Intervention and Organization Theory: Changing Bureaucratic Behavior and Policy," *Yale Law Journal* 89 (1980): 513-37. The case was Hart v. Community School Board, 383 F. Supp. 699 (1974).
46. Cf. Donald L. Horowitz, *The Courts and Social Policy* (Washington, D.C.: The Brookings Institution, 1977), 293-98; Alexander Bickel and Harry Wellington, "Legislative Purpose and the Judicial Process: The Lincoln Mills Case," *Harvard Law Review* 71 (1957): 1-39.
47. Melnick, *Regulation*, 387-89, 392-93.
48. Ibid., 393.
49. Ruiz v. Estelle, F. Supp. 1265 (1980).
50. John J. DiIulio, Jr., "Prison Discipline and Prison Reform," *Public Interest* 89 (Fall 1987): 71-90, esp. 87-88.
51. John J. DiIulio, Jr., *Governing Prisons: A Comparative Study of Correctional Management* (New York: Free Press, 1987).

第十六章　国家的差别

1. Steven Kelman, *Regulating America, Regulating Sweden* (Cambridge, Mass.: MIT Press, 1981), 5, 81, 221.
2. Ibid., 197, 199.
3. Ibid., 187.
4. Ibid., 180-89.
5. Ibid., 176, 182-83, 191.
6. Ibid., 197, 204.
7. Ibid., 188-90.
8. Ibid., 203.
9. Ibid., 179.
10. Graham K. Wilson, *The Politics of Safety and Health* (Oxford: Clarendon Press, 1985), 129-30.
11. David Vogel, *National Styles of Regulation* (Ithaca, N.Y.: Cornell University Press, 1986), esp. chap. 2.
12. Ronald Brickman, Sheila Jasanoff, and Thomas Ilgen, *Controlling Chemicals: The Politics of Regulation in Europe and the United States* (Ithaca, N.Y.: Cornell University Press, 1985).
13. Alfred Marcus, "Japanese Environmental Policy: Alternative to Confrontation," University of Minnesota School of Management, n.d.
14. Charles E. Lindblom attempts to prove that business dominates American politics in *Politics and Markets* (New York: Basic Books, 1977). The differences in the income distribution in Sweden and the United States are explored in Sidney Verba et al., *Elites and the Idea of Equality* (Cambridge, Mass.: Harvard University Press, 1987), chap. 6.
15. James Q. Wilson, *Political Organizations* (New York: Basic Books, 1973), chap. 5. See also Vogel, *National Styles*.
16. Jeremy Rabkin, "Office for Civil Rights," in James Q. Wilson, ed., *The Politics of Regulation* (New York: Basic Books, 1980), 310-11.
17. Graham K. Wilson, *Politics of Safety*, 160-61.
18. Brickman et al., *Controlling Chemicals*, 304.
19. Graham K. Wilson, *Politics of Safety*, 159-60.
20. Maurice Walton Thomas, *The Early Factory Legislation* (Leigh-On-Sea, Essex: Thames Bank Publishing Co., 1948), as quoted in Graham K. Wilson, *Politics of Safety*, 156-57.
21. Edward Shils, *The Torment of Secrecy* (Glencoe, Ill.: Free Press, 1956).

402

22. Stephen Richardson, "Organizational Contrasts in British and American Ships," *Administrative Science Quarterly* 1 (1956): 206.

23. Ronald Dore, *British Factory, Japanese Factory* (Berkeley: University of California Press, 1973); Koya Azumi and Charles McMillan, "Management Strategy and Organization Structure," in D. J. Hickson and C. J. McMillan, eds., *Organization and Nation: The Aston Programme* (Westmead: Gower, 1981), 155–72; Lewis Austin, *Saints and Samurai: The Political Culture of American and Japanese Elites* (New Haven, Conn.: Yale University Press, 1975); Edwin Dowdy, *Japanese Bureaucracy* (Melbourne: Cheshire Publishing Co., 1973); Rodney Clark, *The Japanese Company* (New Haven, Conn.: Yale University Press, 1979); Michael Y. Yoshino, *Japan's Managerial System* (Cambridge, Mass.: MIT Press, 1968); James R. Lincoln, Mitsuyo Hanada, and Kerry McBride, "Organizational Structures in Japanese and U.S. Manufacturing," *Administrative Science Quarterly* 31 (1986): 338–64.

24. Michel Crozier, *The Bureaucratic Phenomenon* (Chicago: University of Chicago Press, 1964), 31, 40–46, 50–55, 139–42, 214–16.

25. Kelman, *Regulating America*, 118–48.

26. Thomas J. Anton, "Policy-Making and Political Culture in Sweden," *Scandinavian Political Studies* 4 (1969): 88–100; M. Donald Hancock, *Sweden: The Politics of Post-Industrial Change* (Hinsdale, Ill.: Dryden Press, 1972); Sten Johansson, "Liberal-Democratic Theory and Political Processes," in Richard Scase, ed., *Readings in Swedish Class Structure* (New York: Pergamon Press, 1976).

27. Steven L. Elkin, *Politics and Land Use Planning: The London Experience* (Cambridge: Cambridge University Press, 1974), 1–2, 165–168.

28. Crozier, *Bureaucratic Phenomenon*, chap. 8.

29. Alexis de Tocqueville, *The Old Regime and the French Revolution* (Garden City, N.Y.: Doubleday/Anchor Books, 1955). (First published in 1856.)

30. Ibid., part II, 41–51.

31. Ibid., part II, 81.

32. *Federalist*, No. 48.

33. *Federalist*, No. 51.

34. Yoshino, *Japan's Managerial System*, 205.

35. Gregory W. Noble, "The Cultural Context of Bureaucracy in Japan and the United States," Harvard University Department of Government (May 1982), 18.

36. David H. Bayley, *Forces of Order: Police Behavior in Japan and the United States* (Berkeley, Calif.: University of California Press, 1976), 36.

37. Thomas Rohlen, *For Harmony and Strength* (Berkeley, Calif.: University of California Press, 1974), chap. 7.

38. Noble, "Cultural Context of Bureaucracy," 20–21.

39. Austin, *Saints and Samurai*, 23–40.

40. Chalmers Johnson, "Who Governs? An Essay on Japanese International Economic Policy," *Journal of Japanese Studies* 2 (1975): 10.

41. Bernard S. Silberman, "Bureaucratic Development and Bureaucratization: The Case of Japan," *Social Science History* 2 (1978): 385–98.

42. Ezra G. Vogel, *Japan as Number One* (Cambridge, Mass.: Harvard University Press, 1979); W. Clifford, *Crime Control in Japan* (Lexington, Mass.: D. C. Heath/Lexington Books, 1976); David H. Bayley, "Learning About Crime: The Japanese Experience," *Public Interest* 44 (1976): 55–68.

43. John W. Sloan, *Public Policy in Latin America: A Comparative Survey* (Pittsburgh, Penn.: University of Pittsburgh Press, 1984), 128–29.

44. Howard J. Wiarda and Harvey F. Kline, *Latin American Politics and Development* (Boulder, Colo.: Westview Press, 1985), 4.

45. Edward J. Williams and Freeman J. Wright, *Latin American Politics* (Palo Alto, Calif.: Mayfield Publishing Co., 1975), 430–31.

46. Wiarda and Kline, *Latin American Development*, 83–85; Williams and Wright, *Latin American Politics*, 425.

47. Sloan, *Public Policy*, 141.

48. Ibid., and Williams and Wright, *Latin American Politics*, 439–41.

49. Sloan, *Public Policy*, 142.

50. Peter D. Bell, quoted in Williams and Wright, *Latin American Politics*, 439.

51. Jerry Weaver, quoted in Sloan, *Public Policy,* 142–43.
52. Wiarda and Kline, *Latin American Development,* 86–87.
53. I adapt this definition from Stephen Skowronek, *Building a New American State* (Cambridge: Cambridge University Press, 1962), 20.
54. Stephen Krasner, "United States Commercial and Monetary Policy," in Peter Katzenstein, ed., *Between Power and Plenty* (Madison, Wisc.: University of Wisconsin Press, 1978), 57; Peter Katzenstein, *Small States in World Markets* (Ithaca, N.Y.: Cornell University Press, 1985); Phillipe Schmitter and Gerhard Lehmbruch, eds., *Trends Toward Corporatist Intermediation* (Beverly Hills, Calif.: Sage Publications, 1979); David Vogel, *National Styles,* 265.

第十七章　官僚体制的问题

1. *New York Times,* 21 November 1986, p. B1
2. James Q. Wilson, "The Bureaucracy Problem," *Public Interest* 6 (Winter 1967): 3–9.
3. *New York Times,* 21 November 1986, p. B1.
4. Herbert Kaufman, *Red Tape* (Washington, D.C.: The Brookings Institution, 1977), 29.
5. President's Private Sector Survey on Cost Control, *War on Waste* (New York: Macmillan, 1984). Known as the Grace Commission, after its chairman, J. Peter Grace.
6. General Accounting Office and Congressional Budget Office, *Analysis of the Grace Commission's Major Proposals for Cost Control* (Washington, D.C.: Government Printing Office, 1984).
7. Ibid, 9.
8. President's Blue Ribbon Commission on Defense Management, *A Quest for Excellence: The Final Report* (June 1986), 46–47. Known as the Packard Commission after its chairman, David Packard.
9. J. Ronald Fox (with James L. Field), *The Defense Management Challenge: Weapons Acquisition* (Boston: Harvard Business School Press, 1988), 161–63.
10. General Accounting Office, *Can the United States Major Weapon Systems Acquisition Process Keep Pace with the Conventional Arms Threat Posed by the USSR?* Report GAO/ PSAD/GP (May 27, 1980), 56–57, as quoted in Fox, *Defense Management,* 162.
11. Ibid., 162. The book by Fox is only the latest in a series of at least twelve major studies of weapons acquisitions procedures beginning in 1962. The analysis and conclusions of each are broadly similar. For a list of these studies, see Fox, *Defense Management,* 41.
12. Ibid., 164–68, 271–97.
13. Ibid., 45.
14. Ibid., 201.
15. Ibid., 216–20.
16. General Accounting Office, *DOD's Defense Acquisition Improvement Program,* Report GAO/NSIAD-86-184 (July 1986), 11, as quoted in Fox, *Defense Management,* 180.
17. Fox, *Defense Management,* 28–29.
18. Ibid., 251.
19. Quoted in ibid., 257.
20. Ibid., 259.
21. President's Blue Ribbon Commission on Defense Management, *A Quest for Excellence: Appendix* (June 1986), 168, 174.
22. Fox, *Defense Management,* 21.
23. Martin Marietta Corporation, "Report to the Packard Commission," as reported in Center for Strategic and International Studies, *U.S. Defense Acquisition: A Process in Trouble* (Washington, D.C.: Georgetown University, 1987), 20.
24. James L. Kurth, "Aerospace Production Lines and American Defense Spending," in Steven Rosen, ed., *Testing the Theory of the Military-Industrial Complex* (Lexington, Mass.: D. C. Heath/Lexington Books, 1973), 135–56.
25. Michael Rich and Edmund Dews, *Improving the Military Acquisition Process,* Report R-3373-AF/RC (Santa Monica, Calif.: Rand, 1986), 4–17.
26. Ibid., 11, 51.
27. Kaufman, *Red Tape,* 30.

404

28. James Q. Wilson, *The Investigators: Managing FBI and Narcotics Agents* (New York: Basic Books, 1978), 23-31.

29. John J. DiIulio, Jr., *Governing Prisons* (New York: Free Press, 1987), 104-9.

30. Ibid., 118-27; quote on 120.

31. Michael Lipsky, *Street-Level Bureaucracy* (New York: Russell Sage Foundation, 1980), 201.

32. James M. Landis, *The Administrative Process* (New Haven, Conn.: Yale University Press, 1938). See also the splendid analysis of Landis in Thomas K. McCraw, *Prophets of Regulation* (Cambridge, Mass.: Harvard University Press, 1984), chaps. 5 and 6.

33. Michel Crozier, *The Bureaucratic Phenomenon* (Chicago: University of Chicago Press, 1964), 156-59, 171-74.

34. Federal Communications Act, 15 *U.S. Code* 309.

35. Quoted in James Q. Wilson, "The Dead Hand of Regulation," *Public Interest* 25 (Fall 1971): 50.

第十八章　规章制度

1. May Hipshman, *Public Housing at the Crossroads: The Boston Housing Authority* (Boston: Citizens Housing and Planning Association, 1967), as quoted in Jon Pynoos, *Breaking the Rules: Bureaucracy and Reform in Public Housing* (New York: Plenum, 1986), 15.

2. Quoted in Pynoos, *Breaking the Rules*, 28.

3. Perez v. BHA, 368 Mass. 333, 331 NE 2d 801 (1975). HUD report cited in Pynoos, *Breaking the Rules*, 161.

4. Pynoos, *Breaking the Rules*.

5. Jeffrey Manditch Prottas, *People-Processing* (Lexington, Mass.: D. C. Heath/Lexington Books, 1979), chap. 2.

6. Pynoos, *Breaking the Rules*, chaps. 3, 4, and 6, esp. 39-43, 52-54, 60, 114, 131; Prottas, *People-Processing*, chap. 2.

7. Max Weber, *Economy and Society*, vol. 3, ed. Guenther Roth and Claus Wittich (New York: Bedminster Press, 1968), 958, 973-75, 979.

8. Theodore J. Lowi, *The End of Liberalism* (New York: Norton, 1969), 85-93. Lowi's views are criticized in David Lewis Schaefer, "Theodore J. Lowi and the Administrative State," *Administration and Society* 19 (1988): 371-98. There is a response by Lowi in the same issue.

9. Lowi, *End of Liberalism*, 297-303.

10. Lawrence Friedman, "Public Housing and the Poor," *California Law Review* (May 1966): 687, as paraphrased in Pynoos, *Breaking the Rules*, 3.

11. Aristotle, *Politics*, trans. Ernest Barker (Oxford: Clarendon Press, 1952), 146. Of course Aristotle knew that laws could not "cover the whole of the ground" because "rules must be expressed in general terms, but actions are concerned with particulars." Ibid., 148, 73.

12. Sir Edward Coke, *The Reports of Sir Edward Coke*, vol. 4 (London: Butterworth, 1826), part 8, 355-83.

13. John Locke, *Second Treatise of Civil Government*, ed. Thomas I. Cook (New York: Hafner, 1956), 132.

14. Jerry L. Mashaw, *Bureaucratic Justice* (New Haven, Conn.: Yale University Press, 1983), 220-22; see also 17-19, 41-42, 65-66.

15. Joel F. Handler and Ellen Jane Hollingsworth, *The "Deserving Poor": A Study of Welfare Administration* (Chicago: Markham, 1971), 209-10; and Joel F. Handler, *Protecting the Social Service Client* (New York: Academic Press, 1979), 121-23.

16. Handler and Ellingsworth, *Deserving Poor*, 81, 85.

17. James Q. Wilson, *Varieties of Police Behavior* (Cambridge, Mass.: Harvard University Press, 1968), 21-22.

18. Richard A. Weatherly, *Reforming Special Education* (Cambridge, Mass.: MIT Press, 1979), 1-2.

19. For example: ibid., 10, 60, 125; William H. Clune and Mark H. Van Pelt, "A Political Method of Evaluating the Education for All Handicapped Children Act of 1975 and the

Several Gaps of Gap Analysis," *Law and Contemporary Problems* 48 (Winter 1985): 7–62; John C. Pittenger and Peter Kuriloff, "Educating the Handicapped: Reforming a Radical Law," *Public Interest* 66 (Winter 1982): 72–96.

20. Clune and Van Pelt, "A Political Method." See also Arthur E. Wise, *Legislated Learning* (Berkeley: University of California Press, 1979).

21. Mashaw, *Bureaucratic Justice*, 122; "NLRB Rulemaking: Political Reality versus Procedural Fairness," *Yale Law Journal* 89 (1980): 982; NLRB v. Wyman-Gordon Co., 394 U.S. 759 (1969).

22. Public Law 85-929.

23. Congressional Quarterly, Inc., *Congress and the Nation*, vol. 5 (Washington, D.C.: Congressional Quarterly Press, 1981), 612.

24. Public Law 95-203; Public Law 96-273.

25. Richard M. Cooper, "Stretching Delaney Till It Breaks," *Regulation* (November-December 1985): 13. See also Richard A. Merrill, "FDA's Implementation of the Delaney Clause: Repudiation of Congressional Choice or Reasoned Adaptation to Scientific Progress?" *Yale Journal on Regulation* 5 (1988): 1–88.

26. Harvey M. Sapolsky, *Consuming Fears: The Politics of Product Risks* (New York: Basic Books, 1986), 191. The HHS secretary was Margaret Heckler as quoted in *New York Times*, 27 July 1983.

27. R. Shep Melnick, "Pollution Deadlines and the Coalition for Failure," *Public Interest* 75 (Spring 1984): 123–24.

28. Eugene Bardach and Robert A. Kagan, *Going by the Book: The Problem of Regulatory Unreasonableness* (Philadelphia: Temple University Press, 1982), 99.

29. Bardach and Kagan, *Going by the Book*, 100.

30. John Mendeloff, "Costs and Consequences: A Political and Economic Analysis of the Federal Occupational Safety and Health Program," Ph.D. diss., University of California at Berkeley (1977), as cited in Bardach and Kagan, *Going by the Book*, 100-1.

31. Bardach and Kagan, *Going by the Book*, 96.

32. Ibid., 89–91, 103.

33. Ibid., 109–16.

34. Alvin W. Gouldner, *Patterns of Industrial Bureaucracy* (Glencoe, Ill.: The Free Press, 1954), 174–76.

35. Bardach and Kagan, *Going by the Book*, 107–8.

36. Kathleen Kemp, "Social Responsibility and Coercive Sanctions in Economic Regulation," paper presented at the Symposium on Regulatory Policy, Houston, Texas (November 1979), as cited in Bardach and Kagan, *Going by the Book*, 129.

37. William K. Muir, *Police: Street-Corner Politicians* (Chicago: University of Chicago Press, 1977), esp. chap. 4 and 208–13.

第十九章　市场

1. Roger S. Ahlbrandt, Jr., *Municipal Fire Protection Services: A Comparison of Alternative Organizational Forms* (Beverly Hills, Calif.: Sage, 1973).

2. Randall O'Toole, *Reforming the Forest Service* (Washington, D.C.: Island Press, 1988).

3. E. S. Savas, *Privatization: The Key to Better Government* (Chatham, N.J.: Chatham House, 1987), 58.

4. For example: Arman Alchian and Harold Demsetz, "Production, Information Costs, and Economic Organization," *American Economic Review* 62 (1972): 777–95; and Louis De Alessi, "The Economics of Property Rights: A Review of the Evidence," *Research in Law and Economics* 2 (1980): 1–46.

5. Thomas E. Borcherding, Werner W. Pommerhene, and Friedrich Schneider, *Comparing the Efficiency of Private and Public Production: The Evidence from Five Countries* (Zurich: Institute for Empirical Research in Economics of the University of Zurich, 1982). The list of these studies is reproduced in the appendix to Charles Wolf, Jr., *Markets or Governments: Choosing Between Imperfect Alternatives* (Cambridge, Mass.: MIT Press, 1988), 192–99. See also Anthony E. Boardman and Aidan R. Vining, "Ownership and Performance in Com-

405

406   petitive Environments: A Comparison of Private, Mixed, and State-Owned Enterprises,"
Journal of Law and Economics 32 (1989): 1–33.

6. Savas, *Privatization*.

7. My count is based on combining the studies listed by Borcherding et al., with those cited in Savas, *Privatization*, at pages 126–27, and eliminating duplications.

8. W. Mark Crain and Asghar Zardkoohi, "A Test of the Property-Rights Theory of the Firm: Water Utilities in the United States," *Journal of Law and Economics* 21 (1978): 395–408.

9. Savas, *Privatization*, 131–32.

10. Comptroller General, *The Navy Overhaul Policy* (Washington, D.C.: General Accounting Office, 1978), as reported in James J. Bennett and Thomas J. DiLorenzo, "Public Employee Unions and the Privatization of 'Public' Services," *Journal of Labor Research* 4 (1983): 37; and James J. Bennett and Manuel Johnson, "Tax Limitation Without Sacrifice: Private Sector Production of Public Services," *Public Finance Quarterly* 8 (1980): 363–96.

11. Richard Muth, *Public Housing: An Economic Evaluation* (Washington, D.C.: American Enterprise Institute, 1973).

12. Robert A. McGuire and T. Norman Van Cott, "Public versus Private Economic Activity: A New Look at School Bus Transportation," *Public Choice* 43 (1984): 25–43; and Randy L. Ross, *Government and the Private Sector: Who Should Do What?* (New York: Crane Russak & Co., 1988), 36–63.

13. Bennett and DiLorenzo, "Public Employee Unions."

14. R. I. Schultz, J. R. Greenley, and R. W. Peterson, "Differences in the Direct Costs of Public and Private Acute Inpatient Psychiatric Services," *Inquiry* 21 (1984): 380–93.

15. Ross, *Government*, 76–77.

16. Cited in Savas, *Privatization*, 209. See also Michael Krashinsky, "The Cost of Day Care in Public Programs," *National Tax Journal* 31 (1978): 363–72.

17. David G. Davies, "The Efficiency of Public versus Private Firms: The Case of Australia's Two Airlines," *Journal of Law and Economics* 14 (1971): 149–65; and Davies, "Property Rights and Economic Efficiency: The Australian Airlines Revisited," *Journal of Law and Economics* 20 (1977): 223–26.

18. Ole P. Kristensen, "Public versus Private Provision of Governmental Services: The Case of Danish Fire Protection Services," *Urban Studies* 20 (1983): 1–9.

19. Lawrence S. Lewin, Robert A. Derzon, and Rhea Margulies, "Investor-Owneds and Nonprofits Differ in Economic Performance," *Hospital* 55 (1981): 52–58; Robert V. Pattison and Hallie M. Katz, "Investor-Owned and Not-for-Profit Hospitals: A Comparison Based on California Data," *New England Journal of Medicine* 309 (1983): 347–53; National Academy of Sciences, *For-Profit Enterprise in Health Care* (Washington, D.C.: National Academy of Sciences, 1986). See also Savas, *Privatization*, 190–93.

20. George W. Wilson and Joseph M. Jadlow, "Competition, Profit Incentives, and Technical Efficiency in the Provision of Nuclear Medicine Services," *Bell Journal of Economics* 13 (1982): 472–82.

21. Sam Peltzman, "Pricing in Public and Private Enterprises: Electric Utilities in the United States," *Journal of Law and Economics* 14 (1971): 109–47; Robert A. Meyer, "Publicly Owned versus Privately Owned Utilities: A Policy Choice," *Review of Economics and Statistics* 57 (1975): 391–99; Louis De Alessi, "An Economic Analysis of Government Ownership and Regulation: Theory and the Evidence from the Electric Power Industry," *Public Choice* 19 (1974): 1–42; Robert M. Spann, "Public versus Private Provision of Governmental Services," in Thomas E. Borcherding, ed., *Budgets and Bureaucrats* (Durham, N.C.: Duke University Press, 1977), 77–82; Ross, *Government*, 24–36.

22. James Q. Wilson and Louise Richardson, "Public Ownership vs. Energy Conservation: The Paradox of Utility Regulation," *Regulation* (September-October 1985): 13ff.

23. E. S. Savas, "Municipal Monopolies versus Competition in Delivering Urban Services," in Willis D. Hawley and David Rogers, eds., *Improving the Quality of Urban Management* (Beverly Hills, Calif.: Sage, 1974), 476.

24. Barbara J. Stevens, ed., *Delivering Municipal Services Efficiently: A Comparison of Municipal and Private Service Delivery*. A technical report prepared by Ecodata, Inc., for the U.S. Department of Housing and Urban Development, Office of Policy Development and Research (June 1984), 545–50.

25. Roger F. Teal, "Contracting for Transit Service," in John C. Weicher, ed., *Private Innovations in Public Transit* (Washington, D.C.: American Enterprise Institute, 1988), 50.

26. J. Ronald Fox, *The Defense Management Challenge: Weapons Acquisition* (Boston, Mass.: Harvard Business School Press, 1988), 300; Michael Rich and Edmund Dews, *Improving the Military Acquisition Process*, report R-3373-AF/RC (Santa Monica, Calif.: Rand, 1986), esp. 49–50.

27. John J. Kirlin, John C. Ries, and Sidney Sonenblum, "Alternative to City Departments," in E. S. Savas, ed., *Alternatives for Delivering Public Services* (Boulder, Colo.: Westview Press, 1977), 137.

28. Stephen L. Mehay and Rodolfo Gonzalez, "Economic Incentives Under Contract Supply of Local Government Services," *Public Choice* 46 (1985): 79–86.

29. Stephen Mehay, "Governmental Structure and Performance: The Effects of the Lakewood Plan on Property Values," *Public Finance Quarterly* 6 (1978): 311–25.

30. Gary S. Becker, *The Economics of Discrimination* (Chicago: University of Chicago Press, 1957).

31. Wolf, *Markets*, 81.

32. *Statistical Abstract of the United States*, 1987, table 183.

33. Gary Bridge, "Citizen Choice in Public Services: Voucher Systems," in Savas, *Alternatives*, 61.

34. Savas, *Privatization*, 200.

35. Bernard J. Frieden, "Housing Allowances: An Experiment That Worked," *Public Interest* (Spring 1980): 17.

36. The results were studied by many people; among their reports are: Ira S. Lowry, *Experimenting with Housing Allowances*, report R-2880-HUD (Washington, D.C.: Department of Housing and Urban Development, April 1982); Raymond J. Struyck and Mark Bendick, Jr., eds., *Housing Vouchers for the Poor* (Washington, D.C.: Urban Institute, 1981). Here I rely on the excellent summary in Frieden, "Housing Allowances."

37. Quoted in Frieden, "Housing Allowances," 33.

38. Frieden, "Housing Allowances," 34–35.

39. Oliver O. Williamson, *The Economic Institutions of Capitalism* (New York: Free Press, 1985); and Williamson, *Markets and Hierarchies* (New York: Free Press, 1975).

40. Williamson, *Economic Institutions*, 19.

41. Harry P. Hatry, *A Review of Private Approaches for Delivery of Public Services* (Washington, D.C.: Urban Institute, 1983), 21.

42. Edward J. Clynch and Carol A. Gaudin, "Sex in the Shipyards: An Assessment of Affirmative Action Policy," paper presented to the annual meeting of the American Political Science Association, April 1979.

43. Wilson and Richardson, "Public Ownership."

44. James Q. Wilson and Patricia Rachal, "Can the Government Regulate Itself?" *Public Interest* (Winter 1977): 3–14.

45. Savas, *Privatization*, 185–88; Charles H. Logan, "Proprietary Prisons," in Lynne Goodstein and Doris L. MacKenzie, eds., *The American Prison* (New York: Plenum, in press); John J. DiIulio, "What's Wrong With Private Prisons," *Public Interest* 92 (1988): 66–83.

46. Pierce v. Society of Sisters, 268 U.S. 510 (1925).

47. Chester E. Finn, Jr., "Decentralize, Deregulate, Empower," *Policy Review* (1986): 58.

48. John McClaughry, "Who Says Vouchers Wouldn't Work," *Reason* (January 1984): 24–32, as cited in Chester E. Finn, Jr., "Education Choice: Theory, Practice, and Research," testimony before the Subcommittee on Intergovernmental Relations, Committee on Governmental Affairs, U.S. Senate (October 22, 1985), 2–3.

49. Finn, "Education Choice," 3.

50. Ibid., 6–7.

51. Ibid., 17–27; Bridge, "Citizen Choice," 83–87.

52. Bridge, "Citizen Choice," 84–85; Edward M. Gramlich and Patricia P. Koshel, *Educational Performance Contracting* (Washington, D.C.: Brookings Institution, 1975).

53. James S. Coleman, Thomas Hoffer, and Sally Kilgore, *High School Achievement* (New York: Basic Books, 1982), 32–37, 182–83; see also Finn, "Educational Choice," 22.

54. Gallup poll, 1985, as reported in Finn, "Education Choice," 8 and table 1.

408

55. Bridge, "Citizen Choice," 87–88. For some angry statements by leaders of public employee unions see Bennett and DiLorenzo, "Public Employee Unions," 35–36.

第二十章　官僚体制与公众利益

1. Arthur T. Hadley, *The Straw Giant* (New York: Random House, 1986), 53–57, 249–52.
2. CSIS, *U.S. Defense Acquisition: A Process in Trouble* (Washington, D.C.: Center for Strategic and International Studies, March 1987), 13–16.
3. Herbert Kaufman, *The Administrative Behavior of Federal Bureau Chiefs* (Washington, D.C.: The Brookings Institution, 1981), 192.
4. Martha Derthick, *Agency Under Stress: The Social Security Administration and American Government* (Washington, D.C.: Brookings Institution, forthcoming).
5. Ibid., chap. 3.
6. Charles Wolf, Jr., *Markets or Governments: Choosing Between Imperfect Alternatives* (Cambridge, Mass.: MIT Press, 1988).
7. James Colvard, "Procurement: What Price Mistrust?" *Government Executive* (March 1985): 21.
8. NAPA, *Revitalizing Federal Management: Managers and Their Overburdened Systems* (Washington, D.C.: National Academy of Public Administration, November 1983), vii, viii, 8.
9. Steven Emerson, *Secret Warriors* (New York: G. P. Putnam's Sons, 1988).
10. John E. Chubb and Terry M. Moe, "Politics, Markets, and the Organization of Schools," *American Political Science Review* 82 (1988): 1065–87.
11. Chester E. Finn, Jr., "Decentralize, Deregulate, Empower," *Policy Review* (Summer 1986): 60; Edward A. Wynne, *A Year in the Life of a School* (forthcoming).
12. William E. Turcotte, "Control Systems, Performance, and Satisfaction in Two State Agencies," *Administrative Science Quarterly* 19 (1974): 60–73.
13. Richard P. Nathan, *Social Science in Government: Uses and Misuses* (New York: Basic Books, 1988), chap. 3.
14. These projects were all done by the Police Foundation and are described in James Q. Wilson, *Thinking About Crime*, rev. ed. (New York: Basic Books, 1983).
15. See Joseph A. Pechman and P. Michael Timpane, eds., *Work Incentives and Income Guarantees* (Washington, D.C.: Brookings Institution, 1975); and R. Thayne Robson, ed., *Employment and Training R&D* (Kalamazoo, Mich.: Upjohn Institute for Employment Research, 1984).
16. Nathan, *Social Science*, chap. 5; and Manpower Demonstration Research Corporation, *Summary and Findings of the National Supported Work Demonstration* (Cambridge, Mass.: Ballinger, 1980).
17. See studies cited in chap. 19.
18. See references to China Lake research cited in chap. 8.
19. Clarence E. Ridley and Herbert A. Simon, *Measuring Municipal Activities* (Chicago: International City Managers' Association, 1938).

人名索引

主题词索引

"Working personality," 37–38
World War II: coordination of economy and military procurement in, 270; German military success in, 3–6, 14–18, 229; military doctrinal changes after, 218–20, 222–23;

mission-jurisdiction match and, 188
World War I tactics, 14–15, 43
WPA, *see* War Production Board
Wyoming Fish and Game Department, 191

图书在版编目（CIP）数据

美国官僚体制：政府机构的行为及其动因／（美）
詹姆斯·Q. 威尔逊（James Q. Wilson）著；李国庆译
. －－北京：社会科学文献出版社，2019. 9（2024. 1 重印）
　　书名原文：Bureaucracy：What Government
Agencies Do And Why They Do It
　　ISBN 978 - 7 - 5097 - 9290 - 2

　　Ⅰ. ①美… Ⅱ. ①詹… ②李… Ⅲ. ①官僚主义 - 政
治制度 - 研究 - 美国　Ⅳ. ①D771. 221

中国版本图书馆 CIP 数据核字（2018）第 295216 号

美国官僚体制
—— 政府机构的行为及其动因

著　　者／［美］詹姆斯·Q. 威尔逊（James Q. Wilson）
译　　者／李国庆

出 版 人／冀祥德
责任编辑／张金勇
文稿编辑／石　迪　刘玉静
责任印制／王京美

出　　　版／社会科学文献出版社·甲骨文工作室（分社）（010）59366527
　　　　　　　地址：北京市北三环中路甲 29 号院华龙大厦　邮编：100029
　　　　　　　网址：www. ssap. com. cn
发　　　行／社会科学文献出版社（010）59367028
印　　　装／三河市东方印刷有限公司

规　　　格／开 本：889mm × 1194mm　1/32
　　　　　　　印 张：18. 375　字 数：421 千字
版　　　次／2019 年 9 月第 1 版　2024 年 1 月第 4 次印刷
书　　　号／ISBN 978 - 7 - 5097 - 9290 - 2
著作权合同　　／图字 01 - 2014 - 7419 号
登 记 号
定　　　价／89. 00 元

读者服务电话：4008918866